·福安城邑历史文化记忆丛书·

东门头

陈佑年 主编

海峡出版发行集团 THE STRAITS PUBLISHING & DISTRIBUTING GROUP | 福建人民出版社 FUJIAN PEOPLE'S PUBLISHING HOUSE

图书在版编目（CIP）数据

东门头 / 陈佑年主编. -- 福州 ： 福建人民出版社，2020.11
（福安城邑历史文化记忆丛书）
ISBN 978-7-211-08518-7

Ⅰ. ①东… Ⅱ. ①陈… Ⅲ. ①福安－地方史－文集 Ⅳ. ①K295.74-53

中国版本图书馆CIP数据核字（2020）第178124号

东门头
DONGMEN TOU

主　　编：陈佑年
责任编辑：林　顶
出版发行：福建人民出版社　　电　　话：0591-87533169（发行部）
网　　址：http://www.fjpph.com　　电子邮箱：fjpph7211@126.com
地　　址：福州市东水路76号　　邮政编码：350001
经　　销：福建新华发行（集团）有限责任公司
印　　刷：福州力人彩印有限公司
地　　址：福州市晋安区新店镇健康村西庄580号9栋一、二层
开　　本：787毫米×1092毫米　1/16
印　　张：27.25
字　　数：443千字
版　　次：2020年11月第1版
印　　次：2020年11月第1次印刷
书　　号：ISBN 978-7-211-08518-7
定　　价：188.00元

《东门头》编撰委员会

顾　问：施晓铃　缪建辉　林绍温　李茂华

　　　　缪绍章

主　任：林仕荣

副主任：王智妃　王少华

成　员：叶慧敏　李艳晖　李仙鸾　邱丽芳

　　　　张陈惠　缪伟烨　陈良斌　郑丽美

福安市城南街道东风社区居委会　**策划　主办**

主　编：陈佑年

代序

城东一隅　凤尾山麓
——福安的故事就从这里说起

◎蓝炯熹

瑞士经济史学家保罗·贝洛赫（Paul　Bairoch）在他的专著《城市与经济发展》的开篇意味深长地写道："这世界上没有什么事情比城市的兴起更令人着迷了。……没有城市，人类的文明就无从谈起。"北大年轻才俊徐远读到这里，感慨万分，他说："这句话看似绝对，其实并不为过。人类文明中最精彩的故事，大多是在城市里写成的，包括彻底改变人类命运的工业革命。工业革命的重要性无需赘述，没有工业革命就没有经济增长，更没有我们今天的物质文明。人们心驰神往的文学、艺术、建筑，以及津津乐道的宫斗和战争，也都在城市酝酿或者发生。……"[①] 于是，我们尝试着，以福安老城作为参照系，说说这里发生的迷人故事，毕竟福安建城迄今已有775年的历史。当夜深人静，我们踟蹰街头，轻抚老城跳动的脉搏，感月吟风，思绪如潮：这鳞次栉比的房屋，这深邃曲折的街巷、浓浓的烈酒、淡淡的乡愁、微微的鼾声、幽幽的梦境、丝丝的记忆、悠悠的往事，究竟有过多少耐人回味的桥段，或者怦然心动，或者慷慨悲歌，或者哑然失笑，或者荒诞不经……

我们把混沌的思绪做一番梳理，将老城的版图做有意切割，选取福安城南城北街道东风社区与东凤社区，即以老城"东门头"的地块为圆心，将四周的半径做稍微的延伸，包括明万历本《福安县志·图经》中的"宾贤境""东门

① 徐远《人·地·城》第3页，北京大学出版社2016年版。

境”等地界，谈谈这里的时空与人文、历史与当下、风物与世事。在东风社区党支部与居委会的直接关心、指导与支持下，我们延请了留寓这里的居民，注目这里的文人，让他们操笔，或浓墨重彩，或低吟浅唱，刻画这里的日月星辰，再现这里的山水城池，描摹这里的悲欢离合，绘制这里的沧海桑田。开合自如，纵横有度，哪怕是一幅场景、一个片断、一阵惊喜、一声叹息，不绝如缕的新思旧绪，只要言之有物，直抒胸臆，行文实在，发人深省，尽可汇为篇什，收入本书。在“五位一体”的城乡建设中，文化建设的系统工程是多维度、多层面、多范围、多路径的，以独辟蹊径的建设思路，写一本别开生面的老城之书，让岁月留痕、光阴存储，让青春常驻、辉煌永续，这不啻是一项功在当代、利在千秋的事体。今天，福安的故事就在这里说起，但愿诸君的努力终究会开成灿烂的精神之花，结出丰硕的智慧之果。

01. 闽东的“美索不达米亚”

——试谈福安的城邑之设

在唐宋元明清相当长的历史时段，穆阳溪流域的经济文化，对于福安的文明进程，起着主导性作用。穆阳溪流域有两个代表性的商贸集散地，即富溪津市（又名“石矶津市”[①]）与穆洋市[②]（宋代称为“缪洋”[③]）。从福安商品经济的发展史看，这两处都是福安商品经济的滥觞与主流。耐人寻味的是，福安县治的选址时，没有看上穆阳溪流域，而是划定了名不见经传的“韩阳坂”。

韩阳，亦称“韩阳坂”。《三山志》成书于南宋淳熙九年（1182），其所载之长溪县西北部永乐乡六里的主要村落中，不见其名，在相关地理位置仅有“湖

---

① 明万历本《福安县志》云：“富溪津市，在二十二都廉村，旧名石矶津。鱼盐之货丛集，贩运本县，上通建宁。旧设巡栏，今设官牙，以平贸易。”

② 明嘉靖本《福宁州志》云：“穆洋市，在十八都，人才颇盛，鬻盐者发迹于此。”明万历本《福安县志》云：“穆洋市，在十八都。盐货从富溪津过者，居积于此。盖廉溪之上游，亦泰顺、寿宁、政和、松溪、浦城之喉舌也。”

③ 清乾隆本的溪潭城山村《兰陵缪氏宗谱》载：溪南缪洋缪姓族人“至于今士仕于朝，农畊于野，工营于艺，商贸于世，世居望重，尽一乡田园，纪见一统，时人动称‘缪家洋’、‘缪家园’。又谓钦德里曰‘缪洋’。俗以‘穆洋’其名，自此始也”。

边村”[①]。63年之后，即淳祐五年（1245），福安设县，首任县令郑黼在韩阳坂“西乡尉衙”，即一个地域守军的地面上建起了县衙[②]，这里位于“扆山凤顶之下”[③]。并以此为中心，延展福安（韩阳）城邑。其形胜“左鹤山，右龟峤（龟湖山），三台、天马控其前，铜冠、扆峰（扆山）卫其后”[④]。诸峰围拱的小盆地“韩阳坂”，便是福安的城邑署衙之设。自此，福安格局是“城中有山，山中是城”。韩阳因福安而彰显名声，福安因韩阳而落实版图。二者相辅相成，互为称谓。明万历本《福安县志》载：“县名福安。……扆山，县形如负扆。韩阳，旧名。”[⑤]以故，福安城又称“韩（阳）城”，亦可称“扆（山）中”。

青山仁厚，绿水睿智，县治之设，离不开充满生命灵动的江水的参与。韩阳坂东西两侧的富春溪、秦溪二水，分别自北、东向南蜿蜒而行，汇流于溪口。在山城的风水形胜中，溪口便是城邑之“水口”。明代著名的中医药学家、风水学家缪希雍云：“夫水口者，一方众水总出处也。”[⑥]风水学家将水之入口称为“天门”，出口名曰“地户”。风水堪舆中，一致的观点是尤重“地户”。“地户”关涉地方的财气、人气、风气、运气的合理运行。

在物的流动上，农村与城市是有区别的：农村是“作坊”，重于生产；城市是“容器”，重于储备。农村延续过去，城市考量未来。因为，城乡人口的多寡、比重、分工、角色是不同的。为了人口的生存与发展，城市不能享乐当下，坐吃山空，要积极储备与谋划未来。于是，每一个城市都必备的一条以上输送货物的道路，不管是水路还是陆路。而当年水路往往优于陆路。因此，城乡之间的物的交换与流动，在相当长的时间里，所凭借的畜力与人力，毕竟是顶不上水力的。“春”、“秦”二水，为城市的储存与运输提供了源源不断的交通便利。这大概也是韩阳之设的动因之一吧？

自宋淳祐五年之后，韩阳坂的山川形胜渐显了地理优势。“春”“秦”二水环抱的韩阳山城，使我们想起了远在公元前3000多年前的古希腊“美索不达

① 在归化东里有“察洋、湖边”两村。（《三山志》卷第二《地理类二》）
② 明万历本《福安县志》卷之二，《营缮志·署宇》。
③ 明万历本《福安县志》卷之二，《营缮志·署宇》。
④ 明万历本《福安县志》卷之一，《舆地志·形胜》。
⑤ 明万历本《福安县志》卷之一，《舆地志·疆域》。
⑥ 缪希雍《葬经翼·水口篇》。

米亚”，充满诗意的“美索不达米亚”意为“两条河流之间的地方”。当然，“美索不达米亚”的时间、空间、文明的成就与影响力远远超乎“韩阳坂”。在“美索不达米亚”土地上孕育了很多民族和文明，比如苏美尔人、巴比伦人、阿卡德人、亚述人等等。不过，韩阳城迄今虽不到千年，而且仅仅接纳了来自中原的汉人与武陵的畲人，以及来自汀江的客家与闽江的疍家。但是，蕞尔小区的韩阳古城也诞生了独具一格、特色鲜明的福安地域文化。因此，将流经两溪的福安喻为闽东的“美索不达米亚”也并不为过。

福安设县伊始，最初的两任县令为韩阳城的软硬件建设奠定基础。来自福建武夷山下崇安县的郑黼，量地为乡，度地居民，注重韩阳城内外的乡里与坊间的区划、设置等。淳祐八年（1248），浙江婺州永康人林子勋继任县令。在他的政绩中，最值得称道的是，完善了县衙公署、学宫，开浚莲池，鼎建城隍庙，添筑真庆观，兴造玉春堂、扆峰亭、平远台等文化景观。随之，在历代县令的协力下，与县衙相关的各种机构，如谯楼、察院、布政分司、公馆、书院等接踵而设。韩阳城遂成为福安县经济、政治、文化中心。今县衙遗址有一通“戒碑”，上面阴刻十六字恭楷：“尔俸尔禄，民膏民脂。下民易虐，上天难欺。”“戒碑”系明正德十五年（1520）署县州判李长所立，当时曾建有“戒石亭”。这通碑现存博物馆。

韩阳城初置时，“惟筑土墙，立四门广袤各二里，周十余里”[①]。土墙立的四门，东为“瑞应门”，西为“礼贤门”，南为“秦溪门”，北为“衣锦门”。这也是韩阳城的最初面积。明朝是福安筑城最为频繁的朝代。正统十三年（1448），人们商议筑砖城未果。正德元年（1506），分巡道阮宾接受了乡人的建议，下达文书给福宁州同知施隆、县主簿李友等人，垒砖砌城，在原有四个城门的基础上增设了小西门，称“凝秀门”。此时，城内“周八百九十六丈”[②]。嘉靖三十九年（1560年）抗倭县令卢仲佃重修、加固城墙。“周八百丈有奇，高一丈五尺有奇，基广二丈五尺”[③]。又增小北门，名“凤坡门”。万历九年（1581）洪水毁城，城圮三面。知县汪美修修筑城墙，“厚倍于城”。东门改为“就日门”，

① 明万历本《福安县志》卷之二，《营缮志·城池》。
② 明万历本《福安县志》卷之二，《营缮志·城池》。
③ 清光绪本《福安县志》卷之五，《城池》。

西门改为“安磐门”，小西门改为“立极门”。万历二十四年，改“立极门”为“止水门”。

据明万历本《福安县志》载，韩阳街巷包括城中八街，即“县前南街、学前南街、东街、西街、北街、后巷街、鹿斗街、湖边街”。八境，即“金山境、城南境、玉斗境、宾贤境、东门境、中华境、锦屏境、上杭境”。十铺，即“北隅铺、鹿斗铺、湖边铺、更楼铺、宾贤铺、东门铺、金山铺、锦屏铺、中华铺、城南铺”①。历朝历代韩阳城街巷格局大致相近，一直延续至1950年代。

南宋随着韩阳城的建设、发展，许多汉人家族陆续迁至城内。清光绪本《福安县志•氏族》载，在韩阳城之东的宗族有重金山吴姓、扆东刘姓、鹿斗扆东郭姓、扆西郭姓（并称“东西郭”），人们合称东门“吴、刘、郭”。他们群居的地方又称“三姓路”。今存韩阳古城东门内的宗族祠堂有刘氏宗祠。

自1950年代开始，特别是21世纪之后，城镇化的大力推进，韩阳已充满现代气息，商场、酒店、高层居民楼林立，昔日韩阳城的踪迹已然很难追寻，尚保留一定古味的街巷名字与古香古色的宗族、宗教、民居等建筑遗存。

02.想起了城东的那座山峦

——从围城的“龟”“鹤”留放谈起

位于城东的鹤山是韩阳城边最高的山峦，人们谈论韩阳古城的形胜时，往往将鹤山与龟湖山两山对举，即有“左鹤山，右龟峤”的说法。当年，鹤山的山岚水雾与龟湖山的湖光山色构成了“韩阳十景”的两幅图画，即“鹤岫朝烟”与“龟湖夕照”。

明代是最热衷于构筑韩阳城墙的年代。明嘉靖六年（1527），砖城重修，嘉靖三十七年为防倭警，倡议重修加固。次年四月初五日，新城改筑，没有完工，倭寇临境大举围城。贼寇占据东门外鹤山等处制高点，以矢镞、铅铳密集狂射。三日后城陷，知县李尚德挂印从东门逃遁，其妻陈氏投江而死。城墙被攻破崩塌后，加上连绵阴雨，整座城墙几乎全被损毁。这就是福安建城史中的“己未之变”。十一月，知县卢仲佃从晋江县令位置紧急调往福安，他单车赴任，一

①明万历本《福安县志》卷之一，《舆地志•街巷》。

路见到的是满目苍痍，蓬蒿没腰，呻吟声遍地。他泫然垂泪，久久不止。他视察了几处被攻破的城墙，很有感慨地说："无城无民，己未之变的覆辙还会发生。"卢仲佃有晋江筑城的经验，且凿且筑，且筑且守，他特别改进了来敌容易攻破的工事。其中之一是"避鹤山之宽而改者"，加高加固了远离鹤山的城池，乡民们日以继夜，忙于城防工事。嘉靖四十一年，知县黎永清构屋城上，以避风雨。四十四年，知县李有朋重修城池。

万历九年（1581）七月初九，洪水从西北涌入，淹没了城池，城圮三面，独存北隅与东城之半。这场福安有史以来特大的洪水，改变了知县汪美筑城的思路。龟湖山是韩阳城水路贯通的咽喉，其地位无可替代。自此，鹤山进入了他的视野，他议定裁划民地，东拓鹤山，将鹤山纳入了城内，形成了"龟鹤并峙"的局面。同时，将城门作了较大移动。

万历二十一年（1593）正月，知县陆以载认为鹤山山高地低，老百姓难以守城御敌。在比较防寇与防洪二者重要性时。他觉得守城御敌为上策，而围城防洪为次策，便起了"留龟放鹤"的念头。他按照当年知县卢仲佃的设计图纸，在发挥龟湖疏通流水作用的基础上，把东北郊城池按照旧路线衔接。至此，鹤山被摈于城外。万历三十年，知县金汝砺"拓城于外山之巅，由东城门至北仙亭，长一百九十六丈"[①]。清代也有多次修建城池之工，而知县们都没有考量到鹤山之地理形势，是人力、财力有限，还是另有缘由，人们已经无法臆断。

因为山城地理形胜的特殊性，在福安韩阳修筑城池史中常有"留龟放鹤"或"龟鹤对峙"的两难抉择。由于"嘉靖己未"倭祸，"万历辛巳"水灾，人们为了城址之选与筑城之举已经折腾得筋疲力尽。但知县们认为筑城终究是护民之策，因此，一任接一任，毅然决然，边议边筑，屡毁屡建，不亦乐乎。其中扩城纳入鹤山，或者缩城摒弃鹤山，是围城决策者们举棋不定的烦恼。

鹤山故事的主人翁中，有一个闻名遐迩的郭文周先生。郭文周（1512—1578），字景复，号东山，福安鹿斗（今莲池街）人。明嘉靖二十二年（1543）举人，二十三年进士。官授中书舍人、云南道御史、顺天府丞。两次巡按广东，硬直有风度，人称"铁面青天"。因劾赵文华，忤严嵩，致仕去。文周著有《东山文集》七卷，诗集二卷，《四库总目》及《台中奏议》《按粤封事》等。郭

① 光绪本《福安县志》卷之九，《城池》。

文周被革除官职，挂冠归田后，便在鹤山建“鹤山别墅”，过闲云野鹤的生活。明朝官员的俸禄并不高，况且郭文周还“犯了错”，他晚年在家乡虽然并不富裕，但是仍然节衣缩食，心系桑梓，热衷公益。那时的“鹤山别墅”青松翠柏，四时葱茏，为韩阳佳胜。四邻乡贤都仰慕“鹤山别墅”主人的美名，均欣然前来，拜访郭公。这里时时高朋满座，谈笑风生，吟诗做赋，海阔天空，“鹤山别墅”俨然成了名闻遐迩的文化沙龙。嘉靖年间，人们仰慕郭公人品文品，在鹤山之麓立了石坊，石坊三栋四柱，中间匾额雕刻“文献名宗，清时执法”八字。到了万历四十五年（1617），郭文周死后39年，他的学生陈万言将石坊移建于鹿斗街莲池边。当年郭文周中进士时，莲池水三天清澈可鉴，人们都十分惊异，所谓“清时执法”便是这个典故。清乾隆十九年（1754），石坊再度重修，由曾任四川郫县知县的乡贤李馨题写下碑文《重修东山公莲池石坊记》。

鹤山上还有一段感人的师生情谊。故事的主人公是郫县知县李馨与福安解元陈从潮。李馨（1673—1764），字少白，号莲舫，阳头人。自幼好学。清雍正元年（1723），应乡荐，授官四川郫县知县，为官耿直清廉，曾主纂《郫县县志》。他临终前嘱咐家人，在他墓碑上题上“诗人李莲舫之墓”。著《韩文翼》、《莲舫诗文集》。陈从潮（1739—1818），字瀛士，号韩川，上杭人。乾隆四十五年（1780）乡试第一，获解元。乾隆四十九年（1784）始主讲福安紫阳书院，历30余年，主修乾隆本《福安县志》。有《韩川文集》《韩川诗集》行世。

乾隆二十五年（1760）春，青年陈从潮曾拜告老返乡的李馨为师，李馨“其学以践履笃实为本，辨义利，辟异端，笃于自信”，陈从潮深受影响。他对恩师情深意笃，在其《韩川文集》中多次流露。乾隆二十九年正月李馨病故，陈从潮作《清故郫县知县李莲舫先生墓志铭》。

师生二人钟情山水，曾多次游历鹤山，他们对郭文周心怀景仰，也曾光顾鹤山别墅，虽然物是人非，但怀古之情依旧油然而生。他们互相唱和韩阳十景，其中包括咏叹十景之一的鹤山的“鹤岫朝烟”景观。师生两人各自抒写的韩阳十景诗，一同刊载在清光绪本《福安县志》。乾隆二十五年春，陈从潮从李馨游阅福宁山川。四年后，先生仙逝，学生感慨涕零，陈从潮作《挽李莲舫先生二首》，挽诗直书胸臆，情意真切。其中一首写道：“风谊师生感，门前幸执经。登堂一洒泪，回首四周星。奖借渐都讲，追随失典型。环溪山月白，忍过大玄亭。”

在建筑自然之城的同时，人们建筑起精神之城。在郭文周中进士后26年，明万历元年（1573），鹤山建造了鹤山观。这时，郭公已闲赋在家。没有直接证据说明鹤山观的建设与郭文周有关系，但是，不管怎样，对于韩阳城内的文化设施，郭公是不会不闻不问的。鹤山观初建之时，道门之地曾吸引着城内外大量的信众。每逢道场，更是热闹非凡。随着鹤山被纳入城内，给香客带来了更多的便利，白日黑夜求神问仙者，络绎不绝。这一天，初任福安县令的王思任，心情特别好。他想到城东鹤山走走，会会鹤山观道士与香客，体察民情。一路上阳光明媚，和风拂面，路边不时送来了一阵阵不知名花草的幽香。到了道观，三道茶后，王知县兴致盎然，信笔题写“羽丹”二字。“羽丹”二字暗喻鹤山为丹顶仙鹤栖息之地，丹顶仙鹤是吉祥、忠贞、长寿的象征。

万历年间，鹤山上还建有鹤山庵，庵内墙壁曾画一条巨龙，张牙舞爪、惟妙惟肖。万历九年（1581）九月，无风无雨城墙崩塌，随之，洪水淹没城池。这就是福安建城史中的“水流福安”的“辛巳之灾”。乡人以为，与鹤山龙有关，是“龙飞蛇鼓舞”的谶语灵应。万历九年，县令汪美筑城于鹤山顶。万历二十一年，县令陆以载复改旧基，鹤山又被遗弃在城外。这一切是否与鹤山龙飞舞的谶语有关？究其缘由，似乎明万历《福安县志》给出的断语还比较合理：“盖亦废兴之数耳！”[①]

到了明代末年，原来位于韩阳城南郊三都的溪口边由东岳行祠改成了东岳观。没有资料记载东岳行祠建的具体时间，也没有资料说明是谁主持鼎建了鹤山观。鹤山上的鹤山观成为韩阳城内与真庆观、龟湖寺齐名的三大宗教建筑。在整个福安县域内佛寺、僧人的数量远在道观、道士之上。而就韩阳城内而言，其道观的影响力并不输给佛寺。由于鹤山观建于明代，因此，这个道教建筑物虽无有意游移不定，却随着筑城者的不同选址，时而归于韩阳城内，时而又离于韩阳城外。这给进香者带来了诸多不便。自鹤山观不在城内后，其香火就一直不旺。清光绪本《福安县志》中韩阳城内记载的道观仅有真庆观与东岳观。鹤山观的消失是因风水变更而引发的颓势，还是另有缘由，鹤山与鹤山观所留下的谜团实在是多。明清两代兵燹动乱，鹤山观就消弭在历史长河中，到了1950年代，当年受韩阳城父老乡亲膜拜顶礼的著名宫观在凄厉寒风中仅留下了一处令人伤感的废墟。

① 明万历本《福安县志》卷之九，《杂纪志》。

当历史翻动到新的一页，从 1980 年代末开始，韩阳城镇化建设的步伐迈得很大。新的街道一条条出现，沿街的店面一片片拔地而起，各具特色的南国住宅群一组组临空出世。城市建筑细胞正在不断地累积、裂变、生成，韩阳城就像充满生命活力的幼儿，每天吐纳着阳光、空气与雨露，不停顿地延展着骨骼，丰隆着肌肉，贯通着脉络，畅流着血液，一天天成长，一年年增强，岁月的年轮终将会打造成顶天立地的巨人。新旧城区的面积相比，不知要扩大多少倍，而且还在继续向城区的四周延伸。人们开始装点城区的自然山水，当年的韩阳十景，已经被新十景、新二十景所替代。龟湖山、天马山、鹤山等青峰碧峦正陆续恢复起宗教文化景观，鹤山顶上尘封多年的鹤山观历史遗迹重现了诱人的仙姿。

从韩阳城鹤山路驱车北行，到鹤山脚下。再沿鹤山北坡蜿蜒而上，便临近了鹤山顶，只见迎面是一通巨型的新疆玉，玉石上雕刻着“鹤山观”三字。碣石西面是鹤山观云厨、丹房兼客堂。深入鹤山观主体区域，绿树金瓦，气势恢宏。只见整个建筑群均是坐东向西，面对着仙岫山，那里是古时韩阳十景之一“仙岫晴云”的景观地。俯瞰山下，宽敞的街道，欢快的人流，连片的建筑物错落有致，风光满眼。古人说此处望城的感受是，“每晓烟一抹，雉堞迷离”。

鹤山观是一个全真道龙门派的焚修道场，道众们平时研读教典，疏通教理，又设斋醮科仪，依科演教。驻观道士们每日早晚坛功课是鹤山观最基本的法事，此举为了修真养性，祈祷吉祥，整饬道风，坚定道心。鹤山观的斋醮科仪，与一般的道观相类，即包括阳事与阴事，也即有清醮与幽醮之分。借诸仙法力，求得福慧资粮，是人们的善愿玄想。鹤山观的斗母殿与缪仙宝殿往往是信众最常光顾的地方，因为斗母殿里有财神爷、月老仙翁以及六十元辰诸位神仙，人们求财求喜，以及信众每届生辰吉旦时，在斗母殿里补运。缪仙宝殿里的文昌帝君尊位是莘莘学子本人与其父母乐意燃香之处。

每当斋醮科仪进行时，鹤山观的道士们都身着一袭金丝银线的道袍，手持功能各异的法器，在坛场中且歌且舞，犹如演绎一出庄严的戏剧。而求愿者，既是观众，又是演员，拈香诵经，心向往之，随着科仪情节的发展，且跪且起，如痴如醉。歌舞事神的仙术程式，始终以信仰系之，即唤起信仰，传播信仰，永驻信仰。于是，鹤山观的神异事象便由于上述斋醮科仪场景的示现而埋下了伏笔。

人们还说起了许许多多发生在鹤山观里的灵异事象，都是有名有姓，有鼻有眼，有时有地，发生在信众身边的平常事例。其中的因果链条是非理性的，无须解答，无法复制。神灵仙真的奥秘就在于不可言说，人们无法以普世的逻辑链条来一一推理判断之。宗教伦理属于超自然的精神境界，人们尽管可以谢绝，可以评判，但不可武断，更不可亵渎。

03. 县太爷的出城与入城

——福安古城多事之秋的书写

《礼记・礼运》曰："城郭沟池以为固。"在古代农耕社会，城池的规制与功能显而易见，城池是行政区划的固化形式，是冷兵器交锋的防御工事，是商品交易的稳定场所，是文化艺术的产销之地，是规避风浪的"船坞港湾"，并油然而生城里城外各色人等的不同心思与作为。

在城邑之中，我们理解"城"与"人"的互动：城聚集居民，坊巷纵横交错，房屋毗邻，错落有致，白日吆喝，黑夜更鸣……自此，城邑应有的嘈杂浮华，势必将市井街坊与闾里乡亭判然区分；我们还读出"城"与"年"的合辙：城邑延展与变迁，居民的离家与回归，街道是时间的刻度，民居是记忆的音符。民间史家的春秋笔法，讲述一则则八百年古城的故事。一座城邑维系着一方居民的生活起居，一座城邑是一个地方经济、文化、政治的容器，爱家乡必然会爱家乡之城。

古城的故事是一曲曲咏叹调，832 年旋律的雄浑复沓又步步惊心，时而华彩奔放，时而忧伤缠绵，抑或长吁短叹，抑或柳浪闻莺，几经沉睡与苏醒，几度废墟与重构，福安古城的一部青史来之不易。

在相当长的历史时段，县太爷是古城特殊的主人，他们的举手投足都在丈量时空，改变城邑，造福桑梓。面对人世间的危机四伏，他们也会表现出无奈与焦心。我们在地方志书上，读取了他们富有仪式感的出城与进城的瞬间，以及他们在特定的场景中所留下了的身影与心态。自然，这些场景未必一定发生在我们所注重下笔的东门。

第一个场景：在元代。元代初年福建兵祸不断，流毒千里，废圃荒墟，民不聊生，人口锐减。元取中原后，诸王以内地分邑，如汉唐食邑之制。蒙元重兵长驱直入福建，蒙古宗王国戚也在福建分邑，其中营王忽哥赤[①]分地为福州路福安县[②]。“元升长溪县为福宁州”，福宁州设达鲁花赤，掌控要务，即“监州兼劝农事”[③]。元代县署机构为“置达鲁花赤一员（中县省），县尹一员、县丞、主簿、县尉、教谕、训导各一人（县丞中县省）”[④]。福安为“中县”，不设达鲁花赤、县丞。元末，福安政令松弛，又起动乱，明万历本《福安县志》载，县尹张师道于至正十九年（1359）到任，“时适寇乱，邑裂二社”[⑤]，至正十六年“大安、安宁二社纠兵夹攻县治，及大梅、溪柄、赛村、苏洋等处。十九年，贼傅贵卿、李辛三等寇邑，至白沙、水田，大掠。自是，凶党日炽”。贼寇横行，民不聊生。张令愤然题写“瓜分强社，草满空城”[⑥]，后黯然弃官，离城而去，与福安不辞而别。“草满空城”的感慨显得多么荒芜、血腥、黯淡、苍凉与悲切。自此之后，福安地方志中，再也不载元代到任的县尹了。

第二个场景：在明朝。嘉靖三十八年（1569）春，“己未之变”，倭寇犯境。知县李尚德一人独守东城，其余诸门亦做了部署。官无备员，民力有限，加之硕鼠作祟，“始由吏盗库硝以矾代盘，故两日而城陷”[⑦]。李令“带印出东门遁，其妻陈氏投东河死，李后以印存，就吏充戍”。以上二令均是非常时期的非常之举，上峰的追责难免，最可怜可悲的还是那无依无靠的山城居民。

第三个场景：明嘉靖三十八年十一月，晋江令卢仲佃调任福安。卢仲佃拒绝随从，单车进城，他见到的是“疮痍满目，蓬蒿没腰，呻吟吁号之声，接乎远迩”。卢侯“为之泫然坠泪者久之”。[⑧]他万分感叹，说：“我们还能够推辞自己的职责吗？”他登上了北山之巅，仔细观察了地形、工事后说：“城邑被毁，起于此处，不足为怪了！”他又转向西门、南门，复往东门，卢令考察全面、周全。他发动百姓开始重新筑城。修建的速度很快，“昼趣宵巡，日率四五周。且凿且筑，且筑且守”。到了翌年四月，城甫迄工。三月清明，县城厉坛和各都三十二所

---

① 《元史·仁宗纪》作“也先帖木儿”。

② 参见朱维幹《福建史稿》（上），福建教育出版社1985年版，第400页—401页。

③ 乾隆本《福宁府志》卷之十五，《秩官志》。

④ 张景祁总纂《福安县志》卷之十六，《职官》，光绪十年（1884）。

⑤ 明万历本《福安县志》卷之四，《历官志》。清光绪本《福安县志》卷之十六《职官》。

⑥ 明万历本《福安县志》卷之四，《历官志》。清光绪本《福安县志》卷之十六《职官》。

⑦ 明万历本《福安县志》卷之九，《杂纪志》。

⑧ 清光绪本《福安县志》卷之五，《城池》。

乡厉坛，都举行了别开生面的祭祀活动，厉坛是祭无祀鬼神的坛，悼念死于倭乱的父老乡亲。县令卢仲佃主持了县城的坛祭，此时，城隍庙已被毁弃，无法迎请城隍爷，仅在厉坛上设立城隍神位。各乡的坛祭由里长操持，各地土地、土主等众神灵也忙于祭事。城乡各地的道士们是参与祭祀的主角之一。这次坛祭，既是寄托哀思，又是战前动员。到了四月初五日，城池刚刚竣工，倭寇又来犯境。老百姓恐惧往事，人心浮动，无法平息。卢县令站在城头动员，父子上阵，并调兵遣将，有效御敌，城保民救，人心遂定。乡人为了纪念卢县令，便在莲池边建了卢怀莘（即卢仲佃）公生祠。卢公离任，友人送其诗云："我昔送君官福安，福安今日我为官。直须长守萧何画，不特虚弹贡禹冠。陶冶春留千嶂雨，冰壶夜贮一堂寒。过生祠下时翘首，芳躅依然欲步难。"①

第四个场景：据明万历本《福安县志》记载，万历八年（1580年）知县徐廷兰"赴任入城之时，衙后城忽崩十丈余，盖水灾之兆也。"②不见记载，那时的筑城是豆腐渣工程，但确是上苍扎扎实实给徐令的一个下马威。紧接着，翌年的"辛巳之灾"便降临福安百姓，巨大的洪峰席卷了山城。至今民间还流传俚语"万历年间，水流福安，剩下上杭与湖山"。这是福安古城永远的痛。

第五个场景：明万历三十八年（1610），江西广昌人毛万汇任福安知县。毛公到任时，福安正连年水祸饥荒，百里凋敝。他把上任入城的所见所闻刻画得惟妙惟肖，其专著《蕉园佚笔》记录在案，云：

> 一抵韩阳，异乎吾所闻。夫马不名，一人吏农仅迎郭外。皂快垢衣空拳，皂盖执事皆乌有先生。堂上二公座仅余四壁，衙内破床几张，破桌几架。……尤奇者水火濒仍，城市村落触目萧条，雕疲既极，顽玩日甚。仓稻八千，而亏折六千有奇，钱粮岁额九千，而库吏侵费三千有奇。寺租充饷仅七百耳，强半饱势豪私橐，积逋至一千七百有奇。前人废弛之后，整顿难骤……③

清光绪本《福安县志》没有将毛公列为"名臣"，仅入《职官·知县》栏，所载极为简略，云："毛万汇，广昌人，举人。万历三十八年任。修县志，有政绩。"所幸毛公故乡志书，即清康熙本《广昌县志》之"笃行传"中有他稍

① 明万历本《福安县志》卷之二，《营缮志·城池》。

② 明万历本《福安县志》卷之九，《杂纪志》。

③ 《庄生梦·蕉园佚笔》卷三《柬李玉立庠友》。

为详细的介绍，云：

毛万汇，字心如，举人。赋性孤介，慎交游，严取与，寡言辞。为诸生十余年，未尝私事入公门。仕福安令，以干敏称，廉于持己，方于事上。见客死者暴骨他乡，捐俸置官（棺）之。卒以清取忤，解绶垂橐，士民怜之，祀名宦。[①]

毛公在任四年，性格孤傲，忠于职守，务实勤政，两袖清风，颇有政绩，却“以清取忤”，得罪世俗官场，“左迁王门无所”。惟一能做的事是把自己执事福安的告示、禁令，以及向上司提交的公文等汇集成册，署名《韩阳拙令》[②]，并作为第四卷，收入别集《庄生梦》[③]中。

毛公甫一到任，百废待兴，决心施行一系列行政革新方案。毛公还对年久失修的公共设施重新修葺：福安山川坛、社稷坛分布于韩城南北，均水毁于万历年间。[④]毛公认为“南北两坛，山川社稷，祀莫重焉。本县到任，仅存荒址。查系远年颓圮，以致栖神无所，民将安依？”便“随捐俸十一两，本县公费银十两，鸠工重建，不动官帑，不费民缗，今二坛幸告成矣！”[⑤]鸠工修建山川、社稷二坛；令士民掌管经费，修桥补路，对水毁公共建筑物维修加固。[⑥]捐输官俸，设立义冢，为贫而不能葬者。修建轻监，监禁轻囚。发布公告，禁止薄习恶俗，禁止火葬、溺女婴、私自宰杀耕牛。禁约图赖，有假捏人命案件，意图诈骗者，严加惩治。严禁棍徒夜聚明散，摊场赌博。振文兴邦，致力教化。奉两院明文纂修志书，“不动官帑，捐自理赎银三十两，以供纂集刊刻之费，不三月而修完。”[⑦]朔望奉行乡约，随撰《劝世俚言》刊布，训谕乡民。每月初二、十六，作文三篇，知县亲出题目，在县学面试生员，课文批评。[⑧]

在《韩阳拙令》所收的行政公文中，着墨最浓，颇引人注目的是有关寺田问题的内容。明朝政令云：拥有寺田的寺僧与民户一体完纳税粮，当里甲役，

---

① 杜登春《广昌县志》卷之四，《笃行》。

② 第四节所引毛文均参见《太姥山全志·韩阳拙令》，福建人民出版社，2008年版。

③ 现最早版本存于日本尊经阁文库。

④ 明万历本《福安县志》卷之二《营缮志》。

⑤ 《太姥山全志·韩阳拙令》，福建人民出版社，2008年版，第29页。

⑥ 《太姥山全志·韩阳拙令》，福建人民出版社，2008年版，第31页。

⑦ 《太姥山全志·韩阳拙令》，福建人民出版社，2008年版，第32页。

⑧ 《太姥山全志·韩阳拙令》，福建人民出版社，2008年版，第30页。

只免除杂差。成化年间徭差、兵饷与民田丁，通融编派。到了嘉靖中期，由于倭寇猖獗，军需激增。嘉靖四十三年（1564年），朝廷议定，将寺田俱以十分为率，内取六分入官，抽租充饷，四分给僧焚修。其入官田租银二钱内，将一钱二分充饷，八分粮差。此即为闻名于我国佛教史之“寺田四六之法”。

总之，毛公在福安的任职期间，以爱江山社稷之心，公平严肃，恪守法度，“廉于持己，方于事上”，可谓官场楷模。回忆福安之行，他无比欣慰地说：“四载芾树，何妨稍缓须臾，以慰山灵；卧辕父老，尚当暂与俯仰，以谢旧赤。”[①]其间，上司评判毛公政绩的溢美之词，跃然纸上，其云：“廉隅昼静，听断风行。蠹不积于六曹，仁已达乎四境”，“焦劳以勤抚恤，刻励而振颓弛。庭扫尘污，人游化国”，“守贞茹檗，才捷运斤。三年循政有成，百里芳声蔚起”，“百计终朝保赤，寸衷静夜盟册。万姓倾心，群奸匿迹”。[②]上司因之屡次保举他。令人始料未及的是，吏部突然解除他的职务，命其调迁荆州王府审理正。虽然较之县令的七品官衔，算是升迁为正六品。但是，王府理正却是个闲职。《韩阳拙令》的书后附录《左迁后各上司手札》看到上司对这次人事变动的异议。如抚台袁一骥深感意外地写道：“日得门下左移之报，殊为愕然，地方失一良牧，大非倚玉初意，顷接手教，更度越寻常一等矣。”[③]来自官府乡绅上下压力，吏部官员的暗中操纵，毛公“左迁”是不可避免的事。由于毛公不心甘情愿就任王府清闲之职，遂主动辞官，索然返乡，一方循令，无声谢幕。四载“拙县令”，一枕梦蝴蝶。张挂于韩阳城的知县政令遗留极少，《韩阳拙令》之文稿弥足珍贵。

有清一代，在地方志书之中，没有记载知县进出城门的故事。但是，清代的第一任知县郭之秀值得关注，他是盛京沈阳人，大概属于汉八旗之类，顺治二年（1645）到任。南明兵部尚书兼东阁大学士刘中藻，福安人氏，他以“反清复明”纠军数万，转战于闽浙两省。于监国鲁三年（顺治五年，1648）兵败，退守福安。期间，刘公遇上了忠于职守的福安县令郭之秀，双方对峙，血雨腥风，李令为流矢所伤，死于韩阳之东。很不幸，李令出城时仅是一具尸身。清

① 《太姥山全志·韩阳拙令》，福建人民出版社，2008年版，第34页。
② 《太姥山全志·韩阳拙令》，福建人民出版社，2008年版，第28页。
③ 《太姥山全志·韩阳拙令》，福建人民出版社，2008年版，第33页。

兵开始大肆反扑，总督陈锦率兵十万，围困福安城，达四月之久。监国鲁四年夏四月，清兵克福安，刘中藻衣冠坐堂上，为文自祭，服金屑死。明末清初，福安古城的故事惊心动魄，壮怀激烈。刘中藻、李之秀各为其主，各司其责，各行其事，各褒其行，地方志编撰者秉笔直书，为他们的行状，记下了恰如其分的一笔。

民国27年（1938）3月，得到国民政府省长陈仪赏识的高诚学，调任福安县长。据海峡文艺出版社出版的《民国县长高诚学》一书记载：他上任伊始，一改历任官员走南门上任的习俗，而在一个春雨绵绵的早晨，改从东门进入韩阳。其目的十分明显，是希望在自己任上大展宏图，让福安山城犹如旭日东升，蒸蒸日上。他醉心“社会改革”，提倡“移风易俗”，致力于发展福安经济、文化、社会。在他的一系列改革措施中，包括大胆而绝然地拆除了屹立于韩阳坂近700年的古城墙。从此，韩阳城减少束缚，四通八达。由于国民党的派系斗争，高诚学经营福安五年之后，娶日本妻子的主子陈仪倒台了，刘建绪任省长，亲临福安，下令逮捕高诚学，并公布了不少罪行，处决了高诚学。

曾有人绘声绘色地描述高诚学最后的日子：当高诚学被行刑队押解着，经过他自己一手建设的吴厝坪操场时，不知作何感想？当年在东门吴氏祠堂前，他推倒了一切障碍性建筑，硬生生平整出一块偌大的地盘，在韩阳城建立起了第一个室外篮球场，让人们第一次享受具有现代文明意味的闲暇时光，此举是何等的富有创意。老一辈人津津乐道，谈起高诚学在球场的矫健身影，还啧啧称道，他三步上篮是何等潇洒，何等神气。……此刻，高诚学意识到性命难保，遂脱下手上的金戒指递给士兵，要求保个全尸，别枪击头部。最终，他横尸操场，无限苍凉，被囫囵抬出了东门外。

在刘建绪赴韩的一行人中，有一位“胡邦宪”，他是中共地下党员，深得刘建绪信任，被委任为福安县长，接替高诚学。当年，他进入福安时，已无城门可以进出了，同时，他最初的身份也仅仅是刘省长的秘书而已。民国时期，新旧两任县长的一前一后、一出一进，充满悲喜剧色彩，仿佛点燃了一盏光怪陆离的政治走马灯。

1949年7月19日，中国人民解放军278团、92师炮兵加强连在副师长蒋学道、团长杨金山、政委颜红率领下，自东门入城。自此，福安城头展现新的历史旗帜。

04. 我们需要怎样的“城邑精神”

——明朝县令毛万汇“是邹是鲁，非邹非鲁”的启示

一座城市发展的永恒魅力、生命力与原动力在哪里？我想不单纯是强悍的居民，活跃的经济，通达的交通，开放的社会，而决定性的因素是千百年来积淀而成的文化传统，以及以此提炼出的“城邑精神”。无疑的，所谓城市的灵魂就是城邑居民千百年来生活实践的精神结晶——“城邑精神”。

明万历县令毛万汇对福安文化传统的概括，发人深省。他在《韩阳拙令•跋》中，一腔热血，慷慨唏嘘，文曰：

> 韩阳令者，天下拙人也。文不对金华，武不磨墨盾，鼻弃而为令。令在山陬海澨之间，是邹是鲁，非邹非鲁。而今拙于用爱，爱吾鼎，爱吾子，爱吾国家之法。折腰四载，左迁王门无所。短长之效，已可概见。今甚愧吾拙也，今亦不敢藏吾拙也。笔而纪之，以公诸三代之民之口。斯世也，斯民也，共诧天下有如此拙人。令且笑曰：毕竟是梦中扮戏，醒眼现场。

毛公感慨于世道无情，钟情于庄生梦蝶，自我调侃解嘲，以为四载县令生涯，无非“梦中扮戏，醒眼现场”。极力申明自己是“天下拙人”，当了四载拙令。在自谦之词的字里行间，可知毛公任上“拙于用爱”“爱吾鼎，爱吾子，爱吾国家之法”“折腰四载”“短长之效。可以概见”。在《韩阳拙令》的“夫子自道”中，人们既可体察明代福安社会之众生相，又可领略福安循吏之克勤无怠，谨慎兢业。他对福安文化生态概括为“在山陬海澨之间，是邹是鲁，非邹非鲁”。“邹鲁之区”是历代文人对福安的普遍赞誉，而毛公深入了一步，看得更为透彻、深邃：“是邹是鲁，非邹非鲁。”他认为，福安的文化生态是一个君子与小人混杂、规矩与放荡交集、理性与感性同在的矛盾统一体。人们是无法抉择、不能逃避、身不由己地生活在这个城邑的矛盾体之中。固然，文化传统是城邑精神的思想基础。但是，城邑精神必须是扬弃文化传统，取其精华，弃其糟粕，在文化传统中提炼出积极向上的思想内核，成为城邑发展进步的主旋律与正气歌。

我们知道，人类的生产分为三类：包括物质生产、精神生产与人自身的生产。人的生产仅限于单个家庭，而不论城邑或乡村。但是。物质与精神的生产就要复杂得多。一般而言，城邑的诞生是由乡村逐步发展、提升的，在乡村演

变为城邑的过程中，人类的分工会越发明朗、精致，传统风习会是“城邑精神”出现的基础条件。在农耕社会，社会分工的规律是，乡村是肌肉，城邑是大脑。乡村大量产出物质产品，而城邑却是精神产品的主要产地。城邑积累了更多的文化精英、文化设施、文化产业与文化产品，城邑精神往往代表了城乡所在区域的总体精神。在乡村的城镇化过程中，随着城邑的逐步实现，其文化传统在城邑得以复兴、发明、习得、凝固与传承，并发扬光大，随之，也相应的提炼出“城邑精神”。所以，城邑是精神生产的“作坊”，是文化传统的主要传播地，城邑自然而然出产“城邑精神”。

清代，从乾隆本到光绪本的《福安县志》都有前置的木版绘制山水图，在明万历本《福安县志》中称为“图经”，其中仅有的两幅村庄聚落图是《龟龄图》与《廉村图》。解读这两幅图可知：其一，龟龄村的文化地位高于廉村；其二，龟龄、廉村的地理位置，较之现在有很大的不同。即当时涵盖的地理范围比现在大得多。

《龟龄图》中标有“韦斋祠”与“龟龄书院”（龟龄寺），这两处都与大儒朱熹有关。“韦斋祠”纪念朱熹之父朱松，朱松（1097—1143），字乔年，号韦斋，安徽婺源松岩里（今紫阳镇）人，儒林学者称为“韦斋先生”。他的理学思想影响朱熹的一生。政和八年（1118），朱松任建州政和县尉，由此举家徙闽。在朱松的诗集《韦斋集》中，有一首七绝《溪上》，云：“攀援云水试青鞋，待得轻阴漠漠开。同在海上孤绝处，溪边更复几回来。”诗后有附记：“辛亥（宋绍兴元年，1131）岁，避寇寓长溪龟灵（龄）寺。壬子春，闻建寇未平，将携家之福州，度鸡屿洋，寓桐江，因有此句。”[1]清光绪本《福安县志》载：“朱松，字乔年，号韦斋。婺源人。宦于闽，生子熹，因自婺源徙建阳，家焉。熹，绍兴间，松携之福安，寓龟龄寺。今有祠。”[2]又载：“晦庵书院，即龟龄寺。宋绍兴中，文公随父韦斋寓此数月，因名。又为朱韦斋先生祠。今废。”[3]幼年朱熹第一次随父来到福安，留宿于龟龄寺。后人缅怀朱松，建祠祭祀。因为朱熹父子的行迹，凸显了《龟龄图》的价值。乾隆本、光绪本的《龟龄图》略有不同。标明的村

① 朱松《韦斋集》卷六。元至元三年（1337年）刻本。

② 清·张景祁总纂《福安县志》卷之二十五，《流寓》，光绪十年（1884年）。

③ 张景祁总纂《福安县志》，卷之九《学校（下）·书院（附）》，光绪十年（1884年）。

落还有林柄、福洋、南岸等。林柄至今还流传朱熹的传说。随着文化地位的凸显，龟龄村的经济地位也随之上升，乾隆本《福安县志》中没有出现的“龟龄市”，在清光绪本的《福安县志》中已赫然纸上。较之乾隆年间，福安城外的12个集市，到了光绪年间增至了17个集市。而在社口（界首）集市附近新增了龟龄市与坦洋市。文化之乡，商品之市，到了清末，行商货担，坐贾柜台，算珠滴答交响，秤砣上下升降，可想而知，晚清龟龄集市的繁华。

《廉村图》让人自然想起福安乡贤薛令之。图内有与薛令之相关的文物村落有灵谷草堂（灵岩寺）、补阙祠墓等。梁克家《三山志》卷第二《地理志二》云：“永乐乡，（长溪）县西北二百里。……西兴里，白沙、廉村、薛家坂（唐进士薛补缺令之所居。其孙芳杜，为人正直。既死，乡人为立祠，与令之同祠。立亭曰‘清风’）。”《三山志》中，标明薛令之宅不在廉村，而在薛家坂。薛家坂的确切地址至今已不得而知，但是明万历本《福安县志》提供一个线索，云：“今乾岑、党濑皆世裔。”[①] 从清代县志的《廉村图》搜索，包括城山、富溪津、高岑、罗家浦、廉岭、仙石等处。从薛令之幼年在灵谷草堂读书的方位看，薛家坂在城山附近的可能性很大。明嘉靖本《福宁州志》“城山，在二十一都，薛令之弃官居此。”[②] 清乾隆本《福安县志》云：“城山，《通志》：在县南二十都。唐薛令之弃官隐此。黄巢之乱，乡人筑城于此避之。上有灵岩，岩下有金石印、钓鱼台、双剑水，东北有廉岭，五里有廉村，南有廉溪，皆由令之得名。”[③]

总之，朱熹与薛令之在福安文人的心理占据绝对的地位。而由于朱熹是儒学的代表性人物，其影响力更大，更深入人心。据福安、宁德地方志书中记载，晚年朱熹第二次来福安。南宋庆元年间（1195—1200）朱熹遭“伪学”之禁，避地闽东。[④] 福安寺院僧坊是朱子的主要驻足地，他到过龟龄寺、上东庵、洙溪庵，以及处于福安、宁德交界地的“半属宁德，半属福安”的龟山寺[⑤] 等。由

① 明陆以载《福安县志》卷之九，《杂纪志》。

② 嘉靖本《福安县志》卷之二，《山川》。

③ 乾隆本《福安县志》卷之五，《山川志》。

④ 乾隆本《古田县志》卷之七，《寓贤》载：“朱熹……庆元间，韩侂胄禁伪学，迁寓古田。”

⑤ 崇祯本《福安县志》云：“龟山寺，半属宁德。”所谓“半属宁德者”，也即半属福安，乾隆《福宁府志》云：“龟山寺，在福安、宁德之交。”即指龟山寺院址在宁德安乐里，而寺田多在福安沿江里。

于朱子论学于寺院，时人干脆将寺院称作书院，如龟龄寺称为“晦翁书院”。清道光本《重纂福建通志》载：“龟龄寺，……宋朱韦斋先生及朱子寓此，亦名晦翁书院。”① 民国本《甘棠堡琐志》载：“洙溪庵，离（甘棠）堡北门四里。宋朱子讲学于此。授徒杨复得成理学。庵废基址仍在。”② 清乾隆《甘棠太邱郡陈氏宗谱》载：“洙溪庵一座，系本家檀越，庵后山壹丈深，并左右围数坪，俱是庵内之业。”③ 清乾隆本《福安县志》载：“上东庵，在二十八都。……宋朱晦庵讲学于此，授徒杨复，得成理学。宋儒题有联云‘留衣韩伯人如玉，解带苏公价值金’之句。”④ 清道光本《闽都记》载：“龟山寺，唐开成二年建。初，蔡、柳二师入闽，法曹杨郁、处士黄俞施山为寺，延师居此。示寂后，王审知建殿奉之。宋雍熙二年赐额。雍熙、成化间重建。更今名。寺与宋儒杨复故宅伊迩，朱子于精舍论学月余。”⑤ 清乾隆本《宁德县志》载龟山寺后有“白云亭”：“宋朱晦庵诗：‘亭挹小南屏，遥联御经阁。四时发清兴，还尔林泉乐。’今亭废。”⑥ 光绪本《福安县志》转引了《闽书》云：“龟仙山在福安县治西，邑巨镇也。朱文公到此，乡民饭焉。文公赠之句：‘水云深处神仙府，黍稻丰时富庶家。’”⑦

从龟龄寺到上东庵，南宋时期的福安为朱子过化之地，催生了福安的文化繁荣。清乾隆本《福安县志》云：“学志：扆为朱子讲学之地，圣贤所过则化，故士多知读书求道。弦诵之声不独朱门也，即白屋绳枢，亦往往不绝。明县令孟充诗：‘醉踏甘棠桥上月，家家灯火夜攻书。’其风至今尤盛。”⑧ 福安还出现了朱子高足，如杨复、黄榦、张咏等。

据清光绪本《福安县志》记载：

杨复，字志仁，号信斋，二十八都人，居大留。受业朱子之门，与黄榦、刘子渊、陈日湖友善。真德秀帅闽，创贵德堂于郡学以处之，学者称为“信

① 清道光本《重纂福建通志》卷二百六十五，《寺观》。

② 陈一夔《甘棠堡琐志》，《宫庙·附庵堂·古迹》，民国十六年（1927）。

③ 《甘棠太邱郡陈氏宗谱·产业》，乾隆五十二年（1787）修。

④ 乾隆本《福安县志》卷之二十三，《寺观（附）》。光绪本《福安县志》卷之三十二，《古迹·寺观（附）》。

⑤ 明王应山《闽都记》卷之三十三，《郡东北福宁胜迹》，清道光十一年（1831）。

⑥ 清卢建其修、张君宾纂《宁德县志》卷一，《舆地志·山川》，清乾隆四十六年（1787）。

⑦ 清光绪本《福安县志》卷之三十八，《杂记》。此段也载清郑方坤《全闽诗话》卷四。

⑧ 乾隆本《福安县志》卷之十一，《风俗志·士风》。

斋先生”。著《祭礼》十四卷，《礼仪图》十四帙，《〈家礼〉杂说附注》二卷，《〈大学〉〈中庸〉口义》《〈论语〉杂说》。门人礼部侍郎李骏、江西提刑郑逢辰上其书，宁宗曰：“尚有远谋，毋嫌仕进。”敕正奏状元。祀乡贤。

黄幹，字尚质，阳头人。师朱子，著述甚富。余干饶鲁、宁德李鉴皆从之游。所著有《诲鉴语》《五经讲义》《四书记闻》。官至直学士。祀乡贤。

张咏，字潜夫，以省名斋。锐志濂、洛之学。家居授徒，多有显者。庆元中，严禁伪学。会大比，试天下之言性、论策、问伪学。泳力抵邪说，主朱子之说。有司读其文，大奇之，叹为冠场而不敢录。著文集若干卷，学者称“墨庄先生”。祀福州养正书院。今祀乡贤。[①]

陈骏，字敏仲，号仁斋，廉村人，进士，大冶丞，乃朝奉大夫陈雄之侄，朝请大夫陈骥之弟。受业于朱子。著《论语孟子笔义》《毛诗笔义》，未脱稿而卒。子成父，字汝玉，克承家学。辛弃疾持宪节来闽，闻其才名，罗致宾席，妻以女。其学以立诚为本。《近思录》一书理会有得，故行己皆有法度，安贫守道澹如也。常升上庠，两预解选，有《律历志解》《和稼轩词》《默斋集》藏于家。

从福安的文人著述，也可看福安传统文化所构筑的精神世界。清光绪本《福安县志》汇集了自唐到明的文人著述凡118部，其中唐代2部、宋代62部、明代54部；涉及文人45人，其中唐1人、宋15人、明29人。清代到光绪十年（1884）前共38部，涉及作者11人。《福安县志》的编纂者慨叹文人篇什“传者什不得一焉。古籍之云亡，良足慨已！安邑人文肇始，断推补阙（薛令之），而‘苜蓿阑干’之咏，残叶仅存。即信斋（杨复）、墨庄（张泳）诸大儒，推阐圣学，亦无复语录行世。甚矣，著作之难，而征文考献之不易也”。[②] 虽然文人著述的搜寻十分不易，但是《艺文志》还是留下了十分珍贵的精神遗产。福安素有“瓯闽名区”和“邹鲁之邦”之盛誉，其中缘由之一是得到朱子及其门人的思想沐浴。

清康熙五十五年（1716），知县严德泳在韩阳城之东的宾贤境，将久废的

① 光绪本《福安县志》卷之二十二，《人物》。

② 光绪本《福安县志》卷之三十三，《艺文》。

暗察分司旧址改成书院，并以“紫阳”名之。顾名思义，朱熹号称“紫阳先生”，书院以“紫阳”命名，借以传播朱子思想。清乾隆十二年（1747），知县杜忠重建书院，并作《重建紫阳书院记》云：“理学名儒，遗踪如昨，遥想其时，人崇其学，家室其书，而无他歧之惑可知也。书院之名‘紫阳’，所自来矣。……兹书院题名未之改易者，亦谓‘紫阳’之名，游‘紫阳’之宫，学‘紫阳’之学，心‘紫阳’之心。正道昭回，炳若日星。行见士振民兴，迷开悟觉，趋向齐，熏蒸洽，相须为礼乐、教化之归，虽有邪径挽之而不能入。所谓经正而庶民兴，斯无邪慝也。其为人心、风俗所赖，岂不巨哉？”朱子之学，“其为人心、风俗所赖。”[①] 紫阳书院在东门的建立，其弘扬的就是朱子理学精神，这种精神世世代代为韩阳知识精英所学习、解读、模仿，也逐渐融化成为韩阳的“城邑精神”。

南宋祝穆修的私家地理志《方舆胜览》中，在述说福州（当时，福安属于长溪，而长溪属福州府）风习与文化传统时，首提“开闽第一进士”薛令之。其书云：“《图经》：‘晋永嘉，衣冠趋闽。自是畏乱，无复仕。神龙中，州人薛令之始登上第，其后李椅、常衮，皆以崇重学校为意。于时云云，如欧阳詹、林蕴，咸登于朝焉。’”[②] 清光绪本《福安县志》载：“薛令之，字君珍，号明月先生，廉村人。神龙二年（706）进士。”在唐玄宗开元中，累迁左补阙兼太子侍讲。因宰相李林甫“不惬于太子”，故冷落东宫，薛令之“感慨时事，题诗于壁，因谢病归”。“玄宗闻其贫，命有司资以岁粟，令之量受不多取”。唐肃宗即位后，“思东宫旧德”，想召令之回宫，但令之已逝。肃宗“嘉叹其贤，因敕其乡曰‘廉村’，水曰‘廉溪’”。[③] 唐代福安西部穆水流域的经济文化，虽然现存的典籍中没有详细的文字叙述，但是薛令之的出现看似突兀，实则必然。社会文明的发展规律告诉我们，特定时空文化奇迹的出现，离不开当地经济文化的积累，唐代廉溪流域薛令之的出现不应该看成是孤立的文化现象。其中，相当大的可能性是廉溪流域已然有了较为深厚的文化与经济的蓄势。可能仅仅是，在史家的宏大叙事中，因廉溪的地理位置、经济文化地位，没有引起足够重视，便自然而然地把廉溪流域的“自在”状态忽略了。古代官方文献“重朝廷，轻民间，

① 光绪本《福安县志》卷之九，《学校（下）》。

② 《方舆胜览》卷之十，《福建路·福州·山川》。

③ 光绪本《福安县志》卷之二十二，《人物》。

重朝事，轻民情”[①]。农耕社会信息的获取与传播有着固定的渠道。远离国家或区域的政治中心的地方不入官方的“法眼”，有司体察社会民情的輶轩之采，其视野范围也十分有限。而乡民的活动半径仅限于“十里八乡”，他们获取信息与传递信息的途径、范围与能力都受客观的限制。但是，南宋淳祐五年（1245）福安设县之后，随着福安行政地位的变化，韩阳城邑的确立，城邑具备了蓄积精神产品的各种条件。薛令之的文化地位与文化精神在韩阳城自然得以重视与书写。

福安“虽僻在遐陬，不克与岳色河声竞其奇胜，而炳灵毓秀，光气自不可遏抑。吾知魁人杰士，必有应运挺生，与山川相辉映者”。[②]单一位薛令之就足以光昭日月，饮誉八闽。明万历本《福安县志》云：“大抵城以内，衣冠辈出，外合洋头、穆洋、苏江、三塘、秦溪，其文物亦称是。入仕者多以抗直辞归，宦囊纤薄，盖亦薛令之遗风焉。”[③]入仕者的“抗直”“清廉”之举，就是维护政治原则与政治理念的诚信，为了仕途经济的光明正大，摒弃投机取巧、阿谀逢迎、见风使舵、滑头曲辩。这种“薛令之遗风”的政治抱负、处世原则为历代福安籍士人所推崇、效法。明万历年间“三贤祠”在韩阳城鹿斗建成，之前，还有祭祀薛令之的薛补阙祠在韩阳城金山、城南先后建立，薛令之偶像在韩阳城深入人心，以薛令之为首的“抗直清廉之士”的历史地位愈发凸显。像郭文周、谢皋羽（谢翱）、郑虎臣、刘中藻等一系列文人志士，为了正义，为了苍生，胸怀坦荡，宁折不弯，“抗直清廉”的薛令之遗风为人们所推崇，并逐渐演变为韩阳的“城邑精神”。

从十九世纪末，韩阳城出现了异域文化，二十世纪中前期，韩阳城开始接触到大量的现代文明，并开始了初步而具体的实践。

明末清初，天主教教士渡过太平洋踏上了闽东，开启了天主教的闽东冒险。此时，对于基督福音的传播者，福安县令巫三祝表现出极大的宽容，在城乡居民中也有为数不少的人改弦更张，趋之若鹜。福安城乡是我国最早接纳天主教文化的区域之一，中国天主教史上著名的“礼仪之争”便发生在福安。清光绪年间，在紫阳书院的不远处的关庙巷建起了仿哥特式建筑的天主教城关堂，乾

① 韩茂莉《十里八村——近代山西乡村社会地理研究》，三联书店，2017年，第264页。

② 清光绪本《福安县志》卷之四，《山川》。

③ 明万历本《福安县志》卷之一，《舆地志·风俗》。

隆年间重修紫阳书院时，知县杜忠《重建紫阳书院记》就说到，重修书院是因为福安城乡“民惑于西洋邪教者，什之二三”。重新修葺“自当以修风俗、正人心为首务。夫道有正与邪，正难悟，邪易惑，西洋陋说，亦何能种孽兹土？”[①]清代宗教冲突，针锋相对，愈演愈烈，光绪十三年（1887），天主教城关堂被反教群众烧毁。虽然，清代“四朝禁教”[②]对福安天主教有不同程度的打击，但是不管怎样，西方天主教文化在韩阳居民中已经占据了一定的心理空间，并直接、间接地影响了韩阳社会的文化传统，在已有的“城邑精神”中或多或少融进了西方基督文化的因素，这主要表现在福安教会学校的青年男女中。

在民国时期的福安县长中，高诚学是一个颇有争议的悲剧人物。高诚学（1897—1943），平潭县人，曾就读于私立福建法政学校、燕京大学理工学院农学科，任过平潭县政府教育科督学、福建省政府参议等职，民国27年（1938），他调任福安县长。在福安县长任上，高诚学积极实践“民主共和”与“实业救国”，实行社会变革。他拆除福安城墙，疏通城乡交通。在城内吴氏祠堂前，平整土地开辟吴厝坪操场。推广健身，创办医院，治病救人。他创办县立初级茶业职业学校，即福安县立初级中学前身，发展茶业，培养技术人才。组织垦荒造田，植树造林。引进树种，广种桐树、茶油树五千多万株，创造了当时全国种植桐树记录。高诚学还通过多方筹资，招募民工，开垦荒地，在福安溪柄创办现代化农场，命名为“归田农场”（即今宁德市农科所）。成功繁殖推广杂交良种猪，百姓称其为“诚学猪”，该品种成为福建省十大良种猪之一。他在福安的许多首创之举，都具有划时代的意义。如小小的福安城里从来就没有勾栏瓦舍，居民要看戏，过戏瘾，只得在宗祠里看神戏。1930年代有了吴厝坪操场，人们搭起戏台，演出文明戏。往年逢年过节，人们只有在街头巷尾举行游戏、杂耍等雕虫小技，有了操场，就有了现代体育竞技。高诚学惊世骇俗的举动，反响巨大，也得罪了乡绅为代表的乡村落后势力。他们在刘建绪到福安视察时，就罗织罪名，落井下石，弹劾高诚学。在新旧势力的文明冲突中，高诚学倒下了。但是，高公毕竟在福安城邑建设中开辟了现代文明之先河，在树立韩阳“城邑精神”中，

① 清光绪本《福安县志》卷之九，《学校（下）》。

② “四朝禁教”指从雍正、乾隆、嘉庆、道光四朝颁布政令，不同程度地禁止天主教在中国的传播。

注入了新的元素。

谈起韩阳的“城邑精神”，不能不说起福安全民的抗战激情。1930年代之后的吴厝坪操场，是民国福安的地标性场所，许多群体性的社会活动都在这里举行。抗战期间，这里时时聚集万众，口号声、战歌声，壮怀激烈，气吞山河，这里是动员壮士出征的烽火台，是声讨日寇暴行的火药桶。从1938年至1945年，福安全县共有12062人开赴前线，他们中的绝大多数都为国捐躯，战死沙场。[①]民国28年（1939），福建省政府令：将福州城隍庙改为中山堂，各府县城隍庙改为忠烈祠。同时，福安与全省各地一样，奉令将各寺庙社坛所供“皇帝万岁”牌，改祀抗敌阵亡将士灵位。[②]韩阳东门的宾贤宫、凤尾庵等寺庙，都立起了阵亡将士的灵位。民国28年，为征召男丁奔赴抗日前线，福安县政府遵照省政府主席陈仪令，规定福安境内大小寺院不得收纳合格壮丁为僧。[③]福安佛教会在中国佛教会主席圆瑛的号召与盛慧法师的直接指导下，专门组织青壮年僧侣30余人在城内湖山军训，由县政府教官教训，准备随时参加战地救护队。[④]看破红尘的僧侣都表现出应有的民族气节，投身于滚滚红尘的抗战洪流中，更何况福安城乡的凡夫俗子。“全民团结，共赴国难”。抗战时期的韩阳“城邑精神”就是这句冲锋角的口号与旗帜性的话语。

每一个时代的城邑，都有符合这个时代的“城邑精神”。当下，故乡的“城邑精神”是什么？哲学家认为，精神是过去事与物的记录及此记录的重演。我们所需要的“城邑精神”就是踩着时代的鼓点与兴奋点，永怀进取的初心，回味已然发生的故事，探索生活逻辑，寻求发展路径，展现城邑自我的同时，给城邑的未来定个性。

① 李健民《品读福安》，云南大学出版社2011年版，第303页。

② 福安县档案馆档案全宗2目录2案卷24。

③ 福安县档案馆全宗2目录2案卷198。

④ 自上海“八·一三”事件后，许多地方的僧人均自发组织了僧伽救护队，支持抗战。

目录

卷一　地理形胜

东门头的文化边界
——坊间故事的逻辑外延　/ 蓝炯熹　2
福安城墙的变迁　/ 李健民　6
韩城街区的变迁和东门头的崛起　/ 李健民　13
东门头的街路巷　/ 陈耀年　22
风雨沧桑“三姓路”　/ 白沙余挺　33
水润东门　/ 陈佑年　37
城河·田园·乐园　/ 郭华琪　48
城东族姓·重金吴氏　/ 李毓贤　51
城东族姓·东门刘氏　/ 李毓贤　李　杰　61
城东族姓·扆东郭氏　/ 李　杰　70
明清“棠发八景”与城东岁时习俗　/ 李　杰　79
神游东门　/ 蓝炯熹　84

东门头

卷二　历史际会

吴川有美李夫人
——“己未倭乱”中的东门旧事　/ 白沙余挺　102
刘祠·洞山故居及“福安军”　/ 白沙余挺　108
福安城关天主教堂　/ 李健民　113
万泰酱行　/ 江绍光　121
万泰酱行后传　/ 吴　敏　124
私立崇一小学始末　/ 李健民　128
从紫阳书院到韩阳小学　/ 李健民　131
吴厝坪操场　/ 陈　耿　137
东大路福安县少数民族招待所　/ 蓝炯熹　141
吴厝坪福安县邮电局　/ 陈佑年　146
“城头上”的闽东报社　/ 蓝炯熹　150
宾贤宫城关水产批零部　/ 陈　泉　154
棠发洋小学记忆　/ 郭华琪　157
东门与部门
——和政府脉搏一起跳动　/ 王梅凌　165

卷三　街巷民生

挑水人的情怀　/ 陈耀年　174
写古典智慧“圆”字的人　/ 陈耀年　177
糖糕饼的甜度　/ 陈耀年　180
柜头下养猪的米店　/ 陈耀年　184
东门头棺材坊　/ 陈耀年　187
送上吉祥如意的银匠　/ 陈耀年　191
敢在太岁头上动土的人　/ 陈耀年　194
裁缝肥师傅的分寸　/ 陈耀年　198

铜岩伯和他的土烟坊 / 陈国栋 201
哑巴的生计 / 陈耀年 207
郭德杨的大家庭 / 陈耀年 210
东门头三弟鱼货店 / 陈耀年 213
东门民俗传人掠影 / 陈耀年 216
长弟先生的杂货店 / 陈耀年 219
做会暝的道师兄弟 / 陈佑年 223
伯父母的生计 / 陈佑年 228
走过姑婆家的池塘 / 蓝炯熹 231
豆腐人的肩膀 / 陈耀年 234
情满杏林的青草医 / 江绍光 237
东门客栈 / 陈耀年 241

卷四 老宅人事

咸同茶商之家 / 陈耀年 246
云聚东门紫气来
——城东郭氏老宅往事 / 江绍光 253
阮厝众厅的喧嚣 / 陈国栋 263
池厝工商金融业的兴衰 / 池建东 272
君归东吴怀故庐
——东门头吴宅的记忆 / 江绍光 276
两粒种子 一片森林
——记凤尾山横路面周宅 / 陈耀年 283
东门丁姓及黄儒回族村小识 / 白沙余挺 288
吴厝旧事 / 吴如秀 295
兵 缘 / 吴如秀 299

陆厝的人与事　/ 郭孝卿　302
我客居的陆厝　/ 郭华琪　310
最忆是故居　/ 陈　忱　317
老宅新年（四篇）　/ 陈佑年　321

卷五　名士身影

《安腔戚林八音》编纂者陆求藻　/ 郭孝卿　334
周祖颐和他的《福安乡土志》　/ 李健民　337
民主斗士周祖颐的诗歌　/ 郭孝卿　342
民国文人李经文　/ 李健民　346
民国书法家郭赞夏先生　/ 郭孝卿　353
茶业大师吴振铎　/ 李健民　358
福安首位省文史研究馆馆员陈庆新　/ 郭孝卿　363
挥斥方遒留丹青
——记著名政治经济学家、苏联问题专家吴清友先生　/ 江绍光　366
问君能有几多愁
——记教育家周泽万先生　/ 陈耀年　377
沁人心肺益人年
——记优秀教师郭宣愉先生　/ 郭孝卿　381
我的母亲黄双惠　/ 郭　敉　391
梅花香自苦寒来
——记福安一中高级教师刘锷　/ 陈　耿　397

后　记　/ 陈佑年　401

卷一　地理形胜

东门头的文化边界

——坊间故事的逻辑外延

◎蓝炯熹

据1999年版《福安县志》记载：1990年，福安市区韩阳镇共辖7个居委会、11个村委会、32个自然村。在32个自然村中，包括东观村委会的东门头、凤尾山2个自然村。虽然，“东门头”作为中国社区的最小行政单元，即自然村在官修志书中首度披露，但在韩阳居民的心目中，已然年深岁久，铭心刻骨。人们早将韩阳城东门的一大片地段统称为“东门头”，其地域范围岂是一个小小的自然村所能覆盖。

韩阳城内后缀一个“头”的地名，并不多见，颇有名气的有三处：即东门头、莲池头与龙山头。[1]《说文》云：头，首也。[2]即地理方位之首，首当其冲，不同凡响。福安城门四至，人们从不呼“西门头”“南门头”“北门头”，却唯有呼“东门头”。足见“东门头”地位特殊，东门链接着福安城东北部的众多村落，每日出入东门的，摩肩接踵，吆喝呼喊，柴炭山货，饼摊鱼行，行商游贩，充斥其间……如此这般，嘈杂喧嚣的市井之象是其他城门无法比拟的。每届逢年过节，东门头夜市如辛弃疾所吟哦：“东风夜放花千树。更吹落、星如雨。宝马雕车香满路。凤箫声动，玉壶光转，一夜鱼龙舞。”[3]游龙、铁机更是东门头民间艺术的“双绝”。显然，东门头是福安城乡商业、游艺的天然交汇点。

① 韩阳坂富春溪对岸的阳头坂还有一处后缀“头”的地名，曰“横街头”。

② 许慎《说文解字》卷九。

③ 辛弃疾《青玉案·元夕》。

莲池则是人工开凿之池，并暗藏玄机。福安第二任县令林子勋“凿纳邑中水，遥制西郊仙岭火曜”。[①]“莲池头”位于福安县衙之前，韩阳城中心。莲池有石围栏、石牌坊，有石的厚重、水的凝绿，临池有书坊，有童稚嬉戏，雅士酬唱，“莲池头”无疑是韩阳城举足轻重的文化地标。明清县志记载龙山，在“邑治西北，今筑坝，城连亘于龟湖山”。[②]乾隆朝福宁知府李拔云：“福安县，龙冈凤岫，环绕东西；廉水梅溪，映带左右。”[③]此“龙冈”，应是“龙山”。龙山曾建有龙山书院，龙山余脉延伸到韩阳城大西门之边，是城内的制高点。人们得地理形胜之便，登高望远，西眺街梅、富春，东瞰八街、十铺。龙山余脉地势逼仄陡峭，仿佛是固化的倾泻而下的天边之水。耐人寻味的是，人们目睹西门却不言“西门头”，只议“龙山头”。概而言之，自东往西，“东门头”“莲池头”“龙山头”，三点连一线，横亘韩阳城之中轴。此三处地名以“头”字后缀的地点犹如三颗记忆珠，熠熠生辉，凝固韩阳悲欢之泪；拟似三朵吉祥结，眷眷缠绕，牵挂韩阳福祉之愿。

“东门头”这个地理词汇何时植入福安俚语辞典？我们不得而知。据《淳熙三山志》记载，距离长溪县西北二百里的“永乐乡”有一片土地，名曰“归化东里”。按历史追溯，今天的“东门头”即属于这个地界。那时，这里空旷寂寥，杳无人烟。今天的阳头与韩阳坂的偌大社区中，能载入《淳熙三山志》的仅有两个聚落，即“察洋”与“湖边”。[④]当年，那条溪水不称“富春溪”，而言“松潭溪”。“察洋”与“湖边”，以松潭溪为界，隔溪相望，鸡犬相闻。

以上是已历千年而十分遥远的地名记忆了。一个简单的道理，只要有人们活动，才会有地方命名。我们能够逐渐明晰福安城区的行政坊里，还是得益于明清两代的地方志书。此时的韩阳城内，已是城门四极，比屋连甍，行脚熙攘。明万历《福安县志》载，福安坊里街巷中有“城中八街”“城中八境”“城中十铺”等。乾隆《福安县志》基本沿用万历本的坊里街巷的格局。从地名变迁中，我们知道与东门头相关联的“铺境制”地段是“宾贤铺（或境）”与“东门铺（或境）”。“东门头”俚语的出现，大致在于东门铺境的出现。与东门铺境联系紧密的是

① 光绪《福安县志》卷四，《山川》。

② 万历《福安县志》卷一，《舆地志》。

③ 乾隆《福宁府志》卷二，《地理志·形胜》。

④ 《淳熙三山志》卷二，《地理类·叙县·长溪县》。

宾贤铺境，位于两铺境而先后鼎建的棠坂宫、宾贤宫与棠发宫，有着相同的“江大王”信仰，神缘的一致性，促使了东门、宾贤居民祈神、祀神心灵的紧密性。因此，遂使人们知行统一在“东门头”俚语之岛成为了可能。

始于宋代的“保甲制”，始于元代的“都图制”，都是城乡户籍的社会管理制度，关涉民数虚盈，赋税多寡，兵役动定。而明清以来的城乡“铺境制”虽与“保甲制”“都图制”一脉相承，但却有特殊功能。“铺”关系邮路驿站，“境”联系劝农祭祀。“铺境制”行政管理之“毛细血管”，更加细致入微，虚实相当，更为贴近人们的社会交通、心灵交流。“铺境”空间是社会精致化的产物，是明清农耕鼎盛时期，社会结构与城市生活的不可或缺的基本单位，从传统里坊到铺境空间，介乎个体家户与整体城邑之间的社会尺度和空间尺度被延续和细化了。到了光绪《福安县志》文本中，韩阳的街市作了更替与延伸，如金山铺“今合东门铺”，东门铺“今名棠发（铺）”，锦屏铺“连街梅，今合宾贤铺”。[①] 由此可知，清末韩阳城内，原有的“金山铺”“锦屏铺”分别纳入了东门铺与宾贤铺；而“东门铺”改名“棠发铺”，“棠发”与“东门”的重合不仅仅在于命名，更在于地理上的关联。引人注目的是，光绪《福安县志》中，韩阳城不见记载城中之“境”了。古代城邑的历史学、行政学研究者认为，在“铺境制”中，“铺”是官方建制的最基层的行政组织，“境”是民间自发的最基层的自然组织。随着时间推移，“铺”存留下来，“境”退位到了虚拟世界，即已经架设在深厚的宗教与民间信仰土壤之上。时至今日，城镇地理区划设计中，“铺境制”都已不复存在。但是，当人们求神拜佛时，书写于祭神疏文之上者，还会赫然载明神灵子民们所处于何都何境。

古今行政区划相对照，清末的宾贤铺境与东门铺境，包括了1990年代初划定的城关镇中兴街居委会所属的关庙巷、衙前街等，东观村委会所属的东门头、凤尾山自然村；东凤街居委会所属的龙江路、凤山路、横路面、三姓路、东门路、双井巷、棠发后弄、下城河、东新路、井坪、池头、郭祠巷，以及棠发洋村委会所属的棠发洋、步上、步下、施老亭自然村。

1991年底，福安市的行政区划动了“大手术”，韩阳镇切割成3个街道办事处，即城北、城南、阳头街道办事处。城南、城北街道办事处的分野，是以中兴路（古

① 光绪《福安县志》卷三，《疆域》。

宾贤路）为界，路北为城北街道办事处，路南为城南街道办事处。城北街道辖东风、棠发洋、前进、后垄 4 个村委会和冠杭、中兴、富春、锦鸡笼、洋边 5 个居委会。城南街道辖东风、莲池、南湖、官村、新华 5 个居委会和南郊、南湖、程家垄 3 个村委会。“东门头”的中心地带，即原有的东风街居委会被一分为二：北部为东风村委会，今改为东风社区；南部为东风居委会，今为东风社区。

总之，数百年来，韩阳城的行政区划，因政权更迭、时代嬗变而在福安地理版图中，作若干次的裂变重组、盈缩开合，其地方命名也随之作相应的改动变易。但是，不管云谲波诡、世事纷扰，抑或海晏河清、时局顺变，在“老福安”心目中，来自民间、植根俚俗的文化符号“东门头”，却始终有着恒定的指向。“东门头”的所指与能指，经纬与坐标，不因时间的流淌而作空间的游离。因为，“东门头”的文化边界在韩阳居民的集体无意识中已然根深蒂固。所以，他们在作有关“东门头”的文字创造与环境描述时，都有着最大限度的逻辑外延。即本书叙述的对象，包括农耕时代的宾贤铺境、东门铺境，新时代的东风社区、东风社区、棠发洋社区等。总之，“东门头”即是地理概念、行政区划，更是文化符号，心灵空间。

航拍的东门头

福安城墙的变迁

◎李健民

宋淳佑五年（1245），宋廷正式批准划出长溪县西、北的永乐乡六个里和灵霍乡三个里建福安县，县治设在韩阳坂，从此有了福安县城。韩阳坂后来简称为韩阳，也称为韩阳城、韩城。

古人这样描述韩城的形胜："近则左鹤山、右龟峤，三台、天马控其前，铜冠、扆峰卫其后，形家所谓排衙列戟莫逾于此；远则五马东骧，仙岭西镇，秦源、环溪、大梅、廉溪合襟重抱，直走于江之南，而白马门交锁织结，前志所谓三十六重是已。"（万历《福安县志·舆地志》）其中鹤山、龟峤（龟山，也称龟湖山）东西对峙，铜冠、扆峰在北向，四者皆为县治边界。三台山在郊南，为学前案，又称为文笔山；天马山在城南，万历四年（1576）在山上建塔。韩阳城的"门户"还有一座凌霄塔，在江家渡对岸的旗顶山巅，建于明崇祯二年（1629），与天马山塔对峙。此后"双塔"便成为韩阳的标志。

韩阳初未有城，只筑土墙，立四门：东瑞应、西礼贤、南秦溪、北衣锦。广袤各二里，周长十余里。

县城没有城墙终究不是个事。据史志记载，明正统十三年（1448）巡按御史建议筑城。可能是由于财力的原因，未果。福安县只好来个权宜之计，以木栅聊代城墙，围成一圈，以备不虞。

直到建县261年后，明朝正德元年（1506）才累砖为城。东抵鹤山下，西至龟湖边，南临护城河，北倚扆山麓。城墙周长896.5丈（约2.8公里）、高1.1丈（3.4米）、厚1丈（3.11米）（按：明清时1市尺合今公制0.311米），增设小西门（名“凝秀”）。这时福安县城有五个城门。各个城门都建有门楼。按前面的数据计算，当时福安城关面积大约 0.5 平方公里。

明朝中叶以后，中国沿海倭患日益严重。在海防斗争中，人们认识到“福安固，则建宁属县及宁德、罗源、连江诸县皆固”（万历《福安县志·舆地志》）。嘉靖六年（1527），知县颜容端奉巡按之命重修城墙，全部改用石砌。

嘉靖三十七年（1558），倭警急报，知县李尚德向巡按申请改造城墙，高 1.3 丈（4 米），厚 1.5 丈（4.67 米）；但工程未毕，倭寇已至。三十八年（1559）四月初五日，万余倭寇占据韩城周边东、西、北三向山头，发起进攻。全城兵民虽奋力抵抗，终于不敌。“北城垛崩，贼遽入”，韩阳城陷落，“死者三千七百余人，空城一炬”。（乾隆《福宁府志》卷之四十三）十一月，卢仲佃从晋江调任福安知县。卢知县到任之后加紧城防建设，进一步廓城安集：加强北城防务，将城墙移到扆山顶上；西向占据龟山的有利地形，将城墙外展；南面向外拓展，东面向内收缩；将东城墙内移，以避免鹤山的逼仄。石墙周长 800 余丈（2488 米），高 1.5 丈（4.67 米），墙基厚 2.5 丈（7.75 米）。第二年四月，倭寇再次进犯韩阳，卢仲佃率领他的三个儿子同全城兵民一道，众志成城，保卫福安。倭寇退去之后，卢知县组织兵民加固城墙，在城外溪口垒筑寨门关，作为韩城的第一道屏障；同时开掘从大西门至南门的城壕，全长 296 丈（921 米）、宽 3 丈（9.3 米）、深 3.1 丈（9.6 米），并装上吊桥，增设小北门（名“凤坡”），以加强城防。这样，福安县城开始有六个城门：东门往秦溪，小北门往詹洋，大北门往溪东，大西门往街尾，小西门往阳头，南门往化蛟。

万历九年（1581）七月初九夜，暴发特大水灾，洪水从西、北两向淹城，城墙三面倒塌，只剩北城一隅和东城一半。民谚“万历年间，水流福安，剩下上杭和龟湖山”说的就是这场特大洪水。洪水过后，一度有迁城到城山或三塘（甘棠）之议。知县汪美“力争不可”，坚决反对迁城，组织士民修复城墙。将西城墙移到龟山和龙山的高处，在二山之间的缺口创筑坝城，使洪水不能从西向入城；同时“南裁民地，东拓鹤山”，向内收缩南城，将河边民居截到城外，东城展拓到鹤山麓。新城墙周长 850 多丈（2.64 公里），高 1.4 丈（4.4 米），坝高 1.8 丈（5.6 米）；加大城墙厚度，视不同城段，有的地方还翻倍。移礼贤门（西门）到坝岭，称为“安磐”；移凝秀门（小西门）到龟山后颈，称为“立

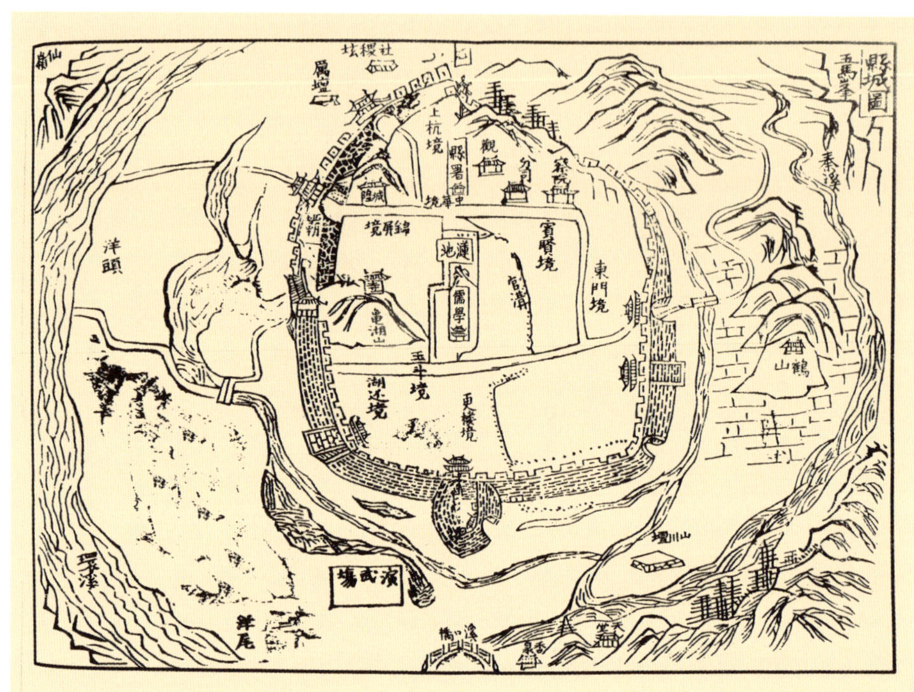

万历二十五年《福安县志》的县城图

极”（二十四年改名“止水”）；秦溪门（南门）仍用旧名，门外再修筑重门；改瑞应门（东门）为“就日”。大西门旁边原有水关（旧时穿城壁以通城内外水的闸门），使城内的渠水泄流到龟湖，西城筑坝后水关堵塞，就开凿官沟，让渠水倒流到莲池，再从城东南的水关出城。

“南裁民地，东拓鹤山”存在不少弊端和隐患。万历二十一年（1593），知县陆以载从城防方面考虑，认为鹤山之巅势高城低，城临山下，难以守御。他明确赞同仲佃方案，反对汪美方案，就向上级报请对城墙进行改造。将东城墙内移，沿着原来卢知县所筑城的故址进行改筑，城墙退回平地，离鹤山数丈之外，使“矢石不能及”；并升高、加厚城墙，改造水关；开挖壕沟，接到铜冠，使东面的护城河延展到 146 丈（454 米）。“南裁民地”造成大片民居失却安全保障，就将城墙南移，原在城外的数百家居民尽入城内；开浚旧有壕沟，增强它作为护城河的功能。经过改造，全城周围 720 丈（2.24 公里）。

此后，又对城墙做了几次调整。万历三十七年（1609）知县贺学易听取民众意见，将小西门移回龟湖边，将万历九年汪美所设龟颈门改为水关。全城周长 797 丈（2.48 公里），设 6 个城门（东西南北四门，小北门、小西门），福安县城墙规制基本上确定下来。

基于以上城墙建设的不同方案和实践，福安民间形成了“留鹤放龟、留龟放鹤”的掌故，流传至今。龟指龟山，鹤指鹤山。在当时的历史条件下，从捍灾（水灾）御患（寇患）考虑，显然“留龟放鹤”比“留鹤放龟”更胜一筹。

由于福安水患频繁，城墙时有崩坍，明清两代经历了几次修葺。乾隆十六年（1751）秋，福安又遭遇一次大洪水，东西两向城墙全部毁圮，衙署仓储均被淹浸。灾后知县夏瑚组织士民修复城垣，重建小西门和东门，令生员陈必遇具体负责。可是，几年后城墙又坍损多处。乾隆二十三年（1758）知县程志洛向福宁知府李拔报告说，每当大雨连绵，福安县城唯恐洪灾降临，官民都不敢高枕安睡。第二年春季，李拔莅临福安探察城防。经过一番调查研究，认为福安城垣，半壁枕山，三面临溪。溪流小而离城很近，每年秋夏之交，大雨依时令而至，四向山水合流而下，宣泄不及，盈满为灾，即便用石垒城，也无济于事。于是提出“欲保城垣，必先除水患；而欲除水患，必图于未然”的捍患原则。李拔勘查到城外数里的阳头，地处激流之冲，最为险要，可是堤防没有加固，无法确保抵御水患。于是在山洪尚未暴发之时，加高阳头石坝，作为城墙的外围防卫；同

福安城墙砖，上有献砖的村镇名（上岭尾，下东口）

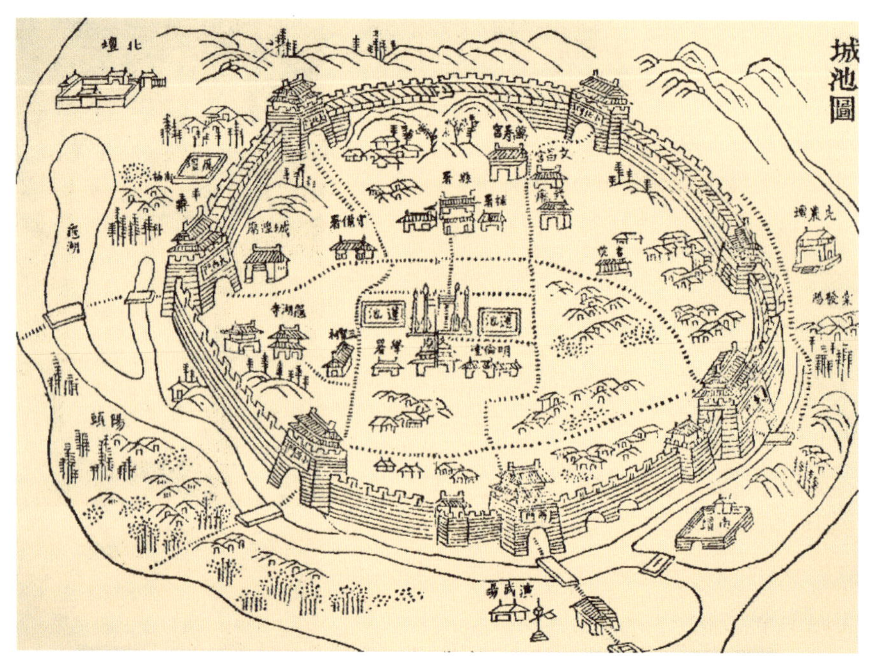

清光绪十年《福安县志》的城池图

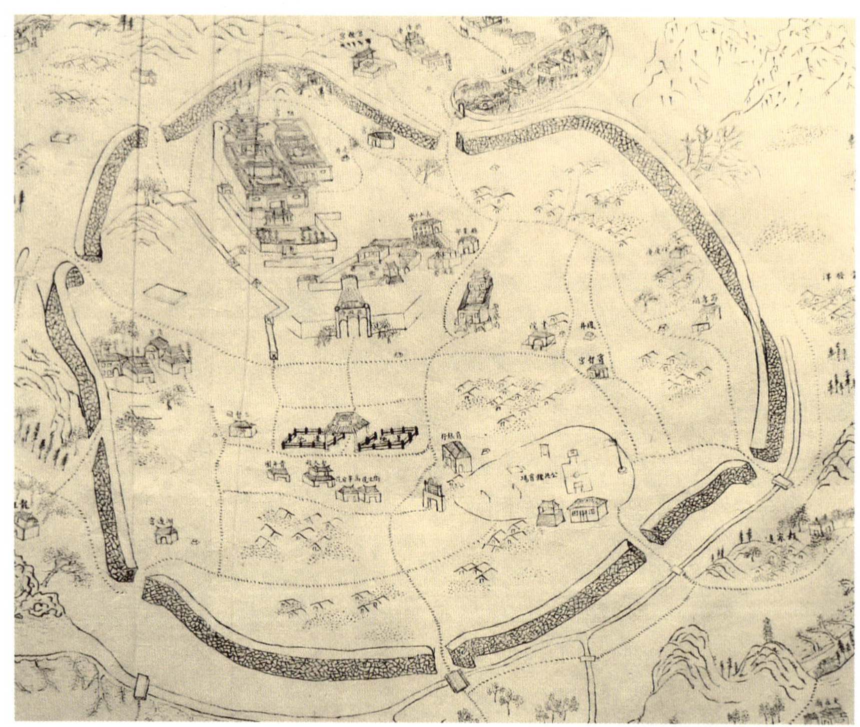

1946 年上杭陈氏宗谱的福安县城图

时疏浚下游河道，使之既宽又深，以缓冲水流。阳头防洪堤坝成为福安县城重要的防洪工程，并且延续至今。

鸦片战争以后，面对列强的炮舰，“海氛告警，旦夕相惊寇至”（刘枢《重修福安县全城、白石司炮台记》）。清政府要求沿海各地加强城防措施。道光二十六年（1846），知县刘枢主持重修城墙。由于工费浩大，财力不济，刘知县就张榜倡捐，“谕以桑梓捍卫之不可缓，条析国家优与之例以为功”，号召全县士民为重修县城城墙出力。“旬月间，远近来输者相接踵，绅士之乐与此役者，踊跃唯恐后。”刘知县还要求各村镇捐献城砖。当年四月开工，次年二月完成，“工之神速，始愿不及此也”。全城仍设6门，门建城楼，重檐如翼。周长982丈（约3公里），高1.6丈（约5米），厚1.5丈（4.7米）；修复女墙垛坎、炮台、窝铺、戍房，设枪眼1200个，缺口600个。这是福安建城史的极致。

此后，城墙的维护仍在继续，几乎每一任知县都要在城墙上面费一番心思和功力。但天长日久，加上每年大小不一的水患，依然难免崩塌。光绪四年（1878），知县张景祁组织对崩塌之处进行全面修补，还修葺城楼、炮楼和南门外的靖海关。

民国前期（1937年以前），福安城墙基本依旧。随着社会的发展，军事上告别了冷兵器时代，城墙的军事价值大打折扣。主要的现实作用除了防洪，就剩保安，每到夜晚，紧闭城门，禁止出入，实行宵禁。地方当局对城墙的维护也不是很上心，到20世纪30年代，原来的六个城楼仅余东门一处，其余已先后毁圮。

淞沪战役后，防空警报时常在韩城拉响。民国27年（1938）6月15日，日本飞机轰炸福安城关东门头龙江街，炸死平民3人，炸毁吴厝祠堂1座、民房3间。第二年4月，日本飞机再次轰炸福安城关后巷、小西门，炸死平民30多人，炸毁民房3座。8月，为了便于防空疏散，县长高诚学根据上峰指令，征调民夫将城墙拆除，东门城楼也一并拆除。为了出城更加方便，除了原有六门的出城通道外，增加了两处出口。一处在东南向的公共体育场（今八一市场）附近，另一处在西南向的湖边宫（今工人文化宫南向）附近。但是原有城墙的基座仍是福安县城抵御水患的重要防线。

附录：

福安县城墙重要变迁简表

时间		宋淳祐5年（1245）	明正德元年（1506）	嘉靖38年（1559）	万历9年（1581）	万历37年（1609）	清道光26年（1846）
城门名称	东门	瑞应	瑞应	瑞应	就日	就日	就日
	西门	礼贤	礼贤	礼贤	安磐	安磐	安磐
	南门	秦溪	秦溪	秦溪	秦溪	秦溪	秦溪
	北门	衣锦	衣锦	衣锦	衣锦	衣锦	衣锦
	小西门	无	凝秀	凝秀	立极	立极	立极
	小北门	无	无	凤坡	凤坡	凤坡	凤坡
周长（米）		无	2800	2488	2640	2479	3054
城高（米）		无	3.4	4.7	4.4	4.4	5.0
城宽（米）		无	3.1	3.4	4.4	4.4	4.7
说明		未有城，仅筑土墙立四门	砌砖城，设五门，建城楼	设六门，1527年墙改石砌	抬高西城坝，小西门移龟山	小西门移龟湖边原址	设戍房、炮台、枪眼、缺口

韩城街区的变迁和东门头的崛起

◎李健民

◆ 建县之初的城建经画 ◆

《三山志》在叙南宋长溪县归化东里时仅载察洋、湖边二个地名，这两个地名大致的对应范围是今阳头街道阳上社区和城南街道南湖社区。该志修于南宋淳熙九年（1182），是福建省存世最早的地方志；撰修者梁克家，晋江人，绍兴三十年（1160）廷试第一，是南宋名臣、学者，因而《三山志》在学界历来被视同拱璧。六十三年后的淳祐五年（1245），从长溪县分出福安县，县治设韩阳（韩阳坂），可是“韩阳”地名从没有在《三山志》出现过。

可知作为县治的韩阳，在建县那阵子，除了西南方向的“湖边”人口比较稠密外，其余部分并不热闹。明朝万历年间何乔远编修的《闽书·方域志》载录一首诗，说是理宗皇帝的近臣穆阳人郑寀所作，正是这首诗决定了县治设在韩阳。诗云：“韩阳风景世间无，堪与王维作画图。四顾罗山朝虎井，一条带水绕龟湖。形如丹凤飞衔印，势似苍龙卧吐珠。此处不堪为县治，更于何处拜皇都。”据说理宗皇帝看了这首诗后就决定韩阳为县治，并御批“敷锡（赐）五福，以安一县”，定名为“福安县”。诗作和传说都十分美丽，但其中有一个明显的逻辑漏洞。明万历《福安县志·山川》：“虎井（上杭），又名义井……宋淳祐多虎患，邑令林子勋祷城隍，虎夕仆井旁；因名。”可知虎井之得名是在福安第二任县令手上（林子勋于淳祐八年任），也就是说在福安建县三四年后，与决定韩阳为县治没有关系。

其实关于福安建县和以韩阳为县治，明万历《福安县志》第九卷《杂纪志·宋置县始末》已经说得非常清楚：宋嘉定十年（1217）地方人士郑子化等人正式向监司提出分县之请，五年后部文下达福州府，请宁德、长溪两县派员对分县之请进行考察。由于多种原因，分县之议多次被耽搁。淳祐四年（1244）初，太学生大留人张过再提分县之请，并请求在尚未正式分县之前先将长溪西尉移驻西乡，同时在西乡置司巡检以安民息盗。五月尚书省公文下达，认为“太学生张过等乞分县系民情，愿输基地、木石、钱粮，分认架造”。九月，帅司派员至韩阳实地踏勘县治。淳祐五年（1245）正月后，建县工作紧锣密鼓，“吏部差官，礼部定名，户部定税，工部铸印，兵部送将作监……正拟‘福安’为县名。四月奉旨。县之立始于此。”

建县以后，最重要的事应该是给知县老爷弄一个办公地点，也就是县署，老百姓称之为县衙门。明万历《福安县志》载：“宋淳祐五年，县令郑鼐创于扆山凤顶之下，即长溪西乡尉衙地。九年，县令林子勋踵成之。”建县初期的两任知县都很辛苦，整整用了五年，才把衙门建好。因县署位于扆山凤顶之下，所以福安县也别称“扆”。

知县是朝廷命官，正式出行是必须有威仪的，前方鸣锣开道，随后举牌让百姓“肃静”“回避”，然后才是县老爷的官轿，后面还有皂役跟班。由于县衙坐北向南，衙门前到重金山下这段路就称南街或县前南街，即今市政府到闽东医院门诊部旧址北侧的一段街路；与南街垂直交叉的横向街路叫衙前街，即从市政府前花圃东侧到新华书店的一段街路。福安建县之初未砌城墙，只筑土墙立瑞应（东）、礼贤（西）、秦溪（南）、衣锦（北）四门。衙前街东侧接瑞应门（东门）的街路为东街，西侧接礼贤门（西门）的街路为西街，东街、西街和衙前街合为今之中兴街的雏形，共二里，与县前南街构成韩城最初的十字街路。

万历县志如此称赞首任知县郑鼐：“时县始置，绵蕞为治。鼐经画邑居，设施政令，井井有条。”在郑鼐的具体经画下，最早的街路和居民区形成。

福安建县伊始，知县郑鼐就在城西龟湖山创建县学（儒学）讲堂，这应该是最重要的公共建筑。元皇庆元年（1312），因建龟湖寺，就将县学讲堂迁到城东。明正德十五年（1520）又回迁龟湖山。明嘉靖十二年（1533）再迁到重金山，在原布政分司的地址上建县学学宫，学宫正门前的街路就叫学前路。学宫是一个以明伦堂为中心的庞大的建筑群，与县衙门相对。这两处分别象征封建皇权与正统思想的建筑，是福安县的至圣之处，直到清末。

韩城又一重要的公共建筑是莲池，开凿的动因是为了储水防火、灭火；因为旧时城内房屋基本上是木建筑，防火、灭火十分重要。莲池开凿于淳祐十年（1250），位于重金山北向、县前南街的尽头。有东西二池，分别叫“凤眼”“金塘”。

县城的水井也至关重要，是为了解决城里居民生活用水问题。据现存最早的万历县志记载，古韩阳城内及城厢共有八口井，其中城内五口，城厢三口。八井分布：县衙前左右谯楼各有一井，并称县前井；衙后上杭地有虎井，又名义井；锦屏井，在城隍庙左，今街尾地；察院边井，位于城东；东龙井，在北郊村旁；沙井，在阳头坑园；圣泉井，在溪口桥畔。

有了这些最基本的建筑，其他设施在后续的经画中也逐渐完善起来。

◆ 明清时期的韩城街区 ◆

明朝中叶以后福安社会经济的发展程度超过了以往任何时候，因而促进了社会分工和商品经济的活跃。明万历《福安县志·风俗》称“坊民擅桑麻之利，谷民擅田山之利”。“坊民”即城镇居民，包括经营桑麻之利的业主和从事桑麻织品生产的手工业劳动者。商品经济的发展带来社会的繁荣，并在城镇建设方面也得到反映。

经过二三百年的发展，明朝中叶韩城街区从早先的一横一竖扩展成八街、八境、十铺。（明万历《福安县志·街巷》）

八街：县前南街、学前南街、东街、西街、北街、后巷街、鹿斗街、湖边街。“街”是街路。学前南街，即县学（在重金山，今闽东医院门诊部旧址）往青云宫（在南湖）的一段；北街即今之上杭路；后巷街即今之三贤路；鹿斗街即今之七圣路；湖边街今为解放西路的一段，即旧地委党校到小西门的街路。

八境：金山境、城南境、玉斗境、宾贤境、东门境、中华境、锦屏境、上杭境。古时候“境”是指都内某神明“管辖”的区域，即祭祀该神祇时绕境巡游之“境”，常常与聚落有对应关系；“境”的名号往往是社会地名的换一种说法，寄托乡

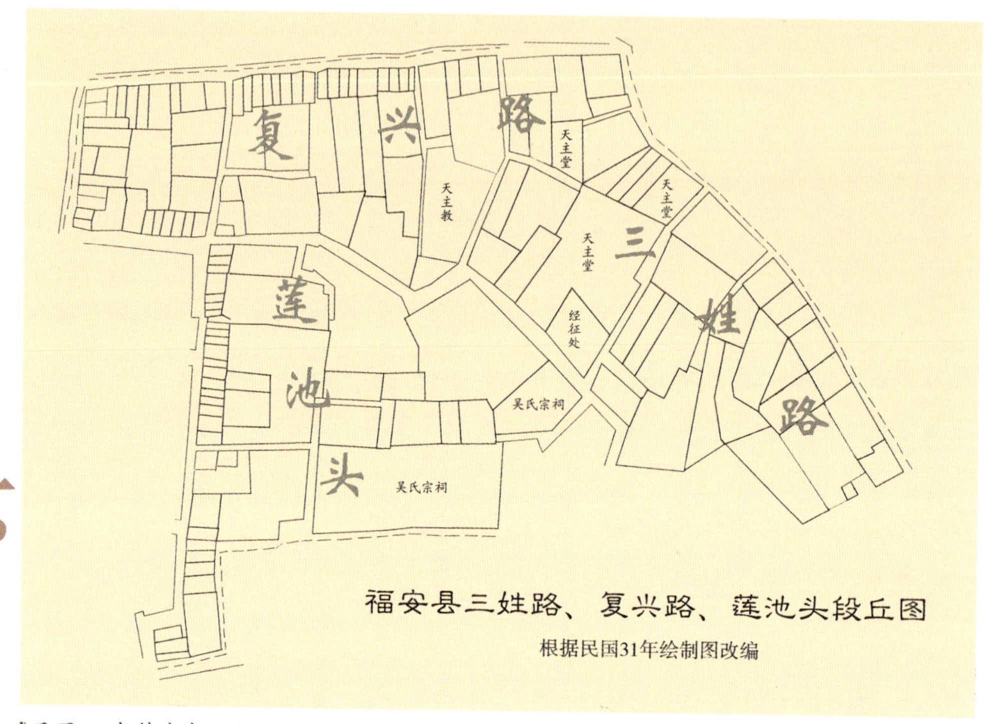

民国 31 年韩城东段丘区图

民的愿景，也表达对神秘力量的敬畏。闽东各地村街都相对固定地奉祀某一特定的神灵作为本境的保护神，俗称“当境土主”。大凡涉及与“神明”有关的民俗活动，在祭祀祈求时信众均须说明“弟子”来自何都何境，以期获得神明的“精准福佑”，因此“境”也可以看作是居民区的名称。金山境、城南境相当今之南湖社区，玉斗境相当今之莲池社区，宾贤境、东门境相当今之东风社区，中华境相当今之中兴社区，锦屏境相当今之前进（街尾）社区，上杭境相当今之冠杭社区。

十铺：北隅铺、鹿斗铺、湖边铺、更楼铺、宾贤铺、东门铺、金山铺、锦屏铺、中华铺、城南铺。“铺”系商业区，与“街”纠缠在一起。

此后至清朝前期，韩阳城的街区基本上保持这样的格局，是今日福安城区的雏形。

康熙二十二年(1683)清政府统一台湾后，社会安定，经济发展。乾隆中期(18世纪中期)，福安县总人口比万历后期增殖10余万，达到12万之多，增长5

倍多[a]。商品经济进一步繁荣，形成一批作为区域商品经济中心的市镇，韩阳县城也进一步繁荣。为适应社会经济的发展需要，将明万历时的八街扩大为十街，八境仍旧。

康熙五十五年（1716）知县严德泳在城东宾贤境旧按察分司署址创办紫阳书院，与位于城西重金山的县学明伦堂合为封建正统儒学教育的双璧。

清乾隆二十七年（1762）编修的《福宁府志·建置志·福安县》展示了福安县城格局的变化，原来的八街变成十街：宾贤街、东门街、县前南街、三会堂街、金山街、中华街、后巷街、小西门街、鹿斗街、上杭街。以上东门、金山二街为新增，宾贤（原东街改名）、三会堂（原学前南街改名）、中华（原西街改名）、小西门（原湖边街改名）、上杭（原北街改名）五街为旧名改新名，县前南街、后巷街（在大西门）、鹿斗街（在小西门）仍旧。

清后期中国社会进入近代史阶段，社会经济发生了很大的变化，福安县的人口和经济总量也有更大的发展。清光绪《福安县志·田赋·户口》载，道光十年至光绪八年（1830—1882）福安县男妇大小共328564丁，比乾隆四十八年（1783）增加20万多人，百年间增长2.67倍。这种状况在福安县城街区的变迁上也得到反映。光绪十年编修的《福安县志·街市》对原来的街和铺再次进行调整，有的延伸，有的改名，有的归并，但是基本上还是延续传统的格局。人们的社会意识进一步提升，不再把对神秘力量的敬畏和现实的生活混合在一起；不再用“境”来指称自己的居住区，而是把它还给神明，留给民俗神事，只留下“宾贤”“棠发”两个宫名。韩阳城内街区共有五铺、十街、七市。

五铺：北辰铺（原北隅铺、中华铺合并），鹿斗铺（原湖边铺改名），宾贤铺（原宾贤铺、锦屏铺合并），棠发铺（原东门铺、金山铺合并），青云铺（新增，原城南铺并入），废除原更楼铺。

十街：县前南街，三会堂街，宾贤街，中华街，上杭街，后巷街，鹿斗街，小西门街，东门街，金山街。“十街”与乾隆年间相同。

七市：县前市，南街市，金山市，学前市，青云市，中华市，宾贤市。

① 清乾隆《福宁府志·食货志·历代户口田赋》：万历四十年（1612），福安县6575户22228口。清光绪《福安县志·田赋·户口》：乾隆四十八年（1783），福安县男妇共123007丁。

变化主要在“铺”。清后期对先前的县城“十铺”通过合并、扩展、废除，整合为“五铺”。其中变化最大的是宾贤铺，涉及韩城的东西两端。清代县城的铺是一个行政单位。县以下的行政层次有乡、里、都、图，县城内的铺与图同级，相当于一个村落，因此旧时把城中居民统称为“坊民铺户”。

市即集市，从乾隆《福宁府志·建置志》知福安县有11个“市集”，城内未设市。光绪时期全县有23市，除了上述城内的7市，城外还有阳头、白沙、溪柄、穆阳、苏堤、洪口、赛江、龟龄、社口、坦洋、上白石、潭头、沙坑、甘棠、苏阳、富溪津16市。集市的成倍增加反映了商品经济的发展规模，城内设市则是城邑经济繁荣的标志。

晚清福安县城的格局长期延续，影响至今。

◆ 韩阳城东门头的崛起 ◆

韩城东部区域（即明代的宾贤境、东门境）有悠久的历史。几个较大的家族都是很早就落籍此地。清光绪十年《福安县志·氏族》：“宋孝宗时，（郭）常盛生二子，长曰一天，庆元五年（1199）特奏科，为长溪县丞，遂偕弟一育卜居长溪大桥头。迨一天之子若仪肇居康东棠发境，遂兴祠祀。明万历壬寅（1602）间祠火，丁巳年（1617）复建。今其族与康西一育裔孙，同极繁衍。”“青云吴氏，世居浙之阴和乐村，唐光禄大夫暻之后。至武德大夫、招讨使文质巡闽，过长溪长汀仕坂，度其土地可聚族，遂于元和三年挈眷而来家焉。十一传至令史惟凯，于元皇庆二年（1313）始迁邑城重金山下，建立祠宇，至国朝光绪十年重建。”“康东刘氏，刘皈十七世孙惟，明洪武间由苏阳徙居邑东门，生子锜、鉴。至万历间，其子孙于东门棠发境建祠。明季遭兵燹，只存遗址。国朝乾隆辛卯年（1771），仍旧址重建焉。”

可知东门郭族于宋代迁入，明代立祠，郭祠旧址位于双井巷的东面；吴族于元代迁入并立祠，吴祠旧址在今八一市场地块；刘族于明初迁入，明万历间立祠，乾隆时重建，今为市级文物保护单位。当然，东门区域的族姓远不止此三个，但此三姓都建有祠堂，可见历史的悠久和人丁的兴旺。今天的东风社区有一条叫“三姓路”的路巷，旧时就称为“吴刘郭”。

但是，在明代，韩阳东部相对于“西部”要安静得多。前面叙及明万历年间的韩城“八街”，除了一条东街，其余七条街均在今福安市区的“西部”，福安县与政治、经济、文教相关的机构和设施都扎堆在“西部”。当时的东街是从衙前街东侧（今上街红绿灯路口）至宾贤宫（今妇幼保健院处），大约300米。明正德元年（1506）韩阳垒砖为城，“东门”（名“瑞应”）位于今市武装部东侧。

东门的崛起在清乾隆中期（18世纪中叶）以后。标志是金山、东门二街的增设。

金山街南北走向，从地理方位上明确地把福安城关分为东西两个部分；东门街从东门起始，沿护城河向南延伸；加上宾贤街、宾贤市，三向环抱，“东门头”商业圈形成。

乾隆中期，福安的商品经济进一步繁荣，更多的市镇出现在长溪干支流沿岸，福安商人还在福州南台惠泽境设立福安会馆。在这样的经济社会背景下，东门头地理位置的优越性得到充分发挥，促进了城邑经济的发展。

康乾时期，福安县进一步完善以韩阳城为中心、以主要官道为干线的交通网络。东路干线是这样走的：经詹洋、仙岭、千诗亭往霞浦县黄柏（今属柘荣县）；经秦溪、中村、林洋，往霞浦县宅中（今属柘荣县）；经化蛟、合掌岭、东坑、茜洋、横坑，往霞浦县柏洋；或经东坑、松罗、南溪，往霞浦县凤阳；或经松罗、赤溪、溪尾，往霞浦县盐田。农耕时代，一定区域内只要是官道所及，都可能成为潜在的经济腹地，与韩城其他地方比较，只有东门才如此得天独厚。

从近处说，出东门后便是棠发洋、施老亭、上浦下、下浦下，然后从秦溪进入中村一带，即“东路”（现今称为“城阳”）广袤的山区农村。每天上午城厢村民和“东路”山民或担柴扛竹，或挑着土产山货到城里来交换，带回家里需要的咸醚鱼盐、布匹针线等生活必需品。遇节期或墟日，更把东门、宾贤两街挤得水泄不通。那时东路人进出城关，东门是唯一的通道。于是东门头想不繁荣都难。人们在这里开设了各种商肆，有米店、鱼货店、布店、豆腐店、糖糕饼店、理发店、打铁店、打银店、食杂店、客店、国药店……甚至还有棺材坊、择日馆等等。这里是韩城最具人气的地方。直至如今，昔日东门头的一街（东门街）一市（宾贤市）依然寄存着无限的乡情。

晚清福安坦洋工夫走红后，东门头双井巷陈氏家族的茶业做得风生水起。

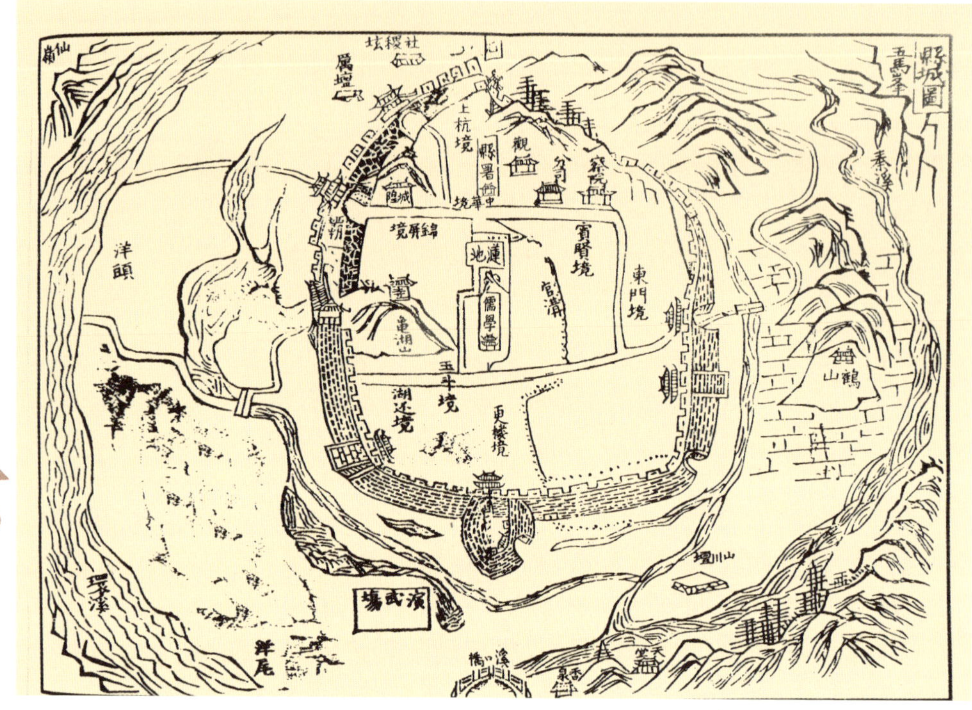

明万历二十五年《福安县志》的城池图

福安进士宋瞻扆称茶商陈春英：“君与伯兄为茶，运与外夷互市，所获利倍蓰。”（陈春英墓志铭）在坦洋工夫的促进下，福安的工商经济进一步发展，东门头也更加繁荣。民国 22 年（1933）《京粤线福建段沿海内地工商业物产交通报告书》如此叙述：“福安县城有商店二百余家，商店之种类以布店、咸鱼商店最多，杂货店次之，粮食店又次之，其他商店如药店、书坊，及各种工艺店，如制面、制香、铁店、铜店、木器店、竹店等俱备。”①

民国时期土名为三姓路、复兴路、莲池头的地段即东门街西向、宾贤街南侧、金山街西侧。民国 31 年（1942）政府当局对区域经济有过一次比较全面的调查，调查绘制的“段丘图”（或称分段图、分丘图）显示，复兴路南侧、莲池头西侧，共有店面约 60 间，近占当时县城二百余家商店的三分之一。这种情形一直延续到 1956 年。

民国前后，东门头涌现了众多文化名人，如鼓吹民主革命、首撰《福安乡

① 张研、孙燕京主编《民国史料丛刊》第 371 册，大象出版社，2009 年版，第 261 页。

土志》的周祖颐，福安最后一名举人、诗人、修谱专家李经文，被誉为“台茶之父”的茶业大师吴振铎，著名经济学家和研究苏联的专家吴清友，饮誉福安的书法家、诗人郭宣愉，等等。东门头以文化之乡的身姿出现在福安乡亲的面前，彻底实现了华丽大转身。1937年私立崇一小学在这里创办。这是一所由天主教会出资设办的学校，但课程开设与公立小学相同，采用教育部审定的课本，面向社会招生。当时正是全面抗战初期，学校师生胸怀抗日救亡的志向，把学校办出特色。当年的福安县城，紫阳小学（由紫阳书院发展而来）、湖山小学（福安商会在龟湖山设办）和崇一小学“三足鼎立”，是小学基础教育的“三巨头”；城东占有其二。中华人民共和国成立以后，崇一小学和紫阳小学几经变迁，成为福安市实验小学和福安师范附属小学，近年更先后发展成教育集团；造福桑梓，奉献国家，成绩斐然，影响深远。

东大路的喜铺

东门头的街路巷

◎陈耀年

“东门头”，顾名思义是古代韩阳邑出东门的尽头。古人从“衙前街”东行至“宾贤宫”附近的“福德正神”庙处，右拐进入“吴刘郭”地段，即到达地理意义上的“东门头”。东门头的地域范围大抵为，东临城门，西达吴氏宗祠操场，北依凤尾山，南倚城墙，其中包括“东大路”“三姓路”“黄厝巷”“龍江街”“下路衕”“双井巷”“郭祠巷”“池头路”等街头巷尾。但古往今来，当地原住民习惯上把东大路一带称之为东门头。

东门头北侧多数房屋都是依凤尾山南面逐渐缓冲山坡，乘势而建，直达山脚，临近洼地。1970 年，有人在东大路南侧建房时，地基深处发现古墓。20 世纪 90 年代初，中兴路东段拓展，大量古民居被拆除，发现阮厝后门地基下也有古墓。这事实表明，几百年前，东门头一带确实是山坡地，凤尾山和鹤山历经岁月风雨冲刷，水土流失，泥沙俱下，堆积出东门头南面护城河以外的沼泽地。就地势而言，东门头北缓坡，逐渐向南倾斜，东大路一带地平线仅高于南湖，属城内低洼地带。

东门头的地标有：城门、护城河、池头、双古井、砚石兜、吴氏宗祠、刘氏宗祠、郭氏宗祠和棠发宫。明万历年间水流福安，韩阳古人所筑土城墙，顷刻间土崩瓦解。1559 年四月倭寇进犯城邑时，正值石城墙竣工不久，刚开设的东城门，御敌功能显著。民国时期的城墙残缺不全，出城门，1 株冠如巨伞榕树供行人遮荫消暑，护城河宽仅 3 米见余，河面上，铺架 4 块特长花岗岩石条，每条宽 60 厘米、厚 30 厘米，近现代因其功能衰退，疏于治理，河内污水横流，蚊蝇滋生。池头“约广半亩，形如月钩”。当年，有调节水量和防火消灾功能。临水池的路旁，古人为方便行人休闲和避雨，搭建一溜约七米长的雨亭。双古井，俗称为“双井”。“夹居室中，左右各一，相去数丈许，汲左侧右有湍”。砚石兜处于三姓路与东大路交叉点，坊间传说有块大岩石，形如石砚而得名，现已不存。棠发宫处下城河内侧，祀土主“江大明王”，国民党当政时，毁于某县长之手。

◆ 东门头的南京路——东大路 ◆

据乾隆四十八年（1783）编修的清代福安县志记载，明朝期间，福安有八条街道：即县前南街、学前南街、东街、西街、北街、后巷街、鹿斗街、湖边街。现又增二条街：东门街、金山街。可见，东门街，即现代东门头一带在清朝时期，已经有繁荣的商业交易活动。

东门头东大路的地理位置十分重要。20 世纪 50 年代前，它是城内外老百姓进出东门的唯一通道；是韩阳东部繁华的小街市；是一方老百姓衣食住行的承载平台。东大路可划分为“城门兜”“池头”“大路档”“砚石兜”“下路尾”等路段。这条路长约 200 多米、宽约 3 米左右，地面铺大小不一的鹅卵石，两旁木构民居低矮陈旧，鳞次栉比，临街民房前设店后居家。京杂店、鱼货店、酱油豆酱店、酒醋店、米店、面店、糖糕饼店、豆腐店、蜡烛店、打银店、客栈等，三十多家店铺沿路两侧一溜儿开张，门类齐全、面面俱到。东门头虽然店铺多，但门面较大的店屈指可数。大多数商店因无商号，名声不能远播，且

东大路民俗文化一条街

东大路

赊账多，资本运作有时欠佳，生存略显困难。多数小作坊门面小，经营单一，小本生意，利润微薄，勉强维持度日。人们常说无商不奸。但买家对这条路的大小老板口碑不错，认为他们一靠诚信经商，按质论价，童叟无欺，不短斤少两，不渗假使杂；二靠热情待人，贴心顾客，服务周到，让人有宾至如归的温暖。

一年四季，日升日落，小街市喧闹嘻嚷，人来人往，热闹无比。春天明媚的阳光洒满小路，清晨的安宁被进城的山民打破了。村姑手提肩挑新鲜的时令果蔬路过这里，急切盼望身影尽早溶进衙前街的早市。清明时节，天空晦暗，阴雨霏霏，路滑难行，街头斗笠攒动，接二连三的城里人携子带孙，扛着锄头，提着扫把，带着香烛锡箔出城门，向故人安息的墓地凝重走去。炎炎夏日，东方刚泛起鱼肚白，爱起早的东路山民就挑着曝干的松树木片跨过城门了。他们下意识地用箍有圆铁圈的楮杖敲打地面鹅卵石时，发出清脆尖利的刺耳声，真叫巷子里的城里人讨厌。夜幕降临，青少年双脚拖着“木屐鞋”，三五成群来到街上溜迸，路面上“咔啰，咔啰”声此起彼落，人们早已习以为常，熟视无睹。深夜，回家的路上，你还会看到铺面内外，男女老少随意安放竹篾小床或简易木板床。小床上，劳累一天的男人赤膊酣呼，年轻女人身边的婴儿嘴里含着母亲的丰满乳头熟睡，脸上荡漾着幸福欢快的笑容。“秋风萧瑟，洪波涌起”的日子，城外佃户们把地租稻谷按时足额挑到城里财主家。这段时光，有田租收纳的东门头大户人家门头坪上空架起木椽条，铺上十几张竹篾席，摊上谷子，晒干后再进仓。而东门头部分农家人也在这季节出城门，去“下步下村”过溪园地，收获蔬菜或挖地瓜，准备迎接制作地瓜米的时节。北风怒号，寒冷肃杀。春节将至，东门头随节庆的脚步逼近而沸腾了。天刚蒙蒙亮，东路各村农民挑着松木片、扛着杉木条、提着农产品，挤进城门，街市上排起长龙的队伍，赶集的山民川流不息，横冲直闯，吆喝声震耳欲聋，行人唯恐避之不及。将近正午时分，赶市的人们逐渐稀少，东大路才有片刻的喘息。下午，随着太阳西沉，各铺面涌进络绎不绝的山民，有的人在挑货，有的人在讨价，有的人在销账，直至黑夜幕帘落下，东大路才安静下来。

◆“吴刘郭”的黄金航道——三姓路◆

“吴刘郭”是东门头的一处地域名称。中国的村落文化信息表明，开疆者为了证明自己拓荒的艰辛与征服的伟大，往往用族姓氏命名定居的疆域。吴、刘、郭三姓人家先后迁到这片荒漠后，用自己辛劳的汗水与心血浇灌心爱的家园，千百年来，子子孙孙坚持不懈的奋力，使这片疆域成为三姓人家休生养息的丰泽故园。

一甲子前，城里人出东门，或乡下山民进城，都要走这条长不足100米，宽仅2米多的三姓路。如今的三姓路成为“吴刘郭”的代称，它像一段江河的黄金航道，敞开博大的胸怀，承载建筑、习俗、人文、礼仪等各种文化元素的船只。

三姓鼎立的地域文化。三姓的宗祠雄伟高大，宽敞通透，凸显各自家族的社会地位和经济实力，着实让人刮目相看。吴氏宗祠的三座建筑物成一串珍珠，森严威武，门前的祠堂坪宽阔平坦，可惜当年被日本飞机炸得支离破碎而荒废。刘氏宗祠保留最完整，穆肃祭祀厅和庄严礼仪厅之间有水池，二厅间拾阶而上给人升迁感觉。郭氏宗祠，族内称之为东郭祠，规模也不小，中兴路东段于20世纪50年代拓宽后，作为粮食局的新址，现已不存。

轻描淡写的商业文化。小路虽然短且窄，但是方便原住民衣食住行的小店铺也有零星几家。如米店、豆腐店、光饼店、制木桶店、裁缝店、打银店、理发店和棺材坊。昔日的小路上，充满浓郁的商业气息。

深沉厚重的传统文化。三姓人家很注重传统文化。先前，这里有私塾二所。晚清，一所全县出名的紫阳书院就矗立在它的周围，院长还是当年韩阳上杭的解元陈从潮。民国时期西边一片民房失火，灾后福安教会在废墟上建起崇一小学，这些教育机构培养了不少精英人才，曾为县邑社会经济发展做出很大贡献。

三姓路是一位贤淑端庄的少女。三弟伯豆腐店里的石转磨和金声伯米店的竹米砻，是少女盛满柔情的两片迷人笑靥，去龙江街路口地面上，那三块被岁月风雨冲刷的光滑石板块，像少女洁白明亮的伶俐口齿；民宅墙根的两条小水沟，似少女乌黑细长的一双辫子。

春天来了，东门城外农民的新鲜水果蔬菜上市，一定要路过这里，小巷里看得到一丝丝绿意，也闻到春的芳香。明媚的春光脚步来去都很匆忙。天空下着瓢泼大雨，小沟里的水顿时上涨了，承载着童心憧憬的小纸船在湍急浑浊的沟水里横冲直窜，漂流出巷子。

夏日，东方刚泛起鱼肚白，东路山民们用套着圆铁匝的楮杖，撑起曝干的松树木片担子，架在鹅卵石地面上，倚靠在陈家大厝或刘氏宗祠的砖墙上。夜里，顽童坐在装有铁轮的小木箱里，伙伴们前拉后推。尽管路面坎坷不平，一路颠簸起伏，响声惊动四邻。孩子们的脸上始终荡漾着快乐得意的笑容，丝毫不顾及前面行程的艰难与险恶。

秋风瑟瑟。小巷昏暗潮湿，打水的居民把路面泼成湿漉漉的水墨画。它既是底层平民生活艰辛的写生，也是千百年来小巷百姓生存习俗的画卷。

冬天，北风从路口往小巷子里灌。清晨，太阳也懒得起大早，这里好一阵寂静。黄昏来临，家家户户燃起灶膛火苗，挑起夜灯了。随着年关逼近，大人们的脚步明显地加快了，小孩们总是扳着手指头捏拿春节的影子，小巷里散发着浓郁的年味。

如今，漫步在小巷间，再也听不到木屐声、杀猪声，但老房子的青砖黛瓦依然亲切无比；宗祠基座上的鹅卵石依然憨厚敦朴；纵横交错的路径依然似曾相识。

◆ 幽深清静的巷——黄厝巷 ◆

进入吴刘郭后的第一条巷。巷口处于陈家酒库旁，巷长大约 40 多米，巷宽约三米，巷型成“丫”字，巷口路面平坦直通，进深后，逐渐呈坡上升。至上端分开成两条路。左侧路面宽度约为 2 米多，台阶稍高，路面鹅卵石经年少修，稍嫌残缺，不便行走。巷顶端即为“丁家大厝”“王家大厝”。分路处右侧，行人顺势下坡可入阮厝后门，到达东门头“双井巷”。

巷口有大厝一座。巷子左侧居家依次为陈姓、郭姓、叶姓，右侧居住陈氏族人。小巷拐弯处的地段，路面窄小，上坡行走困难，两侧居家不多，右侧路边紧临养猪圈、晒谷坪，菜园地，内有一株白枣树。小巷略显清静，客人不便悠闲，只有丁、王两家日常通行。平时去“凤尾山”的人，因得便丁厝后庭左右侧均设有通行门，可直接到达凤尾山或横路面。

横路面

下路術

◆ 东门头最短的術——下路術 ◆

下路術处于陈氏大厝与刘氏宗

祠相隔的对面，距离宾贤宫大约 50 多米，衕长约 20 多米。进衕口的左侧依次是廖厝、叶厝，右侧依次是肖厝、林厝。

衕的地面铺以鹅卵石，地势呈北高南低，缓缓而降，沿路面相间 1 米才有 1 个台阶，台阶高度大约 12 厘米，有 10 来个台阶。

此衕地势低洼，光线欠佳，末端封闭。两侧房屋低矮，木料民居多。特别是往年的洪水都会光顾此衕，百姓家居土墙基本被侵蚀倒塌，即便砖墙也受一定程度摧毁，如今行走在衕内，受灾旧痕依稀可见。当年受灾之时，老百姓为避免损失，三五成群赶着生猪，提着鸡鸭笼子，往三姓路高处逃生。

衕内居家屋有四座，衕口左右廖、肖两厝北侧临三姓路，可设店进行商业交易，所以他们大门相对较少通行。

特别是廖厝北侧面临三姓路店铺，上方门楣陈年装饰，别有一番优雅。二楼椽、檩伸出路面 50 厘米，小木柱成浮悬式，柱脚呈刻莲花座，面路木板壁横枋几何图形修饰，虽被历史蒙尘百年，细节却告诉行人小家碧玉藏于幽静之中。右侧肖家的砖墙大门上额匾的 4 字已被岁月铲除，无法辨认，但留下的痕迹，可向后人诉说曾经的历史。

◆ 学生来来往往的路——龙江路 ◆

龙江路，俗称龙江街，处于三姓路南侧，是一条南北走向，呈“T”型的纵横交接路。纵路左侧依次是肖姓、张姓、刘姓等厝居，右侧是崇一小学。起于陈家大厝对面的路口，沟面有三块硕大石板块封着，左侧一条小沟将三姓路的雨水汇入崇一小学大门前的宽沟内。这条宽沟的水来自莲池，流向东门护城河。民国时期路面铺鹅卵石，每两三米路面设一浅台阶。路口至张姓人家居所，因大门对面有砖砌倒垃圾处，路自然向东偏挪，路面也窄了些，直达刘山厝大门口后，与东西横向路成垂直状，交点处往东能通东门头，往西则出金山路，往南经吴氏宗祠操场，可达南郊、南湖一带。

龙江路所处地段低洼，往年备受洪水灾害侵扰，当地百姓防洪意识较强。家道殷实人家特意把厝地基升高，以防水患。附近有吴氏宗祠，于 20 世纪 30 年代被日寇飞机炸毁。20 世纪 50 年代末期，政府在小学门口对面为民挖 1 口水泥井，如今废弃。

龙江路民居

龙江路

龙江路周边有刘、池两大姓，人员均为天主教徒。纵横两路交叉处有3座刘家大厝，家族以耕读治家，刘氏兄弟生基、光夏俩人民国时期先后任教于崇一小学。传说西班牙人高满珍神父初到福安，因教堂被焚，无处栖身，池厝教徒荫斋之父与以房屋，高教士感念其恩，极力帮助池家赛岐鱼牙生意，促其家大发其财，一般人见状，非常羡慕入教得益。池姓人以商养家，所建房屋立于横路西段，坚固宏伟高大，门口左侧砖墙角落呈辟状，相传其祖宗交代，前为官路，不能占道盖房，宁可两侧不对称，也不影响行人来往。

崇一小学校址原为百姓居所，因回禄之灾，教会出资圈地创办天主教会学校。校舍建筑仿西洋，十分漂亮。校门前的宽沟水量不多，清澈见底，后门可通三姓路。1937年办学的崇一小学，是一所完小，学生除接受正规教育外，还要接受教义教规教育。历届校长均为天主教徒，多数教员也为教徒。1949年归共产党接管后，校名、学制、教材圆满更新。80多年来，因学校所在，此路周围文化氛围特别浓厚。

直至20世纪50年代，龙江路未见商店，无买卖交易，虽四通八达，行人不多，仅有学校学生、教师来往通行，显得清净安宁。崇一学校右侧有支路直通衙前街。此支路口有一小教堂，供附近教徒诵经、做弥撒。

当今，龙江路大小水沟都被封面，路显然变宽了。随着学校办学规模不断壮大，四周新的建筑物拔地而起，路途通畅，此路人气较旺，热闹无比。尤其富春溪两岸的十里堤坝，彻底降服水患，龙江路今非昔比了。

◆ 扆山上凤凰的嘴——双井巷 ◆

双井巷是东门头的一条南北纵向的小巷。它坐落于东大路中段，南起陆厝和游厝，从巷口进深50多米处见一口水井，三合土地面的井台干净不蓄水，井口圆小，内壁上部用三合土夯筑，坚实光滑，下部呈瓮状，见不到井壁，空旷阴森，井底泥沙俱见，水质清澈。另一口井，传言早已填埋，被圈入阮厝地基内。民间传说双井是凤尾山的凤凰眼睛，双井巷是凤尾山的凤凰嘴。从井往前步行，窄小的巷路呈缓坡状，两人交汇，擦肩而过。左侧阮厝，当地人也称之为众厅，三进大宅，雄伟高大，楼馆轩台，建筑别致；右侧三座陆厝门庭联立，贯通成体，青砖黛瓦，幽深邃秀。巷北止于吴姓三座成“品”字形布局的家厝，凸显和睦一族、血浓于水的人文理念。

双井巷，因两口井而命名。巷长100米左右。巷内百姓如遇到紧急情形，北可登后门山土路，到达凤尾山横路面官路。也可出阮厝后门，沿着黄厝巷走下坡路，到达吴刘郭宾贤宫地段。水井处左侧，即阮厝门头坪，拐弯后可见到邱厝，顺路前行达郭厝，入内可从刘氏宗祠后门墙边小路出，眼前就是三姓路。因此，双井巷路径如枝蔓，似迷宫，一入三出，可伸可绕，妙不可言！

巷内住户有陆氏、游氏、郭氏、吴氏、陈氏、邱氏等大户。20世纪50年代后期，因开通中兴路东段，巷尽头里几座大的古民居都被拆除了。

双井巷

◆ 郭氏宗祠所在巷——郭祠巷 ◆

郭祠巷与双井巷相隔仅10多米。南北纵向坐落，全长约60多米，巷口位于东大路上段，池头对面。巷口左侧依次是林厝、郭厝、吴厝。右侧是郭氏宗祠。巷因祠而俗称“郭祠巷”。

郭氏宗祠是东郭族祭祀祖宗家庙，万历四十五年（1617）改迁鼎建，新祠枕凤山，面东南，

双井巷·高大的老宅·窄小的老路

郭祠巷

“三台转盼，五马遥临”，地势旷达。宗祠常年香火旺盛。宽敞宗祠坪有旗杆石，激励郭氏后人不断进取。每逢宗祠晋主、封谱、祭祀等活动，小巷人头攒动，川流不息。20 世纪 50 年代初，被政府借用，改为劳改犯羁押所，时不时见犯人三五成群被押出郭祠巷，经过东大路，出下路尾，被送到吴厝坪操场东南角落处以极刑。1958 年后被政府征用，建成粮食局办公楼和职工宿舍。

吴厝建筑规模很大。门楣青石高大耸立，三进大厝幽深恬静，前厅、后厅宽敞透亮，后天井三合土洗涤台围绕天井。20 世纪 50 年代初曾有军队进驻当营房。登上后门土阶，可见一片菜园地，直达凤尾山。

风雨沧桑“三姓路”

◎白沙余挺

400 多年前，“三姓路”这条街就在那儿了。

看明代《福安县志·县城图》的东门地段就知道，万历二十二年（1594）时，东街和西街就已经是福安城内最大的街道。西街直如发，通往西门，而旧东街在察院司前却不再向东伸展，绕开前面的民庐折向正南，经今天的东大路通向东门。这条折向正南的街，就是今天的“三姓路”。

“三姓路”是哪三姓？

即使最啰嗦的知情者，此刻也会用简洁的方言回答：“吴刘郭”——不加标点，顺溜、好记，颇得本地话的诙谐妙趣。

“吴刘郭”的说法已沿袭经年，显见三姓一直以来都是东门的主姓。领略三姓路的前世今生，不禁想起一句诗：“江山代有才人出，各领风骚数百年。”

如行走匆匆的红尘过客，三姓路的人来了一茬走了一茬，一代风流换了一代风流。数百年间，在这里居住过的，有官员、文豪，商贾；有革命者、企业家、工匠和农夫；最多的当然还是普通的庶民百姓，所谓天下苍生。

如今并不时尚的三姓路，看上去更像是寻常巷弄，庭院深深，藏着不为人知的泪水和欢笑，藏着离合悲欢和爱恨情仇。时间淹没了过往，东门旧事和所有鲜活的音容笑貌，如同泛黄的照片，经如水消逝的光阴漂洗，渐次模糊难辨。

三姓才俊曾经轮番在这条路上一展风采。世间风水轮流转，他们的门庭各显盛衰枯荣，留下的风华依稀有迹可寻。

如果单以科举来回望三姓路的人物，那么大体可以说，有明一代，应数郭、

三姓路

刘二姓最为显赫，到了清初，则吴姓也不甘寂寞，悄然崛起。

先说郭姓。福邑郭氏最耀眼的当是鹿斗人嘉靖进士、御史郭文周，他虽世居鹿斗，却与东门也有不少交集。他在东门鹤山建有读书处，东街的察院分司一度也有官府准许他建的官邸，这是一位敢摸老虎屁股、敢与权相严嵩闹别扭的刚直之臣，值得尊敬。明代东门还有郭殷，是永乐朝的举人；郭嘉冕，恩贡，任职嘉靖年的睢宁（江苏徐州府辖县）知县；此外，郭东光是天启朝广东四会县的训导，郭振扬也是万历朝的贡选人才。这几个郭家的明代官宦，加上后来福安的第一个清朝进士郭为瑛，无疑都是三姓路的精英人物。

至于刘姓，看刘氏祠堂的旧碑可以知道，他们是赛江中山刘氏的分支，明初迁居东门，曾在东门棠发境建有宗祠。弘治朝（1488—1505）重建于三姓路，毁于火灾后，清雍正朝（1723—1735）依原制于原址再建，是东门现存最大的宗祠建筑（吴氏宗祠旧在八一市场北，据说郭氏在东门也有宗祠，今皆不存）。明崇祯朝苏阳出了一个进士刘中藻，清军大举南侵，刘中藻做了南明鲁王政权的大学士、兵部尚书，所以，当时的东门刘氏的地位自然最为荣耀显赫。那时节，东门刘氏有刘中最以及刘文瑆、刘文珊、刘文琰、刘文璠一门四兄弟，他们都是“习举子业”的儒家子弟，虽然不是科举出身，却都被授予州判、县丞之类的官职，官虽不算大，但称为东门名流也不为过。刘中藻回到福安树起抗清复明大旗，招募畲汉壮士，响应者万人，时称“能军”，一举收复闽浙七县，掌控军政，震撼东南。顺治五年（1648），清军兵临城下，在守卫福安的最后日子里，“上阵子弟兵”，东门刘氏无疑是拥戴刘中藻的核心力量。然而，大厦将倾，独木难支，刘中藻面临抉择的痛苦可知，因为他知道，“屠城”是顽强抵抗的必然结局。为了保全黎民和“刘家军”，他选择了自尽，向世人尊严宣示，这个令人沮丧的大明王朝还有如此回响天地的“洪钟大吕”。

一夜之间，政权更易。你可以想象，刘氏的门楣光荣顿时暗淡。刘中藻殉难后，人心畏惧株连。清初，朝廷强制“剃发易服”，大兴“文字狱”，严查反清言行，但是不与清当局合作的志士仍大有人在。不消说也有一些势利之徒，“义故如遗弃敝屣，落井下石人比比！”[1]对英勇守城的刘氏避之唯恐不及，甚者落井下石，人所不齿。刘中藻的四子三女中，抗清的长子思沛被杀害，年仅 9 岁的幼子刘赧（思丰）也被逮入狱，顺治八年（1651），朝廷诏令赦免才得出狱。13 岁的少年看到“骨散肉飞似丧家”，只得“以家难漂泊江湖”（流浪莆田壶山谋生）。刘中藻的棺柩因刘家后代“世守清贫，未能卜葬”（吴瑞焉《刘公墓志铭》）。“先君体魄恨蒿悬，霜寒露冷心如毁”。推及三姓路刘氏的际遇，人人自危，今非昔比，境况可以想象。

从那时起，福安的科举沉寂了 15 年。

直到康熙三年（1664），东门的郭为瑛中了进士。郭为瑛家贫耽学，文章写得好，但对于做官似乎意兴阑珊，是个“淡泊明志”的读书人。《福安县志·文苑》有他的小传。朝廷命他去河北盐山县任知县，没做多久，就以“尽孝思”为由辞职回到东门，父母逝世后就不再踏上仕途。

时光又过了 45 年，东门吴氏闪亮登场。

康熙四十一年，吴瑞焉参加福州乡试，中式举人。他的诗歌、书法、学识

① 刘中藻的故人、崇祯十年进士余飏隐居莆田，在壶山遇到故人刘中藻的幼子刘思丰，在一个王姓总兵的衙门里做事谋生，不禁感慨万千，留下一首《慰洞山仲郎》诗，诗前有题。诗中透露许多刘中藻身后的信息。这是诗中的句子。此段以下句子都引自此诗。

大获福建巡抚、学者张伯行的赏识和推崇，以致首选他到亲自创办的闽中最高学府“鳌峰书院”讲学，并请他修订书院的经籍。张伯行亲自为新修的《吴氏族谱》撰写了序言（收录于《茜洋吴氏族谱》）。四年后的康熙丙戌年（1706），吴瑞焉赴京参加朝考，果然又中了进士，由于精通书法，他被选为朝廷的“内阁中书”，不久转任枣强县，做了九年的知县，其间，吴瑞焉曾署理新河、冀州县事。任上暇余，吴瑞焉登雪山，游居庸，走边塞，著有《塞行日记》等六种著述。现存的《茜洋吴氏族谱》选录有他的部分古诗。鳌峰书院山长蔡世远（后为乾隆皇帝的老师）曾为吴瑞焉的《棘津随笔》作序，称赞他“风雅多才，清粹有养”，做官“清节惠心，历有政绩”，并为他未得擢升而惋惜感叹。吴氏是个书香门第，瑞焉的长子吴秉礼以岁贡任职于湖南宁远县，次子吴映榴的女儿吴琬玉是福安的才女，跟随伯父赴任宁远县（湖南县邑）途中，曾在僧寺的壁上题下三首很漂亮的诗篇（诗篇载清《福安县志》），她还撰有《浣雪集》，惜已失传。

对于刘中藻的抗清殉难和刘家后裔的不幸遭遇，吴瑞焉寄予深沉的同情。乾隆十五年（1750），在刘中藻逝世百年之后，吴瑞焉为刘中藻墓撰写了墓志铭，文中以“川岳崇隆”“纲常砥柱”褒扬刘中藻的节义忠烈。这在政治敏感的清朝是需要勇气的。

有清一代，福安进士不多，只不过五六人。远不及宋朝福安进士的全盛时期，而东门吴瑞焉、郭为瑛皆能进士及第，而且文苑有声，传为千古佳话，以致民间流传一句谚语——“文在东门，武在茜洋”。

今天，三姓路走进了新时代，它是韩阳城的“三家巷”，将续写新的一代风流。

水润东门

◎陈佑年

关于水的文化意味已经让古今中外的学者们津津乐道了千百年，当人们谈起，以“逐水草而居”的生存取向，一以贯之地建构城郭市井时，自然而然想到了故乡，想到了我们的东门头。流淌不息的长溪与秦溪，双水拥抱着福安城，赋予城邑青山绿水的地理形胜。加之，城内街巷，边边角角，点点滴滴，镶嵌着泉水、涧水、池水等自然宝藏，如珍珠晶莹剔透，似缎锦碧绿轻柔，洗礼着福安城，滋养着福安人。我们知道，这是生命的灵动、智慧的闪光、时光的印痕、记忆的积淀。居住在东门头的人们，不管是黄口小儿，还是耄耋老者，都饮用过东门头的水，都由此而感发的篇篇情事、丝丝情愫。

◆ 东城河童趣 ◆

我没见过福安的城墙，但我听父辈口传、读县志史书，我景仰那抵御外来侵犯、抗击自然灾难的英雄之墙；我没见过城墙东门，但东门头是父老乡亲生息繁衍之地，是我眷恋的故土故乡。我能分厘不差知道曾经东门的位置坐向。城墙、城门已远去不见踪影，护城河仍缓缓长流，从不干涸。滋润着东门头和福安十里八乡，携带着我童年的欢乐和现今挥抹不去的浓浓乡愁。

东门在今天市人武部位置。跨出东门是静静流淌的护城河，往后垅方向，称为上城河；往车站方向，称为下城河。护城河是环形的，在一片稻田、菜园中缓缓而过。河床宽处近丈，窄处仅有四五尺。护城河的水，深处到大腿，浅处才到小腿肚。只在河床从高到低洼过渡处才有潺潺水声，更多见的是长条如练、平静如镜。护城河岸除了偶尔几处见到有砖砌石垒的遗迹外，就是泥巴土层。河床之上是一丘丘菜园地、一垅垅稻田的田塍，也是护城河边上的田间小路。田塍小路长满草藤，匍匐着蔓延开去，来往人的踩踏，使田塍小路分外坚实。沿河内岸长满郁郁葱葱的草，有的挣扎着抬头向上，更多的是温顺地垂下伸向护城河水。水草、水藻缠在一块，造出一方平衡生态，适于鱼虾生长，也成就了童年我们的欢乐谷。

每星期六下午，东门头的小孩子三五成群，拿把竹笊篱，提个土箕去下城河捞鱼。扎着裤管，小脚丫走在护城河里不用担惊受怕。缓和的水深不过大腿，脚板下淤泥细沙松松软软不用担心滑倒。逆流而上看到水藻多、水草肥、水幽深的地方，俯身轻轻将笊篱或土箕从河底插入，慢慢晃动轻轻往水面提，刹那笊篱、土箕露出水面，总有几只欢蹦乱跳的鱼虾入网。一路沿着河岸打捞，半天下来也收获不菲。说不清是嘴馋还是享受劳动成果，大伙急不可待就在护城河田塍上，用铁线或竹枝把打捞的鱼虾穿成一串一串，点燃枯枝落叶烧烤鱼虾。“噼噼啪啪”的火苗在闪烁，映照着稚嫩的脸，笑呀、唱呀，是那么童真无邪。过一阵子，飘起沁人香气。不管生熟，有的人急忙塞进嘴里，一口咬下，被烫得“哎哟”一声，忙不迭吐出；有的人拿到嘴边呵呵吹吹，嚼得津津有味。这串还没吃完，那串又住火苗上烤。几串烤鱼虾，伙伴们已是嘴唇、脸庞一片黑烟，大伙相视哄堂大笑，追逐着立马跳入水中，合掌掬水或整个头脸都潜入水中，洗抹嘴脸。护城河水中、田塍小路上，小孩们就这样疯颠着、嬉戏着、追赶着、快乐着。

捞鱼算是小儿科，戽鱼才是大动作。到护城河戽鱼事前要秘密商量、分工和准备。老宅堂兄元仔虽只年长大伙两三岁，但他熟地形、懂水性、有把式、能担当，大伙都服，公推他为领队。戽鱼的三五天前，大伙要把积攒的零食钱集中交元仔去买戽鱼用品。终于盼来了雷雨天后或闷热的星期天。一早，大伙神不知鬼不觉把藏在元仔家的戽鱼工具全部带上。手提土箕、肩背竹篓、人扛戽桶，雄赳赳、气昂昂迈出东门。一队人志在必得，鱼贯行走在田间小路上，犹如去参加一场大战斗、完成一番大事业。

戽鱼要选择水草茂盛，两头河床口窄小，河中间宽些、深些，有肥美水草形成的潭面，同时下口和内潭又有些落差的河段。选定戽鱼河段大伙迅速兵分两路，分别围堵上下河口。从护城河两侧园地里挖掘粘性强带草皮草根的土块，一块又一块，一担又一担，抛入河道口围堵。一层又一层，生怕坝底不结实，还用脚板来回踩踏，围堵的坝越来越高，放流的河口越来越小，终于合垅堵口了。大伙舒口气，坐在坝上露出会心的笑容。

围堵的河面也就八九个平方米。元仔和大个的铃仔像铁将军威武的横站在截流的坝上。两人各持戽鱼桶一头的绳子，把戽鱼桶扔向护城河。他俩喊着“一二三”，戽桶载着大半桶水，扬出坝面，乘势拨到坝外，然后又飞快地将戽桶甩回坝内，一扬、一拨、一甩，两人心力整齐，动作合拍。其他小伙伴则手忙脚乱地用脸盆、小桶舀着水往外泼。戽鱼是重力活，中间少不了要歇歇，相互鼓励或耻笑一番，恢复体力。眼看被围堵的水慢慢下落，已有鱼虾跃出水面，增添了大伙一鼓作气的力量。快到正午时分，剩下浅浅一潭水，戽鱼桶用不上了，脸盆小桶也不用了，大伙扎堆在浅水中追赶着，拍打着，眼明手快地俯身用手抓着，合掌捧着，用土箕、笊篱捞着。水里的鱼虾像是在热锅中，上下噼噼啪啪跳跃着，慌忙往河底、水草丛钻着。战场终于被打扫干净。打捞上的鱼有鲹斑鱼、草鱼、泥鳅、草虾，也夹带有小螃蟹、小青蛙和蝌蚪，居然装满篓筐。大伙欢笑雀跃，感受劳动的收获和喜悦。一点也不觉得疲惫。

元仔父母都走了，嫂子还没迎娶，难免灶头清冷。这时是小鬼当家。大伙聚在元仔厨房里，杀鱼的、清洗的、烧火的，叽叽喳喳出谋划策如何煮鱼虾。元仔一语掷地：不分鱼虾，不论大小，一锅煮。灶膛好不容易生起了火，有伙伴握着竹管火筒、鼓着腮帮，脑门突着青筋，使劲往灶膛吹风。火筒的风使火苗慢慢变成火团，串串火焰舔着铁锅，锅里的水沸了。元仔把鱼虾一股脑倒入锅中，掩上锅盖。锅水咕咕响着，锅面弥漫着蒸气。伙伴们像鸭子一样伸长脖子紧盯着铁锅。掀开灶锅，鱼虾白红相间，厨房升腾着诱人的鱼香味。已有小手伸进锅，不怕烫手，抓一只直塞进口中。每个伙伴都装了一碗，大伙吃得津津有味，满足了味蕾，撑饱了肚皮，叽叽喳喳的话也多了起来：

“我们东门头的护城河真好，不用喂养就有这么肥美的鱼虾，真是天下难寻！”

“我长大了哪也不去，就窝在东门头，看护城河的水，吃护城河的鱼。”

“我呀，以后当爹了，要带孩子、孩子的孩子，天天到护城河玩。”

孩提的话语至今仍时不时在耳边回荡。沧海桑田世事变迁，如今的护城河面已被钢筋水泥浇灌，成了川流不息的行人路。护城河水在水泥路面下呜咽流淌，不知是否仍有丰美水草、肥硕鱼虾？

◆ 池头四时 ◆

东门有两个池塘。进入东门，便见这个大抵篮球场大小的一湾池塘，因它临着城门，东门头人质朴地叫它“池头”。这池头就在现今的东风市场。东门另一个池塘叫“三角池”，地点在现今的市中医院。三角池因地势低洼终年积水，淤泥成堆，杂草丛生，荒芜凄凉，自古就少有人光顾。

池头注入的是上城河的活水，排出口向着下城河。流水不腐，加之水自我净化的属性，它既波澜不惊、水平如镜，又清澈见底、干干净净，像一面硕大的镜子镶嵌在东门肥田沃土之上。东门头先民们赋予它的作用是收纳排泄生活污水，蓄水防范房屋火灾。

池头是喧闹的，一天下来有在这儿挑水浇菜的男人，有洗衣的姑娘妇女，有玩水嬉戏的男童，也有躺在池塘里甩着尾巴的水牛。农耕社会悠闲的慢生活场景，每天都从容不迫在这儿上演。倚着池头右边，建有一座简陋的“雨亭”。那么几根木柱子，由榫卯的上、中、下三层木梁牵连，风雨不动地托举着铺在木椽上的一亭薄薄鱼鳞瓦。雨亭，是进出城人遮风挡雨的歇脚处，也是东门头人新闻的发布处，拉呱扯淡的集结点。

大人和小孩的世界是不同的。大人恋的是雨亭，把它当论坛或戏台，看世界讲人生；而小孩，玩的是池头的水，爱是池头生意盎然的四时自然世界。

春天，池头已是微微躁动。若粗心不经意，一眼望去池头一潭水不见动静。但仔细盯着，那一潭水其实星星点点在闪动。整个池头水面冒着针头细小的气泡，慢慢变大、变粗、变多。这时才觉得，池头水不知何时已经从浅到深，绿了。池塘边舒展向上的小草，还有那你追我赶一头扎进池水的草，映绿了池塘。池塘水面飘浮着一朵朵、一簇簇纤细灵巧的水藻，成丝状、成絮状、成团状，打底绿色蔓延开去，真个染绿了池塘。寂静一冬的池头，随着绿色渐渐热闹起来，小鸟啼叫、彩蝶扑翅、青蛙鼓鸣，仿佛各司其职在奏交响乐。这时绿色更凸显了它强大的生命力和丰富的层次感。毛茸茸的是刚抽出的芽，白中泛着一丝淡淡的绿。芽儿舒张，一片两片，娇嫩的叶子带着羞涩的绿。往后定格成清脆的草绿、欲滴的碧绿。又岂止池塘草绿、水绿？放眼看去，稻田残败的根丛也长了绿秧，稻田水中里也飘起了水草。绿色把东门头城内城外都渲染开来，不经意间绿色已铺天盖地。

转眼已是夏天。池塘里的浮生绿藻植物，不再星星点点，不容商量地霸占了整个池塘。浮莲发疯的狂长着，根连着根，叶牵着叶，挤个水泄不通。东门头人怕它长密了，认不清池塘，认不出行路，用漂浮的竹子捆成一个又一个方格，把浮莲圈定在池塘中的一格格中。但浮莲总是越长越密，越长越挤，有的明目张胆的钻出了竹圈栏，又长成一片。整个池塘就是一面铺在东门头大地上绿油油的厚厚地毯。这时，正是池头钓蜻蜓的好季节，小孩子们往东复往西，环着池头跑着，诱捕蜻蜓。比聪明才智、比技巧耐性，孩子们的野性在这块铺着绿地毯的池头，表现得淋漓尽致。

浮莲也有用场，总有养猪人打捞一箩筐一箩筐挑回家，煮了喂猪；也有人挑往田地沤了当肥料。秋风起，浮莲日渐稀少，直至不见。这时的池头映照着清澈的蓝天，池塘水中漂浮着洁白的云朵，似乎天地就相拥相抱在池头水面中，又似乎天空与池塘羞羞答答陌生地拉远了距离。池头显得那样透彻又深邃。石池岸塍小路，池头周围田园有了秋的枯枝败叶，但比起春夏一味的绿色，池头演绎着丰富多彩、蕴藏着内涵魅力。池头成了一幅百看不厌、色彩斑斓的油画。

那时的冬天，特别天寒地冻。严寒熄灭不了孩童心中好奇的熊熊烈火。今天池头有无结冰，是大伙永远的赌注。太阳还没升起，一大早大伙就往池头跑，终要看个究竟、赌个输赢。

池头冬天田塍小路上，几多摇曳顽强的小草，白白的霜花压着草片。用脚轻轻拨拨，霜花飘然而落，立马湿了大伙的鞋。踩着田塍小路，如同踩在软软的棉絮上，有一股弹力；又如踩在玻璃上，时不时吱吱作响。那是池头塍边小路上昨夜长出的冰棱。冰棱是一株一株、一朵一朵、一片一片从土里冒出来。也就是一二寸高，像是蘑菇的柄，又像是玻璃花的茎，几条几根抱团成一株，晶莹剔透，像是大师笔下精巧的玻璃、水晶工艺品。冰棱有的笔直挺立，有的婀娜弯曲。它们看似那么纤弱，一动即碎；但它们骨子里又是那么顽强，一夜之间破土而出，扎根土层，冲出土层，顶着土层。谁能不为它们强大的生命力感叹！大伙总要采撷几朵最高、最壮、最透明的冰棱柱，捧在手心，细细把玩。

无须再去留恋田塍小路的冰棱，抬眼望，池塘的水面，蓝绿中呈些灰白色，水面厚重了些，朦胧了些，似乎闪着一层莹光。随手一块石子掷向池塘，很快沉入。只听池塘面咔喳咔喳，不是起涟漪，而是撕裂开来，往外扩大。原来池塘面已结薄薄一层冰，它薄的像纸，脆弱的像玻璃，这一块石子，撕裂了纸张，破碎了玻璃。骤使池塘面冰水交集，水浮着冰，冰飘着水，整个池塘像是开裂的哥窑瓷。池塘边夹杂着水草凝固的厚厚冰层，大伙弯腰用石块去敲，用手去掰，裂成了一块块圆形的、方形的或不规则形的冰块。抓在手里，用嘴呵，用手戳，让冰块中间融化出个洞，用藤蔓、绳索串起来，提着或拖，叮当作响凯旋而归。回望池头冰清玉洁，格外静谧，似乎生活在童话世界里。

池头的记忆只能留在心中。像福安莲池被填，曾经一度作为市场一样，池头终究也被填为市场。现今东门头缺了四季如画的池头，多了鱼肉腥味和嘈杂声音，多了方便于民的东凤市场。

◆ 东门水井 ◆

细数韩阳五道城门内的水井，东门头水井竟有八口之多，当冠各城门之最。当年东门头水井虽多，但现今这些井被封口、填埋、遗弃、荒废，都已淡出东门头人的生活。可当年这些井是东门头人生命之源，它甘甜的乳汁养育一代代东门头人，不论是滴水还是涌泉，都恩惠于东门头人。

沿东门走来，看看这些井：

朝宗井。东大路“下尾路”和“砚石兜”之间这口井，有因它在东大路最末端，叫“下井”，也有叫它“将爷衙门井”的，因为毗邻将爷庙；而砚石兜的“砚石”，传闻是将爷公判案用笔沾墨之处，故名，其实它的正名是文绉绉的“朝宗井”。朝宗井六边形的井口1.5米见长宽，由六块青石板榫卯相连，内侧石板上方横镌刻着“朝宗井”三个正楷大字，左竖书“同治十二年十一月十四日造”，青石板上并刻有董事郑阳利、

朝宗井

连玉梦、游德铭等20人姓名。清朝光绪《福安县志》有载：“朝宗井，在东门防城署边。”朝宗井水源丰沛、储量大，而且水质上乘，就是六七个人一起拔水挑水，也不觉水位骤然下降。受用朝宗井的主要是人口稠密的三姓路、东大路的居住民和因其水质好而用做豆芽菜谋生的几家作坊。井坪旁屹立着一尊“惜字炉”。过去人们敬惜字纸，认为字是孔夫子的眼睛，不可随地丢弃、践踏亵渎。因此废字纸都要拿到朝宗井边，虔诚地放在惜字炉里焚烧。朝宗井坪两旁摆着花岗岩石凳，供消歇闲聊。朝宗井井口总笼罩或升腾着一股氤氲，冬天是暖和的热气，夏天是凉爽的冷气。寒暑都有人坐在井坪的石凳上侃大山，许多民歌、民间传说就是在这儿口口相传、代代不衰的。

宾贤宫走向察院司，一段鹅卵石路，十来级缓缓台阶，就到察院司的井。明朝万历《福安县志》载：“察院边井，旱不竭。”清朝光绪《福安县志》载：“宾贤井，在城内宾贤宫后，泉甘水冽。”笔者考证，清光绪志称的“宾贤井”即为察院边井。明万历县志有载：“察院，知县韩州创于东门，己未倭毁，分巡舒春芳移城于郭文周宅，以察院

立于察院司的修井功德碑

察院司井

地抵文周。四十五年，知县李有明迁察院于真庆观，即今铜冠山下。”因标志性的建筑迁移，而改宾贤宫的地域特色，故曰“宾贤宫后井”。但民间却仍沿用察院司井至今。察院司井水受用的主要是宾贤宫、察院司、冠后横路的居民，察院司井坪墙上至今仍留存一块道光十五年（1835）十二月立的石牌，镌刻着当年修井题捐人姓名和银数，计有33堂户，捐献白银累计256两。当时修井首事为丁宏镐、陈作椿、郑大振、郭元龙、黄维章、郭鸿镛、李朝选、吴雨苍等人。捐献银两第一位为陈素位堂，40两银；第二位为林同新堂，25两银。目睹此碑，能看出当年修井的工程浩大和艰辛，提醒后人喝水不忘挖井人。察院司井口为六角形，由六块辉绿岩石榫卯拼接而成。可能是地势高些，察院司井深3丈余，井沿石块砌就。东门头水井中数察院司井水最为清澈甘洌，入口见甜，回味有甘。察院司井水质虽好，但水头不大，且挑水来回都要上下台阶，越发困难，有的挑水人就错开，选打早或晚上来挑水。但“酒香不怕巷子深”，东门头甚至是中兴街、莲池头人，如有年节酿酒或贵客莅临，也要挑一两担察院司井的水，不然总觉得酿酒不够醇，泡茶不够香。

凤尾山有两口井，称为凤尾山上井和下井。凤尾山上井在原凤尾庵、观音阁附近。这儿也算是凤尾山脚，见有泉眼冒水，水很干净，遂有人砍伐了杂草树桠，

位于凤山榕树边的水井

用石块简单的垒了个浅浅的井口，把泉水蓄住，供邻近人家饮用，这就是凤尾山上井了。现在凤尾山上井已被居民新房填埋，灌上水泥不留痕迹，成人家庭院。

凤尾山下井，在市政府凤尾山干部宿舍前。凤尾山下井井口为四方形，井口低矮，不足一尺，井壁鹅卵石砌的，井深不到一丈，下井水源丰沛，因井口矮、井不深，拔水人多，随便站立在井沿上拔水，也不见危险。下井背面有棵参天榕树，绿荫如伞遮盖着整个井坪，传说为建县的县太爷手植。榕树后是黄土坡地，当年自生自长着大片婀娜多姿的绿竹。井坪榕树前有面鹅卵石护坡，护坡石头上长着白色、绿色的斑驳苔藓，沿石头缝隙爬着红色、黄色的藤蔓。井坪周围有一圈浅水沟，沟外任草生长、花点缀。井的左侧是条弯弯鹅卵石小路，右侧有栋低矮的古朴木屋，土墙黑瓦、鸡飞狗吠、动静相宜。凤尾山下井与周围环境协调呼应，成了一幅山水怡然的野趣农居图画。大榕树毕竟年老岁长，干枯一节一节倒下，但都倒在夜深人静时，不损人物，居民们说树已成仙有灵性。20世纪末居住政府宿舍楼的领导移植了一株榕树于此，至今也已单人抱不过围。热心者在井坪立了块小碑，曰“凤山榕树”，并简介新植原由。凤尾山下井没有封口，至今仍有居民拔水用于洗涤。

东门沿城墙往上百米，护城墙就连接了西山边。城墙和西山交接处，居民称为“城头上”，这儿有口井叫“西山边井”。西山边井地势较低、周围开阔，储水量足，东门附近居民都喜欢这儿用水。西山边井的井沿是三合土的四方形，较低矮，拔水不用那么费力。井坪基本呈方形，铺着不规则的条石板，宽敞、利水、干净。有别于其它井的是，每中午、傍晚，从步下洋、棠发洋收工的东门头农民，三三两两、前前后后都习惯成自然地兜到井坪，拔桶水洗洗手、擦擦脸，洗涤收工的水桶、簸箕、锄头上的泥污，干干净净挑回家。进入秋冬收成地瓜的节气，因用水之便，有的农户索性在井坪安营扎寨，直接把田园挖回的地瓜堆放在井坪，夫妻忙着刨地瓜米、洗地瓜粉，井坪一派农家收成的繁忙景象。城头上一条条支起的横木架，地瓜匾一头支地，一头横卧在木架上，它们一块连一块，一架连一架，上面摊铺着白花花的地瓜丝。太阳晒、北风晾，只消一天时间，湿湿的地瓜丝就变成干干脆脆的地瓜米，可以装袋入仓了。井坪、城头上，男女问询声、打诨嬉戏声不绝于耳，格外热闹，成了西山边井独特的景观。

双井巷悠长，居住着吴、陆、郭、阮等东门望族。座座宅院缝隙严密的青砖斗墙，高耸的骑马封火墙，张扬的屋角飞檐，但可曾知道，双井巷还因双井而得名。相传凤尾山是一只金凤凰，双井是这只凤凰的双眼。但长久以来，人们只看到一口井，被称为“上井”。而那口“下井”，究竟哪去了？有传闻弱女子溺死下井，故被填埋。直至 20 世纪 90 年代，阮厝前厢房业主扩建，发现被填埋的下井赫然在自己的厨房内，匆忙填土掩盖，不再作声。

双井巷上井井口用三合土筑成圆形，圆形井口小小的，直径仅有 80 厘米。其他井都是井口与井壁、井底垂直成一筒形。而双井巷上井是上窄下宽，成个瓮形，因此又俗称瓮井。瓮井沿壁没有砌砖石，而是裸露的黄褐色潭泥土。也许年岁久远，水气浸蚀、土层松动，潭泥土慢慢分离剥落，井底竟有两三间房间的宽大，呈圆底的凹字形。小小的一潭井水就集中在井底中间。井口的光线照下去，只有井底一潭水光亮，其他位置都暗淡无光。站在井边，往下张望，难免腿脚发软，心口发怵：脚下这一层土会不会坍陷下去？偌大空旷而黑洞的井底，是那么怪异诡秘，很是恐怖。看一眼，就想急忙逃离。但这一带原住民与瓮井朝夕相处，饮用的都是瓮井水，相安无事也就不以为然了。

刘厝坪的井是 1958 年“大跃进”时挖建的圆形井。当时是先灌好水泥圆筒，一节套着一节放下的，因此井口井壁都光滑干净。由于地势低洼，修井材质好，井不渗透，水源充沛。但刘厝坪井水质较差，有些咸涩，喝了不爽口，饮水人就不多，井水更多是居民用来洗菜、洗衣。市实验小学与刘厝坪井一步相隔，为学生的安全，很多年前井口就被封。

把井水挑回家饮用，看本人气力，可挑多挑少些；可要把井底的水拔出，就不仅要看气力，还要看技巧了。挑水苦累数拔水。把捆着绳子的水桶放入两三丈深的井底，绳索须顺着手掌滑下。细心人要在手腕上戴块胶，捏在手掌中减少手和绳索的摩擦。麻绳见水打滑，但拔水时像鳗鱼柔滑不好拿捏，所以拔水的绳子一般选用棕绳。

拔水时站在井口，张开双腿，重心沉在下半身，上身前倾，既要看水面掌控水桶，又避免站立不稳，连人带桶坠入井中。绳索系着的水桶下水后是浮着，要将绳索稍稍提离水面一米，左右晃动几下，然后猛抽绳索往下一甩，水桶就沉堕入水中，轻轻一提，一桶水就出了水面。左右手交替拔起绳索，木桶荡悠悠的往上。到井口时，弯腰伸手接过水桶，七八桶下来装满一担水。也有人因水桶系不牢或拔水中断了绳，水桶掉入水井，这很让担水人着急。要赶紧拿铁钩，铁钩有单钩的，也有双钩、三钩。绳索捆着铁钩放入井底，绳索操控铁钩，拔水人凭感觉让铁钩在水中前后左右圈动。快时不消几圈就将水桶钩上，慢时一二个时辰也钩不到水桶，累得满头大汗，但又欲罢不能，这时就要请高手帮助了。

饮水人总是敬畏、爱护与自己生命攸关的水井，约定俗成不定期要清洗水井，或在洪水淹没水井后，或在水井有人出现意外时。

洗井是隆重的，街巷里德高望重的人会早作张罗。先要择个不冒犯土地公、井神的黄道吉日，还要确保洗井人出生时辰不与洗井日时相冲相克。洗井一般在午饭后，井坪早就聚集着好些男女老幼。主事人沐手燃香点烛，敬拜土地公、井神，祈祷洗井顺利，洗井人平安后，才可进行。洗井人要坐在绳索捆着的篮篓中，下到二三丈深凉嗖嗖的井底，需要的是男子汉的胆量，考验的是体质体魄和耐受力。

公益事不必重赏总有人担当。那场面！洗井人真是街巷父老乡亲的好儿郎、观众心中的英雄汉。主事者掏出一寸见方的内装有护身符的蓝洋布小袋，系上红绳索，挂在洗井人胸前。洗井之前几个人轮流着把井水基本拔干。虽众目睽睽，洗井人面带微笑毫不胆怯。细细密密编织的一个大竹箩筐拦腰扎着粗绳，篓底粗绳打成十字，穿过篓筐中间扎带，成经纬式捆扎。保证安全牢固后，第一个洗井人坐入篓内，四名壮汉分持着篓筐绳索，平平稳稳地将坐在篓筐中的洗井人送入井中。洗井人到井底后，利落爬出篓筐，立即开始准备工作。第二个洗井人也被送到井底。两个洗井人默契配合，用扫把、刷子、抹布轮流清洗井底、井壁，将清洗后的浊水舀入桶，让井坪上的人拔上来。这样争分夺秒，很快井水干了，井底见清。人们又把篓筐放下，把洗井人拉回井面。主事者点燃一吊元宝，从头到脚、前后左右在洗井人身上拂着，消除下界的晦气。井底湿气加寒气，井坪上早有热心的大嫂、阿婆熬好热气腾腾的老姜红糖茶，忙不迭递给洗井人，七嘴八舌地问候井下凉不凉、人累不累？催促着快喝下暖身子。人们被井坪的温暖感动得热泪盈眶。

同是东门人、共饮一口井。乡亲们敬畏、感恩、守护自己的生命之井，已融入血液，代代相传成为本性。一口井、一方土、一群人，凝聚成浓浓乡情、友情、亲情、爱情，左邻右舍水乳交融，唇齿相依，同舟共济，就这样，一代代休戚与共生存繁衍下去。

城河·田园·乐园

◎郭华琪

当今的104国道棠发洋段以西，市人民武装部连接东大路一线以东，北抵原县医药公司围墙根，南达解放东路，四围之间的一片地域，在我的童年时代是一片肥沃的良田，以种植水稻为主。中兴路的东端将田园南北分开。田园间有城河。河水自104国道北边的涵洞流入，蜿蜒流经中兴路东端的涵洞，再向南流经解放路的涵洞而出。城河水对田园起到灌溉作用。我们习惯把中兴路北边的地域称为“上城河”，南边的地域称为“下城河”。这片田园是城东的一道美丽风景，也是我们童年的多彩乐园。

寒冬时，之前收割水稻留下的株丛根头还未腐烂，无精打采地立于田里，与其他残根枯草相缠伴，田地一片灰褐色，显得萧索凄清。闹腾的小伙伴们会在清晨去取田间的薄冰块把玩一番；暖阳高照时，兴趣上来，还会拿着土箕在城河中踩草驱鱼捞鱼。

早春到来，田园中挡不住的生命律动开始了。虽空气寒冷，但土壤却慢慢苏醒过来，三叶草、紫云英、金鸡菊、野蔷薇、紫地丁等说不出名称的花草从田间长出，相互间杂簇拥，吐着淡淡清香，芳华可人。

仲春开启春耕，农事依序展开。先是给农田灌水，浸泡软化田土。接着农夫吆喝着耕牛犁田，那些稻梗头、花草随着泥土被一道道犁翻起趴下，将在土壤底层发酵为有机肥料。犁田后还得驱着耕牛反复翻耙水土，并进行人工锄田和修造田梗，田园被梳理得细腻平滑。与此同时，培育秧苗也在进行中，在田间或路边，整一块平地造秧埔，撒谷种、盖薄膜、施秧肥，约二十多天，秧苗育成。接着起秧、运秧、抛秧、插秧。一个多月的劳作，田间青绿点缀，春光染润，生命力无限。孩童的我们不但感受着桩桩件件农事的繁忙，还快乐地做着两件趣事：捉泥鳅，背个小竹篓跟在犁田耙田的农夫后面捉被翻上来的鲜活蹦跳的越冬泥鳅，一小半天，可以捉到小半篓；玩蝌蚪，天天观察小蝌蚪逐渐长大和变化。

暮春初夏时节，田园是越来越生动。经过耘田、除草、施肥的水稻进入分蘖期，稻田已茁壮成一片葱绿，暖风舞动禾叶，恰如向人们欢快致意。蝌蚪先是发育出一对后腿，再过一段时间又长出两只前腿，且尾巴逐渐收缩，鼓鳃形成，长成了小青蛙，夜间开始了“呱呱呱”的小合唱，片片蛙声，此起彼伏。小伙伴们白天上课，晚饭后三三两两在城河上聚集。天黑的慢，我们时儿追赶着将要归巢的春燕，时儿戏看蜻蜓点水。当天完全黑下来时，萤火虫出来了，在田园中徐徐飞行，点点闪闪，我们跑着赶着捕捉，不多功夫，事先挈带的透明小玻璃瓶里就会装入十几只萤火虫，瓶子发出黄绿色的荧光，由于瓶塞会透气，可以饶有兴趣地玩上一两天。那时很多家庭都饲养家鸭，我们用鱼饵钓青蛙来喂养家鸭，青蛙营养好，家鸭食后长得快。后来有长辈告诉我们，青蛙会捕食田间的害虫，使水稻健康成长，知晓这个道理，我们就再也不钓青蛙了。蛙声一天比一天响亮，心里甭提多高兴。

盛夏越初秋间，水稻株丛更壮更高，依时序抽穗、开花、灌浆，黄绿色的禾丛中开着浅黄色稻花，田野上弥散着稻花清香味，燕子呢喃，雀儿啾啾，蝴蝶翩翩，蜻蜓飞舞，蝉鸣唧唧。这是田园最好玩耍的季节，又值酷热暑假，那时没有电风扇、空调，午后闷在家里难受，伙伴们头戴斗笠、身穿裤衩、光着脚丫就往城河田园跑。到了城河田间，脚下水气氤氲，斗笠挡住烈日，微微南风徐来，感觉通透多了。孩童们有各种玩法，而我和我的伙伴们最喜欢钓蜻蜓，捉知了。钓蜻蜓首先要用丝线捆住一只漂亮的成熟蜻蜓，丝线另一端系于小竹杆上，手持竹竿一头，像放风筝一样放飞蜻蜓，当有其它蜻蜓在附近飞来飞去时，我们便口中喊着“嘟喻”“嘟喻”，同时操纵竹竿带动丝线牵引蜻蜓去靠近飞来的蜻蜓，若飞来的蜻蜓是来求偶的，又恰好雌雄一对，就会缱绻在一起，这时放低丝线，让一对蜻蜓落在稻丛上，可以用手去捉住钓到的蜻蜓。知了又叫蝉，夏季蝉鸣声声入耳，特别是午后气温高，阳光烈，蝉的聒噪声最大。捉蝉是富有挑战性和更趣味性的玩活。田间的蝉声来自104国道两旁高大的桉树。

我们事先制作捕蝉器，先用竹条去卷取蜘蛛网，大概卷集到十几张蜘蛛网时，将竹条上蜘蛛丝掰下揉捏成团状，然后放于石头上捣，越捣丝团粘性越大，然后把它黏固于长五六米的竹竿细端头，就制成了捕蝉器。捉蝉时，先爬上桉树主干约六七米高的地方，站稳，然后接住小伙伴送上来的捕蝉器，这样，距地面十来米高处范围内的枝叶上有发现蝉都可以用捕蝉器粘住蝉的翅膀，蝉就逃不了了。蝉是很敏感的，人刚爬到树上时，由于振动，受惊的蝉会不断地从这枝丫翻飞到那枝丫，所以，要待一段时间后，振动消失了，才能开始捕蝉。当捕到鸣蝉时，心里美滋滋的，充满成功感；有时捕住的蝉是哑蝉，甚为蹊跷。原来蝉也有雄雌之分，能鸣叫的是雄蝉，哑蝉是雌蝉。夏天的晚上，蝉的鸣叫声大幅减小，因为气温低且黑暗中蝉的活动性就减弱了。蝉的声音虽然吵，但这是它们生命中最绚烂的时光。

转眼就到了深秋，田园上一片金黄。农夫们一系列的耕耘劳作换来沉甸甸的谷穗向人们报告丰收的喜讯。这时还应对稻田排水，保持田里水分适宜，使谷粒更丰满结实。终于开镰了，田园上一番丰收的忙碌景象。社员们割稻的，搬稻的，踩打谷机脱谷粒的，挑谷晒谷的，分工配合，各展其能，十来天下来，收割结束，稻谷归仓，当年田园上的农事基本结束。田里水稻收割后，会有孩童们前往拾稻穗，进行最后的收成打扫。田间闲下来了，城河水悠然，这时正是挖泥鳅和戽鱼的好时节。挖泥鳅比较简单，田里水不多，当看到泥巴表面有孔洞的地方，一锄头或一铁锹下去，翻起，一般都会挖出泥鳅。这个时节的泥鳅消化稻田中的营养物多，肥嫩圆滑，加工后是餐桌上的一道美食。戽鱼是体力活，孩童们只有观看的份，那场景也十分生动有趣。

在那个年代和之前的漫长岁月中，这片土地的春夏秋冬重复着单季稻的生长周期，衍生着大体一样的生命律动。20 世纪 80 年代中期以后，在改革开放大背景下，这片土地伴随福安城区的不断改造、扩建、拓展，形成了当今的机关单位、民房、集贸市场、街道商场相交集的景况。记忆中的上城河、下城河和城河上的田园，早已消逝在时空深处，儿时的那片乐园却永存在我们的脑海中。只是时空不能穿越回当年，我们也无法重返童年，只能怀念。

城东族姓·重金吴氏

◎李毓贤

◆ 源流与播迁 ◆

重金吴氏乃吴泰伯后裔。吴泰伯，原姓姬，西周时期在长江流域建立吴国，后裔以国为氏，遂姓吴，奉泰伯为吴姓开姓始祖。

唐顺宗永贞年间（805），吴泰伯74世孙吴文质，以武德大夫，招讨使身份巡查福建。清周祖颐著《福安乡土志·氏族门·青云吴氏》记载“至武德大夫、招讨使文质巡闽，过长溪长汀仕坂，度其土地可聚族，遂于元和三年（808）挈眷而来家焉”。又说，文质公于五代后晋开运四年（947）同父祖由浙江泰顺库村迁来福安仕坂（仕坂即今之坂中长汀）。

吴姓在长汀安居发族，逐渐壮大，生齿繁集，人物代兴。至文质公十一世孙，吴维中、吴维凯兄弟，“得术者谓：邑城重金山下，地脉凝聚，万水会归，面五马而负双桃，前三山后亦三山，兴居聚族于此尤宜。”元皇庆二年（1313），吴维中、吴维凯兄弟在金山下“乃复买地构室，创始图新”，并于此修建吴氏宗祠。

吴维凯迁居金山下，吴维中仍居长汀。

又过30来年，“在邑孙子日振，在仕坂未移者亦比前有加”。于是重修族谱，称“重金延陵（吴氏）”，尊吴文质为一世祖，后代又尊吴维凯为肇迁祖。“复改仕坂旧庄为招提招僧，供奉武德大夫像，用以永香火，报大宗也”。据《重金吴氏宗谱》记载，此处奉祀武德大夫文质公神位的“招提”（私家寺庙），即维凯公创建的“西兴庵”（现名“西兴禅林”）[1]，康熙四十四年重建。（以上引文皆自《重金吴氏族谱·令史正四公重修族谱》）

“重金山”原名金山，清乾隆四十八年（1783）版《福安县志·山川》：“重金山，在县治南。上有马鞍石，镌云：淳祐丁未（淳祐七年，1247）腊月十九日，北山郑寀偕邑令郑黼同登。按宋制：惟两府之臣得赐金带、佩鱼，谓之重金。淳祐五年（乙巳），郑寀同签枢密，锡重金。（淳祐）七年（丁未）登此，故以重金名，以为荣。”郑寀号北山，郑黼系福安第一任县令。

维凯公生三子：爱观、爱悌、爱憎，分长、次、三房；次房爱悌又生四子：仕、瑜、球、玮，再分聪、明、睿、智四房。

聪房，祖名仕，又名注，字能信，明永乐年间授交趾（今越南）县丞，未回原籍，后裔不详。

明房，子孙主要居住金山吴祠周边及棠发、鹿斗、后垅、冠后等城内诸地。

睿房，再传五代到邦燧、邦熠兄弟于清顺治六年（1649）迁溪柄茜洋，并建祠立族，成为重金吴氏一重要支派。

智房，玮，第五子察，于明嘉靖初迁溪柄水田，其余子孙多居城内。水田吴氏于1986年始建智房支祠，现智房人丁均在此宗祠修谱。

重金吴氏，人丁日旺，户口增添，俨然为一巨族。自文质公至今已传三十五、三十六代，其子孙播迁福安境内上至晓阳、上白石，下至湾坞、溪尾、下白石等地，几乎遍及福安各乡镇。国外有交趾（越南）、新加坡、美国等，国内省外有元谋（云南）、台湾、北京、张家口（河北）、上海、浙江、珠海（广东）等地。省内福安境外有福州、厦门、建阳、连江、政和、霞浦、宁德、福鼎、周宁、寿宁等地。

仅福安市内人口而论，据2010年，第六次全国人口普查数据，福安吴姓有10来个派系，总人口数21572人，而重金吴氏在福安市内人口就有8000余人，占福安吴姓总人口的三分之一多。（福安政协《福安百姓·吴姓》第一辑）

① 也有人认为“西兴庵”始建于唐末，与此相差甚远。

◆ 吴厝祠堂与吴厝坪 ◆

提起重金吴氏，人们自然会想到“重金吴祠”（俗称吴厝祠堂）。吴厝祠堂，知名度远胜于重金吴氏，其时在福安几乎无人不知。揣其原因，应为建筑位置之显耀，规模之宏大，装饰之华丽，内涵之丰富。可惜其祠于1954年被拆除，现在人们根本无法感性上还原该祠，只能从《吴氏族谱》等一些旧文献中，寻找蜘蛛马迹，了解其一鳞半爪。

重金吴氏宗祠原址，坐落于金山下，金山街东侧（即现在电信局及其周边）。始建于元皇庆二年(1313)，据可考资料，清乾隆九年(1744)重建，光绪十年(1884)又一次较大规模重修(《乡土福安志》记载为重建)，其他小规模维修则不计其数。

《重金吴氏族谱》乾隆十一年（1746）十月，吴新命撰《重建祖庙志》记载：“祖庙虫蠹于白螘（蚁），敝于风雨，颓塌腐朽，凡历一纪。壬戌秋，兄岱（吴岱，当时总管祠堂事务）顾命而言曰：祠堂不建，先灵不妥，予将首事倡捐，重振前模……乃卜甲子（1744）夏，经始（开始修建）堂构，聿焕新图。广三楹而为五，辟两阶而使宽。壁恐易朽，周以砖墙，地惧生蛊，匝土三合。其间一柱、一梁、一椽、一瓦，皆择坚厚可久之材为之，迄冬杪而工告竣。”祠宇建成，众人都很满意，可是吴岱公还嫌“庙前浅促”，再和大鹏、大鹍“捐庭前地，益扩基址”。众人心生感动，又重新捐献，“更合四百余金”，“遂以高树二门，广起两廊，斋室、库藏、省牲、厨房之属各有规制。次第观成，比旧构增十之四五焉”。尚有余款，于是再“创楼店一十三间，贮租以供公需”。这是乾隆九年（1744）重建“重金吴氏宗祠”的情况。

建成的新祠坐西向东，深十五丈，阔九丈一尺（旧祠基，深十丈一尺，阔九丈一尺；新增部分，自西至东四丈九尺，自北至南九丈一尺），“庙正中三龛一藏，始祖神主一藏，肇基祖神主一藏，各房世祖神主左进右进二龛分藏。各房支祖至第二世止，厅旁左龛合藏，左昭从祀；厅旁右龛合藏，右穆从祀。两边夹室收藏各行附祖，两旁公房则为藏器库所。计本祠正座五梁四十四柱……门头两廊，斋戒所、省牲所、厨房等座……头门直外棋盘坪，起建一族总钥，榜列‘重金延陵’四大字”。

背景马头墙建筑物为吴氏宗祠

又过140多年，当时总理祠事的镇十公，“急欲营建祖祠，朝夕焦思，寝食俱废。拟以光绪甲申年（1884）四月起建”，无奈“工未兴而公没”，其子吕八公继父之志，“续管几八年”，祠宇乃成。不久吕八公去世，其兄吕二公继续，“正中二间虽已完美，然旷而未构者，尚有前一间。愀然曰‘此间未成，无以壮瞻观也’，爰集众经画起造，与正中二间相称……历戊戌（1898）已亥迄功。”吕二公逝世后，鸿槐公“相继承值，修补润色，苦心经营，已十载矣”。这是光绪年间祠堂重修的状况。（宣统二年〔1910〕吴鸿模《重修宗谱志》）

其他小规模维修，诸如道光六年（1826）曾新造祠堂大门一所；庚午年（同治九年，1870）又重新改建大门并修建照壁等，在此不一一赘述。

总之至清朝末年，经过多次扩建、重修，“重金吴祠”的规模、装饰，几乎臻于完美。我们还可以通过一组数据来比较：乾隆九年重建吴祠，修建正座共费工料费白银600余两；头门两廊斋戒所、省牲所、厨房等共费工料费白银230余两；头门外“一族总钥”及“重金延陵”4个大字共费工料费白银50余两。（清乾隆十一年，吴新命撰《重金吴氏族谱·重建祖庙志》）而起建十三间楼店所用费用，虽然没有明确记载，但我们不难推出，应该是“更合四百余金”减去“遂以高树二门，广起两廊”“头门外总钥”以及“进主仪式”等费用后的余款。足见当时的祠堂该是何等的富丽堂皇，更何况以后多次大小规模的重修或“润色”。

吴氏宗祠，对春秋蒸尝、始祖寿诞等重大节日的祭祀活动和隆重的庆典，细致到环境布置，祭桌安放，财务收支，何日祭祀，何日采办祭品，何人主持何项工作以及注意事项，罚则等等，都有明确和严格的规定。这在其他族谱或祠堂文献中实为罕见。

如始祖武德公寿诞祀典中明确规定：

始祖武德公正月二十八日庆诞。

将前一年族（中）登寿、生子、定聘、婚娶、架屋、造坟、入泮（入学）、登科（考中）诸喜银，交给该年轮值的首事助理，置办庆诞。喜银缺少，则从蒸尝产银中拨凑；多则存留积储，不得过费。

于二十七日起至二十九日夜止，祠前演戏二台。

祝寿堂内，列锦排筵，悬灯挂彩。正中武德公前，设福首三牲一席，寿酒二席，大喜烛六桌，博古一桌；令史公暨房祖神前，各设福首三牲一桌；

正中两旁安置支祖暨昭穆从祀诸位，共设福首三牲四桌；左上右上连厅两旁，分设看桌十桌，安花点灯。

于祠前及本境四周，树建鳌杆，燃灯三夜。

二十八日早，子孙齐集拜寿，四拜，各送寿包一合。其有异姓店前燃灯相庆者，撤筵之日各送寿包五合，中筵大寿桃八块。

送分本年新轮助理首事筵馔，则宴本族阜老暨首事人等。所派鳌杆与堂内点余大条喜烛，俱归还本人自领，他人不得混收。

以上各事，首事务公慎承办，不许苟且塞责，如或草率与相侵蚀，即照家范责罚。分派鳌杆、喜烛，子孙或有不遵，亦照“慢祖”家范责治。

又如秋季蒸尝，也有明文规定：

七月十五日秋祭。

本祠轮值的首事，应提前买猪七只、羊三只并备好各色器皿，于十三日呈交当事族长点明后，交付库房收存，然后再会同众阜老在堂上排设斋戒牌，在墙上张贴红榜公布分“胙”（分享祭神之肉）人氏名单。

吴厝坪操场

十四日首事洁修各筵祭品；司库按照簿内人氏名单，写票候给；礼生、执事、主祭跟各陪祭人等于下午集中堂内，练习祭祀礼仪；到黄昏时请各位神主，礼生引主祭孙省牲。

十五日五更齐集二门，肃穆从事，祭毕送祖撤馔。司库按名单分给票据，当事族长与首事人等按簿内名单称“胙”并验票交付。

另一方面，将撤下的各筵祭品办酒席五桌，中午时宴请榜上有名的子孙及众阜老。不允许未成年后生上桌，也不允许阜老携带孩子上桌，违者按家范责罚。族长、首事、司库、各执事人等，如果做事不严谨，或者有“侵欺者”也全按家范责罚。

对族内哪种人，应分给多少“胙”肉，也有明确规定。

从以上这些“规定”，不难看出当时祠堂主事管理祠堂事务何等严谨。

吴厝祠堂南面是官道，官道以南有片空地，可容纳数千人，人称“吴厝坪”（即八一市场）。民国时期，曾经在这里举办过一些重大的集会，如抗日战争全面爆发后，为声援前方抗战，1938 年 3 月 8 日，福安县“抗敌会”召集千余人在此集会，并举行示威游行。

民国 27 年（1938），高诚学任福安县长，提倡“新文化运动”，办新学、建农场、兴体育，“吴厝坪”随即被开辟为体育运动场，名为“福安公共体育场”，福安百姓仍按习惯呼为“吴厝坪操场”。这是福安县乃至闽东第一个体育运动场。次年福安县在这里召开第一届全县体育运动会，项目有田径赛和挑担比赛。民国 29 年，闽东第一届体育运动会也在“福安公共体育场”举行。随后到 20 世纪 40 年代初，这里举办过多次闽东、福安体育运动会。

民国 28 年（1939），日本飞机轰炸福安，就有一枚炸弹落在“吴厝坪操场”。

民国 32 年（1943），高诚学犯事，被国民党福建省政府主席刘建绪的行刑队枪杀于此。

中华人民共和国成立后，人民政府接管“公共体育场”，更名为“福安县人民体育场”。这里更是被作为重大庆典和集会的场所，召开过“抗美援朝”誓师大会，也召开过“上交公粮”动员大会，还召开过“镇反”公审大会等等。

1957 年，西门外官埔洋“福安县人民体育场”建成，“吴厝坪操场”完成了她作为体育运动场所和政治运动场所的使命，退出历史舞台。

后来，在这里修建过福安专区干部招待所；“文革”期间，作为“军管会”

办公场所，为部队所用，于是也就成了军队用地；再后来，被开发成八一市场。

◆ 士绅与贤达 ◆

重金吴氏，被尊为韩城望族，绝不仅仅是人丁众多，祠堂耀目，更主要的是吴姓子孙，“或显宦于当时，或潜修于斋室”，人才济济，英贤辈出。“其间仕宦者，隐逸者，尊明经美子衿者，耕读樵渔、服贾用腆者，振振济济几千人”，（明嘉靖二十七年，吴宗波《重金吴氏宗谱序》）各行各业皆有精英。

据《福安百姓·吴姓》不完全统计：福安吴姓后裔（民国前），有文字记载的名贤98人，能明确界定出自“重金吴氏”的就有58人。这些人或因科举高中，或因政绩显扬，或因才名远播，或因军功卓越，或因教子有方，名垂青史。如：

吴注，又名仕，字能信，聪房祖。因擅长楷书，明永乐年间被举荐入翰林，参与编修《永乐大典》，后任交趾县丞。

吴瑞焉，字象真，康熙丙戌年进士，能诗，工书法。曾受聘于鳌峰书院讲学，后任直隶枣强县知县，历有政绩，其恩泽披于父母。有《湖山且行》《三山存稿》《塞行杂咏》《塞行日记》等六部诗文集传世。

吴步蟾，字挂魁。少年时就好读书明大义，素有效仿班超投笔从戎的志向，曾任桐山营把总，加守备衔。咸丰三年，率所部从征江南，剿“发逆”，克复镇江、扬州等六城。后驻丹阳县东门外，逢大股“发逆”，四路围攻，其亲信丁某劝其避敌锋芒。吴步蟾慷慨激昂，朗声说道：“今日之事济，则国家之灵，不济以死继之，何避为？”于是赋诗一首：“八载披坚奉节麾，夜闻刁斗立功时。一朝成败归天意，张齿严头事可师。”次日力战阵亡，时年44岁。逝后，崇祀“昭忠祠”，追封“云骑尉”，世袭罔替，由其堂弟吴步琦世袭承之。其父吴少湖恩赠修武校尉，其母阮氏也赠九品孺人。

吴鸿勋，字祚国，茜洋人，睿房后裔，清同治辛卯科武举。武艺出众，力大如虎，人称有拔山之力，曾在考场上连刀带架拔起，结果压倒坐骑，惊骇全场。鸿勋为人耿直，不通文墨，茜洋人戏称“愚牛”。宣统元年任浙江武翼都尉。在任期间，有一方山贼谋反，他因事务繁忙未曾亲征，但仍立“吴旗”而惊退山贼，从此更是声名远播。

近、现代人物还有吴清友、吴振铎等。

吴振铎，学者、茶人，早年移居台湾，有台湾“茶叶之父”之称。

吴清友，学者、翻译家、经济学家、共产党人。原名吴毓梅，幼年丧父，其叔父吴景旺，终身不娶，以替人宰猪，种地等抚育他成长。清友年轻时结识中国共产党创始人李大钊，并经李大钊介绍，考入前苏联莫斯科中山大学，学政治经济学。回国后曾当任上海《中华月报》主编、上海交通大学教授、重庆交通大学教授等职。1949 年 6 月，受中国人民银行行长邀请，在总行专家工作室工作，并先后兼任北京大学俄文教授、中国人民大学政治经济学教授。这期间与周恩来、林伯渠等领导人过往较为密切。1956 年，毛泽东在怀仁堂接见他。1957 年加入中国共产党，1965 年 2 月去世，终年 58 岁。

重金吴氏，著名人物远非以上数位，还有吴福元、吴嶷、吴宗波、吴秉礼、吴广等等，《福安县（市）志》《吴氏族谱》中比比皆是，这里不作赘述。这些都是有品衔、有地位、响当当的人物。吴氏家族中还有不少平民百姓，名不见典籍，但他们的事迹，人格魅力让人十分感动，赞叹不已。以下试撷几例以飨读者，激励后人。

吴廷珙，字舜若，13 岁入邑痒。明嘉靖三十年（1551）四月，倭寇入侵，攻打福安城。吴廷珙与吴廷爵，协同业师陈豪守南城，城陷被俘，押至鹤山脚下，吴廷珙兄弟一路骂敌不止，慷慨就义。吴氏兄弟没有官衔，没有爵位，只是一个普通读书人，但在民族大义面前毫不含糊，表现了一个读书人的气节。

吴荣藻，行镇十，普通商人。中年后总理祠堂事务 30 余年，涓涓滴滴归公，积储“数千金”，急于重建祖祠，朝夕焦思，寝食俱废。原拟光绪甲申年起建，可惜尚未动工，生命已到终点，临终时交代儿子们“祠当速成，汝曹勿忘乃父志，即公赀告匮，亦宜倾囊以助”。其四子锦汉继承父志，接管祠堂事务，经营近八年，祠堂才落成。可是积劳成疾，英年早逝，终年才 48 岁。锦汉逝世后，他二哥锦河接任，觉祠堂还不够完美，于是又殚精竭力再建一座，方使祠堂巍焕一新。锦河逝后，其次子鸿槐接替，修补润色，苦心经营十余年。

祖孙三代不求名，不求利，为宗族、为祠堂事业兢兢业业，默默奉献，终其一生。一个宗族的荣耀固然需要显赫人物光宗耀祖，但更需要众多平平常常的子孙支撑。“重金吴氏”像吴荣藻祖孙这样的人物又何止他们一家。前有吴岱、吴大鹏、吴大鹍无私献出土地，后有吴琪等踵荣藻公之志。

锦河公经常告诫孩子，我做这些，只是我应尽的职责而已，不叫作什么善事。我死后，你们不得张扬，否则就违背我的意愿了。做好事不留名，只求默默奉献，这是何等的胸怀！莫非它是始祖泰伯公、远祖季札公“能谦让”基因在子孙身上的遗存？也许这就是吴氏家族的“族魂”！

难怪，康熙年间福建巡抚张伯行曾赞重金吴氏：“闻其族姓醇厚，英贤辈出，或善行树望于一时，官迹著美于奕禩（世代），子姓弟昆沉静敦朴，诗书之泽久而弥光，褒之屡矣。”（康熙五十四年，张伯行《重修重金吴氏族谱序》）

清代福安最后一个知县言宝书离任之际，也感叹：“一族之中济济多贤，英才辈出，而且物望咸孚，争相推重，非其盛德之感人，曷足以至此？呜呼，天其必将有以兴吴氏欤？何其后之多贤也！”（宣统二年，言宝书《重修重金吴氏宗谱序》）

刘氏宗祠

城东族姓·东门刘氏

◎李毓贤　李　杰

◆ 源流与发展 ◆

东门刘氏源自赛江苏阳，是苏阳刘姓的一个重要分支。

苏阳刘姓，在福安可是个名门望族。据考，自宋至清，苏阳刘氏曾出过进士 16 名、恩赐进士 2 名、武举正奏名 6 名（宋代没有武进士之称，武举正奏名即为武科最高级别）。其余文举、贡生、特奏名等数以拾计；太学、庠生、廪生、监生等更是不计其数。各朝各代，簪缨不绝，代有显人。宋代是福安也是苏阳刘氏的辉煌时期。有宋一代，福安共出了 76 名进士，苏阳独占 13 名，使苏阳村成为名副其实的“学村”。苏阳刘氏足可比肩廉村陈氏，是福安屈指可数的“学霸”家族。

历史上，苏阳刘氏出过许多重量级人物，如："勇勂奸贪"刘明之[①]、"胆大如身（皇帝赞语）"刘季裴[②]、文武兼修刘必成[③]、抗清英雄刘中藻[④]等。

刘氏先祖刘皈，字居仁，原籍光州固始（现河南固始县），生于唐僖宗乾符五年（878），卒于后周恭帝显德七年（961）。仕至威惠节度使，"行政有纪，治师有律，恩威并著，深得僚属士卒心。故特敕命南巡，肃清海宇，边境获宁。"[⑤]挂冠后，见长溪风土优美，山川秀丽，遂于此肇基创业，"辟垦海滨之地为田……立法甚严，是以居民富庶，衣食丰饶"[⑥]，是为苏江始祖也，即一世祖。

传十七世，刘维（行万四）迁福安城区东门。

清光绪十年版《福安县志·氏族》记载："刘皈十七世孙维，明洪武间由苏阳徙居邑东门。生子錡、鉴（鋻），至万历间，其子孙于东门棠发境建祠。"

东门刘氏祠堂内现存清光绪四年立的石碑一方，嵌于墙体之中，碑文大略可见："我始祖有宋（唐）威惠节度使十九公卜居邑之苏江，传至十七世，诰

---

① 刘明之：名现，字明之。宋徽宗宣和二年举贤良（荐辟）恩赐进士，官至侍中，伏阙上书"言外寇猖獗，而王黼、梁师成之徒不恤国难肆其奸贪，请罢斥以谢天下"，言甚激切，不报。三年后陈过成、张汝霖以直言为黼所劾，又上书力争之，亦不报，遂拂袖东归。后在朝贤士多荐之，竟不起，终老于家。在苏阳刘氏宗族谱撰有"垂世八宝训"。

② 刘季裴：明万历本《福安县志》云："刘季裴，苏洋人。字少度，十岁能文。举绍兴戊辰进士。历秘书丞、监察御史、起居郎兼太子左庶子，终朝散郎、秘阁修撰。乾道间进《十论》，其一论何承天屯田，规画甚详。上方欲行两淮屯田，大称赏。上殿虽（奏）事，笏偶跌碎，徐拾碎笏，逐一敷陈，谓：'今日之事有不可忽者，即如此笏。'上悦曰：'季裴胆大如身。'每经筵，顾问所对皆称旨。著《论孟》《周易解》《颐斋遗稿》《四川形势论》《司马温公传》。"

③ 刘必成：原字景万，后改字与谋，号爱闲翁，曾于南宋嘉熙元年（1237）武举第一，第二年"魁天下"，成了武状元；淳祐九年（1249），必成参加"锁厅试"并中了进士。刘必成曾任职浔州知府，官终湖南安抚副使都总管。晚年引退后自号爱闲翁，寄情山水园林，喜吟诗作词，有三卷诗稿流行于世。

④ 刘中藻：字荐叔，号洞山。崇祯六年（1633）癸酉科举人，崇祯十三年庚辰科进士。官至兵部尚书兼东阁学士，赐尚方剑主持抗清事宜。中藻组织义军万余人，以一旅孤军光复了庆元、泰顺、寿宁、福安、宁德、古田、罗源等七县，后又复福宁、长乐二州，军威大振。但大明江山大势已去，义军孤军无援，独木难支，最终兵败退守福安城。终因敌众我寡，力量悬殊，孤城食尽，外援徒绝。刘中藻知事已无成，为避免福安城破，百姓遭屠城之灾，毅然选择了自己赴死以保福安百姓，举册籍、封府库，修书呼吁清军勿屠杀无辜百姓，遂于是年四月十二日吞金自尽，时年45岁。

⑤ 《始祖十九公（刘皈）墓志铭》。

⑥ 《始祖十九公（刘皈）墓志铭》。

赠奉政大夫修政庶尹万四公，由苏江迁居宸城。次子初六公建祠于宸之东，崇奉始祖，而以万四公为支祖，以享以祀，由来久矣。”文中“有宋”应为“有唐”二字之误。[①]

据东门刘氏族谱及有关资料，福安宸东刘祠肇基祖刘维，乃苏阳刘氏第十七世孙，行万四，生于元至正甲申年（1344），明洪武甲寅年（1374）由苏阳迁居福安城内宸东创基建业。刘维公生二子，长曰錡，行初一，诰封奉政大夫；次曰鉴，行初六，诰赠耆寿冠带。錡公一派部分后裔在明景泰年间返梓苏阳。

苏阳厚巷房錡公派后裔主张，迁居城区宸东的是刘錡之弟刘鉴，并非其父刘维，刘錡本人也至始至终未曾在城区宸东居住过。

二者虽然分歧，但大同小异，无伤大雅！

到明代，韩阳已成福安的政治、经济、文化中心，周边一些居民纷纷迁居城区，而城区也有部分居民迁出，或回原居住地，或另迁他处，往来频繁。现在很多资料显示，刘氏家族也不例外，錡、鉴两公后裔，有住城区者，有返祖籍者，还有去而复返者，他们依恋祖籍都称自己为苏阳人。明代以后在东门一带繁衍发族的主要是鉴公后代与錡公部分后裔。东门刘氏族谱世系图载明，现今生活在东门的刘姓氏族主要有四个支系：一、刘安（刘錡次子）之孙刘元普（刘应显三子，明正德间署信丰、龙岩县事）支系；二、刘淦（刘錡四子）之孙刘元参（刘应舒次子）支系；三、刘鉴之曾孙元寀支系；四、刘鉴之曾孙元察支系。

维公后裔在东门一带安居乐业，繁衍生息，很快就成宸东巨族，与吴、郭齐名，人称“吴刘郭”，他们的主要居住地也成为名闻遐迩的“三姓巷”。

东门刘氏在此生活了近 800 年，以公元 2005 年修谱时计，在城东刘氏宗祠续谱的维公后裔已发展到3000 多人，传至第四十一世。其子孙播迁城区南郊、南湖、东棠、步下，城阳六岔路，溪柄黄兰白沙、白坑、斗面，甘棠洋中，湾坞湾坞村、塘塍头、长岐头，溪潭芹竹洋（芹洋）以及福安域外台湾、苍南、福州、宁德、霞浦等地，建有支祠的有六岔路、白沙、洋中、湾坞、塘塍头、芹洋等。

苏阳錡公派更是发展到 30000 多人，成为苏江刘氏最大的一个支派。

---

① 现存刘氏宗祠石碑文中“有宋”二字有误，疑是“唐”字损害模糊，后人修补时笔误。理由有三：一、刘皈唐末至五代后周时人，应在五代时就迁居苏江，不可能是宋朝节度使。二、碑文中“宋”字字体与其他字体明显不同。三、认真辨析碑中“宋”字背后似有他字，且底部隐隐约约有一“口”字痕迹。

◆ 家训与传承 ◆

查阅刘氏族谱，无论苏阳族谱还是城东族谱，其始祖刘皈家训和八世祖刘现“垂世八宝训”，都被排放在很显要的位置，且后世子孙评述众多。

始祖十九公（刘皈）家训：

> 夫治家之法，视诸子如已子，视所积如已积，无私取于人，无私与于人，衣均然后衣，食均然后食。为夫者毋听妇言以伤大义，为妇者毋惑不协以乱渊族。父子熙熙，兄弟怡怡，上爱于下，下敬于上，垂教不怒而惧，斡蛊不督而勤，婚嫁无奢，用度从约，岁时分给各有定规，治家如是，富不能使之贫，和不能使之离，子孙相继，遵守如一。

八世祖宋侍中刘现撰“垂世八宝训”：

> 忠孝廉谨，忠则不欺、孝则不悖、廉则不贪、谨而无失，修身如此可以成德；宽裕容忍，宽则得众、裕然有余、容而翕受、忍则安舒，接人如此怨咎涤除。

安放于刘氏宗祠的始祖牌

宋淳祐三年（1243），刘必成在《中山刘氏族谱序》中写道："吾祖避五代之乱，来居兹土，其脱身于干戈之场，扳足于尘俗之表，以礼仪教子孙，以孝悌训后嗣，是以往人用高曾之规矩家传，弓冶之箕裘济美。象贤积方蕴润，越六世，始显簪缨不绝。迄今几三百年，岂一朝一夕之故哉！"刘必成认为，苏江刘氏能"簪缨不绝"，全凭先祖"以礼仪教子孙，以孝悌训后嗣"，后嗣能恪守祖训，"象贤积方蕴润"数百年才能取得如此成就，"岂一朝一夕之故哉"。

而蓝边房八世祖刘滂（庚午科举人），更是认为："今始可见观其作家训，以示子孙，言简而当，意深而明，昭然其在，虽古之圣贤，立教垂训，何以异此？滂恐日久遗忘，谨命工刊版以广其传，庶几众藏户，有置诸座佑如见吾祖之面，命尝诵其言，如开吾祖之亲语，以为后鉴宜哉！"[①]

刘氏后人或留守祖地，或移居外阜，或经商，或务农，能恪守祖训，传承家学，始终不忘诗书传家，积极入世，建功立业，光宗耀祖。

刘錡次子刘安就是一个典型的例子。

刘安，字伯荣，明景泰元年庚午（1450）科举人，曾任广东南雄府同知。"南雄关，乃榷全广商盐之地。干没之弊日滋，（刘）安奉都御史韩雍命署关事，严设条禁，盐必躬验。有数百金求售奸者坚拒之。宿弊划剔殆尽，而鹾法流通，一毫无所取。创建关厅，民不知劳。事勒创建碑记。梅岭夹道，植松为行人阴，今昔号为'刘公松'。"[②]因治政有律，升迁北京宗人府经历，加封奉政大夫修政庶尹。其父刘錡也因之受到皇帝嘉奖，明宪宗皇帝称其"养恬弗耀，为善足称"，诰封刘錡为"奉政大夫修政庶尹"；[③]其祖刘维诰赠"奉政大夫修政庶尹"。

刘维曾孙刘应轸（刘淦次子），则是传承刘氏家风的又一典范。

应轸为人淳厚，重情义，轻名利。一次参加郡试结束，沿海乘船回来，被一伙强盗抓住，强盗扣押了与他同行的叫黄城的人，让他回去拿赎金来赎取黄城。应轸果然筹集了"百金"，救回黄城，事后并不要黄城偿还自己垫付的赎金。应轸有个好友叫缪亮的，参加科举考试，多年不中，后来年纪大了，亲人也老了，再也不能参加考试。应轸就想将自己"贡生"的功名让给他。这件事被当时的

① 宋绍兴三年癸丑（1133）冬月蓝边房八代孙庚午科举人滂撰写《苏江刘氏谱序》。

② 明万历《福安县志·人物志·宦绩》。

③ 《苏江厚巷房万起公派族谱·明成化十年圣旨》。

督学知道后，督学很赏识他，认为他很重情义，是个了不起的人物。他在江陵训导任上时，很得上司衡阳王等的器重，衡阳王对他“礼貌有加”，并亲手题写“松冈精舍”的匾额送给他。[①]

刘安、刘应轸二位先贤，万历、乾隆、光绪本《福安县志》中均有传。

刘氏子孙，投笔从戎，建功立业者，也不乏其人。如刘世辉、刘世煌兄弟皆因军功卓越而名垂青史。刘世辉、刘世煌，清末光绪年间，东门人。刘世辉，字连升，曾任连江把总，候补守府，因战功显赫，后调任台湾，为守台将领。

即使现、当代从事文学艺术创作，学术研究，而颇有建树者依然众多。刘永耕就是其中的一个。刘永耕，1945 年生，福安东门人，教授、语言学家。曾在新疆大学、福建师大任教，任福建师大汉语研究室副主任、福建省辞书学会常务理事、福州市语言文字学会副秘书长、学术委员会副主任。主要从事汉语语法学研究，在古代汉语语法、现代汉语语法、汉语语法学史和辞书学等领域都很有成就。他语法研究对传统语法学和国外纷繁众多的现代语言学理论既不迷信也不排斥，能够不拘一格灵活运用，被学术界称为“自成一家”，在研究史上具有特殊价值。他的代表作《汉语语法学论稿》获福建省第四届社会科学优秀成果三等奖。

还有一个名不见经传，但又值得一提的“小人物”——刘子才。

刘子才，生于 1893 年，卒于 1962 年，幼年好学，曾毕业于福建师范学校。青中年时，当任过教师，喜好作诗，民国时期是“秋园诗社”诗人，与李经文、李雪樵等著名诗人交往密切，互有诗歌唱答。他一生创作诗歌 1000 多首，辑有《松筠诗稿》上下两册，可惜现在仅余上册，下册已经轶失。

刘子才，青年时能关心民瘼，针砭时弊，从他的诗作中可见一斑。他的一首写于民国三十六年（1947）的《丁亥水灾》云：

跋扈溪洪霸一时，园瓜田豆惨飘离。
赈灾官府无良策，坐劫农家有断炊。
燕雀吞声栖古牒，鱼虾得势戏空坻。

① 清乾隆《福安县志·人物四·孝义》记载，刘应轸“岁贡，湖广江陵训导。性淳厚，娴诗文。尝郡试浮海归，寇执其同辈黄城，纵轸归取赎，轸赍百金往脱之，不责偿。友人缪亮年高亲老，轸以贡让，督学义之。在江陵时，光泽王、衡阳王雅重之，礼貌有加，手书‘松冈精舍’扁以赐”。

豪门高日犹酣睡，那识民生苦若斯?

本诗描写遭受水灾后百姓的困苦生活，揭露社会的贫富不均，砭击国民政府的无能与不作为。

任教期间，热爱教育事业，关爱学生，在他的《别吴书祥校长》一诗中写到：

萍聚才三月，因风又转移。
强同吾子别，愁与学童离。

从中，可以看出他被迫离开讲台时的依依不舍与无奈。

老年时，他穷困潦倒，以卖字为生，有一首写于他年近70岁时的《八字冠首》：

虚怀群羡庾郎贫，度得乾坤七十春。
古学却堪金铸佛，希年尚不杖迎宾。
饱尝宦味曾知止，看尽人情更率真。
世局已非吾道晦，变机何日转洪钧?

这是一首藏头诗，串起来是“虚度古稀，饱看世变”。从这首诗中，我们不难看到以下几个信息：第一，这首诗应该写于他生命的最后一年。诗中写到“虚度古稀”，而如果确切计算他一生还没活足70岁，按当地人习惯以虚岁计算，他逝世那年刚到70岁。第二，一生以诗为伴，即使生活困顿，依然作诗不息，诗歌成了他的第二生命。第三，他晚年虽然生活困顿，看透世态炎凉，但也透露着诗人性情放达、不怨天不尤人的一面。子才先生一生维艰，却豁达面世。

◆ 城东刘氏宗祠 ◆

城东刘氏宗祠，位于福安三姓路，是吴、刘、郭三姓在城区留存下来的唯一祠堂。

刘氏祠堂，始建于明万历年间。光绪十年版《福安县志》载“至万历间，其子孙于东门棠发境建祠，明季遭兵燹，只存遗址，国朝乾隆辛卯年（1771）仍旧址重建焉”。城东刘氏宗祠现存资料显示，祠堂于明末（约1626—1630）遭兵乱焚毁，乾隆辛卯年（1771）重建，道光年间（1821—1834）又再次失火烧毁，故称“两遭回禄”。道光年间第二次重建，当时只建一座。至咸丰二年（1853）

族人举荐刘定邦牵头纠集工匠，备齐材料重修并续建中座。到同治十一年(1873)，定邦伙同祠堂管事刘士泰、刘铭春等扩充基址，筹集资金增建第三座及廊庑、头门、后寝享室。从 7 月开始到 11 月竣工，共花费“白金”（白银）二百两。至此东门刘氏宗祠才具完整规模，占地面积约 850 平方米。民国初期，依前旧制又重新整修一次。

民国 25 年（1936），祠堂被民国政府占用，作为联保处公署。1949 年以后福安县人民政府用作县直机关干部宿舍，直至 2005 年才归还刘氏宗族自行管理。

从 1936 年至 2005 年的 70 来年中，祠堂被作为他用，致使祠堂内一些装饰及配套建筑均遭破坏。城东刘氏也 70 多年未曾修谱，再兼总谱失落，给后期续谱带来一定困难，一些细节无法厘清。幸好祠堂除大门前埕地被建为民居外，其余大抵保存完好。

坐落三姓路中段的刘氏宗祠

祠堂坐西北向东南，为砖木结构廊院式建筑，进深 45.5 米，面阔 14.6 米，占地面积 664.3 平方米。该祠堂依坡地之势自低而高，层层递增，为穿斗抬梁式架构，青瓦双坡顶，顶脊两端为鹊尾翘角，两侧马鞍形山墙前衔接门楼山墙。祠共三进，由戏台、天井、廊楼、祠厅、天井、祖堂、寝房组成。戏台台前柱贴砖灰塑楹联，联句依稀可见，上联“妙舞蹁跹明月上□□□□”，下联“新歌婉转碧云留□□□□”，两联下部均缺若干字，字迹清秀优美。祠厅厅面阔三开间，深 7 柱，穿斗式减柱造构架。前后廊卷棚廊顶，朴实大方；前用通廊大杠梁，厅堂空间宽阔敞亮；檐下用连续三挑插拱及会拱承托出檐，保留着明代建筑遗风。祖堂按前堂后寝规制，面阔三间，深 7 柱，出前廊，构架斗拱运用仍保持明代手法，但构件、斗拱形态、纹饰则为清代式样，在古朴风格中透露出清新、华丽的信息。

祖堂供奉刘氏列祖列宗神位。祖堂正面寝龛排列着三层远祖神主牌（俗称龙牌），从里而外依次为：维公与祖婆神位；錡、鉴两公神位；安、洸两公神位。刘安公神位被置于中心显赫位置祀奉，足见他在东门刘氏后人心中的地位。东门刘祠还保存有咸丰以前龙牌 60 多面，弥足珍贵！

祠内现存清光绪四年（1878）的青石碑一通，此碑嵌在墙体中，记载着东门刘祠重建的历史及认捐事宜。

东门刘氏宗祠在内涵上保存了福安刘姓氏族文化，建筑上保留了明清时期福安建筑形制，具有一定的文物价值。2005 年被市人民政府确认为市级文物保护单位。

东门头

城东族姓·袁东郭氏

◎李　杰

◆ 源流与蕃衍 ◆

提及福安袁东（棠发）汾阳郭氏，人们自然就会想到袁西（鹿斗）汾阳郭氏，就会神乎其神地细说“抱六公”的故事。然而福安汾阳郭氏的源流与藩衍，实际又是如何一番情形呢？

因近年撰写相关乡土文化方面的文字，于田野调查间，有便先后查读了福安市《汾阳郡郭氏族谱》（2000年撰修本）、《袁东郭氏族谱》（嘉庆、道光本）、《汾阳郭氏图谱》（袁西长房嘉庆影印本）、上白石《郭氏宗谱》（1982年修）、社口《汾阳郡郭氏宗谱》（2000年修）、坂中南岸“郭氏小谱”（清末残缺本）等珍贵谱牒资料，也查阅了万历、乾隆、光绪等诸版《福安县志》相关史料，对福安汾阳郭氏的源流与藩衍有个大概了解。现以“袁东郭氏”为主体，试做如下梳理：

袁东郭氏出自周文王之季弟虢叔（古文“虢”字，即今“郭”），系唐汾阳郡王郭子仪之后。郭子仪（697—781），祖籍山西汾阳，生于华州郑县（即今陕西华县）。唐僖宗（873）间，郭子仪六世孙郭恂遭黄巢之乱，自光州入闽，同行者一十九姓。郭恂先居福州乌石山下，后徙居新宁（今长乐），再迁于莆田七步溪头。

郭恂世孙大麟，登绍兴五年（1135）癸丑进士，移莆中郭号新仓里头房。大麟生子常盛。宋孝宗（1163—1189）时，常盛生二子：长子名一天，次子名一育。

宁宗庆元五年（1199），郭一天登特奏科仕长溪县丞，与其弟一育（第十公）依宦定居长溪之大桥头（今霞浦赤岸）。经年，郭一天之子若仪携堂弟若凤（一育之子）抵扆邑，先居秦溪，后分别肇迁城东棠发（今东门头）、城西鹿斗（今西门下一带）发族。

读嘉庆九年（1804）《扆东郭氏族谱·长房世系》，见载，一世“（始祖）若仪，字作孚，行初一，号成蹊，谥宣惠，娶陈慈懿太夫人，生男明臣，（公）生宋绍兴某年二月初八吉时”。

对照该谱“氏族源流”及光绪本《福安县志·氏族》相关内容，发现若仪的出生时间颇有出入：其父一天生于宋宁孝宗隆兴淳熙间（1163—1174），儿子怎可能比父亲早生？该纪年有误，若仪应该出生于宋绍熙（1190—1195）前后。

扆东郭氏一至三世祖：若仪—明臣—孔友，三代单传。

四世祖：泽世（字溥惠，号慈斋），生男可语、可谕；宏世（字缵绪，号绍武），出绍鹿斗，继郭师尹公后。

大概在宋末，五世祖可谕迁居西街尾分为耕房，他的儿子再别迁三十五都坑园（今湾坞坑源）诸处，长溪（今霞浦）青山、下浦诸郭皆其后裔。元末明初其裔孙又支分西垅、萼秀等地。扆东郭氏自五世始，即有裔孙播迁他乡。

六世祖养德（字小隐，号潜溪），可语之子，大概生活在元中统元贞延祐（1260—1314）间，生四男：如璧、巨璧、治璧、寿璧，还有一女。

有关治璧，坂中南岸清末“郭氏小谱”世系图中有载：“字攻玉，号云心，行百五，生元至大（1308—1311）……生男三：良冶、良梦、良添……（公）葬上十都澄头（填头）外。按：公为东族第六世浙江宪司副使讳养德（字小隐，号潜溪）公第三子……且东谱于公名下明载‘字攻玉，出绍鹿斗，是潜溪公固本族之本生祖也’，特附其略于此。潜溪公墓在湖塘，迩来皆东西族轮流祭扫。详见祀典。”这则记载给我们提供了二大信息：其一，治璧（七世）出绍鹿斗族亲，是固西族之“本生祖”；其二，“东西族轮流祭扫”潜溪公墓，自然显现东西二族血缘情深。

福安汾阳郭氏一族的藩衍播迁，始于宋末五世祖郭可谕，关键节点却在元、明之交，扆东、扆西九世诸位先祖分灶（各立门户）。万历四十七年，扆东郭族十六世祖东光在其撰写的《旧叙》中，这样写道：

……寿壁公生良演、良汜、良满。良演公生正松、正槐、正桓、正槙；良汜公生正养、正朗；良满公生正钊，至十三世失传；而正养公至十五世亦失传焉。今列五房：一正松公后门房、二正槐公新阑房、三正朗公后山房、四正桓公山兜房、五正槙公巷边房。惟后山房至礼八公，始迁凤山之下。御史东山（文周）公之后，亦名后山。然共在东坡凤麓之墺。

其鹿斗房始若凤公，数世失传，以宏世公承，又失传，以养德公三男治璧公承……今列四房：正梓、正模、正棣、正材四房。

扆东析分五房、扆西析分四房，自此子孙后裔瓜瓞绵延，播迁四方。另一支寿宁高阳房的分迁，查读嘉庆、道光两本谱牒中序言材料，应该稍后于五世祖可谕公分迁西街尾之时。

而今，福安市内郭氏族姓聚居地遍及城区、城阳镇、坂中乡、社口镇、潭头镇、上白石镇、溪潭镇、溪柄镇、穆云乡、甘棠镇、下白石镇、湾坞镇、康厝乡、赛岐镇、穆阳镇大部村落，其族还播迁周宁、寿宁、霞浦、福鼎、柘荣等县市，乃至藩衍于省内外、国外。至2000年，东郭族姓已传三十一世、西郭族姓已传三十四世。2010年全市统计郭姓总人口12937人。

1987年，东西两族多方商议，兹定承继先祖遗愿，合建总祠同祀，合修宗谱归一。总祠位于城西南溪北，1988年动工，2000年晋主；总谱1998年倡修，2000年封谱。自此，福安汾阳郭氏再无扆东、扆西之分。

还原历史，东郭子侄承嗣西郭，系生发于三世与七世两代，流传的“抱六”（六世祖承嗣）的故事似乎不符事实，是否真实存在，值得质疑！

城东郭姓，自若仪公南宋间肇基至清末，七百多年间，衣冠继美，世代显明。据明万历及清乾隆、光绪三本《福安县志》所载，籍贯东城的郭姓士绅列次如下：

郭殷，字宗商，明万历二十五年（1597）举人；

郭嘉冕，字用周，明隆庆年恩贡，南京睢宁县知县；

郭振扬，字孟乾，万历年贡生；

郭东光，字道卿，天启年贡生，（广东）四会训导；

郭洪谦，字有益，东光子，崇祯年特旨拔贡；

郭为瑛，字文白，号采庵，清顺治丁酉（1657）举人，清康熙甲辰（1664）进士，直隶盐山知县，任职不久，告归养以尽孝恩。亲殁，遂不仕；

郭金城，从伍出身，由擢罗源营把总，咸丰三年（1853）拔补福宁右营千总，调铜山营千总，升授漳州右营守备加都司衔赏戴花翎，十年闰三月，战陷金陵阵亡；

郭瓊，字子石，附贡；

郭作梅、郭文焯，例贡。

另，永乐六年（1408）裔孙良演、良海所撰《旧叙》载：“明臣公（二世），文学忠烈，名垂弈稷，受宋封王爵。及薨，秦溪乡民祀为境土之神。”（嘉庆《扆东郭氏族谱》）

嘉庆《扆东郭氏族谱·长房世系》载：四世“泽世，字溥惠，行三二，号慈斋，江西参政”；六世“养德，公字小隐，行四六，号潜溪，任浙江杭州宪司副使”。

2000年撰修福安《汾阳郡郭氏宗谱》载：清附贡：郭琼，字子石，四房二十五世；例贡：郭承洵，字快苏。

◆ 宗祠与祀典 ◆

提起扆东郭氏宗祠，东城的“60后”居民，将是一头雾水，不知所在，即使是“50后”也知之甚微。请教七八十岁的老人，他们又说不出子丑寅卯。好在郭氏祖荫庇佑，虽时日旷久，其族人几经周折，竟从外地寻回二部珍贵的残缺族谱。其谱牒中，郭氏先人从时间与空间上为我们展示了“扆东郭氏宗祠”昔日风采：

扆东郭氏宗祠，旧在棠发池头，“面西峰之秀，倚东山之脉，左鹤出巘，右凤潜壕，湖山拱峙，环水绕前”，为韩城之胜境。创建不知何代，谱书未经记载。明嘉靖己未年（1559），福安县城惨遭倭寇屠城之变。新任知县卢仲佃改筑东城，城基直逼旧祠址。郭祠面壁城墙，地处偪促，形势骤变。又及明万历三十三年（1605），东城遭火灾，民居尽毁，宗祠也成废墟。

万历四十五年（1617），“五房协议，公以旧址逼近城，改迁鼎建”。于是卜吉辰，合众筹，建新祠于新址。新祠枕凤山，面东南，“三台转盼，五马遥临”，地势旷达阳明。

而后历遭兵祸，更加洪水为虐，祠宇栋宇朽败欲塌。虽数经修葺，大抵“缘饰其罅陋”。

乾隆初年，“大兴匠料而重整之。内拓两庑而升其石级，外移华表而周以栅棂，油门朱柱竖匾制联，规模改观，庙貌巍然”。不久，族人认为前座过高，有碍风水。

又于乾隆三十七年（1772）“竖华表于前坪，伐石重建。仍令建前座及两庑，升石级，竖匾额，规模改观”。

是时，该祠位于东门铺棠发境，面城外鹤山，背依凤尾山，坐亥向巳，前后两座，左右各庑。门外大坪，竖石柱华表、旗杆。祠址前至砖照壁，后与右俱至自己砖墙基，左边以厦墙外沟路为界。厦前另小路达至小门。“自前照壁至后砖墙止，计深十五丈；自左墙外沟路至右墙止，计广五丈零三寸”。

嘉庆六年（1801），重修栋宇，并制中左右龛及联板。道光丁酉年（1837），族人再次“鸠工庀材，增建三座，其规模宏敞，巍然壮观”。

1949 年，宗祠被征作福安专区公安处看守所，继而为公安处武警驻地。1956年转为福安县粮食局所用，不久，被拆建作粮食局办公楼及职工宿舍。因此，如今难觅昔日扆东之“郭氏宗祠”。

宗即主，祠为祀。宗祠，就是族姓用来“主祀事，别宗支，序昭穆”的所在。《诗·小雅·天保》云：“禴（yuè）祠尝烝，于公先王。”禴、祠、尝、烝分别是春夏秋冬四时的祭名。

福安各族姓的春秋祀典，大同小异，但都有周密的礼仪程式以及祝文范本。扆东郭氏宗祠春秋典祀的礼仪程式说明、祝文范本如下：

1. 典祀仪注

四礼初稿。四时之祭用仲月（古礼卜吉日，今只用春分、秋分、夏至、冬至。若冬至有碍，先一日亦可）。

前期三日，主人诣祠堂，启椟（不出主），就位，再拜，诣香案前跪上香，告曰：孝孙某将以某日祗荐岁事敢告。俯伏，兴平身，复位，再拜，礼毕斋戒。

前一日，设位（古礼始祖东向，南昭北穆。今祠祭只启椟、出主、行礼），陈器：设香案于堂中，束茅聚沙于香案前及逐位前；东阶用桌设酒注、酒盏、茶盏；西阶设火炉、汤瓶；别置桌设祝版于其上；设盥盆、帨巾于阼阶之下；又设陈馔桌于其东。按此外，玩器、盆花，随便排列。惟火炉、汤瓶最要紧。鬼神居歆其香始升，馔冷酒寒，无气可飨，宁免怨恫。省牲（主人率众兄弟子孙），具馔（主妇率众妇，此家庙礼，如在祖祠从省）。

厥明夙兴，设祭品（品，陈设用时物）。质明，主人、主妇（今主妇亦只祭家庙，祠祭不与）盛服诣祠堂，启椟：出主，跪，俯伏，兴平身。序立：主祭位于中，诸兄以次，于主祭之左右；子孙以次，重行列于主祭之后；执事各列其事之位）。降神：主人盥洗，诣香案前跪上香。酹酒：执事一人注酒于爵，自左授主人尽倾于茅沙上；一人自右接爵，俯伏，兴平身，复位。恭神：鞠躬四拜，平身；进馔：执事者一人以盆奉鱼肉，一人以盆奉米面食，一人以盆奉羹饭，逐位主人自进。初献礼：主人升，执事注酒于爵，每位各一人随之，诣（祖妣）位前跪，祭酒（执事者以爵自左授主人少倾于茅沙）。奠酒（执事者自右授之，置于神位前），俯伏，兴平身，诣读祝位，跪。主人以下皆跪拜。读祝者取祝版，跪主人之左。祝文：维年月日，孝孙某敢昭告于显祖、妣曰：气序流易时惟仲，追感岁月，不胜永慕，谨以洁牲、粢盛、庶品，祗荐祀事，明禋有恪，神其罔恫，尚飨。俯伏，兴平身，复位。亚献、终献（并同初献，但不祭酒、读祝）。侑食（主人升，执注添满盏中酒，插饭匙中正箸），复位。阖门，启门，点茶（主人以下皆入奉茶分进于神位前），复位。辞神：鞠躬，四拜，平身，焚祝文。撤馔，纳主礼毕。

2. 典祀文本（选二）：

（1）春秋诞日榜文

伏以

祖德宗功，崇报重明禋之典；银花火树，云礽燃献寿之灯。序届仲春，人修祀事，我始祖派衍汾阳，灵钟赤岸，特卜凤山之胜，遂绵瓜瓞之祥，伯仲同迁难矣。一门兄弟，宗祊对峙，依然二虢。东西溯岳降之良辰，敢忘所自仰先灵之遗泽？咸展微忱，荐合羔豚牺牲，不用乎牝；配分左右昭穆，不失其伦。阕乐一章，拜仪三爵。旭日喷芝兰之秀，俎豆生香；和风绚桃李之花，堂基增色。

伏愿灵其罔恫，神所凭依。绳百代之蒸尝，筵上粢（餈）盛弗替；振千龄之簪笏，扆东门第常新。有事为荣，质明勿懈，须至榜者。

（2）秋祭祝文

维

某年某月某日，主祭孙某、分献孙某，谨以刚鬣柔毛、清酌庶馐不腆之仪，致祭于位前。曰：

气序易流，时惟中元，追感岁月，不胜永慕。谨以洁牲粢盛庶品，祗荐祀事，明禋有恪，神其罔恫，以左昭右穆祖某世某公、某世某公配，尚飨。

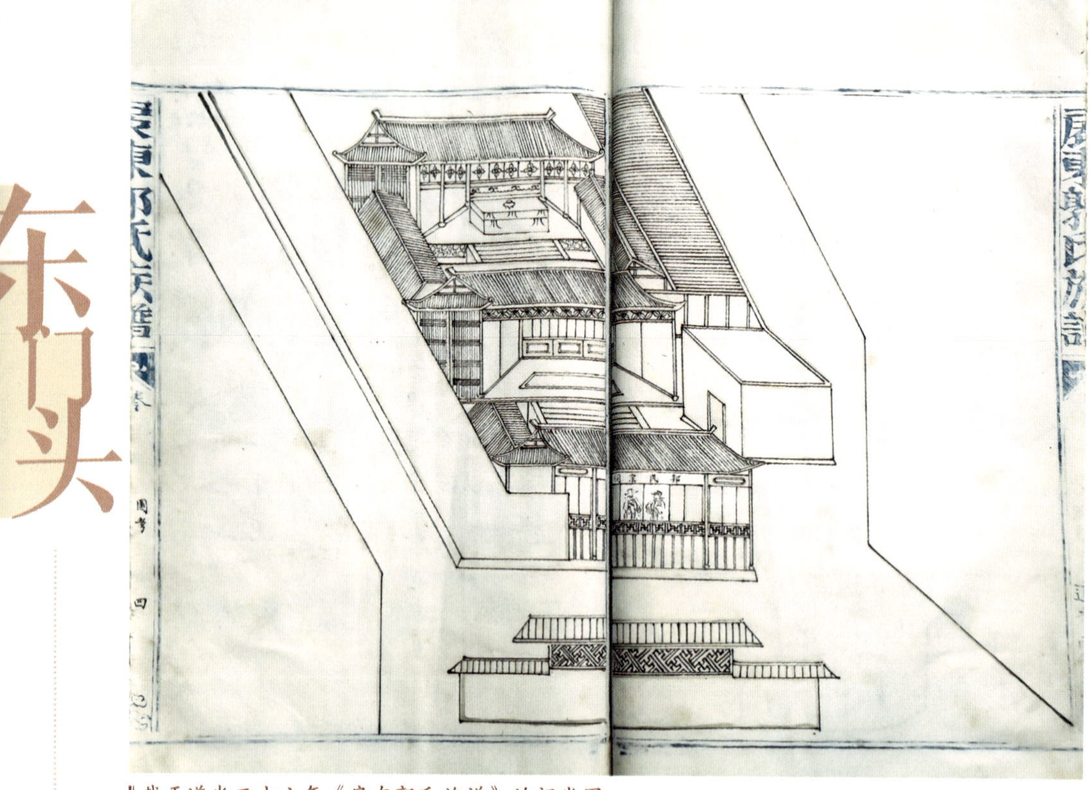

‖载于道光二十六年《扆东郭氏族谱》的祠堂图

附：旧祠柱联选读：

自有唐延及大清世历五朝奕弈人文光斗北；
由乌石递传扆邑地迁四处绵绵宗派廓闽南。

前以汾阳封后以汾阳宗允矣王公世裔；
昔为东西虢今为东西郭依然季穆家风。

源浚棠坡九派分流绵远泽；
坊联鹿野两宗合莫荐明禋。

所选录的这三对楹联，满满地寄寓着东西二郭骨肉情深的情思。读之，即可亲切地感受到郭氏先人宗先祖、穆家风，诗书承绍謦世裔的热切希冀。

◆ 族谱及其他 ◆

宸东郭氏族谱首修于何时，无考。嘉庆甲子（1804）年、道光丙午（1876）年两部《宸东郭氏族谱》中，仅存留明永乐六年戊子（1408）八月裔孙良演、良海同撰的《旧序》一篇，而知此期间郭族已然修谱。另道光本族谱《旧叙》载："宸东族谱屡遭兵燹，一毁于正德之回禄，再失于嘉靖之倭变……"说明正德、嘉靖间族谱正常续修。

其后，道光本族谱既明确记载历年修谱考：

明万历四十七年（1619）重修，道岳、东光同纂；

清康熙五十七年（1718）重修，显铨、显庠同纂；

清乾隆二十八年（1763）重修（谱一总本），江总纂，得望、廷扬、家泰、峻、昇分纂；清嘉庆九年（1804）甲子重修（谱正副共六本存），邑贡生郑瞻杆纂修、邑儒士陈近光誊书，其体例为：一序、二源流、三例言、四历代行第字首考、五历代纂修考、六世系谱图正文；

清道光丙午（1846）邑庠生姻眷阮春芳纂修。总体例为：一旧序、二氏族源流、三旧谱例言（万历四十七年、乾隆二十八年、嘉庆甲子）、四历代行第字首考、五历代纂修考、六谱图正文，另有正文目录：卷一图考、卷二山川、卷三风俗、卷四祠祀、卷五长房世系、卷六次房世系、七三房世系、卷八四房世系、卷九五房世系、卷十耕园房世系、卷十一高阳房世系、卷十二家训、卷十三家传、卷十四选举、卷十五艺文（卷七及其后文缺失）。

清同治、光绪至民国间所修撰谱牒情况不详，据说有宣统年修残本存世。

1949—1997年间，因种种缘由未行续修族谱。1998年东、西两族亲倡议合修总谱，2000年告成封谱。

族谱的叙（序）、记，内容涉及姓氏源流、族姓播迁、肃祠祀典、家谱修撰、族人功名、市井习俗等等，信息诸多。因而，就嘉庆、道光两本《宸东郭氏族谱》中序、记 ，节选二三段有涉其氏族大事的"序""记"原文。

明永乐六年戊子（1408）东族八世祖良演、良海同撰的《旧序》载："……今则承继、嗣续云礽者众列。居东门、鹿斗、耕园、湖头、高阳、西垅等处，皆一族也。故开白支图于后，以示万世子孙见之则知祖宗有自来也远矣。"这段文字明白地告诉我们，其时东门、鹿斗以及耕园、高阳等郭氏乃为“一族”，且同修一谱。

十六世祖郭东光撰《旧记》言：“……祖若仪、若凤公分祠养德，公议合祠焉。今遵其说，总裁请州吴莲阳先生……估费四百金，宗人曰盍约诸大率如是。纸费，西族估一十六两，东族八两，已定黛凝寺处。今谱纸犹彼时所留也。”从中可知：其时东西二族虽“分祠养德”，但仍然“合祠”祭祀、合修宗谱。另外，我们从中还了解了明万历间修族谱的费用及谱牒用纸来源。

郭东光同时又在另撰《旧叙》中，感慨直言：“……其鹿斗房始若凤公，数世失传，以宏世公承，又失传，以养德公三男治璧公承。由今考之，养德公者，其百世弗迁者与！先伯而后仲，则左昭而右穆。仲先而季少，仲亦昭也，然以仲承叔之祧，犹之乎穆也……鹿斗虽西派乎，殆东人矣。迄今祖茔共跪扫，庆吊相往来，伏腊同祀禴，衣冠文物相质问，綦重矣……”这番浩叹，既表达了其对养德公舍子承绍西族的博大情怀的敬仰，也自然流露出东西二族亲“祖茔共跪扫”“伏腊同祀禴”的血脉贯通的情结。

> ……盖本祠枕凤尾而面鹤岫，堪舆家谓：前案压主祠，宜增高其基宇于凤尾而踞其高，于鹤岫而挹其秀，斯发祥绵远矣。夫形势之说，虽不足尽信……为人后者于先灵凭依之所，苟能踵事？增华恢廓前模，岂非出于报本追远之诚，而不欲以苟简从事哉！是役之兴，既质于礼而无违斯，固奉先思孝保世滋大者，所以宜拳拳也……

道光本《扆东郭氏族谱·重建宗祠记》的这段叙议结合的文字，揭示了郭氏先人重建宗祠的“拳拳”初心。更重要的是，撰稿人先进的文化理念跃然纸上：堪舆“形势之说”“不足尽信”！道光年间，我们的先人就有如此开明的思想意识，实是难能可贵。

福安汾阳郭氏，支分东西族，仅为地域之符号；血脉永相连，他们本质是一家。肇基福安至今八百年间，“忠孝流风清廉绣黼荣三宴，庙堂育俊甲第联翩亢两宗”，郭氏族姓在政治、经济、文化诸领域人才济济，对福安社会的历史发展做出了卓绝的贡献。究其缘由，应该是郭氏族人尽孝悌，推敦睦，绍闻德言，诗书传家，缵承先绪，衍祥绵泽，以至才有“海内簪缨裔，清时文献家”的辉煌。

明清“棠发八景”与城东岁时习俗

◎李　杰

◆ 明清棠发八景 ◆

嘈嘈杂杂，车水马龙，在水泥钢筋林立的现代建筑间，找寻东城古旧风貌实在太难了。不妨让我们借助郭氏先人留下的“棠发八景”文字，穿越时空隧道，来到明清年间韩邑城东，留连阡陌，抚春烟、梳夏雨、捕秋月、掬冬雪，饱赏四时清新的山野风光；盘桓街巷，闻晨钟暮鼓，听叫卖声喧，享受一天原汁原味的古老市井生活。

凤头春烟

在扆东郭氏宗祠背后，有山形如凤，是城中名胜。四季里云长云消，春日里尤其诱人：山顶桃红李白，烟雾濛濛；走在山间小路上，即使近在咫尺，顾盼左右，也觉迷离。

鹤峰朝南

在郭氏宗祠前方，有座峰峦，高高耸立，如鹤展翅。峰顶之上，树色参差，夜雨后，清晨早起，漫步东城头，朝南振臂送目，恍惚间挹一抹西山爽朗之气。

石井双泉

在郭氏宗祠右边，俗称“双井”。位置夹处众民居之间，一左一右，一方一圆，两井相距数丈许，水甜清洌，酿酒人日日里争相汲取。蜀志有云“郫邑、郫筒二井，汲左则右有微湍”，此语，正合其景。双井又位于凤山下，堪舆家称之为“凤眼”。

璧池半月

在郭氏宗祠前街市间，坊间人们俗呼“池头”。广约半亩，形如月钩，所以有“璧池半月”的雅称。

白水绕城

在郭氏宗祠前头，出城门数十步，旧有护城濠沟，白水如环，上连北郭，下接南郊，其形胜不减唐人“白水绕东城”之句。

红云烘日

在郭氏宗祠左边，每每日出，云蒸霞蔚，色彩绚烂，游目骋怀，如在眼前。昔人云“举头红日近”，此景此情，意韵贯通。

东山积雪

在郭氏宗祠左面，峰高为一城之冠。严冬腊月，六出（“雪花”）常飞，累日方消。雪霁之时，举首遥望，如玉巨屏，气派壮观。

北庵闻钟

在郭氏宗祠北向，旧时有庵三所，分别名“上、中、下庵”。夜半三更，钟声相闻，虽身居街市凡尘，净心聆听，竟飘然如处世外。

时光不再，往事如烟？棠发八景，如梦如画！但愿我们东门头人乃至福安人的记忆中，长留着这一抹淡淡的乡愁。

◆ 城东郭氏明清岁时习俗 ◆

读《扆东郭氏族谱》，让我眼睛一亮的是“风俗”一节。其他姓氏族谱，读之不少。其中也有涉及邑内习俗，但多语焉不详。而郭氏族谱中的这一节，叙说详实，又有自己特色。读之，有若亲临其境，同先人们一道共度岁时佳节，倍感亲切。于是将该节文字略作翻译以供赏读：

元旦

早起，放花炮，陈设香烛果肴，祀祭先祖。谒拜始祖完毕，即前往族亲邻里家拜年，称谓“贺岁”。

正月初二日

有新丧人家，遵循钱知县（名洙，雍正九年〔1731〕任）的改革，自行设奠，无需亲戚友朋前来吊祭，只在至亲范围内拜奠。

正月初八日

集本境神宫致祀，名作“开正”。福事毕，族人齐到宗祠集宴聚餐，名作“散福”。

上元日（正月十五）

各境在各宗祠前，作鱼龙及古事之戏。搭凉棚，给送烛资，燃灯彻夜。

二月初二日

本境棠发宫神诞，请神到祠，用猪羊满汉席大三牲致祭。各家各户送烛。宗祠演戏一本。

二月初八日

始祖寿诞。前晡（前一天下午三五点时），族中耆老士绅用彩亭执事鼓吹，迎西族祖到祠配享。次日黎明，致祭仪注载祠祀门。

寒食

祭先祖坟，至谷雨止。本族择日会祭湖塘坂地方金佳椅山内（五世祖讳可语公、六世祖讳养德公）两墓。又另择日会祭东门外施冲长岭内七世祖（讳寿璧，行六二）公墓。

清明

插柳垂门。

端午

各户悬蒲艾，饮雄黄酒，裹角黍，祭祖先。亲戚互相延酌（宴请），儿童臂系五色丝以祈消灾却邪。

七夕

乞巧。是日，习俗以桃仁米糕点茶延饮。新婚，则女家馈送果茶于男家。

中元

祀先祖。本族祠内十三日致祭，集迎西族始祖合祭礼如二月之仪。本境凤尾庵，设佛事，度亡灵，谓称“地官赦罪”。

中秋

夜宴。节前，女婿馈送月饼于岳父母；节夜，女儿则乘月探亲，裹饼回娘家，称谓“行中秋”。

重阳

当日饮茱萸酒，登高，或者在家内宴集，曰“饮黄花酒”。

冬初

炊稻饭荐新（以时鲜的食品祭献神灵）。冬至，碾糯米粉（浆）作丸，取一家团圆之义，并作馄饨煮熟，先祭献神灵，然后互相馈送亲友。

腊后

演傩戏，驱瘟疫，送瘟神。

岁暮

备牺牲美酒荐先（祭献祖先），备筐篚（礼物）馈送亲眷，名作“分年”。备香烛牲仪祭奠新丧者。

腊月二十四日

各家扫除室宇，称谓“扫尘”。入夜祭灶。

除夜

到门外燃灯、放爆竹作乐；群饮达旦，称谓“守岁”。换桃符春帖（春联）以避邪。

与明、清三版《福安县志》中相关的“岁时”（习俗）比对，县志的相关内容涵盖全县，文字简略；以上郭氏族谱的内容仅就本境而言，涉事翔实，本土特色凸显。进而今古习俗比对，又有颇多不同。知古识今，了解地方习俗发展的历史轨迹，自是不无裨益。

附：清代城东棠发境图

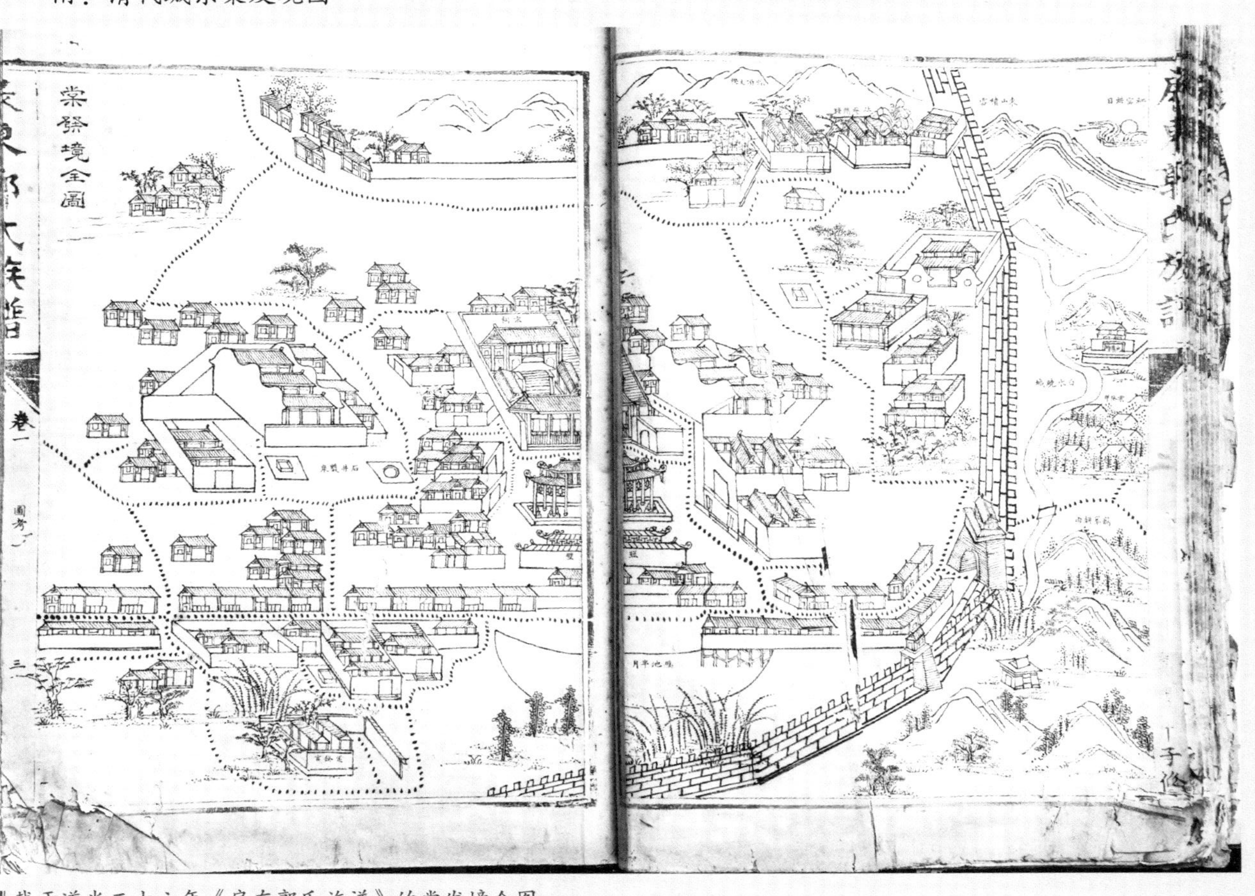

‖载于道光二十六年《泉东郭氏族谱》的棠发境全图

神游东门

◎蓝炯熹

宋淳祐五年（1245）福安建县，当人们选定韩阳坂作为县衙所在地时，便按照市井建构的基本模式推而进之。此时，韩阳坂人烟寥落，寂寞荒芜，是块亟待开发的处女地。建县工程的首务是必须有大量居民移填于此。因此，诸姓家族中人拖家带口，陆陆续续，“卜迁”城内。他们筑墙架屋，凿井引水，铺设街道，开张商铺，这一切都是为了安居乐业而作的物质准备。此时，第一任县令郑黼遂开始在户籍立档的“闰年图”中，画出城镇居民的“坊郭户”，以标明区别一般乡村齐民的户籍册本。伴随着落籍城邑，居民们遵照生存法则、伦理偏好与家业未来，将祖辈供养与奉祀的神灵请进城中，以作为心理慰藉、生计护佑的精神准备。于是，和临近街坊的心灵愿景如出一辙，在城东的厝群宅土上，各施其职的神宫庙观，顺势而立，拔地而起。从此，不论白昼黑夜，不舍春夏秋冬，香火缭绕，烛光辉映，时时处处，风风雨雨，各色神等在东门头自由自在地徘徊游荡。天上人间，人神共处，远近相望，虚实相生。从此，在相当长的历史时段，对神灵的祈求与膜拜，都是人们日常生活中不可或缺的集体记忆与文化传统。

◆ 宾贤境里关帝庙 ◆

“宋仁宗朝，诏州、县立学，置义田。由是，学校之盛，始遍天下。”[①] 所

① 光绪《福安县志》卷八，《学校上》。

以，郑黼所从事的县城公共设施的建设，同推崇文功的宋王朝地方政府一样，除了建设县衙外，把文庙、县学的筹建当成举足轻重的头等大事。“宋淳祐五年，邑令郑黼创讲堂于龟湖山。八年，县令林子勋成之。”[①]通过两任县令的合力同心，以龟湖为泮池，建文庙、学宫于龟山之巅，为韩阳城居民，请进第一尊儒教神灵孔圣人。文武之道，张弛契合，文武双庙的确立才能是城邑道德伦理精神的标配，才是凝聚城邑精神的张力。地方官员知道，与一般的城邑一样，韩阳城必须请进关帝神灵，这是应有之义、应居之理、应成之举。耐人寻味的是，韩阳城武庙（关帝庙）的起建，较之文庙，却整整晚了370年。而此时，文庙、县学已经告别了城西之龟湖山，而移建于城南之重金山。

清乾隆《福安县志》载：“关帝庙，在宾贤境。明万历乙卯（1615）冬建。国朝康熙五十八年（1719），知县傅植重修。乾隆十七年（1752），署知县夏瑚重修。三十五年，知县廖云魁重修。祭仪见《祀典》。庙原存斋田四十亩零八分，在赤岭、社口、柏柱、南岸四地方，以供庙祀香灯。二十二年，知县黄彬另拨龟龄寺饷田二十亩，在六都后防、寿邑四都榛垅两地方，以资寿诞祀典。知县刘峙题柱集句：‘吴宫花草埋幽径，魏国山河半夕阳。’”[②]乾隆《福宁府志》又载：“关帝庙，在宾贤境。……庙后有像，及先代祠。乾隆二十年，知县黄彬请捐祀租备享。”[③]

唐开元间，比照文庙祭祀体系，设立了武庙，又称武成庙。当时的武庙是祭祀姜太公及历代良将的。此习虽沿至宋代，但南宋的福安县城里，武庙阙如。到了明洪武年间，诏令废武庙，以姜太公从祀帝王庙。姜太公的退位，为关帝入主武庙埋下伏笔。开明之初，朱元璋在南京鸡鸣山鼎建了名闻遐迩的“护国十庙”。据说，他原先没有考虑设立关庙，因一夜梦境，遂将关庙列入其中。[④]学术界认为，关于关羽的造神，年代久远。从西晋陈寿著《三国志》，以及南

① 光绪《福安县志》卷八，《学校上》。

② 乾隆《福安县志》卷十五，《祠庙志》。

③ 乾隆《福宁府志》卷三十四，《杂志·坛庙》。

④ 清褚人获《坚瓠集》云：“南京十庙将成，克期祭告矣。高皇梦见一人赭面绿衣，手持巨刀，跪而谓曰：‘臣，汉寿亭侯关羽也。陛下立庙，何独遗臣？’上曰：‘卿于国无功，故不及。’神曰：‘陛下鄱阳之战，臣举阴兵十万为助，何谓无功？’上乃颔之，神去。明早，命工部别立一庙于旁，限三日而成。”

朝裴松之作注，“寿志裴注”为“关羽成神”孕育下宗教基因。[①]元末明初罗贯中《三国演义》的“还我头来”之神奇情节为关羽神灵化而推波助澜，深入人心。明清两代，关羽已经赫然成为国家级别神灵，统摄儒、道、释三教，覆盖九州大地。比较公认的观点认为：关帝神灵信仰始于宋元，高潮在晚明，顶峰在清末。[②]福安的关帝神灵崇拜，以及关庙的建立，亦符合这个历史逻辑，即正处于关帝信仰文化发展的高潮期。

关帝祭典属于国家层面的“正祀”，而且是“大祀”，即官府主祀，库银度支。而比如妈祖祭典，虽属“正祀”，却为“小祀”，即官府主祀，民间埋单。至于民间土神俗祇的不入流祭祀，则称为不那么动听的“淫祀”。“淫祀”未得官府首肯，不入有司法眼，自生自灭，缺乏法律保护。“正祀”绝对是冠冕堂皇的，乾隆《福安县志》载：“祭武庙礼。前殿正中安设：敕封忠义神武关圣大帝神位。后殿正中安设：曾祖光昭公、祖裕昌公、父成忠公三神位。岁凡三祭：一、五月十二日，前殿照常陈设，用帛一、牛一、羊一、豕一、果品五；后殿不用牛、余照前殿。一、每岁中春、中秋候部颁吉日致祭，前殿陈设帛一、牛一、羊一、豕一、笾十、豆十；后殿帛各一、羊各一、豕各一、笾各八、豆各八。前殿仪注：雍正五年颁发。……后殿仪注……一切礼仪悉同前殿。”[③]清光绪《福安县志》编撰者知县张景祁将福安文庙、武庙等“国家祭典”描述得相当具体、真切、详细、动人，这在诸多地方志书之中是极为罕见的，而当年记录下这“国家祀典”之“神圣剧场”“庄严舞台”的“分情景脚本”，有“背景”、有“道具”、有“伴奏”、有“歌吟”、有“动作”、有“念白”，一个特定的时间点，儒教表演了一出荡气回肠、别具一格的官办“大戏”，亦算是有声有色、活龙活现、引人入胜、弥足珍贵。

关羽在佛教，是护法的伽蓝神；在道教，是忠信的财神。而福安民间对关羽神灵的崇拜，却不像晋商人等那么热衷，那么执着：晋商到哪里，关帝就立在那里。较之关帝信仰，福安民间对五显帝信仰更情有独钟。时至今日，福安

① 胡小伟《关公信仰与大中华文化》，载《民间信仰与社会生活》，上海人民出版社2011年版，第95页。

② 胡小伟《关公信仰与大中华文化》，载《民间信仰与社会生活》，上海人民出版社2011年版，第299页。

③ 乾隆《福安县志》卷九，《祀典志·祭武庙礼》。

寺庙伽蓝殿中所供奉的神灵基本上都是五显帝，却少见关帝。福安乡间道教称五显灵官大帝为“舍投公”，并认为，其神灵地位是“神头佛尾”。民国时期，东门头地界的寺庙宫观中也供奉佛教的五显伽蓝神与道教的五显灵官。五显帝之“神头”之说，即指闽东闾山教正坛神灵供奉10位神灵，分为10个等级。包括第一神五显帝、第二神九天烽火院田都元帅、第三神齐天大圣、第四神临水夫人陈靖姑、第五神妈祖、第六神玉圣后皇、第七神列位侯王、第八神马仙、第九神太姥娘娘、第十神杨九师公。以上牌位可见五显帝的首座地位。而五显帝之“佛尾”之言，是指在佛教寺庙五显帝仅仅充当护法菩萨的角色，并不隶属于佛家的须弥山。

为什么会出现这种民间宗教的民俗事象？是否因为福安的商业文化不那么发达？抑或洪武帝在鸡鸣山也立过五显灵顺庙？抑或其他什么缘由？

当下，福安城乡五显庙在在有之，而宾贤境内的关帝庙早已销声匿迹，不复存在。福安城内仅仅留下不那么引人注目的“关庙巷”地名。

◆ 一尊神灵的漂泊与变异 ◆

在历史上，东门头曾出现过三座极其相类的神庙，即棠坂宫、宾贤宫与棠发宫。有趣的是，此三宫均主祀一尊神灵——“江大王”。这三宫演绎着巨木变人，又人成神的故事。真可谓：人神天机，偶尔凑泊，时空变幻，妙不可言。

建于福安东门城外、鹤山之下的棠坂宫为时最早。明万历《福安县志》云：“棠坂宫，俗呼‘江大王’。相传有巨木自温州流至福宁，州人斧其木，有鲜血。未几，神降机，自名曰：‘我江大王也，帝命显灵于此土，其木则可雕为像也。’扆延祀之鹤山下，倭火独存。又俗传神与龙王搏不胜，以女女之。邑二月二神诞辰，俗明灯以迎迓其女。女归，雨必随注，盖其泪也。万历年，水坏宫，徙建察院左。”[1]这略带伤感的故事提供四则信息：一、江大王是有灵性的巨木；二、巨木源自温州，历经福宁（今霞浦）而流入福安；三、经明“嘉靖己未”（1559）倭祸而独存于鹤山，却水毁于万历年间。这场大水是否就是有史以来破坏力最大的“万历辛巳”（1581）之水，不得而知；四、差不多同时，宫庙移建于城内察院司之左，

① 万历《福安县志》卷二，《营缮志》。

原仍呼“棠坂宫”，而后改称“宾贤宫”。此说在乾隆《福安县志》中得到证实，其志书云：“宾贤宫，在宾贤境，祀江大王。”[①]“察院司之左”，即在宾贤境。乾隆《福宁府志》亦提供佐证：“棠坂宫，传有巨木自温州来，流至福宁，人斧之，有鲜血。未几，神降乩自名曰：‘我江大王也。’祀之鹤山下，今改宾贤境。”[②]《福宁府志》刊于乾隆二十七年（1762），此时仍呼“棠坂宫”。刊于乾隆四十八年的《福安县志》才改称作“宾贤宫”。清末的光绪《福安县志》叙述得更为具体：“宾贤宫，在宾贤铺。乾隆五十年重建。祀江大王。光绪六年重修。董事余洪光、刘定邦、陈鸿钧、阮庆怀等增置祀田并旧置田产，勒碑宫内。”[③]这里，“宾贤境”改称为“宾贤铺”。清末宾贤宫是宾贤铺上的地标性建筑。

跪立棠发宫前的石狮

棠发宫起建最迟，但是维持时间最长。清光绪《福安县志》云：“棠发宫，在棠发铺。相传

① 乾隆《福安县志》卷十五，《祠庙志》。
② 乾隆《福宁府志》卷三十四，《杂志·坛庙》。
③ 光绪《福安县志》卷十三，《典礼四·祠庙附》。

棠发宫供奉的江大明夫妇神像

有巨木自温州流下，斧之有血。未几，神降其箕，自名曰：‘我江大王也，帝命显此土，木可雕为像，祀鹤山下。’后改祀棠发铺。乾隆三十三年建宫。嘉庆十三年（1808），重建前座。”[①] 棠发宫附近有棠发亭，明万历《福安县志》载：“棠发亭，陆鹏建。东郊。万历年，丞叶得旸重建。”[②] 棠发亭下还有可供人游览的“漏泽园”。[③]

今日，宾贤宫不存在，但棠发宫还在。虽然 1940 年代，被民国县长高诚学拆除，但里人又重新扶立。历经沧桑，成了东门头的“土主庙”。人们还口耳相传、绘声绘色地讲述“土主庙”的来历。坊间传说云：一日，有东门头居民神灵附体，代神言出“江大明王”的名号。并告诉里人自己正栖身南湖溪口桥下。里人寻得桥下，只见一根大树桩随洪水漂流停落于溪边。众人惊异，便将树桩运回东门头。又差人溯长溪上游打听，果真有名“江大明”者，他早已辞世，

① 光绪《福安县志》卷十三，《典礼四 · 祠庙附》。

② 万历《福安县志》卷二，《营缮志》。

③ 万历《福安县志》卷二，《营缮志》。

是一位爱民如子的地方官。里人回报，众商议将树桩雕刻成江大明圣像，并建宫祀之。宫曰“棠发宫”，神为当境土主。今人都称“棠发宫”为保佑一方绥靖、四季平安的“土主宫”。每届农历正月十九，东门头居民们认为是江大明神诞日，他们都聚集在土主宫，烧香燃烛，虔诚膜拜。之后便是热闹非凡的神诞宴，席间鞭炮震耳、觥筹交错、喜气洋洋。

既然，神灵来自福宁（霞浦），那里是否会留下神灵的踪迹呢？查明万历《福宁州志·祠庙》载：“皁俗王庙，在五十一都大金（今长春镇大京村）。唐末有巨木浮海而来，土人将破而为薪，乃见梦于人曰：‘吾非凡材也，吾家台之黄岩，姓江氏名清，有道术。乡人呼为“江大圣”者，即吾也。’今没当庙食，兹土为皁俗神，乡人为立庙南山下。宋太平兴国中，徙建今所。元丰八年（1085）拓而新之。里人凡遇雨旸、疫疾，及风涛、险阻，祷之辄应。”[①] 乾隆《福宁府志·霞浦坛庙》、民国《霞浦县志·祠祀志》中也有相似的记载[②]。但查现代版的《大京村志》[③] 文本，在“民间信仰”章节中，却不见与“皁俗王庙”相关涉的神庙。

今天虽然在霞浦没有寻得“皁俗江大王”的相关遗迹，但是2009年冬中国社会科学院世界宗教研究所的学者们到霞浦作田野调查，他们在柏洋乡盖竹上万村摩尼教遗址又有新的发现。他们在上万村林氏族谱中知道，该村在北宋有一位名林瞪（1003—1059）的人，他是霞浦宋代摩尼教“本土化”的教派，即“明教门”的关键性人物。当年他还控制一个堂口，即乐山堂（今龙首寺）。在其后人收藏清代乐山堂等摩尼教若干史料，包括请神科仪书和表文的手抄文书。学者们将这些资料统称为《霞浦文书》。在《霞浦文书》中看到，摩尼教入闽后融汇佛道释三教及巫教，并演化为“明门”的轨迹。在其中之一的《乐山堂神记》里，那融入摩尼教的诸多地方神灵中就有“皁俗江大王”神名。可见起码在当时的福宁（霞浦）区域内“皁俗江大王”还是颇有影响力的神灵。

民间神灵的价值与特征是具有人为的能产性，即人们在造神的过程中，因为信仰圈的不同，其所处的时代背景不同，往往对所信奉的神灵有可能出现不尽相同的态度、解读、构思、想象与诠释。同样一尊神灵的故事、形象、灵性、

① 万历《福宁州志》卷四，《祠庙》。

② 参见乾隆《福宁府志》卷三十四，《霞浦坛庙》，民国《霞浦县志》卷二十四，《祠祀志》。

③ 参见《大京村志》，方志出版社2017年版，第126—129页。

法力，甚至名号等，当遇到不同的时空、别样的人群时，就可能被善意而有条件、有前提的更动、叠加、夸张、变异。如是神灵，可以命名为“江大王”、或“阜俗江大王”、或“江大圣”、或“江清”、或“江大明”；其神诞日可以是农历“二月二”或是“正月十九”；其本体可以是有灵性的树木，也可以是有神性的人物；其故事可以曲折，亦可直白；发生时间可以追溯到唐宋，也可以不着年代，任人猜想；可以有与龙王搏斗的惊心动魄的情节，也可以有与女儿相逢泪雨滂沱的桥段，或者就直接赞扬他是“爱民如子”的地方官员。人们在造神过程中，有多少想象力与创造力，其所创造的神灵便会有多少不可估量的神力、影响力与对信众的控制力。

◆ 凤尾山会聚七路神灵 ◆

在凤尾山方圆不足一里的坡地上，曾别有风光地坐落着七座宫庙，并请来了七路神灵。我们可以沿着横路面的一胫小路往下走，一路浏览，一路品味。

首先遇到的是五显帝宫，俗称“舍投宫”。其主祀神灵是五显大帝，神座上供奉着五位兄弟神灵，以中为尊者是三眼华光。五兄弟神灵姓萧，明万历《福安县志》对祂们神灵组合的封号，载之详备：五显帝“徽州府婺源人，姓萧，玉帝封为佛中上善天下正神五显灵观（官）大帝，法名华光。宋赐封号，一曰‘显聪昭圣孚仁福善王’，二曰‘显明昭圣孚义福顺王’，三曰‘显正昭圣孚智福应王’，四曰‘显直昭圣孚爱福惠王’，五曰‘显德昭圣孚信福庆王’。五圣之性属火，江以南祀之。邑北兴隆宫、南洋尾宫，各乡隅皆祀”。[①] 民间话本《南游记》中，“五显华光”五兄弟各有其名，依大到小排列，分别名“萧显聪”“萧显明”“萧显正”“萧显志”“萧显德”等。五显帝华光信仰源于江南地区原始宗教中之五通信仰，后经释、道二氏改造，整合而成佛教与道教的护法神。清乾隆《福宁府志》云：“神君五圣，亦名华光。江以南无处不奉祀。”[②] 五显神灵遍及福安城乡，崇信之风炽烈。福安民间俗语称五圣为“舍投公”，“舍投”即指道教神灵“灵官”。福安民间称灵官老大为“大舍投”。传说道教中有五百灵官，即五百舍投。

① 万历《福安县志》卷二，《营缮志·坛祠》。
② 乾隆《福宁府志》卷三十四，《杂志·坛庙》。

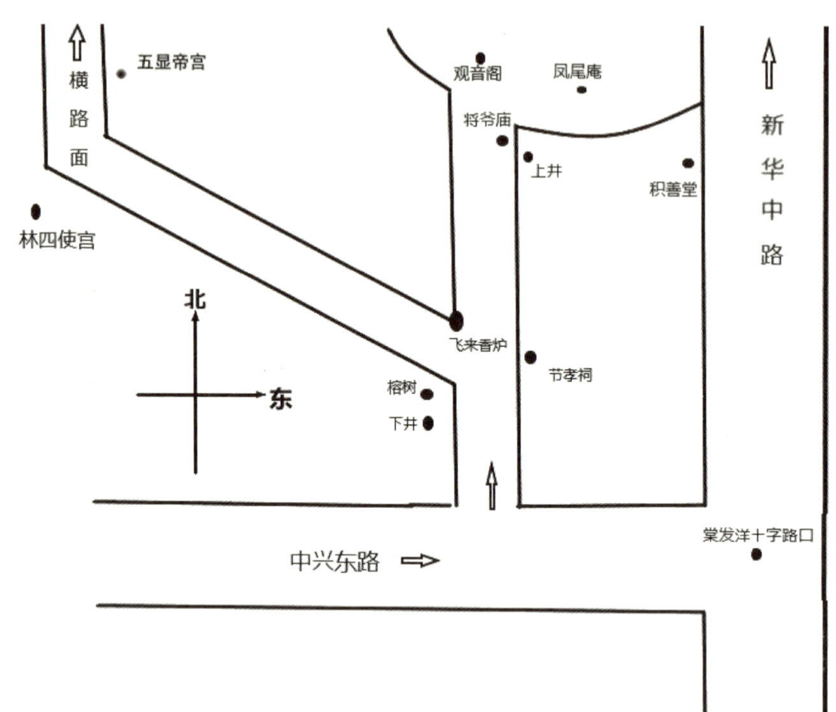

凤尾山麓七座神庙方位示意图

在福安民间还有“白衣舍投”“金山舍投”等。

其二是林四使宫，位于五显帝宫之左。林四使信仰流传于福安南路长溪下游一带村落，长溪支流茜洋溪流域的村落也供奉林四使，在柏柱洋的楼下村就有一座造型别致、风格迥异、小巧玲珑的林四使宫。传说林四使是保佑农家六畜的神灵，其神格不高，但平易近人，深得乡村里人爱戴与敬重。林四使信仰也泽被霞浦，摩尼教经书《霞浦文书·乐山堂神记》中载有“定马单枪林四使舍投”，与“五显灵官大帝舍投”并列，纳入了摩尼教“明教门”的万神殿。

顺着小路再往东南走，有一株大榕树，树边有口井，人称“下井”，井边有一口石制香炉，里人说，大榕树有灵性，而这口香炉也是从异域飞来的，肯定神力了得。从飞来香炉往北走，是缓缓的上坡路，迎面有一口井，称为“上井”。

其三是将爷庙，就在上井边。将爷庙供奉的是黑白无常二尊鬼神。据说，他们属于地狱神鬼系列。“黑无常”着一身黑长衫，执一把黑扇，戴一顶黑色高帽，帽上写着“见吾死哉”四字，是一个六亲不认的煞星。“白无常”着一身白长衫，执一把白扇子，戴一顶白色高帽，帽上写着“见吾生财”四字，既收人魂魄，又寻人开心，黑色幽默。福安里人将二位称为“谢范大人”，又称“将爷公”，或俚称“黑哥”“白哥”。二者模样一黑一白，一高一矮，一瘦一胖，亦鬼亦神，夜间出没，搭档而行，行踪诡秘，在冥界专司勾魂摄魄，把人从阳间拖入阴间。因二鬼身份特殊，人们都心生畏惧，便在城乡的边边角角设立了大大小小将爷庙，供奉二位，讨好二位，请他们开恩，能网开一面，放过一码。乡镇将爷庙是县城城隍庙的“下属分支机构”，是城隍信仰文化向乡镇的延伸物。每年正月十五日与八月十五日分别是谢范二位老爷的生日，这两天将爷庙里燃起数十根如椽巨烛，把将爷庙烘托得一片红火，异常虔诚的信众们脸上泛着痴迷而狂喜的红光。

其四是积善堂，位于将爷庙之南。内供奉观音慈航菩萨与伽蓝菩萨（五显华光帝），是“斋教”之“菜姐”的道场。自明清以来，福安释玄两教，脉象衰微，僧道合居于寺庙现象比较普遍。福安四境均有先天道、龙华道、瑶池道、老母道等“外道”。这些道派亦称“斋教”，即“吃菜教”。其教徒以女性居多，每誓终身吃素，世人谓之“吃长菜”。他们聚众成会，自立门户，[①]以供奉弥勒佛与观世音为信仰核心，也崇祀道教及其它民间信仰的神灵，她们平时既诵民间习见的佛经，如《心经》《金刚经》《梁皇忏》等，也念白莲教的经咒，是明清两代活跃于福安城乡的外佛内道之异类教门。

沿着小路往北走，凤尾山最具规模的寺庙凤尾庵便在眼前。有大雄宝殿、天王殿、伽蓝殿、僧寮等，规模不大，但设置齐全，是凤尾山的一座地标建筑。过去人们去凤尾山地界，都直接说“去凤尾庵”。因为，“凤尾庵”就代表“凤尾山”，“凤尾山”就直呼“凤尾庵”。由于地理位置优越，凤尾庵位于城内，加之比丘尼们勤勉、热情，修持得当。近世，庵里礼佛的四邻信众均成群结队，行走其间，络绎不绝。平时里，整个凤尾庵都笼罩在香火、经声、佛号之中。佛堂四壁、须弥座上众佛像，被香烛熏得一片漆黑，像涂抹一层乌黑发亮的油彩。灰暗的佛堂里一尊尊正襟危坐的佛像都几乎辨认不出。

凤尾庵的背后是观音阁，供奉观音菩萨与伽蓝菩萨，比丘尼人数不多，不如凤尾庵那般规模与架势，倒是清新静穆。以上两处的佛弟子均不晓法名，也

① 《益闻录》第17册，第255页，“光绪廿一年五月十六日”。

不知她们分属于“曹洞”还是“临济”。清光绪《福安县志》载：“凤尾庵，在城内东北隅。有上庵、下庵二处。”① 上庵即观音阁，下庵是凤尾庵。

其七是民国之后的节孝祠，位于众宫庙之南。祠庙已经丧失原有的功能，临水夫人陈靖姑进驻祠内，祂们取代了诸代“节孝”列女。祠庙内除了供奉三奶夫人，即陈十四娘、林九娘与李三娘外，还旁祀三十六婆姐。陈靖姑为神名，俗名奶娘，又称临水夫人、顺懿夫人、通天圣母、太后元君等，是闽东最有影响力的女神。三十六婆姐原为闽王王审知的宫女，后被陈靖姑度化为神。根据民间传说，陈靖姑出生闽县下渡，出嫁古田中村，羽化罗源西洋。因为古田有陈靖姑祖庙，又离福安较近，正月间，福安信众们会择吉日踏夜色，到古田县去请神分香，此神祇之俗延续至今。

凤尾山七座宫庙统摄了福安佛教、道教、民间信仰等有代表性的七路神灵，这是封建时代的产物，今天的东门头人会把当年凤尾山的宗教盛景权且作为茶余饭后的谈资。韩城城镇化的步伐迈得飞快，如今凤尾山七座宫庙、七路神灵都已灰飞烟灭，不留下一丝踪迹。人们偶尔想起，只能是感慨唏嘘，思绪绵绵。

◆ 虔诚女香客 · 悲情节孝祠 ◆

南宋之后，福建宗教空前发展和繁荣。著名诗人陆游（1125—1210）从宁德主簿“平调”到福州任决曹，他曾作《福州城隍昭利东岳庙祈雨文》一文，文曰：“闽之风俗，祭祀报祈比他郡国最谨，以故祠庙之盛，甲于四方。”② 此时，各路神祇崇拜逐渐多样化、俗世化与商业化，各色宫庙在无形地竞争中形成了充满活力的宗教市场。于是，与宫庙的此岸交往，与神灵的彼岸交心，当一名虔诚的女香客，成了福安闺中女流之辈的一种时尚。女香客们虽然没有像佛教比丘尼和道教女冠那样独身坚守，但他们对神祇的崇拜可以以多种多样的方式表达出来。她们可以请进神像供奉在家中神龛，可以在家中举行各种神事，可以直接参与宫庙各种祭祀，可以在乡村目睹迎神报赛；可以与家族中女性交流崇神心得，也可以在闺中自制祭拜神祇的纸质物品；她们还偶尔会到福安著

① 光绪《福安县志》卷三十二，《古迹 · 寺观附》。
② 陆游《渭南文集》卷二十四。

名宫庙，如真庆观、鹤山观、龟湖寺、栖云寺等或进香膜拜，或参访僧道，或布施钱财；可以在闺中抄经、诵经、念经。她们在家庭与公共场合内外行走，自由出入宗教市场。这样，此岸与彼岸的屏障被穿透了，俗世与神界的界限被模糊了。终于，女性的私密空间拓展到人神互动的宗教领域。

南宋之后，闽学在福建兴起，儒教成为官员施政理念，并深入民间农功穑事。最为典型的事像是在城乡大兴妇女缠足之风，把“三寸金莲”作为女性审美的最高境界。不知不觉，儒教之无形枷锁将妇女社交的大门关闭，而唯有神事活动又为她们启开了一扇特殊的窗户。公认的宗教观给城乡妇人提出了唯一的出路：无外务，仅神事。具体说，共享神圣的主题，性别偏见在神品消费中通常并不明显，与家外世界的联系，丰富自身物质精神两方面的生活体验，只有通过神事这条特殊的路径，她们的行为才显得合情合理、合规合法。神事兴趣由血缘关系的潜移默化而影响、培育，并在亲属关系网之外逐渐发展。通过神事媒介，在有限的乡土社交网络中将亲疏、男女香客联系在一起。

到了清代，民俗性神事更为发达，清王朝对神事管理，日趋严厉，尤其是对妇人的限制：“康熙元年（1662）定，凡作道场者，止许在本家院内。其当家建设席棚，扬旛悬榜，及僧道张伞奉持香帛，遶街行走，取水画地开酆都穿甲胄等项悉行禁止。违者僧道杖二十，为民。该管僧道官革职，其作道场之家，系官，交该部议处。系民，治以违禁之罪。”[①] 乾隆朝谕：“僧道不得于市肆诵经托钵，陈说因果，敛聚金钱。违者惩责。游手顽民，托名方外，或指称仙佛，谬许前知，以惑民听者，从重治之。若创立无为、白莲、焚香、闻香、混元、龙元、洪阳、圆通、大乘等教，诱致愚民，男女扰杂，击鼓鸣金，迎神赛会者，论如律。步军统领、五城司坊，及直省守土官严加禁止。”[②] 清廷还禁止妇女私自入宫庙。顺治九年（1652）九月戊子，谕礼部：“又有妇女或叩拜喇嘛，或叩拜寺庙、观宇，必随本身丈夫同行。不许妇女私自叩拜喇嘛、寺庙、庵、观，如违治罪。”[③] 乾

① 《钦定大清会典则例》，卷九十二《方伎》，清乾隆十二年。

② 乾隆《大清会典》卷五十五《方伎》。

③ 《清实录三》卷六十八，《世祖章皇帝实录》，中华书局，1985 年 8 月版，第 538 页。雍正二年（1724）复准：“愚昧之徒，纵令妇女成群聚会，往寺庙进香，有坏风俗。嗣后将寺庙进香起会之处，严行禁止。犯者，照律治罪。其住持及守门人不禁者，与同罪。”（雍正朝《大清会典》卷一百一十二，《礼部·祠祭司·僧道（喇嘛附）》）

隆《大清会典》云："寺观以僧道为庙祝，有远方僧道投止，验无牒照，即报有司讯究，私留者论。妇女入庙，游观，庙祝不禁拒者，罪与本人同。"[①] 清廷虽三申五令，但由于官员家属神事活动的带头作用，民间妇女进寺礼佛等，却往往仍屡禁不止。

歌颂女性的美德时，宗教并不是永恒传统的主题。当官衙要评价某个妇人时，社会完全可以忽视她们的宗教抱负与宗教生活。即使社会要赞美她们的宗教追求时，前提也是她们没有放弃家庭责任。因为，主内才是女性应有的生活。正统儒教思想作为施政理念的县衙，着重旌表的是具有儒教思想与行为的各家族女性，在历代的地方志书中书写"列女"们的伦理实践，在公共建筑中专设地方女性楷模的词庙，即节孝祠。

明万历二十五年（1597）修《福安县志·人物志》旌表的"列女"共 51 人，其中宋代 2 人、元代 2 人，明万历二十五年前人数 47 人。[②] 清乾隆四十八年（1783）修《福安县志·列女》载："《易》曰：家人利女贞，正家之道，必自闺帏始矣。《诗二南》咏风化，多详女德。《春秋》于宋伯姬、叔姬卒葬详记之，皆所以重阴教也。刘向作《列女传》，自此以后女贞妇顺，并列正史，岂非以巾帼节烈足以感金石而动鬼神耶？闽中风气廉直，士重节义，而女多静淑。虽山陬海澨，练裳樵署之伦失其所天，率艰贞自守，谨依前志，并采舆评，以补绰楔之所未备，类分节烈、贤媛，义取激扬，本前哲之遗轨也。"[③] 志书按"贞烈""节孝""贤媛"分类，共旌表 193 人。宋元依旧各 2 人，明 52 人，清乾隆二十五年前人数 139 人。[④] 清光绪十年（1884）修《福安县志·列女》载："安邑风气亮直，节义炳著。女有士行者，十室而九。本朝旌淑表贞，泽被嫠纬。荆钗椎结之伦，一失所天，类能饮冰茹蘖，之死靡他，而奎筚姓氏，末由上达，故旌典多所不及；当世士夫亦鲜有发其幽光，笔诸彤史者。虽幽兰不以无人而不芳，贞女不以无知而改操，而其志则重可悲也。昔欧阳公序《六臣传》谓：'一女子之不若。'由是观之，闺帏节烈之气，不与忠臣、义士同光于日月哉？至秉质淑懿，动娴礼则，媲孅恆、

① 乾隆《大清会典》卷五十五，《方伎》。

② 参见万历《福安县志》卷七，《人物志·列女》。

③ 乾隆《福安县志》卷二十二，《列女》。

④ 参见乾隆《福安县志》卷二十二，《列女》。

棠发宫供奉的三十六婆娘

孟，戚鄙同声，抑其次也。谨胪其阃行可风者，著于篇焉。”[①] 志书按“贞烈”“节孝”“贤媛”“寿妇”分类，共旌表 1843 人，其中宋元 5 人，明代 70 人，光绪十年前人数 1568 人。志书将 80 岁以上的“寿妇”作为“附录”置于“列女”之后，共 200 人，除了宋代 1 人外，其余都是清人。[②] 列女的数量递年累增，官府对旌表列女越来越重视。同时，也越来越详细、具体。晚清时期，对载入志书之“节孝”之妇，都要有当地有声望的廪生、贡生、恩贡、例贡、副贡、生员、老民等人实名“举报”。

清代在各省、府、州、县各建“节孝祠”一所，祠外还建牌坊。《福安县志》罗列的名单是入主节孝祠的依据，但是入书者未必都能进祠。凡节孝妇女须由官府奏准旌表后方可入祀其中，以春秋致祭。[③] 福安节孝祠原在重金山文庙附近，

① 光绪《福安县志》卷二十七，《列女》。
② 参见光绪《福安县志》卷二十七至二十九，《列女》。
③ 参见《清会典·礼部十·祠祭清吏司二》。

为文庙系统的祠庙之一，后来移建于东门头凤尾山地界。乾隆《福安县志》载：“节孝祠，在重金山。雍正五年（1726），知县傅植建。乾隆二十六年，里人贡生陈灿捐置凤尾山地基，里人贡生陈维屏移建。”① 乾隆《福安县志》还记载了雍正年间共 70 人“入主节孝祠”。② 入祠者以牌位竖立，上书姓名、住址、某人之妻，如“杨细使，宾贤林肇城妻”③，不载具体事迹。

因为，许多“列女”没有标明住址，因此，无法详细统计录入《福安县志》的东门人氏“列女”，仅举几例：

> （明）郭氏，东门人。陈国祀妻。孀守无瑕。遇倭，以义自洁，解带自缢于树而死。男绍英早逝，妇长使诸生大乾女，终身缟素，步不逾阃，辟纑训孤，克承其志，里人贤之。④

乾隆《福宁府志》将“郭氏”列在“贞烈”一节中，事迹大同小异，文曰：“郭氏，陈国祉妻，孀居茹荼，倭至自缢。子绍英逝，妇长使终身缟素，足不逾阈。时人贤之。”⑤

> （国朝）缪珠娘，东门张文铨妻。生一子二女，夫故，年念九。家贫，族单，孀守抚孤，合葬翁姑，年五十六卒。⑥
>
> 缪氏，名珠娘，城东张文诠妻，生一子二女，夫故，年二十九，家贫，孀守，纺绩抚孤。合葬舅姑与其夫。年五十六卒。⑦
>
> 彭启使，东门郭显声妻。生二子而夫没，家贫，姑老儿幼，茹荼苦守，卒成其志。年六十一卒。⑧
>
> 李琼玉，宾贤庠生林文熙妻。年三十夫故。矢志靡他，奉翁姑孝，课二子，睿、晖俱庠生。⑨

立在东门的牌坊有“节孝坊”（在东门外棠发洋亭边，为林永禄妻李桂英

---

① 乾隆《福安县志》卷十五，《祠庙志》。

② 乾隆《福安县志》卷十五，《祠庙志》。

③ 乾隆《福安县志》卷十五，《祠庙志》。

④ 乾隆《福安县志》卷二十二上，《列女》。

⑤ 乾隆《福宁府志》卷三十一，《人物志·列女·贞烈》。

⑥ 乾隆《福安县志》卷二十二下，《列女》。

⑦ 乾隆《福宁府志》卷三十一，《人物志·列女·节孝》。

⑧ 乾隆《福安县志》卷二十二下，《列女》。

⑨ 乾隆《福安县志》卷二十二下，《列女》。

立）[1]，“贞寿坊”（在东门铺，〔乾隆〕十八年为儒士郭鸿逵妻刘氏立）[2]。乾隆《福安县志》将刘氏列在“列女”之“寿妇”栏，文曰：“国朝，刘清使，东门郭鸿逵妻。一百零五岁，乾隆十六年建坊，赐绢。”[3]

城东还有三座牌坊，不属于列女坊，而是名士坊。如青紫坊，在东门巷；明永乐十五年（1417）为郭殷立；文魁坊，在东街，明景泰二年（1451）为刘安立；良弼坊，在鹤山下，明嘉靖三十一年（1552）为郭文周立。[4]

入主“节孝祠”的妇人们都有一部悲情史，她们人生轨迹基本上都遵循儒家道统、封建礼教，为了家族永续发展，呕心沥血，安贫若素，默默奉献。她们的遭遇值得同情，发人深思。如果没有方志史家落笔，今人定然全不知晓她们。在封建时代，性别不平等现象永远存在，在男权主导的社会里，文人赞美她们是希望在世的妇人们永远效法。辛亥革命，推翻帝制，在民国新思潮的影响下，节孝祠里的牌位自然而然地淹没在历史的尘埃中。这是一部在偶然性中充满历史必然的悲喜剧，昔日女性楷模被今朝女性神灵所取代，三奶夫人以及三十六婆姐入主祠庙。于是“节孝祠”蜕变为焕然一新的“夫人庙”。

① 光绪《福安县志》卷二十七，《列女》。

② 光绪《福安县志》卷三，《疆域》。

③ 乾隆《福安县志》卷二十二，《列女》。

④ 参见光绪《福安县志》卷三，《疆域》。

清华喦《山雀爱梅图》

卷二 历史际会

吴川有美李夫人

——“己未倭乱”中的东门旧事

◎白沙余挺

明朝嘉靖三十五年（1546），广东吴川举人李尚德带着夫人陈氏，不远千里，莅任福安知县。他怎么也想不到，这桩被吴川士人艳羡的朝廷任命，带来的竟是家破人亡的结局。而他治下的福安城，在“己未倭乱”中，也遭逢史上最大的浩劫，几成废墟。

李尚德知县的夫人陈氏与福安人民在倭寇攻城的血与火中，共历时艰，城破之际，李知县仓促间带着福安县正堂的印信，从东门逃遁。而李夫人宁可玉碎，不愿瓦存，“义不受污”，投东门护城河殉难。

李尚德是吴川县三柏人，县学的增广生员，也就是秀才。嘉靖二十二年（1543），他在广东癸卯科的乡试中，中了名次偏后的第七十名举人（名额75名），然而只要中举，自然就能为李家带来蒸蒸日上的气象。李尚德想必也是此际成的亲，娶的是吴川陈氏的大族闺娴，这就是诗歌赞扬的“吴川有美李夫人”（见同年代吴川教谕陈世理诗）。不知是那一年，李尚德又参加了吏部选拔地方官的考试，此番成绩竟列第一，这为他踏上仕途扫平了障碍。

被任命为福安知县，李尚德应属幸运。原因是，嘉靖一朝，吴川人任职知县的只有三个人，李尚德是其一。福安县属福宁大邑，文风称盛，民朴讼简，事务不多，连进士出身的吴承焘（苏州人），前年也才谋得一个山区的寿宁知县。对比之下，此番携夫人赴任，堪称“春风得意马蹄疾”。

下车伊始，李夫人一定觉得福安是个好地方。在她的眼里，这里和家乡吴川有许多相似之处，山川秀丽，也是滨江临海，溪河竟如家乡的鉴江，同样是从北至南流贯全境。对于生活于南方的李夫人来说，这里的气候也还能适应。更重要的是，福安一直是个和平安康之地，天灾不多，人祸几无，只有22年前的夏天，闽浙交界发生一次矿工造反，小股矿工纵火劫掠城外的阳头，在李族的抗击之下作鸟兽散。岁月绵长，人间静好，和平的阳光普照，福安真个是名副其实的县邑。

三年客居，李夫人大约结交了一些福安的女性。由于古代礼制对女性的约束，李夫人不会有广泛的社交活动。作为县尊夫人，又是出身于吴川大族，李夫人或许雅谙韵语，也能赋诗作文，却没有留下文字的吉光片羽。但我们可以想象，至少她会约些当地相知相好的名门女流，喝喝茶，说些闲话，或在怡人的四月天，相约女伴去郊外赏景，到庵堂寺院烧烧香。祈愿夫君辖下的福安风调雨顺，国泰民安，则是一县父母官的夫人需要履行的祈福礼仪。日子虽则平淡无奇，想亦波澜不惊。

然而，自嘉靖三十七年起，倭警时传，腥风乍起，吹皱了一池碧水。

首先从浙南传来倭寇即将向南来犯的消息，令民心摇动，恐惧不安。李夫

清光绪版《福安县志》书影，记载“李夫人陈氏投东河死”

人从夫君李知县的言谈举止里，感受到福安面临入侵的危急。

其实，此前几年，大明皇朝的东南海疆就已经遇到了不小的麻烦。

嘉靖前期，江北、浙东一带就有倭寇频频来犯。所谓倭寇，大抵是真倭（日本浪人）和中国东南沿海的海寇（从倭）混杂的海上武装集团，他们勇猛凶悍，入侵的目的惟在劫夺财货，偏北沿海的百姓屡遭蹂躏。此后，从嘉靖三十七年（1558）春开始，倭寇重新纠集的海上武力，当时称为“新倭”，之所以称为“新倭”，是因为与老牌的倭寇相比，新倭的成分有所变化。其中，真倭只占了少数，他们是有劫掠和打仗经验的日本诸岛屿的职业军人，而大多数的所谓“从倭”者，则为中国沿海和海上岛屿的海商和流民，人数比例占了大约七成。“新倭”常以六七十人或一二百人为纵队，但汇集起来，亦能合成二三千人的军伍。现在，“新倭”攻击的方向从长江口一带转向以浙南、闽海为主，攻城略地，每下一城，往往杀伤二三千人，呼啸抢掠，更为残忍。

嘉靖三十七年春天，温州、台州诸府县被登岸的倭寇焚掠，本省的福清县也被攻陷，抓走知县，掠劫库狱，杀害千余男女，焚毁官民廨舍。李知县心里发慌，他深知福安是一座不设防的城市：承平日久，兵备松懈，“家无戎器，库无硝磺，败铳锈弩不堪为用”（《福安县志》），而福宁道的兵力大多布防在霞浦州城沿海，况且兵力微弱，守卫城邑，惟靠本邑百姓。嘉靖三十八年春，四方告警，李县令急急下令，按照高 1 丈 3 尺、厚 1 丈 5 尺的城墙标准重修福安县北面城垣。最令人忧患的是，雉堞久废的北城，下无城壕河沟，上无城垛谯楼，守卫全凭地势略高的山势，在兵临城下前，如若不能修好北城，倭兵集结城外虎岗，登高窥视，自北发起猛攻，则福安城危在旦夕。

城陷前的1个月前，嘉靖三十八年三月，倭寇先是把目标定在攻占霞浦州城。州城的兵力稍多，福宁道佥事、分巡官舒春芳在城外植起栅栏，作为州城的第一道防卫线，并疏散老弱百姓，坚壁清野。另有参将黎鹏举率兵袭击三沙等海滨的倭寇，以挫倭寇的攻势，州城才幸免被攻陷。

没有攻下州城的倭寇调整进攻方向，先以零星倭卒出没松罗柳溪一带，佯示兵力零星的弱势，以麻痹城内守备，却暗中聚集数千人，取山路向福安进发。嘉靖三十八年四月初二，当倭寇兵峰抵达离城 20 里的化蛟村时，福安城内，吏民骚然。

此时，北城修建未竣，福安城内，稍谙军事的典吏陆鹏（浙江慈溪人），因事外出。军情十万火急，李尚德自然坐立不安，硬着头皮，召集主簿杨谏（浙江绍兴人）、教谕程箕（安徽绩溪人）、前训导谢君锡（广东海阳人，任已满，寓居福安）、训导陈豪（江西高安人）和城邑诸望族大老紧急咨询守御之计。下令召集晓阳快手、民间壮丁和畲族勇士入城协战。

守土有责，大敌当前，李尚德毕竟没有逃跑。他尚明白，临阵逃脱，即无死所。倒是他的夫人本可以托付与友人暂避山中人家，但那样做，无疑将动摇全城吏民的守城意志。所以，对李尚德和李夫人的这一选择，历史应给予正面评价。打起仗来，武将尚有败绩，又何况，李尚德是个文官。福安陷落，责在朝廷海禁失策，激起倭寇骚扰，却又无视海疆武备，导致防卫松弛，令地方防不胜防，毫无胜算。

当时议定的守城力量布局是：李尚德指挥守卫东门；上杭监生陈埙率陈氏子弟守卫北门；教谕程箕自请率部分诸生守西门；原训导谢君锡率部分诸生守小西门；训导陈豪率部分诸生守南门。守城之战，当然会有百姓壮士参与，但从史料记载看，指挥守城的骨干都是平时吟哦弦诵"子曰诗云"的文职教官和手无缚鸡之力的监生、秀才，而他们面对的却是一支骁勇凶悍的海洋陆战团队。今天看来，犹如儿戏，令人悲哀慨叹。

北城的垛墙来不及修好。初三日，倭寇已在阳头集结，结寨安营。初五日黎明，城中吏民从城头望去，北城外虎岗、东门外鹤山、西城外龟颈，密密麻麻尽是倭寇，螺号四面响起，令人战栗。倭寇乘高向城内射出箭矢、铁镞，铅铳如雨而下。接着，只见倭酋手中的羽扇发出信号，众倭齐刷刷地发出三声震天呐喊，蜂拥而来的倭寇便发起了攻城。

承平日久，从来没有见过倭寇的福安吏民，终于真切地看到了冲到眼前的敌人。

根据戚继光对倭寇的描述，这些手持双刃的倭寇，"其盔饰以金银牛角之状，五色长丝，类似神鬼，以骇士气，多执明镜，善磨刀枪，以夺士目，故我兵持久便为所怯。"《霞浦县志》对攻城倭寇的记载也说："贼酋数人作神鬼状，舞双刃簿东城……贼酋挥羽扇复合大战，挥扇而止。"研究倭寇的学者黄仁宇描绘："他们的指挥信号乃是班排长手中的折扇。当双方开始接触，班长排长把折扇往上一挥，他们的部下就以刀锋向上，当对方的注意力为这种动作吸引，他们就突然倒转刀锋迎头砍下。"

守城战斗进行得异常艰难和残酷。福安民众奋起卫城。倭寇突冲城下，设突梯、撞车冲城，城上发矢石奋击，矢石发尽，就短兵肉搏，与城共存亡，被俘者大多骂贼拒降而死。

首先是北门失守，接着西门被攻陷。□□□死难，陈氏、郭氏、吴氏诸族勇士在保卫战中的事迹可歌可泣。（详明万历《福安县志·杂记志·外夷》）

李知县率众把守的东门，叫“瑞应门”，旧称“东门铺”。城墙累砖筑就，嘉靖六年改为石砌。城门旧址在原县人武部后的宿舍地段，城门前原有护城河，旧称东河。既称为河，则水当亦不浅，稍向南设有水关。东河的水道与荷塘沟、秦溪、龟湖相通。（万历《福安县志·图经》可证）今天的父老回忆下城河，水深可3—4米。正因为有东河的阻隔，东门相对易守难攻。但北门、西门相继被攻陷，倭寇呼啸而来，急切中，李尚德携印出走东门，落荒而逃。

最可哀的是手无寸铁的城内老弱百姓和妇女儿童。《福安县志·烈女》收录了十个“义不受污”的女性，以死抗争，而惨遭蹂躏的妇女真是不知凡几！譬如东门郭氏，平时足不逾阈，为避免倭寇蹂躏，出门解带，自缢于树，即是一例。此刻，李夫人眼里的“人间四月天”已然昏天黑地，烽烟四起，到处鲜血流淌，童稚呼爹唤娘。她来到夫君守卫的东门，想必后有追逐的倭寇，李夫人别无选择，毅然投入东河。

沦陷的福安城，“计男、妇死者三千余，虏趋而去者七百余，溺水坠崖死者莫计。妇人道产而亡者，死而绝嗣者，被刀刃残毁因为废人者，所在有之。”（万历《福安县志》）县治衙门、金山学宫、东门察院等官署和许多民庐多被火烧毁。从初五进城到初九撤离，倭寇在城里横行，大肆搜掠五日，造成福安历史上最大的战争损伤，这就是抗倭历史上骇人听闻的“己未倭乱”。

李夫人投东河殉难后，训导陈豪为之含泪收尸，草草埋葬，并在坟上作了标识。嘉靖三十九年，新到任的知县卢仲钿对她壮烈死难哀伤不已，亲自撰写祭文，为她更换棺木，并按儒家《仪礼》制度，重新举行大殓之礼，把李夫人埋葬在东山之麓的鹿岭峤。

嘉靖年间，在李夫人家乡吴川任教谕的邑人陈世理回到福安，哀李夫人之不幸，为她写了一曲沉痛的《挽歌》：

城头吹螺声四彻，凌空白刃皑如雪。

炎熛[1]四月起腥风，烟楼万井丝丝血。
吴川有美李夫人，自恨身非男子身。
钗钿不足抵干橹[2]，宁可死身不死心。
矢心[3]出门见白日，天纲[4]忍使垂垂裂。
浣沙溪上水痕光，东河吾亦效沉璧[5]。
莲房坠粉芙蓉瘦，玉縩翡翠随波走[6]。
月明环佩声珊珊，英灵上天夜摇斗[7]。
嗟哉衣冠尽化鱼，丈夫空读腐儒书。
夫人手中无寸铁，胜似男儿腹五车。

李夫人的夫君李尚德，守土失责，城陷有罪。但毕竟参加了城邑保卫战，直到城陷方才携印逃遁，朝廷对他处以贬斥，流放边疆。

① 炎熛：烈火熊熊，火星迸飞。

② “钗钿不足抵干橹”句：干橹，古时战阵前兵士手执的大小盾牌。“钗钿不足抵干橹”的意思是，手无寸铁的柔弱女子怎能抵挡手持兵器的众多敌寇。

③ 矢心：下定了决心。

④ 天纲：大明朝廷的纲纪，引申为明朝的国土。

⑤ “浣沙溪上水痕光”句：浣纱溪又名若耶溪，在今浙江绍兴，相传是西施浣纱处。“东河吾亦效沉璧”句：东河，福安东门外的护城河。沉璧，沉水的玉璧。这里以西施和玉璧比喻投水的李夫人，说她的品德情操值得效仿。

⑥ “莲房坠粉芙蓉瘦”句：莲房坠粉，指莲蓬的花瓣坠落。莲花又名水芙蓉，芙蓉瘦，喻花朵憔悴。“玉縩翡翠随波走”句：玉縩，彩色衣裳；翡翠，美玉。全句惋惜美好的生命如花坠落，随波飘逝。

⑦ “月明环佩声珊珊”句：是说恍惚听见月光之上传来李夫人裙裾佩环的声音，她的英灵已经化升为天上星辰。

刘祠·洞山故居及“福安军”

◎白沙余挺

◆ 与刘中藻有关的韩阳遗址 ◆

洞山先生刘中藻的“同年友”（同榜进士）黄云师为刘中藻立传时，称刘中藻的“先世为韩阳世族”，既称“韩阳世族”，则意味着在韩阳，刘中藻的祖父、父亲（均为秀才）有一处居所。

清代福安举人李枝青，以及贵州解元周之翰后来都曾到刘中藻的韩阳故宅凭吊过这位明朝遗臣，是有诗足以佐证的。

韩阳人称东门“三姓路”为“吴刘郭”由来已久，表明这里也是刘氏家族的世代聚居之地，只是时世改变了这里的族姓格局。追溯韩阳刘姓，源自赛江苏阳，早在明朝初期就迁居韩阳东门了，现存“三姓路”刘氏祠堂的碑文可以证实。“三姓路”刘氏族人，在明弘治年间重建刘氏宗祠于此，宗祠周遭自然就是刘氏族人的聚居地。虽然没有证据表明刘中藻在“三姓路”也有祖居，但刘中藻经常来刘祠参与宗族活动则是毋庸置疑的事。特别是清顺治二年至六年（1645—1649），清廷任命的福安知县郭之秀（沈阳人，应是入籍汉军的旗人）已经到任，“招抚寇盗”，“昼夜巡守”（《福安县志·名宦》），刘中藻在此时潜回家乡起事抗清，首先必须争取族人、乡绅的支持拥戴。秘密议事的地点，或刘的居所，或刘氏宗祠。刘中藻在苏阳、穆阳都有居所，在今康厝彭洋村九潭还有个“读书处”，因此在彭洋至少也有寄居之宅。但是，首选的议事场所，当然是作为县治的韩阳，东门刘祠也许是最为适宜的，所以，东门刘祠无疑是他频繁出入的地点。

刘氏宗祠，今在三姓路。刘中藻宅邸在韩阳，有证据吗？

且看李枝青的一首诗，题为《湖山刘洞山先生故宅》（全诗今存），称颂他“存亡同社稷，生死卫故乡”。周之翰也曾亲至韩阳刘宅，并留下《刘洞山先生故宅并序》：“我来故宅中，想象英雄肃。”且“序言”中说得分明：“其故宅在邑城西湖山之麓。”——不在山上，是在湖山脚下。或许，刘中藻先有祖屋在东门，后来迁至湖山脚下，也未可知。

刘中藻殉难后，“田产已追，解京充饷”，孤儿无依。顺治皇帝说刘中藻“虽拥兵犯顺，亦属各为其主”，曾允许将未及追没的其他“余产”存留养孤。到康熙时，皇帝也曾“特旨褒祀”。其实这只是清廷为缓和民族矛盾、收买民心，属政治策略上的“假惺惺”。而清初地方官在清算“犯顺”的明朝遗民及其家族时，往往宁严勿宽，以示对清廷的忠心。因此，这些只具表面象征的政令恐怕大多难以落实。刘中藻死后，事实上家破人亡，一蹶不振，族人和部属多遭连坐，刘中藻尸体也是草草收殓，停柩荒原，直到乾隆朝才得入葬，就是明证。

东门的刘祠毁于火灾的原因，也颇多疑云。劫后的刘祠残墙断垣，榛莽丛生，处于荒废的情景可以想象。族人畏言重建，一直到刘中藻殉难70多年后的雍正朝，才敢议建东门祠堂。

刘中藻之墓，在英烈逝世后101年的乾隆朝，才得依礼埋葬，入土以安。刘中藻抗清复明失败后，其韩阳故宅无疑遭到罚没充公，后人颠沛流离。从上述李、周二人的诗来看，虽然晚清时代刘中藻故宅犹存，但已不是他后裔的产业了。时空变幻，当时的壮怀激烈，业已风云散去，臣子恨，化作一堆冷却的余烬。善忘似乎也是人性常情，遑论清衙门的庸官，只须一两任的县老爷忌言前朝抗清和刘中藻，漠视故址留存，故宅的湮失自然就成了无言的结局。

1849年农历四月，当刘中藻面对十万清军围城，坚守四个月，“所杀伤数千人”（清翁洲老农《海东逸史》），城中食尽。为避免清军屠城，刘中藻两难之间别无选择，放弃抵抗，自尽殉国。黄云师《刘中藻传》载：“士为之死计九千九百余人。”（按：这应是刘起兵后总的战死者数字，不是守城一役的死难者，俟再考。）一同赴难的除刘中藻的亲兵部将外，还有参战的浙江籍部将董世南（一作“董世上”）、钱肃范、张贵等浙籍部属。

刘中藻之死有二说。一说自缢死（黄云师《刘中藻传》），一说吞金屑死

（张景祁《福安县志》、清康熙温睿临《南疆绎史》、翁洲老农《海东逸史》、清乾隆吴瑞焉《刘公墓志铭》）黄云师虽是刘中藻的同年友，但他不在本地，战乱中传言刘中藻自缢而死，消息的细节难免失真。而张景祁是福安知县，吴瑞焉是韩阳东门人，熟悉福安本地史实，细节断不致于走样。温睿临是内阁中书，明宰辅的孙子，参与修纂《明实录》，治学严谨，他自然知道“有一分证据说一分话”的史学道理，故此笔者以为刘中藻吞金屑死为是。

坊间传言，刘中藻死于东门刘祠，或言死于湖山，都无有史料依据。吴瑞焉《刘公墓志铭》说刘中藻“坐明伦堂，为文自祭”而死，点明的殉难地点极为具体，明确而不含糊，一县之域，只有儒学才有明伦堂，旧址在今市区金山路工商银行，这里应是刘中藻殉难之处（见明万历陆以载《福安县志·图经》）。其余文献均言“坐中堂”死，明伦堂大厅可称中堂。刘中藻是士大夫，读儒家书，科举从政，当过朝廷京官，对于死节，必得追求儒家一丝不苟的仪式感。所以，如清县志所述，死前，他为民请命，先给围城的清军总督陈锦写封信，然后交待遗言、然后写绝命诗，然后穿上“正装”——明代朝服，再徐徐走向灯火阑珊的儒学明伦堂，一如在京时节习以为常的朝见皇帝，登中堂，“整衣冠，北面再拜”，尽臣子忠，最后，端坐中堂赴死。整个过程从容镇定，那种平静中的轰轰烈烈，数百载而下，犹能动人心魄。

◆ 英勇善战、军纪严明的“福安军” ◆

“福安军”这个称呼，不是笔者的发明。稍后于刘中藻的康乾时代的浙东学派史学家——谢山先生全祖望，就称呼刘中藻的抗清队伍为“福安军”。他在《鲒埼亭集》中说：“福安刘公中藻起兵，招公（刘中藻同榜进士李向中）同朝于王所（鲁王朱以海的监国政权），即拜公兵部侍郎（其时刘中藻已任鲁王的兵部尚书，侍郎是其次官）巡抚福宁，兼监福安军。”温睿临《南疆绎史》也以“福安军”号称刘中藻所率的义军。

先是，众望所归的唐王朱聿键在“心怀异志”的郑芝龙（郑成功之父）拥立下，在福州建立隆武政权。刘中藻对唐王寄予希望，出山急赴闽都，加入隆武帝的复明大业。据黄云师《刘中藻传》，隆武帝在福州召见刘中藻，亲聆刘中藻的恢复大计，一席关于抗清对策的长谈后，唐王大喜（“谈恢复大计，上大喜”），以刘熟谙军事，任命他为“兵科给事中”，并决定拨给“御币”银500两，命刘中藻回福安招募兵士，建立武装。但拨款却遭到“大帅”郑芝龙的无理阻挠。刘中藻十分愤慨，在朝议散会后，当场与郑芝龙一派爆发言语乃至拳脚冲突。由于郑芝龙拥有武装实力，没有实权的唐王也无可奈何，此事竟不了了之。

乱世无兵，空言抗清。刘中藻痛感武装的重要，在唐王政权因郑芝龙的降清而崩溃后，刘中藻即返回福安，组建“福安军”。

“福安军”是一支福安人为主组成的义兵队伍，正如古语说的“上阵子弟兵”，其人员构成应是刘氏族人，福安乡绅士子，以及畲寮、苎寮、菁寮（皆为畲族）等，主体是福安乡亲。此外，还有少数来自鲁王政权的浙东、浙南的义士，比如庆元县的吴八爷，以及政和的颜氏宗族子弟等等，一时间“崎岖山谷，聚众万人”。刘中藻“练之为卒，时称能军”。（翁洲老农《海东逸史》）

“福安军”的第一个战役是光复韩阳城。

战役发生在清顺治五年（1645）夏季，刘中藻率领刚建立的“福安军”攻打韩阳。上文说过，清廷于前年就任命的知县郭之秀已经到任，时局未定，这位监生出身的东北人在任如履薄冰，立即“招抚寇盗”“昼夜巡守”。（张景祁《福安县志》）但最终也挡不住“福安军”凌厉的攻势，在东门守城时，被“福安军”的铳弹击中而亡（县志“铳毙知县郭之秀”，又说“至东隅，为飞矢所中”而亡）。清廷予以抚恤，列其为清代福安县的第一个“名宦”，则是后话。

刘中藻开府福安，建立临时政权，征税纳粮外，“福安军”的军饷，多由“富人出财佐军”，其中刘氏宗族的募捐无疑也是一个资金来源。今存刘中藻的《奉学四公借贷书》就是一封他亲自向族伯借贷150两银子的家书。

在“福安军”的人物中，刘氏一族以及亲戚、乡亲尤其杰出。见于史料的有刘中藻的长子刘思沛，兵败后，羁押浦城，不屈而死。刘中藻的妹夫李跃龙，阳头人，战死于福鼎桐山之役。外甥李先春，督监“福安军”军纪，有理有节。在守卫福安的最后日子里，秦溪村举人连邦琪战死城头，刘中藻的亲兵属将刘捷秋、刘亮睿（应是族人）、徐大海等生死相随，英勇守城，在刘中藻殉难后，也相从自尽。从这些记载中，足见“福安军”英勇忠诚，故“福安军”亦可称之为“刘家军”。所以，全祖望评说刘中藻“刘公善治军，能以一旅之卒，激发忠义，累战累胜”，是很适切的评论。在大厦将倾之际，这支“福安军”曾给人民带来乱世的曙光和希望，所以“富人出财佐军，士卒乐为用，兵称最盛”，遂一举收复庆元、泰顺、寿宁、宁德、古田、罗源诸县，其后又攻陷福宁府，北驱桐山镇，驻兵沙埕港，一时震撼闽浙山海和清廷。

全祖望《鲒埼亭集》记载了一个有关刘中藻严治“福安军”的轶事：打了几个胜仗的“福安军”，恃功骄横，“颇多不戢”（不戢：不收敛之意），军士中有鱼肉百姓的现象，最初军纪并不好。沿海的居民曾编了一首讽刺歌谣：“长须总兵，黔面御史，锐头中军，有如封豕，我父我儿，交臂且死。”李向中急忙报告给刘中藻，都觉得这样下去，复明大业难以进行。刘中藻说：“你不是监军吗？职权在身，该怎么办就怎么办，你还顾虑什么呢？”（“是监军之任，公何嫌焉？”）当李向中要惩办违纪的中军将领时，中军向刘中藻陈诉，刘中藻没有袒护他，说：“知道吗？你今天撞上段太尉了！”（“汝今日乃遇段太尉也！”）自此，“福安军”军纪整肃，英勇善战。段太尉，名秀实，唐德宗时朱泚反叛，秀实斥骂并用手板打他，鲠直无私，因此被害，死后追赠“太尉”。在战斗中，“福安军”将士死伤是常事，刘中藻善于治军，一方面对兵士律以军纪，一方面爱兵如家门子弟。《客中闲集》记刘中藻疗救被箭簇和铅弹击伤的兵士，在军中推广苋菜干与砂糖捣合的药方，每每应验，也是他无微不至爱护“福安军”的遗事一桩。

逝者如斯，我们今天说历史如何如何，只能凭借史料和时空劫后留存的实物，比如县志、古人著述，比如三姓路、刘氏宗祠等等，加上假设和求证，对逝去的岁月做出有限的认识和理解。谁也无法穿越时空去厘清已逝的事实，恢复所有的细节。今人只能把握历史的大概而已，重要的是，汲取精神，传承价值，奉献未来。西方史家所谓“一切历史都是当代史 ”，应该也有此涵义吧！

福安城关天主教堂

◎李健民

福安是我国天主教人口聚居的主要县级行政区域之一，在中国天主教和福建省中外文化交流史上都有过一定的影响。据1951年统计，全县天主教人口2.4万，占福安县总人口的9.3%，约占闽东和福建省天主教人口的90%和20%；共有天主堂45处，其中有神父常驻的本堂14处；没有神父住堂、由本堂神父管辖并定期行教的行堂或分教堂31处。福安城关天主堂是的闽东的主要本堂之一，在教会历史上曾发生过举足轻重的作用，至今仍是人们时常关注的焦点之一。

◆ 早期的城关天主堂 ◆

天主教于明崇祯四年（1631）正式传入福安（一说1632年传入）。这一年天主教多明我会菲律宾玫瑰省成功地派出一批传教士，登上中国大陆，奔赴闽东，开辟新的传教区。这些传教士以西班牙人高崎神父为首，从水路抵达福安县境后，先在赛江沿岸传教，并沿交溪溯流而上，在县城北郊溪东村购屋设立闽东第一所天主堂。而后转赴福安城关和穆阳、溪填开展传教活动。并在福安城关购地建房，设立城关最早的天主堂，称为“圣母堂”（详细地址和方位不详），系多明我会建在中国的第一座教堂。

天主教传入之初，“水土不服”现象比较严重。当时社会习俗视域外文明为异端，对传教士本能地采取排斥态度，冲突时有发生，住城关教堂的西班牙籍徐方济各神父多次受到反教人士的驱逐。

现存的城关天主教堂神父楼

关于清初福安城关的天主教，曾于1657—1659年（清顺治十四至十六年）在福安传教的西班牙神父闵明我（Domingo Fernandes de Navarrete）写道：“福安镇，或如某些人称之为福安城，在福建省是很有名的；它三次遭到鞑靼人（指清兵）的攻击，头两次是鞑靼人攻占它，但都被中国人（指汉人）击退，第三次中国人投降。鞑靼许诺不伤害任何人，排开队伍，然后命令有武器的人都到场；于是人们照做，共有14000人被杀。……中国将军刘中藻，大学问家，而且作战英勇，在围城期间看到处境绝望，决定服毒自尽……死在座位上（刘中藻卒于1649年），鞑靼人发现他坐着，背靠一张桌子。他们对其尸体施礼，赞扬他的忠贞，因为他宁死不降。在一次围城战中，瓦拉多利德圣保罗修道院的修士弗朗西斯·德·卡皮拉斯（Francis de Campos）以身殉教。我在他被砍头之处，亲吻那里的土地。……我会（指多明我会）在福安建筑了中国的第一座教堂。教士在这里播下福音的种子，已经并且仍在收获丰硕的庄稼。”[①] 该段

① ［西班牙］闵明我《上帝许给的土地——闵明我行记和礼仪之争》，何高济、吴翊楣译，大象出版社2009年版，第103—104页。

回忆也为我们保存了一则关于刘中藻抗清的珍贵史料，由于闵明我来韩与刘中藻殉明的时间相隔仅有八年，可信度比较大。回忆中提到的那位以身殉教的修士，就是福安人说的刘加比拉神父。

早期在福安（闽东）传教的有耶稣会、多明我会、方济各会、巴黎外方传教会等，不同修会因对待中华传统的态度不同和传教方式的差异，发生了对东西方历史都有巨大影响的“中国礼仪之争”。由于礼仪之争从福安县引发，使福安这样一个弹丸小县备受关注。

天主教传入闽东不久，福安县就成为福建天主教的中心。17 世纪中叶，教廷将福建教务独授多明我会，主教府设在福安穆阳。颜当主教（代牧）和他的继任者坚持固有立场，反对耶稣会的“利玛窦规矩”（尊重中国传统文化，结交上层儒士，介绍西方科技），引发清政府的反制，被驱逐出境。1724 年（雍正元年）清廷全面下达“禁教令”，严厉限制传教士活动，中国社会进入雍乾嘉道“四朝禁教时期”，长达 120 年。福安城关天主堂也被充公，宗教活动只能采取地下的形式进行。

禁教时期，清政府采取了种种措施，多次发动“清教”，使信教人众锐减，但仍未能禁绝天主教的活动。乾隆初年，西教士又潜入福安，并在城西官埔村购民房一所改为教堂，该堂坚持了 100 多年，直到近代。1762 年（乾隆二十七年）福宁知府李拔称：“（福安县习俗）复崇奉天主。容留洋人念经从教，男女倾心，子衿（指读书人）不免。乾隆十年以来，屡犯大辟，顽顿如故。”（《福宁府志·风俗》）

◆ 近代的城关天主堂 ◆

第一次鸦片战争以后，天主教在西方列强的保护下恢复了公开活动，并且迅速发展。1846 年（道光二十六年）清廷发布弛禁天主教的上谕，福安县的天主堂和各地一样，全部恢复公开的宗教活动，同时在长溪两岸掀起营建新堂的高潮。

在天主教空前发展的同时，群众性的反教事件也不断发生。近代的反教事件与先前的有很大不同，除了对异质文化惯性的本能排斥之外，大多与教外民众认为教会占地建堂会“影响”当地“风水”直接相关。穆阳一带最为激烈，

1866年（同治五年）后的20多年间多次发生民教冲突，教外民众强力反对建堂，拆毁教堂建筑，焚毁建堂木料；反教情绪波及福安县城。

1879年（光绪五年），福建教区多明我会会长吴高路德路在福安城关关庙巷（即现在的福安城关天主堂址，中兴东路68号）修建一座新堂。1882年（光绪八年）冯意纳爵神父（西班牙籍）欲扩大堂地，起建钟楼，遭到教外民众的激烈反对。反教人士冲进堂内，破坏设备，捣毁圣台，后在官府的弹压下平息。1887年（光绪十三年）底，反教人士借民间“迎城隍”之机，纵火焚烧城关天主堂，冯神父也被驱逐出福安。这一年福安县多地发生教案，穆阳、外塘、苏洋等地天主堂均被反教人士烧毁。

1888年（光绪十四年）福建代牧区委派副主教高满珍（西班牙籍）兼任福安城关天主堂神父。第二年清政府拨库银赔建被焚教堂，并派把总率兵勇督造。1900年（光绪二十六年）新堂竣工，即现今之福安城关天主教堂。该堂占地面积1648平方米，建筑面积4614平方米，除圣堂主体建筑外，东侧还有两座附属建筑。一是神甫楼，作为神职人员的住房和教会的办公场所，三层砖木结构，具巴洛克建筑风格；还有一座修女楼，近年重建为崇一敬老院。

高神父驻城关天主堂凡27年，于1914年离开福安。在福安期间，高神父除主持城关教务外，还负责闽东天主教的事务，加强教会建设，使福安城关天主堂成为闽东天主教的实际中心。如插手穆阳、外塘、苏洋等地被焚教堂的赔偿、重建；加强教友的灵修管理，报请教廷批准成立教徒组织“玫瑰会”，规定会员每星期必念一台“玫瑰经”；组织教友围垦冬瓜屿和乌山屿，建立教会农场；开辟三都澳新传教区，恢复、重建霞浦教会等。1910年（宣统二年）高神父还利用天主堂空余房屋收养社会上被遗弃的女婴，指派两名守贞女专门管理。1917年溪填仁慈堂（又称育婴堂、送女堂）设办后，城关天主堂收养的女婴全部移送溪填。

曾任福安罗江公教学院（又称文藻修院）院长的刘鹤中神父（1914—1998，福安城关人）认为：“辛亥革命后，地方情况大不相同，城内堂的教士多数是本籍的，他的传教方式趋重在慈善事业方面，放弃以前的势力传教……民教相安，很少发生冲突。”

1919年以后，中国历史进入一个新阶段。为了适应新形势，罗马教廷不得不采取“中国化”措施，一方面尽量使天主教的教义儒学化，以适应中国的习俗；一方面尽快培养中国的神职人员，使天主教进一步向纵深发展。至1925年，闽东地区共有天主教徒26000多人，其中福安县约占80%。此后闽东天主教的教徒人数在总体规模上相对稳定下来。

1926年，梵蒂冈将闽东天主教从北福建区分出，组建福宁代牧区（一般也称教区），分设福安、穆阳、溪填、罗江、宁德、霞浦6个总铎区。首任宗座代牧（主教）赵炳文（西班牙籍）在城关天主堂举行隆重的大礼弥撒就职（后移驻罗江教堂）。福安总铎区辖城关、溪东、建柄3个本堂区，城关本堂辖柘园下、占洋、程家垅、熙台4处行教堂。城关天主堂成为福安县东、北部，包括城关、城郊（城阳）、坂中、潭头、上白石等区镇的天主教中心。此后城关堂不再由外国教士担任本堂神父，首任国籍神父刘则墉系福安城关关庙巷人。

福宁代牧区成立后，全面加强教会权威和对教徒的灵修管理。福安城关天主堂新成立“通动炼灵九日团”，为逝者念经做补赎；加强已有的“仁爱救灵会”“圣衣第三会”等教徒组织。尤其重视扩大“玫瑰会”队伍，到1937年玫瑰会成员增加到460人，占城关成年教友的90%以上，分布在龙江路、关庙巷、上杭、下街、蔗园下、东门、步下、程家垄、官埔、熙台、阳头、詹洋等村落。“玫瑰会”系世俗修会，会员遍布全县，城关天主堂是大本营。为了进一步扩大天主教的社会影响力，1937年城关天主堂本堂司铎郑毓诚以城区公教董事会的名义向县政府申请成立私立崇一小学。

1939年，罗马教廷颁布通谕，撤消关于中国礼仪的禁令，允许中国教徒参加祭孔仪式，允许教会学校放置孔子肖像和牌位，并容许向孔子行鞠躬礼；允许教徒采取消极态度参加带有迷信色彩的仪礼，允许向死者和遗像、牌位行鞠躬礼。中国礼仪的解禁，消除了长期困扰教徒的良心上的疑惧和不安，使天主教进一步“中国化”；作为礼仪之争发端的福安天主教在这方面表现得尤为明显。

1946年4月梵蒂冈正式宣布在中国建立“圣统制”，分全国为20个教省，“宗座代牧区”一律正式改称“教区”，福安城关天主堂属福宁教区管辖。

◆ 早期的天主教爱国会 ◆

1949年10月福安县人民政府成立。1950年徐明波（福安留洋人）任城关本堂神父。不久土地改革运动开始，政府明令土改运动期间停止一切宗教活动，天主教教职人员一律回本籍参加土改。

据统计，1951 年城关本堂共有教友 1007 人，占当时福安全县约 2.4 万天主教教友的 4.2%。其中工人 60 人、农民 795 人、军人 7 人、干部 25 人、学界 49 人、商人 43 人、小贩 19 人、医生 2 人、学徒 7 人；男 563 人、女 444 人（包括修道女 20 多人）。分布在以下街村：三姓街、上东门、下东门、凤山、上冠后、下冠后、北复兴、南复兴、莲池、金山、官埔、下坑、下南街、上杭、北中华、后巷、南湖边、上南街、南中华、山门、步下、后垅外（南郊、街梅、北湖边、后垅里 4 街村没有教友）；其中三姓街 144 人、上东门 31 人、下东门 76 人、凤山 18 人，计 269 人，该 4 街村属今东风社区和东凤社区。

1951 年 6 月至 1952 年春季，中国天主教内开展反帝爱国的“三自革新”运动。福安县委派出工作队，深入教徒聚居的村落进行反帝爱国教育，在教职人员和教徒中大力培养运动积极分子。

1952 年 3 月福安城关教友发表宣言，表示坚决拥护人民政府驱逐黎培里（教廷驻中华民国全权公使），宣告成立“福安县天主教革新运动筹备委员会”。

1953 年 7 月，福安县委工作组在一区城关、四区穆阳、五区罗江、六区外塘、七区顶头、八区溪填等地开展天主教反帝爱国运动。同时配合福安专区宗教事务处以穆阳为试点，指导全面运动。工作组通过教徒群众大会、座谈会、学习会、教徒代表会、积极分子会，进行宣传教育。林子鼎代理主教（福安留洋人）和张实之神父（河北威县人）积极配合政府，到各堂口动员教徒签名，表示拥护并实行“三自革新”，支持政府驱逐 4 名外国籍神父出境，割断外国势力同福安天主教的关系。福安全县有 1 万多名教徒签名参加三自革新运动，表示愿意走独立自主自办教会的道路；2037 名教友签名或举手通过发表《拥护人民政府在上海、福州等地逮捕利用天主教进行间谍破坏活动的帝国主义分子的声明》，支持政府驱逐外国教士。

林子鼎公开担任代理主教后，将教区行政中心从宁德三都迁到福安，福宁教区改称闽东教区，以城关天主堂为主教府；努力推行“三自革新”运动，发现并培养了一批天主教教职人员和教徒中的积极分子；打下自治、自传、自养的基础。

1954 年 3 月，中共福安地委宗教事务处批准福安城关天主堂恢复宗教活动，林子鼎代理主教兼管城关本堂。

1956 年由神长、教友组成的“福安天主教友爱国会”在城关天主堂成立，林子鼎代理主教为主席。

1957 年 7 月中国天主教教友第一次代表会议在北京召开，会后中国天主教全国性爱国组织的名称由“中国天主教友爱国会”改为“中国天主教爱国会”，福安天主教友爱国会也改名“福安天主教爱国会”。

1958 年 9 月，林子鼎病故，林子鼎的所有职务均由张实之接任。

1966 年 5 月，“文化大革命”运动开始，福安天主教爱国会被停止活动；9 月，爱国会被解散。

◆ 改革开放后的城关天主堂 ◆

“文化大革命”结束以后，全国各地各行业开始全面拨乱反正。1978 年开始落实宗教信仰自由政策，恢复天主教闽东教区，恢复张实之代理主教的名誉和政治待遇。将被占用的天主堂退还教会，政府还拨款协助整修城关、穆阳、溪潭、顶头、罗江 5 处重点教堂（原福宁教区总铎堂）；服刑的神父先后获释，教徒中因宗教信仰而造成的冤假错案得到平反，因宗教信仰原因被审查的错误结论得到改正或清除。1982 年，福安城关天主堂率闽东各地之先重新开堂。

1983 年，福安县天主教爱国会恢复活动，代理主教张实之继续担任福安县爱国会主任，仍兼城关本堂。为解决天主教福传人才青黄不接的问题，经上级批准，福安天主教爱国会于 1984 年和 1986 年开办教理培训班，培训修生修女 20 多人。选送修生阮国璋（福安溪潭人）和詹思禄（宁德漳湾人）往上海佘山神学院继续学习；1989 年 2 人同时毕业并由上海教区金鲁贤主教祝圣为神父，然后回闽东教区工作。

1985 年，闽东教区进行自选主教，张实之被选为正权主教；1986 年 12 月经中国主教团批准，在北京西什库大教堂由宗怀德主教等祝圣为闽东教区主教，仍以福安城关天主堂为主教府。

1990 年 5 月，在福州召开福建省天主教爱国会第四次代表会议，张实之主教担任省爱国会主任。

1994 年已经 89 高龄的张实之主教回河北威县老家养病，阮国璋神父接任福安市天主教爱国会和城关本堂的工作。1998 年 11 月阮神父赴意大利罗马大学深造，1999 年 10 月韩小刚神父接任福安市天主教爱国会主任，陈绍铃（福安康厝人）、段虎生（山西长治人）先后接任本堂神父；2002 年詹思禄助理主教兼任福安城关本堂司铎，平常驻宁德蕉城天主堂。2005 年 8 月张实之主教去世后，詹思禄继任天主教闽东教区正权主教，主教府正式从福安城关堂迁至宁德蕉城天主堂。

在上级的支持下，2001 年福安城关天主堂从江西教区调进刘士杰神父（山东临沂人）任副本堂，协助詹思禄助理主教管理堂务，2006 年刘士杰神父被教区任命为城关天主堂本堂司铎。

2008 年福安城关天主堂在原有荣圣幸福敬老院的基础上，新建“崇一幸福敬老院”一座，2012 年又续建一座，可收纳 200 多名老人。敬老院收费低廉，服务热情，不仅面向教友，还向社会开放。

福安城关天主堂与时俱进，加强堂区管理，重视对教堂建筑、教会文物的维修和保护，还组织教友到境外旅游。2014 年刘士杰神父在台湾省高雄、台北、台中等地与当地神父同台共祭，促进两岸天主教界的交流。

2018 年福安城关天主堂约有教友 2000 人，基本上是市区住户，其中城东东风社区和东风村约有 300 人。

万泰酱行

◎江绍光

万泰酱行的酱缸

万泰酱行，始创于清光绪二十八年（1902），作为传统的家族商行，历经清末、民国、共和国三个时代，承受上下五六十年的风雨洗礼、历史沿革。20 世纪 50 年代，在人民政府领导下，走资本主义工商业社会主义改造、公私合营大道，最终成为福安县的集体所有制的工商企业，安全着陆，成为了福安县商业史上的一个传奇。

薪火相传，企业发展：万泰酱行始创者薛忠魁，生于清同治壬戌年（1862），出身在商贩家庭。但家风文化底蕴深厚，祖上曾有贡生、秀才等文人。自幼深受传统文化薰陶，忠孝礼义，知书达礼。青年时曾在福安城关金山路巷内与人合伙开设棺材铺没有盈利。族内相传：约清光绪二十八年（1902），薛忠魁四十多岁那年，前往溪潭廉村“六祖堂”求梦，梦见神明送他两条木片。返家后醒悟：木片应为酱勺，要开酱行发家。于是，薛忠魁在福安金山路租赁一间店面开始经营酱觭行业。开始时仅是一个家庭小作坊，作坊人员均为本家亲属。由于薛忠魁诚信经营，酱行营业不断扩大，初具规模，跻身于福安酱觭行业的前列。酱行第二代掌管人为长子薛成桂，薛成桂生于光绪乙酉年（1885）。胞弟薛成章（生于 1892 年）共同管理店务。第三代掌管人薛源德，系薛成桂长子，薛源德生于宣统辛亥年（1911）。胞叔薛成章共同料理店务。1931 年，年仅 20 多岁的薛源德成为“万泰酱行”年轻的掌管人。胞叔薛成章起了承上启下的指导作用。经过二十多年的精心经营，万泰酱行迎来鼎盛时期。第四代薛幼铃（生于 1935 年）为薛源德长子。薛源胜为薛成章儿子。1956 年，薛源德、薛成章、薛源胜、薛幼铃一起成为福安县办集体企业——福安县食杂公司的正式职工，成为久负盛名的万泰酱行善始善终的见证人。

作为典型的中国传统家族企业，万泰酱行经五六十年的商业运作，由始创时的一间小作坊，发展成为规模较大、远近闻名、声名远播的著名商业企业。万泰酱行位于城关金山路（现福安电信公司 2 幢 104D），建筑面积达数百平方米，店面在大街（现移动公司大厅）设有两间宽大的营业店面，街店沿巷里直延伸至吴厝祠堂前（现电讯大楼、邮电大楼、市财政局门口）绵延数十米，十几间作坊。内设大灶 3 座、5 个车间，并配备晒坊、仓库、粮仓、工作坊等，设置几十个大酱缸和各种生产设备。酱行由原来单一商品（酱）的生产销售，发展成为酱、酱油、腐乳、冰糖等多品种的食品调料的生产、销售相结合的综合性大商家。以批发、销售相配合的方式，畅销福安县内乡镇，曾一度远销浙江。相当长一段时间内，万泰酱行是福安城关最大的私营企业。

万泰酱行之所以能立足商场，做大做强，就是信奉“商场交易，信义为先”。从第一代薛忠魁开始就坚持商品保质保量，不短斤缺两，不偷工减料，不隐瞒欺诈。商品销售中公平交易，不分贫富，童叟无欺，所以商品很受商家和消费者的好评。

万泰酱行成功的另一举措是热忱服务。酱行内雇有几个（有时十几个）临时员工、短工、挑夫、搬运工等，服务于远程的商家。如由挑夫将商品运至福安溪口渡口，让溪柄、赛岐、甘棠、下白石、宁德一带商客顺利地搬商品上船运回；又如由搬运工用推车沿官道送商品至坂中松潭居，此地系闽东北的“茶马古道”之一（通往寿宁、泰顺、平阳等地）。水陆并进，南北通达，大大方便了远程客商。

若部分商家一时贷款不便时，万泰酱行也允许赊账、欠账，深得周边客商好评。当年运货的缸、瓮、桶等工具外面贴着“万泰”两字的方形红纸。货到当地店铺时，周边买客蜂拥而至，争相购买。

薛宅坐落于福安城关东兴西路 78 号，两座分为五透，建筑面积 500 平方米左右，隐在城关大西门小巷之中。薛氏家人、伙计及雇工都居住于此。虽然万泰酱行曾鼎盛一时，收入颇丰，但薛家宅院并不豪华，与寻常百姓住宅无异。土改时薛家被评为工商业兼地主成分，但薛家做过有益社会的事，深得群众好评，薛宅保存完好。薛家一直聚居于此，至今仍保留着薛家生活的历史痕迹。

薛家传承祖上文化遗风，忠孝礼义为本，勤俭持家为要。薛宅大厅正面一副对联为第三代薛源德亲笔题写“一粥一饭当思来之不易，半丝半缕恒念物力维艰”，用以教育家人。虽然家大业大，但当家人始终保持着朴素本色，衣着简朴，生活节俭。掌家人对家人、亲属与员工一视同仁，同样粗茶淡饭。由于几代人都保持勤俭风格，所以能够扩大企业、添置田产。

关爱员工是万泰酱行的一贯做法。薛源德掌管时代，酱行有固定人员 9 人，同时雇有临时性员工，大部分是来自浙江平阳一带的打工者。薛家对员工、临时工待如家人，从不拖欠工资，年关返乡发给盘缠，所以员工感恩戴德，尽心尽职。邱木弟等 5 位非亲属员工紧紧跟随，几十年风雨同行、荣辱与共、不离不弃，于 1956 年一同参加公私合营，一起成为福安县食杂公司的正式职工。

薛家历代掌管人好善乐施，同情穷人。第二代掌管人开始定个惯例：凡有求乞者上门一律给予饭菜，并施舍铜钱。每一年的“乞丐节”（农历八月初二），求乞者排队进入薛家大院，从管家手中领走三个铜板。这成为当年福安城关一个独特的典范，几十年不变。据福安城关老居民回忆：抗战期间，由于日寇飞机轰炸，一大批来自闽北与省城的流浪者涌进福安城关，露宿在吴厝祠堂和莲池街头亭里。时值严冬，流浪者饥寒交迫，命在旦夕。薛家携手另一大商家郭记杂货店施行救助行动。两家各自打开粮仓，运出大米，万泰酱行停止煮酱生产，全部煮饭。薛家捐出酱、酱油、腐乳、黄豆，郭家捐出咸菜、萝卜等，一起运至难民身边。薛家还取出数百个装黄豆的麻袋送给难民当衣被。

1951—1953 年，县政府号召抗美援朝，薛源德携胞弟薛源铭响应政府号召，积极捐款捐物，同被评为“开明士绅”。同时，薛源铭当选为福安县两届政协委员、三届县人大代表。1956 年，福安县开展对资本主义工商业的社会主义改造运动，进行公私合营。薛源德、薛成章积极响应政府号召，将万泰酱行全部店产、资金投入，经政府部门验收后，万泰酱行亲属薛源德、薛成章、薛源胜、薛幼铃，员工邱木弟等计 9 人加入福安县食杂公司。

万泰酱行走过了五六十年风雨，完成了历史的转变。

万泰酱行后传

◎吴　敏

万泰酱行于1956年公私合营后，家族企业的全部有形资产包括固定资产和非固定资产，如店面、作坊和生产设备等，以及全部的资金投入，悉数上交福安县人民政府。万泰酱行的第三代管理者薛源德与其子薛幼铃（第四代掌管人）、薛源德之叔薛成章与其子薛源胜，共四人及其员工由福安县人民政府安排到新的单位福安县食杂公司工作。福安县人民政府随即在万泰酱行原有的基础上，成立了国营企业福安县酱畸厂，并指派陈金云为厂长。

当年的福安酱畸厂，基本上保留了原万泰酱行的老模样。前门店面改称酱畸厂门市部金山批发部；后门露天晒场依然晒着酱油和豆酱。三口老灶依然炉火欣旺：南面的老灶，每天卤着豆干和五香小黄豆。厂区上空，因此时不时飘来阵阵夹杂卤料的扑鼻芳香。东边老灶，一大早就煮着热气腾腾的豆浆。豆浆沸腾，眼看要溢出时，师傅轻轻点几滴卤水，豆浆泡泡瞬间就神奇地消失了。豆腐乳车间的工人们，或滤豆渣，做豆腐，或接菌腌制豆乳。大家忙得不亦乐乎。北面老灶蒸着黄豆，准备做豆酱和酿制酱油。晒场南面的作坊加工着各式各样的酱菜；北边的作坊，有序地摆放着酿制酱油的大篁和腌制咸菜、糖蒜、辣酱的大缸。晒场四周多为两层砖木结构建筑。底层是车间作坊和厂部办公室；上层是木质地板储物仓库，主要存放着生产商品的原材料和准备出售的豆腐乳等成品半成品。可以想见，当年万泰酱行的经营管理者们创业的艰辛和智慧。以及他们将这份家族产业交给国家时的殷切期盼。他们期盼万泰酱行这份曾经让他们为之奋斗了整整半个世纪攒下的资产，能够在新的社会制度下，为发展

1968年军宣队与酱鲔厂工人合影

地方经济和方便百姓生活继续做出更大贡献。

与万泰酱行有形资产如影相随的是，蕴藏在万泰酱行员工身上的生产技术和管理经验，这是另一份馈赠给福安酱鲔厂的、关乎企业生存和发展不可或缺的更加宝贵的无形资产。万泰酱行公私合营之后，原家族企业的老员工，跟随薛源德等一同进入食杂公司的老师傅，全部被福安酱鲔厂聘为技术骨干，直至退休，有的子女还补员到酱鲔厂接班。比如邱木弟、钟益弟、程生弟三位师傅，当时被聘为负责指导酱油、虾油和醋的生产。他们仨主要负责传授酱油、虾油和醋的酿造技术，并直接参与车间班组的生产和管理。这些师傅加盟福安酱鲔厂后，工作尽心尽职，深得领导信任和职工爱戴。比如邱木弟师傅做酱油时，车间还没有安装自来水。他就和工人们一起到阳头溪边挑水，夏天肩膀都磨肿磨破了，他从不叫苦叫累；日头正午，必须动手抢时间，将晒场上，酱缸中晒得发烫的豆酱，从上到下翻匀时，不论太阳有多毒，他都毫无怨言撸起袖子和大家干；晴天突然下雨，他总是第一个冲进晒场，一起把晒场上的酱油和豆酱遮盖好；他还时时刻刻关照着酿造中的豆酱和酱油，不让脏东西掉进酱缸酱油里。

用他的话说：食品是吃到嘴里、吞到肚里的，一点也不能马虎！程生弟师傅做醋，难得睡个安稳觉。根据他的经验，酿醋其实比酿酒还要难。温度低了怕不够酸，温度高了又怕产生像米汤一样的醋泡泡，温度一定要掌握好。“高了怕猫，矮了怕狗”，所以他白天黑夜都住在醋车间里，像慈母照料襁褓中的婴儿那样，小心翼翼地关照着酿在醋坛里的醋。温度低了，他得及时加盖上草垫和麻袋，给予保暖升温；温度高了，他又要把草垫和麻袋赶快掀掉。钟益弟师傅做虾油，虾油车间远离城关建在阳上的坝头上边。天天和腥气很浓的虾油打交道，天长日久地熬制、晾晒虾油，钟益弟师傅皮肤被烟熏日晒得黑黝黝的。但他逢人总是笑呵呵的，从不提辛苦和无奈。原万泰酱行雇的一些外地临时工，多数也成为酱油鲔厂的正式职工。比如，来自寿宁的挑工，后来成了虾油车间的辅助工；来自浙江泰顺的补缸师傅，继续干着老本行。他们在工作中都能一丝不苟，认真负责，勤勤恳恳。正因为这些原万泰酱行老师傅们的传帮带和执着的坚守，不仅酿造出了有口皆碑的美味调料，同时也让我们从这些老酱人的身上，看到了令人敬佩的工匠精神。在他们的感召下，全厂职工劳动干劲十足，单位年年被评为商业系统的红旗单位，生产的“阳光”品牌酱油成为福建省著名品牌产品，直至 20 世纪 70 年代末，还远销海外。

更让人难忘的是体现在这些原万泰酱行老师傅们身上的人性光辉。万泰酱行的老师傅们不知不觉地传承和发扬了当年万泰酱行家族企业文化中的精华。万泰酱行的企业文化体现在物质文明方面，主要是提倡“诚信经营，信义为先”。他们要求产品的生产，必须保质保量，绝不偷工减料，以次充好，欺瞒消费者。在商品销售方面，要求公平交易，童叟无欺。他们还传承和发扬了万泰酱行家族企业中好善乐施、扶危济困的优良传统和人文关怀。邱木弟师傅，性格爽朗，待人和气。职工有困难找他时，他总是有求必应，尽力而为。程生弟师傅，平时生活节俭，一根油条还要掰开吃。但是看见职工遇到困难需要帮助时，他毫不犹豫地将自己从牙缝中省下来的钱，借给急需帮助的人解决燃眉之急。当年有位职工，曾经因为父母去世向邱木弟、程生弟师傅借过钱。后来孩子得了重病，不好意思再次开口求助。正当她为筹钱给孩子治病而犯难发愁时，程生弟师傅得知情况后，一边批评她，怕她耽误了孩子治病，一边把自己仅有的积蓄全借给这位职工，让她赶快把孩子送到医院住院救治。多年过去了，老师傅当年的救命之恩，她们一家至今难以忘怀。程生弟师傅退休以后，儿子补员进厂上班。

作为老父亲，他千叮咛万嘱咐，要求儿子要做一个勇于奉献的人，千万不要自私自利。邱木弟、程生弟师傅退休回家后，都活到了90多岁高龄。他们身上焕发出的人性光辉，潜移默化地影响了好几代酱行人。

万泰酱行位于福安城关黄金地段金山路上，东与福安邮电局相邻，西与福安工商银行总行正对面，南面比邻福安农业银行总行，北面是莲池广场、中兴路和市政府。为此，20世纪70年代，计划经济体制下，福安县政府决定将后来者福安县酱畸厂整体搬迁。万泰酱行这方风水宝地，继而交由国家鼓励优先发展的现代通讯企业接盘。从此，万泰酱行遗址上，移动和电信企业拔地而起。万泰酱行当年车间作坊门店，从此了无痕迹。当年，十里八乡的农民，起早摸黑挑着大豆小麦、生姜萝卜芥菜等酱行加工生产产品所需应季农产品来卖时的热闹情景，以及熙来攘往前来批发或零售的商家和消费者的身影，或将永久地保留在人们的记忆中，成为茶余饭后的谈资。但无论如何，万泰酱行当年连接城乡经济的桥梁作用和方便百姓生活的窗口形象，以及它在企业发展高峰时期能审时度势因地制宜的举措，都堪载入地方史册！

私立崇一小学始末

◎李健民

民国时期，福安城关有两所教会学校，一是城西的陶青小学，一是城东的崇一小学。前者由基督教会创办于 1908 年，初名“育淑妇女学校”，1915 年改名“陶清女子学校”，1929 年正式改名“陶青小学”，1939 年停办。后者由天主教会创办于 1937 年，1949 年秋季为人民政府接管。该两所学校在福安近代教育史上均有过较大的影响。

本文简述崇一小学的历程。

福安城关天主堂历来有附设教经班的传统。教经班以少儿和文盲成人教徒为对象，教读经书，也对学生进行识字教学。随着学生人数的增多，教会就延聘专职教员进行教学。1930 年，教经班改名“公教小学”，有教员 3 人，学生约 100 人。

1934 年（民国 23 年），福安县推行《福建省义务教育实施计划》，地方当局进行教育整顿，认为天主教会设办的公教小学属私塾（书塾）性质，不能称学校，于是公教小学就改名为“要理研究社”。根据省教育厅 1931 年颁布的《改良私塾规程》要求，要理研究社必须向政府申报备案，审查教员资格，公告招生。该社除按规定设置学科、采用统一的教科书外，还讲授教理方面的宗教课程。男女分校，男校校长刘子良，教员陈毓文、黄梓榕、池宝琳、陈雅绥、余之俊、吴祖雄；女校校长陈琼琳，教员池映云、冯豪栗。

到 1937 年全县新式小学教育初具规模。天主教会为适应形势、扩大社会影响，决定在城关创办一所全日制普通小学。将要理研究社改为小学，校址在城关东门龙江街1号，并面向社会招生。1937年春，福宁教区（代牧区）赵炳文主教指示城关天主堂本堂司铎郑毓诚具体负责此事，并拨给1000银元作为启动资金。郑神父就以城区公教董事会的名义向县政府申请成立“福安县私立崇一小学”，同时向教内外居民募集部分办学资金。同年5月，福安县政府批准成立私立崇一小学的申请，并同意董事会的推荐，委任陈毓谦为校长，按月拨付8元作为办学补助费。

学校根据当时教育部颁布的《修正私立学校规程》之规定，组成校董事会，董事会共7人，公推郑神父为董事长，并制定《福安县私立崇一小学董事会章程》。为确保办学经费的可靠性和持续性，经天主教福宁教区核定，以坐落在三都镇中山路门牌56、57、58三号楼房租金为崇一小学常年经费来源，自1937年元月起每年提取1000元国币作为办学基金，由校董会收支。

崇一小学开办之初，设5个年级6个班，教员6人，学生133人，是一所完全小学。课程开设与公立小学相同，有国文、常识、算术，均采用教育部审定的课本；学校面向社会招生，不论学生是否来自天主教家庭，均可入学。学校还开设《教理详解》课程，规定教徒学生必须参加学习，每周两节课。

学校性质和办学宗旨从校歌可以看出。《崇一小学校歌》：“大哉这个一，吾校所尊崇。惟精一执厥中，把精神贯始终。己立立人，以正养群蒙。一心一意挽世风。”歌词中的“一”，指“唯一真神”，就是天主。“惟精一执厥中”，语出《尚书·虞书·大禹谟》“人心惟危，道心惟微，惟精惟一，允执厥中”，意思是说，人心是危险难安的，道心却微妙难明，惟有精心体察、专注于至诚，才能使言行不偏不倚，符合中正之道。

当时正逢抗战时期，国难当头，办学维艰。但是学校师生胸怀报国志，克服种种困难，坚持教学，使崇一小学与紫阳（城东）小学、湖山（城西）小学“三足鼎立”，成为福安城关影响较大的完全小学之一。

崇一小学共历7任校长和数十名教员，共培养了约1000名高小毕业生。历任校长均为天主教徒。

1937年，县政府委陈毓谦为校长，聘任教员王鼎铭、池宝琳、李蔚南、黄梓榕、陈毓文、刘子良、陈翰绥。全校5个年级6个班、103名学生，当年没有毕业生。

1938年，全校学生214人。

1939年，刘伯翰接任校长，新聘教员林邦定、李春华、李碧珠、余之宋。

学生 246 人。

1940 年，林邦定接任校长。福安县政府每月拨付学校补助费增加到 50 元，其中 40 元作为校长薪资，10 元用作油灯费。

1941 年，郑明勤接任校长，新聘教员周泽恩、林廷梁、刘生基、苏贞梅。

1942 年，黄梓榕接任校长，新聘教员朱秀英、蔡彩燕、杨惠康。

1943 年，刘子良接任校长，新聘教员阮中欣、阮玉灿、刘光夏（1944 年聘）。全校学生 170 人。

1944 年 6 月，学校不慎失火，校舍毁于回禄，秋季开学只好暂借民房上课。教会发动教友募捐，集资重建校舍。新校舍于 1945 年夏季落成，砖木结构两层楼房；上下层各 4 间教室，宽敞明亮，总建筑面积 300 平方米，是当时县内最佳校舍。

1948 年，陈时杰接任校长，新聘教员黄光裕、李毓熹、王怀玉等。全校 6 个班级、学生 240 多人。

1949 年 10 月，福安县人民政府成立，私立崇一小学为人民政府接管，改为福安韩阳中心小学分校（即今福安市实验小学集团龙江校区前身），与位于街尾的“中正小学”合并为“福安县韩阳中心小学”。

福安崇一小学从创办到结束，凡 13 年。该校虽为教会办学，但客观上为福安乃至闽东的文明与进步做出了应有的贡献，在近代福安的教育史上影响深远。

从紫阳书院到韩阳小学

◎李健民

书院是中国古代区别于官学的民间教育机构，最早出现在唐朝。唐中叶薛氏族人在穆阳溪畔灵岩山设办具有书院性质的灵谷草堂（唐咸通元年〔860〕始为寺），虽无“书院”之名，但开启闽东书院教育之先河，闽省第一个进士薛令之就是从这里走出。此后书院教育不断丰富，但作为正式的教育制度则是由朱熹创立。福安南宋时就有北山、晦翁、考亭3所书院，明代有斗南、景台、环溪、兴文、苏江5所书院。这些书院对古代福安文化教育的发展起了重要作用。清初，统治者为了防备民间以讲学为名结党议政，不准民间设立书院。康熙后书院又起，以补官学（县学、府学）的不足，但必须获得官府的批准，官府通过聘请山长（书院负责人和讲学者）和管制办学经费等实现对书院的控制。

◆ 紫阳书院的设建 ◆

福安紫阳书院位于城东宾贤境，与城关天主堂毗邻，今福安市供销社的几座建筑所在是它的原址。根据光绪十年《福安县志》的记述，这里原是旧按察分司署址，“久废，康熙五十五年（1716）知县严德泳改建书院，祀朱文公”。朱文公即朱熹（1130—1200），宋朝著名的理学家、思想家、哲学家、教育家，闽学派的代表人物，儒学集大成者，字元晦，一字仲晦，号晦庵，别称紫阳先生，谥文。书院取名“紫阳”，显然是为了纪念朱熹。

乾隆十二年（1747），知县杜忠主持重建书院，“人心翕然，踊跃乐输”。根据光绪志的记述，新书院沿袭旧制，前座共三楹，左右为讲堂，中设文公位；后座增建一楼，中祀韦斋先生（按，朱熹之父朱松号韦斋，绍兴间，曾携朱熹寓居福安龟龄寺），两翼各修一间为山长食息所；上栋为储书处。东西两边有廊房四十间，为诸生讲习地；此外还有厨房、库房若干间。书院大门题额仍旧是“紫阳书院”四字，杜忠认为：“理学名儒，遗踪如昨，遥想其时，人崇其学，家室其书，而无他歧之惑可知也。书院之名‘紫阳’，所自来矣……兹书院题名未之敢易者，亦谓仰紫阳之名，游紫阳之宫，学紫阳之学，心紫阳之心。”（杜忠《重建紫阳书院记》）

雍正七年（1729），“奉文”在紫阳书院内设立正音书院。所谓“正音”就是矫正语音。清代，朝廷要求福建、广东等方言区都必须设立正音书院，规定乡试举子须用官话词语，不许用方言词语；学政面试考生，不会听、说官话的童子不能考秀才。正音书院的设置使紫阳书院同时成为福安最早的普通话教学机构。

道光二十一年（1841），刘枢接任知县。“甫下车，即有以修建文庙及书院请者”。刘知县在地方乡贤李枝青、宋绍波（俱举人）及诸生的大力支持下，组织力量重修文庙，二十三年（1844）又重建书院。这次重建对原有制式进行较大改动：前设考棚，后为讲堂，最后建楼为山长居室，东西两侧为诸生学舍；朱熹及其父朱韦斋的牌位仍安设后堂和楼上。

◆ 清末的寺产助学 ◆

紫阳书院得到历任县官的支持和帮助。他们多仿效朱熹做法，“取浮屠（指佛寺）废田，以供养士之费”（朱熹《崇安县学田记》），即所谓寺产助学。

乾隆十五年（1750），知县秦士望曾带头捐俸助学，继而拨狮峰、石门两寺的田产 95.2 亩给书院，作为学田。秦知县认为：“无产业具束修（束修就是咸猪肉，原是古代学生的拜师礼，后来多指代学费）、膏火（原指打油点灯，后指读书办学的费用），师儒不能集……得寺田若干亩，山林几所，池泽又几泓，为书院生徒久远计。”

乾隆十六年（1751）秋，福安发生特大洪灾，城郭倾圮，民居荡析，书院严重受损。为帮助书院度过难关，十八年（1753），知县夏瑚详请上司拨资福寺租，“归之书院，岁计田租八十六石，少佐膏火之需”。道光二十一年（1841），知县刘枢虑及书院旧有学田入不敷出，增拨寺田若干补助书院经费。

但是，这些远不能满足办学的日常开支，“以致师生修火不能按月支领，寒儒贫士培养无资”。（光绪《福安县志》卷之九）

鸦片战争以后，中国进步的知识界在先前寺产助学的基础上进一步提出寺产兴学，主张把寺庙全部财产的十分之七充当学校教育经费。在这样的背景下，咸丰七年（1857）知县李鼐将紫阳书院递年应收田、山、园租，共计折钱四百千有零，改原冬底收纳为按月送给，并设立规条，勒石明示，以保实施。

同治六年（1867）知县刘秉清与廪生代表周之翰等人商议，从龟山、漈山两寺（龟山寺半属宁德、半属福安，漈山寺属宁德）租中抽出四百石归福安书院。并将此议上报布政使（地方主管财税经济的官员），札下福宁府，八年（1869）事成，十二年饬归册房，永远承收。

◆ 儒学教育的殿堂 ◆

刘枢知县称：“书院之设，所以讲学明道也。况扆邑旧称‘海滨洙泗’，唐宋以来，名贤代出，后之人继美畴哲。”紫阳书院是当时福安的最高学府和学术源地，同时也是准备科举的场所，延续了一百多年，和县学明伦堂一道成为福安士子心目中的殿堂，是福安儒学教育的“双子星座”。

为了确保书院的儒学教育质量，封建官府非常重视书院山长的选任。山长是古代对书院讲学者的称谓，历任山长都是当时的饱学硕儒。因资料不全，以下举例说明。

陈从潮（1739—1818），字瀛士，号韩川，福安上杭人，乾隆四十五年（1780）乡试第一。县志称其“小即喜治古文辞，于诸家著作无不窥其底蕴，尤嗜昌黎（韩愈）文。著有《韩川诗文集》行世”。陈从潮中举后，没有继续追求更高的功名，也无意仕途，一心以教书为乐业。从乾隆四十九年（1784）开始直至终老，主讲紫阳书院长达三十余年。

宋瞻扆，字笏廷，福安保山人，光绪十六年（1890）恩科进士，授翰林院庶吉士。

紫阳书院遗址

曾任福安紫阳书院主讲、福宁府麻温书院掌教。

李宸咨，字伯畴，福安阳头人，光绪二年（1876）举人。光绪六年（1880）赴京参加会试不第，回梓主持紫阳书院，“学问深博，施教得法，馆下生皆斐然”。

清光绪二十一年（1895），知县钮承藩将改书院为中西学堂，聘请郭翼唐为紫阳书院山长，还开设英文课，为福安外语教学之初始。郭翼唐，字伯宜，鹿斗人，举人出身，工书法。郭翼唐是书院最后一任山长，后为紫阳小学堂第一任堂长。

◆ 县立第一小学（紫阳小学） ◆

光绪二十四年（戊戌年，1898），在变法维新思想的影响下，穆阳人缪锡铃就率福宁五县之先将自己创办的景贤义塾改制为同文初等小学堂，该学堂即是今穆阳中心小学的前身。光绪二十七年，清政府推行新政，命令各省城书院改成大学堂，各府改设中学堂，各县改设小学堂。第二年（1902），当时福安县最有影响力的福安紫阳书院改为官立紫阳两等小学堂，福安县学改为官立明伦堂初等小学堂。辛亥革命前后，新式教育在福安渐成燎原之势，延续了千余年的封建旧学终于寿终正寝。

民国元年（1912），南京临时政府教育部下令学堂改称“学校”，学校负责人监督、堂长一律通称校长，官立紫阳两等小学堂改称县立第一高等小学校（县立紫阳小学），成为福安第一所官立新式学校。

紫阳小学堂的堂长、县立紫阳小学校长均系当时文教界的名人。

郭翼唐，首任堂长，以紫阳书院原山长留任；光绪三十一年（1905），郭通过大挑，“以知县签发江西”。郭翼唐之后，其弟郭甄殷接任。

郭甄殷，清庠生，闽海道师范学堂简易科毕业，工诗词。民国7年（1918）福安县成立劝学所（教育局前身），郭任所长。宋延祚接任紫阳小学校长。

宋延祚，字凤举，鹿斗人，居阳头，郭甄殷表弟，法政学堂正科毕业，福安秋园诗社主要发起人之一。民国14年（1925）宋任县视学，县知事邓炳委任该校教员李翰青为校长。

李翰青，字雪樵、叔樵，阳头人，其父李翊庭系光绪丁酉（1897）科举人，翰青从小饱读经史。光绪三十一年（1905），知县言宝书聘其主讲县立第一高等小学，“尝同时教授紫阳小学、陶青女学、扆山中学”，三校均为当时福安最负盛名的学校。李雪樵在紫阳小学校长任内对学校发展多有建树。翰青曾担任福安教育会、福安农会、福安商会会长，对地方事业多有贡献。翰青还是秋园诗社重要成员，有《叔樵诗抄》《雪樵诗选》传世。民国16年（1927）病故。

此后由余之骏、刘勉、刘伯翰、陆晋、朱恒光、余之宋等先后担任紫阳校长。其中余之骏系前清贡生、知名塾师，其余均有师范教育背景。

◆ 从“城东”到“韩小” ◆

民国26年（1937），福安县调整小学教育布局，与县内行政区相对应，全县设溪柄、棠溪、穆阳、甘棠4所中心小学，实行学区制，由中心小学统辖区内各初级小学（包括简易小学和短期小学）。在城关设3所完全小学，即：紫阳小学，由紫阳书院演变而来，是一所县立完全小学，办学经费由政府拨付；湖山小学，始创于光绪三十四年（1908），原是福安县商会公立两等小学堂，系商会办学；私立崇一小学，创办于民国26年（1937），办学经费由天主教会承担。

第二年（1938），紫阳小学更名城东小学，湖山小学更名城西小学。城东小学先后由余之宋、黄庭诗任校长。当时正是全面抗战初期，学校兼设战时民众学校，在抗敌后援会的指导下开展抗日救亡活动。1938年4月4日中国儿童节这一天，“中国儿童号”飞机全国筹募会在重庆成立，为抗战筹募飞机。活动发起以后，全国各地中小学校学生及组织机构纷纷响应。民国28年（1939）1月，福安县城东小学举行大会，成立“中国儿童号”飞机筹募会福安分会，开展爱国募捐活动，激发民众和小学生为支持中国抗战和航空建设尽一己之力的热情。

民国27年（1938）6月15日，日军飞机轰炸福安城关东门龙江街，炸死平民3人，炸毁吴祠1座、民房3间。第二年5月，日军飞机轰炸、扫射福安赛岐，渔民2人死难。为了学校师生的安全，当局决定疏散城关中小学师生。《福安市教育志》（1995）如是记述：

民国28年8月，城东、城西两所完全小学停办，在离城十多华里的松潭村创办县立韩阳中心小学，以松潭众厅、福庆阁、朱氏宗祠为校舍，开设小学高级部。令城东、城西两校给所有初、中年段的学生发转学书或借读证，分别介绍到县立岩湖、坂中初级小学或察阳小学就读；高年段学生则全部造册，一并转学韩阳小学。

民国29年（1940）3月，韩阳中心小学从松潭迁回城关。

1949年10月，福安县人民政府成立。当月8—9日，人民政府召开第一次教育工作会议，接管民国时期遗留的学校，内有中心小学16所，韩阳小学也在其中。

从紫阳书院创办到人民政府接管韩阳中心小学，前后共历234年。

吴厝坪操场

◎陈　耿

坐落在福安东门头的吴厝坪，原系当地吴氏宗祠外场地。后几经历史沿革，渐渐向东扩展，同紧邻的空地连成一片，成为民国时期至解放初期福安县举办体育活动和其他大型活动的主要场所，故而又称“吴厝坪体育场”。

当年小小福安城，能够容纳数千人集会的场所大约仅吴厝坪体育场而已。它不仅是福安群众体育活动的重要场所，更是福安当时所发生的许多重大历史事件的见证地。

1950 年的吴厝坪操场

吴氏宗祠靠近金山路一侧。据说当年修建祠堂，在砌围墙时，对围墙大门的安放位置和朝向问题争论不已。虽有风水先生罗盘取坐向，八卦定乾坤，再三再四斟酌，仍然踌躇不决。因事关宗族兴衰大事，谁也不敢担纲独断，只怕“差之毫厘，谬之千里”。这时只见一个头戴方巾、身穿直裰的老者，掇一把凳子静静坐在那里，眯着眼睛端详着，不发一言。不一会，老者起身离去。有人终于想起那老者就是大名鼎鼎的大儒朱熹。祠堂主事怪他不早说，立马带人赶去寻找。追上朱熹后，他们忙不迭地赔话，说有眼不识泰山，请朱老先生为他们指点大门的安放位置。朱熹不慌不忙地说，老朽刚才坐凳之处正可安放大门。然而，当他们返回一看，凳子不知何时已被人撤走了，谁也记不准朱老先生原先所坐的位置，围墙大门终于还是决定不下来。后来在福安当地留下一句口头语：“像吴厝祠堂门放不直一样。”福安话“放不直”是“搞不定”之意。

跟吴厝坪瓜葛最深的莫过于民国时期的福安县长高诚学。高诚学原籍福建平潭县。此君学历、经历都不简单。少时随父外出求学，先后就读于福州英华中学、福州道学院、福建法政专科学校，后入燕京大学深造。1927 年任平潭县民运特派员，参加过十九路军发动的“闽变”。1936 年任省参议员，受省长陈仪赏识，于 1938 年 8 月被派任福安县县长。

此君到福安后，雄心勃勃，大刀阔斧，带来一股改革进取的春风；既重视发展地方经济，也重视社会文化建设，尤其对群众体育活动情有独钟。他主持创办了福安农场、福安茶业职业学校，通过引进、杂交，培育繁衍出优质生猪品种——福安花猪，同时积极倡导群众体育活动。原已荒败的吴厝坪体育场（高诚学上任之前，吴厝坪体育场曾举办过体育运动会）经他整治一新，命名为“县立公共体育场”，整修了跑道，建起篮球场，搭建一座坐南朝北的主席台，台后墙上镌刻“廉耻礼义”四个大字。

高诚学喜好篮球，当年他亲自拉起一支城区单位人员组成的“双十”篮球队，经常同商行的“雄鹰”篮球队比赛。他身体力行，驰骋球场的风貌至今老一辈福安人还记忆犹新。高诚学上任的第二年，即 1939 年 6 月，在吴厝坪公共体育场举办了福安第一届全县运动会。虽比赛项目仅田径和传统的挑重赛等，但毕竟开了一个头，此后分别于 1940 年 5 月和 1941 年 5 月又举办了全县性运动会。1940 年 10 月，还在此地承办了第二届闽东运动会。运动会规模越来越大，参加人数也越来越多，不仅有城区单位参加，还有中学生的加入；比赛项目除田径外，单球类项目就有篮、排、足、网、棒球、羽毛球等等。

时值抗战时期，福安人民抗日救亡运动如火如荼。全县经常组织群众集会，示威游行，吴厝坪公共体育场便是首当其冲，成为当时社会政治活动的重要场所。

1938 年 6 月和 1939 年 7 月，日寇飞机两度轰炸福安县城，造成人民生命财产的重大损失，吴氏宗祠在日机第二次轰炸时崩塌了一半。在此人心惶惶之际，高诚学主持举办全县运动会，旨在坚定与激励福安民众的抗日意志。他还在吴厝坪通往莲池一带的通道拱门上，亲自题写“还我河山”4 个遒劲大字，表达了作为本届县长与民同仇敌忾、誓死抗日的决心。

然而，这位能干、肯干的县长最终竟倒在国民党内部派系斗争战场。他于 1943 年 11 月被枪杀，罪名是“贪腐、渎职”和“私藏枪支”。时任福建省长的刘建绪，未经认真调查核实，即带人到福安将高诚学秘密囚禁于湖山，又未经起码的法律审理过程，更没有公开审判，几天后就草率将他枪决，刑场正是他多次主持举办体育运动会的吴厝坪体育场。

新中国成立初期，跟全国一样，福安人民对党和政府的号召无不热烈响应。群众大会、政府要人作报告、公审镇压敌对分子等等，百姓常常倾城而出，汇集吴厝坪体育场，留下了许多难忘的历史记忆。

1952 年 6 月，毛泽东主席题词“发展体育运动，增强人民体质”发表，福安群众体育活动进入一个新的历史阶段，吴厝坪体育场也成为当时福安最重要的健身平台。就在当年的 11 月份，福安县第一届体育运动会在吴厝坪体育场隆重举行。1953 年，又成功举行了福安专区第一次体育运动会。此后，全县运动会、职工运动会、专项田径运动会隔三差五举办。随着时代发展，运动会的规模、参加人数、运动水平都不断提高，留下了许多有趣的历史镜头。

当时福安有一位畲族女子，名叫吴腆妹，是县政府刚招收不久的畲族女干部。此人粗壮结实，人高马大。1952 年的一天，她刚下乡回来，走在体育场附近的路上，见体育场里人头攒动，便上前去看热闹。在体育场边上，她看见有 10 几个男女运动员正在教练指导下练习推铅球。看去不过小碗大的小球，在运动员手中似乎比提一桶水还沉，刚推出就“噗”一声落下来。她一时兴起，斗胆走了进去，从地上拾起一个铅球。

“咦，你干什么？”教练员正要阻止，旁边有一位长得白净、帅气的年轻人，轻轻把教练拦住了，说让她试试吧。吴腆妹不懂得推铅球，而是将球往前硬扔。

好家伙，竟扔出10几米，远远高于其他运动员的成绩。叫她试试的年轻人原来是福安专区体育干部王国柱，他见吴腴妹身强力壮，先天条件不错，适合力量型的体育项目，就决定吸收她参加女子铅球队，吴腴妹因此成为一名铅球运动员。经过一段正规训练后，1953年10月她参加县运动会，女子铅球、手榴弹与800米长跑都夺得冠军，同年11月，她参加福安专区队运动会，这三项又得第一名。1954年7月至10月，在全省、华东和全国运动会上都获得名列榜首的好成绩，一时传为佳话。

随着福安群众体育活动的蓬勃发展，福安县政府在城西街尾、官浦地面修建一个面积更大、功能更加齐全的新体育场，并于1957年9月搬进新址。吴厝坪体育场完成了它的历史任务，为驻韩部队所征用，福安地委也在此处建了几座房子，用于办公和接待来宾之用。1971年5月，福安地委和专区公署搬迁宁德后，吴厝坪体育场被改造成福安最大的一家农贸市场——“八一”市场，完成一次华丽的转身，成为福安城区最热闹的地方之一。

东大路福安县少数民族招待所

◎蓝炯熹

1954 年的春天，福安城里出现了一件新鲜事，在东门头的东大街上，三间连排的店铺前张挂起一块黑字招牌，上书“福安县少数民族招待所”。此时，过往的行人都投来异样的目光，这分明是一处非同寻常的畲民“客栈”。

那年头，畲族作为单一的民族，还没有被中央政务院正式确认。官方对畲民社会历史文化的调查才刚刚开始，1952 年 7 月 8 日，福建省人民政府《畲族福安县仙岭洋村调查情况》是中华人民共和国建立后省一级政府的关于畲民乡村社会的第一份调查报告。1953 年 2 月 8 日，在第十一区畲民聚居的仙岩乡建立“畲民仙岩乡自治区人民政府”，这是民族区域自治政策在福建省的首度尝试。仙岩乡包括仙岭洋、南垄、叠石、对面厝、白岩下等自然村落，占地 6.75 平方公里，畲民户数 495 户、人口 1749 人，占全乡总人口的 99.71%。那时乡的规模相当于今天的建制村。3 月 8 日，中共福安地委机关报《新农村》作题为“毛主席民族政策的光辉胜利，福安县仙岩乡成立畲民自治乡”的专题报道。福安县少数民族招待所就是在这个政策背景下成立的。这里还有闽东畲族工作的老前辈雷锦灼的一份功劳，当时，他是福安地委统战部的干部，他打了报告，强调了在福安专区所在地设立少数民族招待所的必要性，他的建议被有关领导采纳，在福安专署十分有限的民族经费中划出专款，租赁店面，略施修葺，隆重开张。从此，福安县城内有了全专区惟一的少数民族之家。

1950 年代之前，福安城内畲民开设的店铺只有两种，即剃头店与轿夫店，俗语云：“天下最小，剃头、扛轿、吹鼓手。”倍受歧视的畲民主要从事这三种职业。而畲民鼓吹班只能来往于乡间，难得进城展示技艺。民国二十九年（1940）6月26日，福安城关四家轿店店主，包括钟连锦、蓝树禄、吴清弟、雷蓝昭等，联名给福安县长高诚学呈文，叙述了他们生计的艰辛：

穷民等皆系山乡畲民，计在本城开张有轿夫店四所。所有轿子皆系由民亲身与同业等自抬，得些工值以唯自己与家属人等之一线生命。讵本年份百凡用品价格飞涨异常，不得已乃将向来所定每轿抬十里二人共合工值八角之款，稍提高为一元五角，以之抵制衣食尚不敷所出。但民等皆系赤贫，无力改图别业，仍不得茹苦含辛以资苦度。讵近来钧府所属各机关，如乡镇茶业处所、本县保安队常备队、警察局韩坂镇公所等人员，无论公私事件出发，动辄藉派差为题，任意勒雇，每十里仅给从前所定工价八角，自己雇用犹有不足，甚复以工价低廉之故，引其亲友等纷至沓来，应接不暇，致民间雇骄每有不及时，稍一不遂，即横施殴责，困苦难以言状。……此外又查，民等各家皆无隔夜之粮，而本城米商等，对于民等轿店食米，亦拒不给买。

上述国民党政府职员敲诈勒索畲民轿夫，城内米商又欺负他们，拒卖粮食给他们等等情状，足见畲民在城里谋生的艰难。但是，1950年代以后，这种困境自然成了尘封的记忆。别具一格的福安县少数民族招待所的设立，也表明畲民的当家做主。

刚创办的县少数民族招待所租用的场所极其简陋，它是东大街砚石兜往东不到十米的一栋二层半、三间店面的杉木结构房子。人们进店要登一级台阶才步入店里。木屋中透是落地的店门板，上下有槽，门板可以整块自然卸下为大门。左右两透，下是一米多高的木柜台，上为半截也是可装卸的门板。民族招待所三间店面之间没有隔断。平日里左右两透门板关闭，人们由中间一透进出。三套店厅内部敞开通透，算是开阔自如。店厅中的乒乓桌大小的桌子是用简单的双屉桌拼成。桌子四周围绕着十来张木条凳，店厅右角长凳上整齐地摆着三五个木脸盆。店面右边开个小门，往里是厨房，灶台宽而长，有三门大号锅，旁边橱柜上备有碗碟盘勺，一应俱全。店厅左边是通往楼上的弯曲大楼梯，宽大而平缓。走到楼上，中间是散楼，左右透各隔了两间房。房间是用大块的杉木板隔着，杉木的自然香气四溢。两间房打着曲尺状的通铺，另两间房各铺了两张单人床。若说床位，不超过十余铺。床铺是两条板凳架着五块杉木板，铺上捆得扎实的稻草垫、咸草席，清一色蓝洋布的被套，套着刚弹好的松软棉被，平时会方方正正地摆在床上。这就是县少数民族招待所，虽然简陋，但却干净、温馨。

少数民族招待所的住宿费很便宜，一张床一晚也就是两角钱。来县城办事晚间留宿招待所是挺方便的，两个人挤一张床，一个人仅一角钱。如果经济有困难的，县民政科开个条就可免费。招待所的厨房基本不生火办伙食，有些住宿客人要用餐，可以自带米菜，亲自下厨，自己烧了自己吃。

我的采访对象蓝兴发已经83岁高龄，他是闽东著名的畲族作家，曾任福建省作家协会理事，2007年被中国文联评定为“中国民间文化杰出传承人”。他告诉我，当年他正好19岁，刚刚到县民政科工作，领导安排他到初办的招待所临时负责。没多久，招待所来了真正的负责人钟应章，老钟算是招待所的第一任所长。因为老钟是坂中仙岭洋村人，所以初办阶段，坂中的畲族兄弟姐妹来店里玩的特别多。

蓝兴发说，每到逢年过节，福安临近的霞浦、宁德、周宁等地的畲族同胞们会来招待所做客，特别是霞浦县盐田乡的畲民，来的最多。他们三三两两聚在一起嘻嘻哈哈，谈天说地，不一会儿就唱起畲歌，无形中把招待所变成了畲族歌场。那时，福安县广播站还时时专门录音，向全县广播畲民节目，各处电杆架设的高音喇叭，使得整个县城飘荡着畲民歌声。兴发说，有时候他也会凑在那里唱上几条，过过“歌瘾”。晚上人多了，几十人挤在一个房间，床铺不够睡，男男女女就一对一，歌言盘答，轮流睡觉，通宵达旦。这种风俗，畲民称为“搭歌铺”。过去畲族乡村走亲戚、“做人客”，人多床少，即以对歌形式，消除疲劳，解决床铺不足的尴尬境地。畲民形象比喻，千条万条的歌言会“堆砌”成“歌床”，人们可以尽情享受歌言的魔力，陶醉在畲家“歌床”中。

来自坂中的畲族青年人中，雷霖其是招待所的常客。他与钟所长都是仙岭洋村人，此时他已是福安专区民政局民政科干部。讲起雷霖其，富有传奇色彩。他自幼失怙 ，长期流浪，乞讨度日，1940年代之前，放过牛，当过长工。还当过樵夫，砍柴买米度日。解放后，参加土改，当农会主席。1952年作为华东少数民族赴京参观团一员，进京参加国庆庆典。与毛泽东、朱德、周恩来等党与国家领导人合过影。因为是华东第一位赴京的少数民族代表，归来后，他在浙江杭州、福州省政府礼堂都作专场报告，他说本地话，经人翻译成普通话，有声有色，轰动一时。他曾是仙岩自治乡乡长，还是唱畲歌的能手。他年轻时是仪表端庄的“帅哥”，他身板匀称，个头适中，脸庞清瘦，五官端正，天庭干净，眉目微扬，鼻梁高挺，梳着“西洋头”，一副尊贵模样。平日里他总穿着四个口袋的中山装，上衣口袋里配着钢笔，脚上穿着锃亮的皮鞋。他有一件呢大衣、一顶呢帽子，是上北京时，政府为他量身定制的，平时他舍不得穿带，一直珍藏至今，成为家中传家宝。他走路步伐轻盈，笔挺干练，在商铺众多的东大街，从不左顾右盼，轻轻的如一阵微风飘过，他总是带着文化人的矜持，虽然只上过速成识字班。但要他一踏进招待所，所里便热闹起来，大男细女亲热地招呼：“乡长、乡长……”他与畲族乡亲们有说不完的话，说着说着，就以歌代言，唱起畲歌来。他天生一副好嗓子，擅长假嗓，遇到旗鼓相当的好歌手会盘唱一个通宵。他住在专署大院宿舍里，如果时间太迟了，就住在招待所里。

吴腴妹是坂中白岩下村的畲家媳妇，白岩下自然村也属于仙岩乡。因此，也算是与钟所长同乡。1954 年 10 月，她作为畲民代表赴京参加国庆观礼。福安通福州的国道到 1956 年才建成。当年她从坂中到福州市是要颇费周折的，首先要先到福安城关，再坐船顺赛江而出达宁德，再到福州。动身的当晚，有没有在招待所住宿已经不得而知了。

吴腴妹是闻名全省的田径“明星”，福安人家喻户晓。她身材魁梧，体格健硕，在村里是干活能手。在运动场上，也相当了得。1953 年 10 月，她参加县运动会的女子铅球、手榴弹与 800 米长跑比赛，都获得第一名。同年参加专区运动会，又获得这三项第一名。1954 年 7 至 10 月，先后参加了福建省、华东区与全国运动会，分别获得省铅球、手榴弹比赛第一名，800 长跑第二名；获华东区和全国铅球比赛的第二名和第四名。1959 年她被保送到武汉中南民族学院读书，成为一名畲族女大学生。毕业后她一直在县民政局工作，直至 1989 年退休。平时，她总是穿着一身蓝色或灰色的宽大运动服，脚穿回力胶鞋，走起路来步伐雄健，虎虎生风。她一出现在东大街，就很容易引起路人的注意。只见她黝黑的圆脸满含笑容，因为人高马大，粗犷豪爽，又是体坛健将声名远扬，街坊邻居都熟悉她、羡慕她、景仰她。踏入东大路，小孩子们都喜欢一窝蜂跟在她后面，她总是满脸笑容，柔肠似水，非常疼爱地摸摸孩子的头，牵牵孩子的手。路上顾客也会驻足观望她，小店主们都对她会心一笑，热情而亲昵地招呼她：“腴妹同志！腴妹同志！”还直夸她“厉害”。腴妹总是张合着她那厚厚的嘴唇，谦卑地俯着身子，飞扬着眉眼，轻轻点头，用手示意着：“器重（谢谢）了，器重（过奖）了。”

蓝兴发告诉笔者，当年招待所著名的“歌星”，雷全妹算一个。她与钟所长也是同乡，婆家在坂中廉岭村，嫁到康厝乡牛石坂村。她的生活经历很不平凡。1950年代，任凤洋乡妇联主任、省人大代表。才开始自学文化，但进步很快。1953年当乡接生员，至1964年共接生253个婴儿，曾被评为优秀接生员。1957年经福安专署批准，凤洋畲族乡成立，任乡党支部书记。1956年12月，“畲族”作为我国单一少数民族被正式确认。1957年8月，闽浙粤赣四省畲族代表共16人，首次组成全国畲族参观团，她任副团长。代表团去了东北各省参观学习，9月27日代表团晋京参加国庆观礼。10月12日代表团受到了毛泽东、刘少奇、朱德等领袖的接见。她从小就爱唱畲歌，1960年代她自编自演《我见到毛主席》，参加福建省农村业余文艺汇演。她经常配合县文化工作者收集畲歌。在1995年海峡文艺出版社出版的《闽东畲族歌谣集成》中，记录了从1956年开始文化工作者在县民族招待所、县文化馆、牛石坂村等处，收集到的多首雷全妹亲自唱的畲歌，其中最有价值的是畲族风俗歌，如《哭嫁调·抬嫁妆》《哭嫁调·踏米筛歌》《哭丧调·卖水》等，这些几乎绝响的歌曲都出自雷全妹之口。

最早的钟所长已经不在世，笔者采访了时间最近的两任招待所所长，他们都不知道几时搬出东大街（路）的。搬家的原因可能是场所太小了，无法适应形势的发展。雷姓的所长最年轻，他说他也曾想了解招待所的历史，但是有关部门查不到档案。已经退休的蓝姓所长说，只记得曾经搬到现在属于前进街道的街尾郑厝祠堂附近，作为过渡。没有几年，就搬到了现在的地址，即中兴路天主教城关堂的旁边，原来那里是福利厂，地盘较大，能容纳更多的客人。1965年中心街部分地段拓宽，房间拆迁，县民族招待所就地拆建，建成一座四层砖石结构的楼房。从1980年代开始，招待所改名“民族宾馆”。但福安老百姓还是习惯称为“民族招待所”。因为价格优惠，除了主要接待闽东各地的少数民族客人外，还迎迓四面八方来经商、办事等其他客人。省里来的民族工作者也喜欢住在那里，因为他们总觉得亲切、方便。

虽然，位于东风社区东大路12—14号地段的福安县少数民族招待所的旧址在2004年毁于火灾，几成废墟。但是我们会永远怀念她，因为那里曾结集了新时代福安最早的少数民族精英，他们在那里舒心地歌唱，畅快地谈心，为了幸福的生活，为了美好的未来。

吴厝坪福安县邮电局

◎陈佑年

我老家在三姓路，离吴厝坪的县邮电局很近。老宅里三个堂兄弟当年都在县邮电局工作。因此，我小时常到县邮电局玩耍。现在通讯发达，手机让大家与外面的世界和远在天涯海角的亲朋戚友面对面零距离。此时，回忆当年县邮电局信报投递、电话电报发送，虽远不及今天的快捷顺畅，但毕竟联动着福安与外面的世界，联动着福安与外地两头的亲人、爱人、朋友。历史虽远去，但记忆长存。

◆ 口述历史 ◆

陈文锐（1941—2020），1958 年被县邮电局招为总机接线员，2001 年退休。退休前为市邮电局工会主席。下为其口述记录：

1949 年 7 月福安县政府接管邮政局，时仅 16 名职工，下辖 6 个邮政代办所、7 个邮政信箱。刚解放各单位电话大多接地委、行署或县政府电话室的交换机，市内电话未开展。1950 年 10 月县邮电局始办市话业务，全县电话用户 27 户，业务收入 2430 元。1951 年 10 月邮政、电信合并成立福安县邮电局。1953 年福安成立中心邮电局，成为闽东长途电话枢纽，话路随之增加，同时辟有出租长途电话 1 号。1958 年因业务扩大招收人员，我们 6 人被邮电局招收当电话接线员。那时县邮电局 3 门总机，电话线路少、话费贵，虽是党政机关，上传下达也主要依靠文书往来，寻常百姓人家非天大的急事、要事，不会使用电话。我当接线员期间，老百姓挂北京的电话，一个月也仅见一二次。挂福州的每周也不过二三单。那时的长途电话分平常电话、加急电话，定时电话三类，收费不同，加急电话加倍收费。挂长途电话都要先接对方的总机，然后由对方邮电局按地址上门通知接电话人，一来一返，一单长途电话要折腾半天时间，顾客着急，我们更急。

陈裕年（1940— ），1960 年被福安县邮电局收为信报投递员，城区 7 条投递段都工作过，2000 年退休，下为其口述记录：

福安县邮电局 1950 年至 1955 年城区分为 2 个投递段，每天上午投递 1 次，下午加班投递当天进局的《福建日报》，并规定 18 点 30 分前到达的《福建日报》做到 90% 投递。1956 年投递段增加到 3 段，每天投 2 次。1958 年投递段增至 4 段，同年 9 月份起，每天上、下午投递 2 次，下午 16 点前到达的邮件当天投送，并开始给投递员配备自行车。

投递组的工作间是在邮电营业大厅的后座。投递组一般是下午 4 点从收信箱中最后一次收信，按邮路或者邮车分袋收件，装袋后袋口要加铅封。1955 年 2 月，穆阳至周宁步班邮路改为福安至周宁步班邮路。1956 年 1 月，福州至温州公路通车，辟有福安至福州、宁德、福鼎等汽车邮路。1958 年 12 月福州至福鼎（途径福安）开辟自办汽车邮路。1959 年 1 月，该邮路缩短为福安至福鼎自办汽车邮路.县城和赛岐与外地往来邮件交委办或自办汽车邮政载运。

投递组收件的分拣则在当晚或次日上班后进行。按单位、街道、投递段分拣信件。投递员将自己投递段内信件按投递行走路线顺序夹好，避免走回头路，节省时间。回忆自己一辈子 1 个绿色帆布邮包、1 台永久牌自行车，走大街进小巷，城区房子、门牌和经常有收信的人的姓名，我都记得滚瓜烂熟。我因投递信报，与一些收件人成了朋友，让我温暖一辈子。

陈金铃（1941—2016），他参加邮电局工作后一直在送电报和电话通知单。他生前曾对人说起自己的工作：工作量虽不大，但要求坚守邮局寸步不离。电报、电话通知单都是星燎火急耽误不了的，来一份立马要送一份。有时人还在送单路上，邮局又催有新单要送，来来回回，一天走好几次。也有时一天没一张单，就白等白坐一天。路人看到的陈金铃，从来就是来去匆匆，顾不上与熟人打个招呼。

◆ 场景记忆 ◆

福安县邮电局1952年建成。邮电局建在被日寇飞机轰炸倒塌的吴氏宗祠废墟上。建筑物为两层砖木结构前苏联风格的楼房。拾阶而上是邮电局大门，大门内就是营业大厅。正对大门摆着一个颇似桌子的大信箱。人们俯身可以在信箱上写字，也可以在上涂抹封口浆糊。信箱后是一溜齐胸的褐色木柜台。柜台内坐着三五个人，买邮票的，收寄挂号信、包裹的，承接电话、电报的，订阅报纸杂志的。大门两旁是玻璃格子窗，左窗边放着旋转的阅报栏、摆放着期刊报夹，供顾客阅读。右窗下摆着硬木靠背板凳，让候电话人休息。柜台前，沿大厅右壁有三间电话间，每间1平方米见方，门上分标1、2、3号间。营业大厅地面铺着漆成棕色的杉木板，人来人往，油漆已有磨损脱落。大厅楼顶的仰板抹着白色的石灰，几盏日光灯悬挂半空。整个营业大厅整洁、宽敞、明亮，在那个年代气度不凡。常来常往邮电局忘不了这几个场景：

其一：那年月到邮电局挂电话、接电话的都有非同一般的急事、要事。通常二三个人一起来，步履匆忙。填写话单后，时站时坐，焦虑不安。他们想快通话，又想通话时间短，能节省话费。因此总商量着，甚至早已在纸片上写好通话字句。能否通话要看运气。有人等一二个小时接上线就通话了；有人上午等、下午等，甚至等二天、三天也白搭。讯问柜台，说是线路没空也无可奈何。也难怪，填了话单，邮电局接线员要与外县总机接上，外县总机要开单，送单给接话人，接话人到场后返接福安总机，这一来一返怎不费工夫？进入电话间双方通上话，简明扼要三言两语，多则一二分钟、少则几秒，通话就结束。常见通话人出来满脸通红，马上告诉柜台通话结束，讯问话费。而有的顾客进了电话间接上线，但因种种原因，话语断断续续听不清，干着急。不敢也不舍放下话机，一手推开门，一手握着话机，朝柜台大喊 “听不见！听不见！”甚至三番五次都这样，只好不了了之，十分颓废地走出电话间。

其二：邮电局营业大厅拍电报很简单。去柜台要了电报单，按栏目填写收报人地址、姓名和发报内容即可。柜员不仅收接电报，还会当场把汉字转为电码，“滴滴哒哒”就发出去了。那年月填写电报单复杂的是收报人的地址，而最是简单的是电报内容，多是“父（母）病速归”，或“家急（要）事盼归”，或“平安勿念”等，真个惜字如金。看着自己的电报当面发出，顾客才放心离开。

其三：信箱投递信件的人虽稀疏，却络绎不断。有特别细心的顾客，或寄出的信件特别重要，投入信箱前要反复看信封上地址，人名有无写错。甚至投入信箱离开后还有转身回头，说是地址有误要求柜台开箱检查。也有的顾客不放心信件投入箱内，而要直接交柜台收挂号信的员工。当天最后一次开箱取信分装时，投递信件的人似乎会集中些、会多些，他们想赶时间让信件当天就能发出，也放心自己看着自己的信件盖上印戳装袋封口运走。而上午八时许，也有因信寄送与投递组或投递员熟悉了的个别顾客会直接到邮局询问今日有无信件，直接取走。投递员知道这些多是热恋中等候信件的青年男女或家有大事期盼答复的着急人。

其四：邮电局营业大厅也不乏像一日三餐忘不了吃饭一样，风雨无阻定时来阅报的人。这些人衣冠虽旧但浆洗干净，举止斯文但少言寡语，看得出他们虽无甚要事，但不改关心时事政治的爱好，有事没事，有闲没闲，都像上功课一样，要到邮电局翻翻看看当日的报纸，然后悄悄离去。

"城头上"的闽东报社

◎蓝炯熹

《闽东日报》前身为《新农村报》，是1952年4月1日创刊的中共福安地委机关报。到了1958年7月，报刊才改版为《闽东日报》。最早的报社地址不在福安东门，而是先在后巷，后转阳头。后巷之地，所知甚少，就说阳头。

那时，走过阳头大桥是一条笔直的大路，大路直楞楞地衔接着阳头横街头，将富春溪沿岸的灰黄色沙地一分为二。大路之北称"阳上"，阳上多为机关单位，如建筑公司、工人俱乐部、阳头小学、闽东报社等驻地。闽东报社地址大致位于现在"鹤祥新城"的地界。大路之南称"阳下"，在阳下的一大片沙地上是气势蔚然的李园，里面种植福安传统的山珍水果"醭李"（光绪县志称"粉李"，古字亦称"殕李"，今人称"芙蓉李"）。这是福安人引以为傲的物质遗产。

早春三月的李园，遍野繁密的李花怒放，如云似练，香飘四溢，一直簇拥到南郊溪口古石桥，花色朦胧，诗情画意。当年，一位中专刚毕业的闽东报社编辑，灵感萌动，写了一篇《李园曲》，刊登在京城比较权威的文学刊物上。诗作引起了著名诗人邵燕祥的关注。之后，他们便有了相当一段时间的书信往来。那位编辑与我聊起青春往事时，还带着一丝丝甜蜜。

1960年代，福安城里洪水频仍。1965年的洪水冲毁了阳上机关单位建筑群，平夷了报社房屋，报社的许多物品、档案都浸泡在黄泥水浆里。此时，福安一中组织我们"义务劳动"（相当现在的志愿者活动），成群结队，协助搬运不曾水毁的图书资料。平生第一次见到堆积如山、零乱不堪的书籍、照片，我搬动时顺手翻翻，很是激动，大开眼界。历经滚滚大水的李园倒无伤筋骨，碗口

东门“城头上”闽东报社旧址

粗大的树干依旧傲然挺立。此时，我才认识昔日里人的智慧，历史悠久的阳下李园除了能开花结果、美化环境外，原来还有防洪固沙的作用。1970年代之后“以粮为纲”，李园改为水稻田，因为是沙质土壤，水分流失快，抽水的电泵响个不停，无形中提高了农业成本。

作为闽东地方党委的新闻喉舌，为了避免洪水，做到万无一失，报社迁址到东门“城头上”。这里属于凤尾山余脉，明代凭借凸起的山势筑起城墙。民国时，城墙被拆，这片残存的山峦只留下了“城头上”地名。一座三层砖木结构的楼房，旁边是厨房、库房、厕所等附属建筑。极其简朴、平凡的闽东报社就坐落在这里。二层楼是办公楼，三楼为单身宿舍。有家属的报人都在附近租房子住。

平凡的建筑里住着不平凡的人，能进入报社的都是当地的文化精英，许多是从南下服务团、解放军南下兵团等战斗团体中抽调来的文字骨干，他们都是有着过硬政治素质与较高文化素养的写手，还有一些人是从大中专毕业生中遴选来的。除了从事文字工作的，还有摄影家与画家。可以说，当时的闽东报社就是闽东政府的“智库”。在我的印象中，特别突出的是老曾与老夏。

我与老曾是好朋友，也算忘年交。他是当年福建省最有名气的小说家之一。

其小说《三月清明》《贫农代表》刊载在《人民文学》杂志，小说《枇杷树下》刊载在《收获》大型文学刊物。《三月清明》的片段文字选入中学《语文》的课本教材。他有一部120相机，我经常会借来到城关各处去晃悠、拍摄。那时，闽东革命烈士纪念碑、富春溪沿岸是我们主要的摄影取景地。从他那里，我听到了真正有助于文学创作的金玉良言，言简意赅，有的放矢，一点都不虚伪造作。他是四川人，随南下服务团来到闽东，他长期沉潜在乡下，对当地的方言土语、风土人情都相当熟悉，这一些成了他文学创作的源泉。他光自己记录的手记有大几十本，为自己的文学创作奠定了厚实的基础。由于他的作品有浓郁的地方色彩，省里作家们都很佩服他，敬重他。后来他调到宁德地区文化局任副局长，我正好也在宁德工作，有段时间经常见面。这时，他的文学创作又进入人生的又一个高峰期。那阵子，国内的很多重要的文学刊物上都有他的作品。让我印象最深的是刊在《当代》大型文学丛刊中的小说《转水潭》，写一个缠绵悱恻的畲族爱情故事，我总感觉有沈从文的遗风。后来，他转调福建省电视台，当副台长，我们见面的机会就少了。偶尔见面，也是行色匆匆。在省台，他主持电视文学创作，当年轰动中国电视界的纪录片《血缘》就是他的心血之作，是第一次表现闽台民间交往的动人场景。在他逝世前的一个月，我们通一次电话，他的话语中还是乐观、豁达，没有一丝的悲凉。

老夏是福鼎人，他一辈子在闽东，这里的山山水水，都留下他的身影，他为闽东积累了数万帧照片，记录了闽东70余年的历史沧桑。我经常在车站见到他背着摄影包在候车，包里装的是“长枪短炮”的照相器材。随着年代的发展而变化，他常备的“武器”也越发先进、精良。现在他已是过了90的资深摄影家，前一年我们见面时，他还十分康健。听他儿子说，近来有点迷糊了，得了老年人的通病，对眼前事，一晃就忘。但是，有过去的老朋友来访，照样言语侃侃。我在编写一些地方志书时，他总会雪中送炭地提供一些十分珍贵的照片，为我的文稿增色不少。他很希望有专人协助他，把过去存留的大量底片整理归档。在闽东，除了他，再没有第二个人能留下这么多活生生的历史照片。

1961年经济困难时期，《闽东日报》改版为《闽东报》，先隔日出报，继而改成周三报，到了1969年《闽东报》停刊。停刊前的一段时间，因为我逐渐长大，对报社的了解更多一些。当年《闽东报》的文艺副刊名为《花果山》，主要刊载当地作者的文学作品。1960年代富有盛名的福安“两发”，即农民作家陈发松、少数民族作家蓝兴发，会时时凭借这个“擂台”，施展拳脚，比试锋芒。

报社的印刷厂附属于福安印刷厂，就在中兴街，离报社差不多一公里左右。每天，报社收到新华社电讯稿与新闻图片稿就会在当晚赶到排版车间与图片制版室。那时，没有专车送达，只能靠自行车送稿。有时，天下大雨，大路泥泞，加上来回的道路有一段陡峭的上下坡，只能改为步行。时间紧时，还要一路小跑，赶到印刷厂。这时，工人们为了次日见报，连夜加班。那些排版女工捡字飞快，在摆满铅字的字架前，手指飞动，就像是啄木鸟觅食，熟练而准确无误，从排列有序的铅字栏中找到相应的铅字。制版室里只有一位老师傅，他已经十余年如一日，经过专门的摄影机感光、酸性药水中浸蚀，一幅幅新闻照片的锌板制作出来，上机开印。这时，印刷厂惟一的卷筒机一刻不停地转动到天亮，一份份《闽东报》折叠完好的从印刷机流出，上机的新闻纸来自南平青州造纸厂的定点供应。次日凌晨，邮电局投递员们赶在人们上班之前，将散发着油墨清香的《闽东报》折叠好，分装好，打包好，分发到各个投递点……

《闽东报》停刊20年之后，1989年11月1日，《闽东报》在地委、行署所在地宁德隆重复刊，“复刊号”上，刊登了时任宁德地委书记习近平亲自撰写的复刊词《坚定方向，弘扬正气，振兴闽东》。从此，《闽东日报》翻开了崭新的一页。

宾贤宫城关水产批零部

◎陈　泉

1958 年至 1990 年，在东门头宾贤宫对面三姓路路口处，坐落着一幢砖木结构建筑的三层楼房，它就是福安水产供销公司城关水产批零部。该房坐南向北，第一层为批零部所属的门市部（福安话称之为鱼货店），第二层为批零部办公室、财务室，1972 年县水产局成立时曾借用二层的一间办公室办公，第三层为职工宿舍。

城关水产批零部隶属于福安县水产供销公司，公司本部在赛岐，系成立于 1952 年的国有老企业。计划经济时期主要负责本县、协调全省水产品的购、销、调、存，渔需品供应及赛岐、城关两地居民水产品供应，并在溪尾、下白石、甘棠三地设置三个基层水产站，还有虾油厂、仓库等，经济实行独立核算、自负盈亏。由于地理位置的差异及公司下属各部门业务分工的不同。因此在计划经济年代，城关地区及周边乡村居民的水产品供应，就自然而然地落在了城关水产批零部身上。

城关水产批零部主营水产品的批发、零售，负责城关及周边村庄居民的水产品供应，是实行经济独立核算、自负盈亏的全民所有制企业单位，鼎盛时期在职职工 67 人，下设莲池头、东门头、中兴西路、下街金山路、阳头等 10 个门市部。

20 世纪六七十年代，人们日常生活的物资供应比较紧张，水产供销部门也成为当时的热门单位之一。为了尽职尽责地做好城关居民及周边乡村居民的水产品供应工作，当时城关水产批零部主要从两方面开展业务，做好水产品供应：

一是，接收上级水产供销部门及县公司本部下达的水产品分配指标外，积极组织外出采购水产品货源，派出采购员北上浙江舟山、沈家门、乐清、温岭等渔区采购水产品，同时在周边福鼎、霞浦、连江等县市渔区及本县沿海渔区积极多方寻找水产货源。例如经常前往连江晓沃、百胜采购海蝇、花始等贝类。那时的车辆紧张，事先要向汽车总站申请联系运输车辆，下午出发到连江渔区，连夜收购、装车、押运回福安，翌日清晨应付早市购买。也经常雇用下白石下岐大队的连家渔船前往东冲口外的长腰岛（属霞浦管辖）等地采购梭子蟹、鱼虾类水产品，连夜收购装船运回下白石，再辗转装车运回城关。那时没有动力机帆船，船家都是用人力持木浆摇槽前行，采购员也时有协助船家摇浆，买卖双方十分融洽。若遇上退潮，逆水行舟，速度缓慢，往往整夜不得合眼，很是辛苦。特别是在冬季，鲜鲵（学名“龙头鱼”）等鱼类盛发之际，木船从三都斗帽、白马门外的海区采购到货源后，取道白马河、赛江，连夜运回城关溪口桥头。而批零部的留守职工早就准备好板车在那里等待，货一到，全体水产职工人人动手、肩挑手提马上装车，用人力拉回各门店，通宵达旦也是常事，有的职工冻得手脚红肿也毫无怨言。

二是，门市部职工尽职尽责做好水产品供应工作。水产品供应季节性、时令性强，又要保证鲜活水产品的质量，因此门市部职工经常无法按正常作息时间上下班，经常是晚上轮流值班，为了保证水产品的鲜活，保质保量地供应给居民，天未亮就开店应付早市，使居民都能买到称心如意的水产品，高高兴兴地回家。水产门市部的工作很累，鱼腥味很重，下班后都要洗澡换衣服，但职工任劳任怨，日复一日辛勤劳作，为城关水产品供应做出了大量的贡献。

水产品供应中也体现了些许社情、民情、乡情及民俗文化、风土人情。

当时城关水产批零部从外省及周边沿海县市、本市渔区采购回来的水产品多以经济价值较大的海洋经济鱼类为主，有带鱼、白鲻鱼（学名“鯔鱼”）、大黄鱼、梅童鱼、咸瓜袋（“瓜袋”是福安话，即用海区纯天然的大黄鱼以盐脆制而成，味道甚佳，当时的黄鱼均为海区天然的，没有人工养殖的大黄鱼）、墨鱼干及一些杂虾杂鱼干等。常规品种还有凤尾鱼、蛎、梭子蟹、虾苗、馆科鱼类、虾油等，品种繁多，水产资源丰富。水产品一般敞开供应，但在紧俏时有些品种如带鱼、白鲻、大黄鱼、墨鱼干等主要海洋经济鱼类则发鱼票供应。当时的水产门市部是生意兴隆，门庭若市。一大早，城关的人们提篮背袋到店里争相购买鱼货。一旦有新鲜质好的鲜鱼或节假日，纷拥而至的人们一大早就在店门前排队，里三层外三层热闹非凡。经济条件好点的一般多买咸带鱼（那时的咸带鱼特好，蒸好呈金黄色，油脂特多，香气溢人）、鲜带鱼、白鳓鱼、大黄鱼等；经济拮据的就买些杂鱼；而周边乡村的村民主要买咸带鱼、杂鱼干为主。他们经常起早摸黑，半夜就动身挑着自产的柴片、松枝等步行一二十华里，甚至三十多华里，赶往城关，盼卖个好价钱后到水产门市部购些咸带鱼、杂鱼干回家。节假日，特别是春节将至，很多乡民挑着柴片、粉扣、地瓜粉等土特产赶往城关出卖，然后再到鱼货店买些质好的咸带鱼、杂鱼干，条件好的再买些咸白鳓、瓜袋，一串串地挂在枪担或扁担上，成群结队、心满意足地往家返，形成了一道靓丽的风景线。那年代福安农村正月里接待客人，这些水产品是必备的。

福安人有“送节”的习俗，逢端午节要用新鲜的大黄鱼送丈人 、丈母娘。那些年，每年立夏至夏至大黄鱼汛期间，东冲外的官井洋海区风平浪静，海水透明，温度适宜，大黄鱼成群结队，远道而至，来该海区产卵繁殖。这也是捕捞大黄鱼的好季节，整个官井洋百舸争流，人山人海。岸边临时商店林立，人们争相捕捞。而这段时期福安城关水产批零部的生意也特别好，整天忙碌不停。人们一大早就赶往门市部购买金灿灿的一串串的大黄鱼去送节。1979 年，国家为保护官井洋黄瓜鱼资源，在黄瓜鱼产卵期，下令禁止汛期捕捞。1990 年，黄瓜鱼产量只有 5 吨。野生黄瓜鱼资源枯竭后，过节送丈人、丈母娘黄瓜鱼的习俗虽在，但送的多已是人工繁殖的黄瓜鱼或是其他鱼类了。

随着社会发展，原有计划经济时代的经营机制完全无法适应市场经济的发展，加上水产资源衰竭及各种因素的制约，公司原设置的基层网点溪尾、下白石、甘棠水产站、虾油厂、冷冻厂等全部倒闭。城关水产批零部原有的门市部也相继停产关闭。人员下岗，仅留几个行政管理人员、财务人员负责城关几间店铺店租的收缴，职工养老保险金、退休人员医疗费的缴费等日常事务。1990 年，中兴东路拓宽改造，城关水产批零部的楼房也被拆迁，嗣后就迁到城关中兴西路 44 号楼房办公。自 1998 年后，城关水产批零部渐渐淡出了人们的视野。

棠发洋小学记忆

◎郭华琪

新中国成立后，东凤村东风街一带学子接受小学阶段基础教育，主要是两所学校承担：实验小学（现在的实验小学教育集团实小龙江校区）和东门头外的棠发洋小学（现在的逸夫小学）。

“文革”中棠发洋小学请贫下中农上“忆苦思甜”课

棠发洋小学创办于1952年，校址在上步下村，是初级小学。后来搬迁到棠发洋村，校址在鹤山北段山丘上，到20世纪60年代初已发展成为六年制完全小学。1990年升格并更名为福安城北中心小学。1998年因修造穿山路，棠发洋小学校址的地盘被挖去。与此同时，在香港爱国同胞邵逸夫先生的资助（捐资50万元港币）与当地政府的大力支持下，从6.5亩早年学校征地的校产处扩征土地至20亩，而更名为福安市逸夫小学。

笔者儿时家居东门头陆厝，从1964年秋至1970年初，在棠发洋小学读书。因“文革”停课及秋季改春季招生影响，五年半的时间才读完一至四年级。然后因居住地变更，转学到工农兵小学（现实小龙江校区）。距今恰半个世纪光阴。五十年前那校园生活记忆时时从脑海里翻出，难忘那时光中的人和事。

◆ 古墓·教室·牛栏 ◆

上了一定年纪的福安人，大都记得鹤山北段山丘上有一座坐东朝西、面向城关的大古墓。整个古墓表层用三合土包制，保护良好。墓坪从里到外有三个，依次大小约为40多平万米、60多平方米、100多平方米。古墓前方很开阔，周边有些不很高的常绿乔木，好天气时阳光普照，没有一丝阴森感。那时从城区中兴路的西端往东看，千米之外仍能一目了然地把古墓看个真切，因此古墓成为福安城区周边的地标物之一。

古墓前方七八十米且低出七八米的右手边建有座守墓亭，曾经是池姓人家为守护祖坟而建造给守墓人住的。棠发洋小学从上步下村迁到此处，守墓亭被划归为校产，供教室或办公使用。还有相距于守墓亭西南向50多米的低坡处，有一层两间相连教室也是校产。没有围墙，没有操场，校产如此脊薄，于是偌大的古墓坪就成了学校办学活动的辅助场所。守墓亭坐北朝南是两层的土木建筑，共设3间教室，还设教师办公室、师生活动室、储物间、教师宿舍厨房等。教室和办公室是较小的木质窗户，光线不足。我入学时，正在修造土木结构教学楼。教学楼建在守墓亭南面，有两层，呈东西排列，大门居中，左右各1间教室，2层计4间。教学楼和守墓亭平行且紧密相连。教学楼大门前有一不足100平方米的土坪。

学校办学设备极其短缺。学生课桌椅半旧不新且数量不足。教师办公室的桌椅、木橱、作业架也是陈旧的，有少量教学挂图、教学尺规、算盘模型教具，一架脚踏风琴算是奢侈品。

因教学楼尚在建造中，教室间数不足，学校借用了棠发洋大队部的入门大厅当一年级教室。开学第一天我自带凳子（两头锯平的杉木头）去上学，原来所谓的教室就是土质地板、木质天花板的大散厅。课桌是用砖头垒砌，上面铺放约1尺见宽的废旧木板而成，2个木架支起1块黑漆木板做黑板，加上自带的各类简易凳子，就成了上课的教室。大厅右边靠墙处有牛栏，饲养着2只大耕牛。若遇到阴雨天，光线昏暗，偶夹着牛的嗷嗷声，甚是恐怖。我们的小学一年级就是在这开始第一节课，并延续了一个学期。第二学期是在守墓亭一层教室上课，四面土围墙，土地板，小木窗。上课光线弱，下课粉尘扬。后来，我们也在西南向的那两间教室上过课，紧邻的一农民人家也养耕牛，牛栏紧靠教室。5年半的时间中，是古墓、古墓亭、牛栏与我们的学习相伴。

◆ 师资 · 生源 · 教育公平 ◆

教学场所简陋，教学设备资源贫乏，但有幸的是教师队伍总体素质高，充满爱和责任感。1962年面向福建省招生的福安师范专科学校停办，毕业和肄业的学生中，语文、数学专业的少量分配到中学，大部分分配到小学任教。分配到棠发洋小学有三人，加上普师毕业为主的教师，综合实力更强了。

校长雷丽玉，总是用充满智慧而又慈祥的眼神关注着每一个学生和老师。原来她是把心放在了学校，心中装着师生。

教务主任王华，早年就读华东师范大学。她总是穿戴整洁得体，言谈举止和雅有范，她集体训导学生和上课一样，总是条理清晰、明白易懂。

“文化大革命”开始后，雷校长不管事了，中心校派来的缪校长主持工作大概一年。接着派来了黄校长和王副校长，在两位校长领导下，学校在教学中开展了很多活动。三年级以上有劳动课，任务是将学校门前土坪挖宽挖大为面积五六百平方米的操场胚，后来才有了广播操和体育课。清明时节组织祭扫闽东革命烈士陵园，听老红军讲革命故事。学校也经常组织学生去校外参观形势教育展览馆等。“九大”闭幕时，在校长事前精心安排下，当天晚上我校师生参加了县里的庆祝活动。现在回想起来，这些课外活动对成长是必要的。

有的老师给我们的印象特别深刻。

张继秩老师，她用慈母般的爱关心每一个学生，极其耐心地培养我们的学习习惯，恰到好处地开展启蒙教学。她在每天上下班的路上常和一些守候着的家长聊聊，家校联系就在路边和风细雨的交流中完成了。是她陪伴我们度过一年级那牛栏边特殊教室的时光，把爱和知识播种在我们心田。

林仲民老师是泉州人，普师毕业分配到学校并住校，是学校最年轻的老师。他具亲和力，懂童心，先后教过我们的语文和数学，板书工整漂亮。

棠发洋小学的生源来源是：1. 棠发洋大队（棠发洋、施老亭、上步下、下步下 4 个自然村）的生源；2. 东风街、东风村的部分划片生源；3. 棠发洋辖区内和附近的机关企事业单位（有福安地委党校、福安专区干部疗养院、福安专区水泥电杆厂、福安专区汽车运输公司、福安县人民武装部、福安县防疫站、福安县气象站、福安县医药公司、福安县塑料厂、福安县皮革厂等）的生源；4. 少部分其他地域的特殊情况生源。高年级还接收后垅大队、南郊大队读完初小的生源。

以我那一届入学新生为分析样本，第一组数据：入学时学生数 48 个，其中棠发洋大队 12 个；东风街、东风村 25 个；辖区内外的机关企事业单位 7 个；其他地域 4 个。从而知道棠发洋小学为减轻当时的工农兵小学招生压力，为东风街、东风村的普及小学教育起到积极的作用。第二组数据：入学学生数滚动跟踪到毕业时，跳年级 1 个；转出 7 个（原因是家长工作变动或住房搬迁，没有择校动因）；辍学 8 个（其中棠发洋 5 个，东风村 2 个，其他地域 1 个）；转入 9 个（党校干部子弟 4 个、武装部子弟 2 人、革命烈士后代 1 个、医生子女 1 个、皮革厂子弟 1 人），多数从工农兵小学和东方红小学转入；滚动跟踪结果，在校毕业生人数 41 个。分析这一组数据并结合上面一组数据看：一，那个年代，教育比较公平，人们还没有择校意识，实现了划片招生就近入学；二，各不同阶层的子女们可以同处陋室，共享阳光雨露；三，农民的子女辍学多，因为他们经济上相对贫穷。

当政策和客观环境相对稳定时，分析一届生源就学、转学、辍学情况，可推及上下几届，情况应是大同小异的。

◆ 教材 · 课堂 · 校园生活 ◆

无围墙的校园环境、简陋的办学设施、特殊的文革时期，配上爱岗敬业的老师，于是我们的校园生活就留下了难忘的记忆，供我们在光阴中时常回味。

一二年级时，按教育部颁布的六年制小学教材教学。语文从拼音识字开始，之后有《孔融让梨》《乌鸦喝水》之类的故事，算术从识数字到加减乘除法。还有音乐课、图画课、课间眼保健操，没有条件做广播操和上体育课。这两年接受的是比较正规的教育。二年级下学期期末，“文化大革命”开始了，我们也就经常性停课、复课。三年级语文课主要读毛主席语录。四年级语文教材描写董存瑞、黄继光、麦贤得等英雄人物。数学还是按知识体系系统上课。很多的课被用来开表决心会、批判会、批评和自我批评会、总结会等等。

学习语录中的共产党人“好比种子”，“生根、发芽、开花，结果”，老师会以校园周围田里的水稻生长周期来解说，我们本来有这感性体验，就容易理解；学习到革命“不能那样温良恭俭让”句，老师对温、良、恭、俭、让五个字义逐个认真地展开解释。四年级语文课上的英雄人物、先进人物，老师讲得绘声绘色，于我们成长也是有益处的。只是很少有其他语文知识穿插学习，显得很单一。

简陋的墓亭教室、牛栏边教室挡不住老师精彩的课。三年级时，高挑白净的林老师教毛主席诗词《卜算子·咏梅》，她是学生很喜欢的那一种教师形象。这是我们第一次在课堂上接触诗词。老师以丰富的表情、优雅的动作、和美的

“文革”期间，棠发洋小学师生合影。

声音娓娓解说“风雨、春、飞雪、悬崖、百丈冰、花枝俏、山花浪漫、丛中笑”等意象，随着一幅幅美的意象推过，构成了一方动态美妙的时空意境，任想象遨游。从那节课后，我对毛主席的诗词有了特殊的兴趣，高中毕业时，对公开发表的36首毛主席诗词，都会背诵和默写。

梅花图

古墓坪常被用来上开放课和活动课。二年级下学期学乘法口诀，老师要我们尽量都过关，把我们带到古墓坪上课，我们列队后，开始每个同学当着全班同学进行背诵，能过关的站一边，不能过关的站另一边，最后队列分成左右两边，然后安排已过关的同学与未过关的同学分别结对，一帮一背诵。一段时间后，老师接着对起先未过关的同学再进行过关检查，这样也许还会有两三个同学过不了关，老师会课后督促、跟踪，指导他们过关。三年级时，我参加了校学生合唱队，合唱队经常在古墓坪练唱训练，之后参加了在人民会场举行的城区小学合唱歌咏活动。这是我第一次登上舞台，终身难忘。

四年级学珠算，因家庭经济紧，我没有买学生用的算盘，母亲到姨姨家借来一只质地很好、成人用的算盘。我个头矮小，背着又大又长的算盘，再加个书包，大概很是滑稽。上学走到棠发洋路口，总被路人关注，还会听到“个头小，算盘大，弄人怕”的戏弄声。然而过了一段时间戏弄声变成了赞扬声：“这棠发洋小学真不错，单单算盘就教这么久，老师真认真。”王华老师教珠算课，借助模型教具算盘直观示范，讲解更容易懂。算盘的加减乘除教学扎实有序地层层推进，同学们都兴趣满满，也学得很好。

因读完四年级我就转学了，所以没有在棠发洋小学五六年级的学习记忆。

我们还有很多自己开发的校内外活动：

因为学校里可活动的资源少，那一张乒乓桌成了我们最想拥有的地方。星期天，我们有时也去学校打乒乓球，人少些，机会就多些。有时课间老师用脚踏风琴伴奏，其他老师唱歌，学生附和上去，突然间学校就生动起来。

大古墓也是我们课外三五成群的聚集地，经常以能快速爬到墓顶比输赢，也会在墓顶吹牛逼。冬天暖阳下，墓坪是踢毽子、跳绳的好地盘。

因经常被停课，我们就有更多的时间流连在学校周边的山丘、田野、溪流竹林、草丛间。我们也经常去附近的一些机关单位、工厂溜达。我们观赏过党校的俄式大楼，参观过鹤山上的战壕沟，闻吸过防疫站的玉兰香，摘吃过杨梅林的红杨梅，捉摸过秦溪河的清水虾。这对孩提的我们开阔视界、增强思维、锻炼体力很有益处。简陋的校舍，不及鲁迅笔下的三味书屋；而丰富有趣的周边环境，却胜过鲁迅喜爱的百草园。

◆ 杏坛红 · 桃李香 · 征程新 ◆

缪校长后来又任东方红小学（现福安师范附小）校长，最后在福安市房管局领导位置上退休。黄校长是在福安市广播电视局长位置上退休。王副校长多次在校长交接的缺位期间主持好学校工作，不计名利，奉献至退休。王老师后来担任过社口中学校长。黄老师后来当任过福安松罗中学校长、宁德县南埕中学校长。王华主任后来调入福安一中任职。林仲民老师成长为颇有知名度的教学名师，担任本校校长，1988 年调福安一中当办公室主任。在校长任上于现在的逸夫小学校址位置上征地 6.5 亩土地，为学校后来的升格与搬迁新校区打下一定基础。蔡老师、翁赛英老师后来也都调到中学教学。

我的同班同学中也涌现出一批人才。雷长梅在校读书时品学兼优，从四年级跳班至六年级。她担任过宁德市卫生局党组书记、局长，是中国共产党第十一届、第十二届全国代表大会正式代表。郑爱榕，厦门大学海洋与环境学院副院长，教授。刘祥光，福建太和律师事务所律师，副高职称，福建省法学会诉讼法研究会理事。游进光，福安市卫生局副局长。还有笔者和一批同学在各自行业岗位上有所担当，不一一赘述。

从 1952 年立校至今，已历 68 个春秋。随着社会经济与形势的发展，学校事业规模也在不断发展壮大。1952 年至 1990 年的棠发洋小学是薄弱校阶段，事业发展缓慢，但办学效益明显；1990 年至 1999 年的城北中心小学是大校阶段，已修造有围墙、操场、新的教学楼等设施，期间迎来义务教育阶段学校两基验收建设时期，学校从办学理念、事业规模、办学条件、师资水平、管理水平、办学质量都得到提升。搬迁新校址更名为逸夫小学后的 20 年是名校阶段，学校紧跟城市化建设的教育发展需求，学校的办学设施、事业规模、教育质量均要向现代学校制度的要求来发展和提升，实现大校到名校的跨跃。笔者前些年兼任过福安市逸夫小学的教育督学，亲身感受这所学校的发展变化。在 20 亩校园面积上，校舍建筑面积达到 10000 多平方米。现代学校的办学功能齐全。近年，学生数 3500 多名左右，60 多个教学班、190 多名教职员工，其中小中高职称 5 人、小学高级教师职称 137 人，不断涌现出省、市学科带头人、骨干教师。学校被评为福建省第九、十、十一届文明学校，及全国科技创新十佳学校、福建省语言文字示范学校、福建省青少年护学岗先进学校。

从 1952 年的棠发洋初小学校发展到今天的文明强校福安市逸夫小学，倾注着一代又一代教育人的心血。作为校友的我们感到十分欣慰。

东门与部门

——和政府脉搏一起跳动

◎王梅凌

◆ 林业局——福安绿化指挥部里的故事 ◆

福安林业局办公大楼坐落在东风社区下城河 9 号。这幢楼始建于 1977 年，至 1978 年底竣工。其时，林业部门向东风村委征地 2.7 亩，土地属于集体所有，象征性给一点补偿费，半卖半送，东风村及下属生产队也没有二话可说，就同意给予征用了。当时在政府部门率先盖楼也只有林业局，这栋六层大楼，在城关建筑物中可谓鹤立鸡群，时尚豪华，十分惹人注目。据时任分管农业副县长林青同志回忆，县政府绿化指挥部就设在此楼中，指挥着全县绿化荒山的各阶段“战役”。1987 年初全省召开林业工作会议，林青副县长、林业局局长在县委书记李育兴同志带领下，出席了这次大会。会上，省里郑重宣布福安县被列入“荒山大户”，即全县尚有 22 万荒山，亟待绿化，并且在全省大会上签订了绿化荒山工作“责任状”。

会后第二天，李育兴书记就来到了林业局，他第一次走进林业大楼，当即就说这办公楼时尚漂亮，绿化工作一定要比这楼干得更漂亮些。当时，林业局局长洪国梁介绍说，盖大楼征地东风村委很支持，建设工程十分顺利，李育兴书记连连称赞东门头人顾大局，识大体，有担当精神，赞扬东门头人在为福安绿化工程默默奉献力量。

正当福安绿化工作进入热火朝天之时，习近平同志调任中共宁德地委书记。

习书记先后四进坦洋村，每次都很重视福安生态建设，特别强调绿化荒山工作的重要性。当时绿化荒山工作中遇到最大阻力就是乡村农民思想观念落后，固有封建“祖宗山”“祠堂山”难以突破。习近平书记到坦洋后，提出坚决打破“祖宗山”“祠堂山”，提倡开发荒山，谁种谁有。此语落地铿锵，此后，全县植树造林、种茶种果掀起新高潮。比如坦洋村其时茶叶 380 亩，通过改革，三年间村茶叶面积发展到了 1200 亩，荒山全面得到了绿化。

历史上福安乡村乃至城关的宅旁、路旁、水旁均有自发植树的传统习惯，大家栽种一片民间屏风树林，又称“风水林”。东风村在县委号召下，一边抽调配村委干部去乡村参与绿化工程，一边率先发动群众种植树木，主要树种有高山榕、樟树、榕树、芒果树等，树木荫茂，造福桑梓荫及后人。“前人种树，后人乘凉”，房前屋后都是绿化，东门头居民不胜感念。

人工造林是一项伟大造福工程，从古至今都非常重视。从宋代开始，福安就有人工造林之举。明清两代，营造杉木、油茶、马尾松已很普遍。民国 28 年（1939）开始，除了群众个人造林外，政府还派工役营造公益林，这期间因管理欠善，或放火烧山，或受军队砍伐，故而造林成效甚微。

福安解放后，历届政府都将造林工作列为经济发展的重要项目。1974 年，全县造林达 79.4 万亩，面积空前扩大。1982 年开始，福安被列为全国沿海防护林体系重点县，以绿化赛江沿岸为重点，按照省里要求“保持水土，增加收益，平衡生态、点缀江山”，赛江两岸绿化成绩十分突出，还延伸到城关富春沿岸，绿荫成片，一派自然风光。

1973 年，福安首次采用飞机播种造林，绿化造林指挥部，加强对飞机播种造林领导。1986 年第二次飞播造林，分吴道山、乌炉岗、白云山、北山、青顶山等飞播区，飞播面积达 11.5 万。1991 年，福安第三次飞播，分马腰山、青山岗头、虎头岩、北山、岗头山、大东峰、笔架山、千诗亭等 9 个播区，飞播 17 架次，播种马尾松 8 万亩，其中有效面积 5.95 亩，占 74%。历次飞播造林都是采用运 -5 型飞机，从福州机场起飞，每次装载种子约 800 公斤。这一年，福安县人民政府荣获全国绿化委员会表彰，福安林业系统首次获得“国字号”荣誉。

1993 年，福安市被列入全国油茶生产重点县（市）；2012 年，授予省级园林城市；2014 年，授予省级森林城市；2019 年，授予全国绿化模范县市。并享有“中国油茶之乡”“中国特色竹乡”等美誉。

◆ 财政局——东门头设“钱库” ◆

财政是政府中枢神经，事关一方经济命脉。

福安财政局坐落在东风社区龙江路 5 号，前身是福安专署托儿所。

宋淳祐五年（1245）福安建县后，财政收入由田赋正税、职役和工商税课组成。

民国初期，由县行政第一长官兼理财政，时至 1927 年设立县财政局。民国 23 年（1934），设立县政府第二科，分掌财政、公有财物、编制决算、土地查报事项。

1949 年 7 月 19 日福安解放，成立新政府。当年 7 月 26 日，设立县人民政府财政科，后设财政局，内设行政预算、乡财、农税、册籍等股室。

自从 1953 年成立县一级财政预算后，随着经济发展财政日益壮大。到了 20 世纪八十年代中期，县政府规划建设财政大楼。在筹备盖楼过程中，相传着一个鲜为人知的故事。

故事要从清朝宣统年间说起。当时福安有位知县巡回视察到东门头这地方，他立足此地，举目远眺舍不得离去，一时间眼前一亮，似乎看到了什么风景，说是此地风水绝好，可以招财进宝，示意在此设立“钱库”。

东门头这地方地形是：背靠北部，面南而坐，眼界开阔，端肃安稳，财政地盘踞于一隅，吞吐八方，气势不凡。

时光驰进 1987 年，福安县政府打算建设财政大楼。其时，不少人主张把现有财政地盘让给县实验小学（即今实验小学龙江校区），财政大楼迁往现在京都一带征地，重新盖楼。当时，就有东门头老人和财政部门资深干部坚决不同意搬迁，造成在建设财政大楼问题上有分歧，有争议。

最终还是东门头父老们站出来说话，坚持建议政府说财政局不宜动迁；同时也主动争取不同意见者的多方支持。那些不同意见者，念及东门头父老乡亲如此深明大义，出于公心，用心热忱，回过头来，也开始动心了。最终，县委、县政府决定财政局不搬走，仍然留在东门头。当时，东门头流传一首打油诗：东门头，设“钱库”，八方财神来眷顾；你眷顾，我眷顾，一心只为福安富。

什么叫风水？风水也许就是心与物得到一种最恰当的融合，产生了美。

福安财政收入从 20 世纪 90 年代初的 5000 万元，到现在达到 45.5 亿。财源如滚滚江流进“钱库”，造福 65 万家乡人民。财政壮大发展，源于东门头这块风水宝地。东门头这块风水宝地，从历年“钱库”收益增长情况可见一斑。据《福安市志》载：民国 24 年（1935），福安县首次编制预算。预算收入总额为 5.096 万元。民国 31 年，福安县地方收入总额预算 228 万元。民国 37 年，财政预算收入总额 822 万元。中华人民共和国成立后，财政收入日益增长。1965 年，县财政收入达 1468 万元，首次突破千万元大关。1990 年，福安财政总收入达到 6115 万元。

我以为，东门头人的使命观与财富观，应该是东门头人精神上的两张名片。言东门，实部门。“钱库”设在东门头，东门头人担负起了这沉甸甸的重量。

改革开放后，福安经济快速发展，至 2018 年福安市财政总收入达 45.5 亿。福安“钱库”从此丰盈起来了，东门头这个“聚宝盆”越来越大。

◆ 粮食局——民以食为天，吃饭先想到这里 ◆

福安粮食局坐落在东大路 9 号楼。

福安历史上曾因灾年发生粮荒，民不聊生，穷苦人家多半以野菜充饥，度日如年。

民以食为天。政府历来高度重视赋粮征收、粮油供应。据《福安市志》载：明嘉靖十一年（1532），福安油粮户 7110 户，官民田地 123471 亩，纳夏税钞 93 锭 5 贯 775 文，征收秋粮米 6563 石即 213 吨，直至明末征收赋粮正项并无大变化。但是多种额外加派名目繁杂，民众不堪重负。

1985 年改“粮食统购”为“粮食合同定购”制，把农业企业和农户的粮食生产经营同国内外市场对粮食的需求紧密联系起来，由行政安排转为市场经济调节，此为国家粮食统购上一次重大的改革。接着，随着改革开放不断深入，粮食价格放开，随行就市，自由买卖，市场活跃，人心欣悦。

紧接着，国家对农民税账减免又续写新的历史篇章。2006 年对全国农民实行全部减免农业税赋。同时，对种粮农民赋予优惠政策即按亩补助，来调动广大种粮农民积极性。农税全免，举国农民欢欣鼓舞。

当年，粮食局局长都是由福安县委常委或分管县长兼任。每当县领导下来检查调研粮食工作，首先都要招呼东风村委干部陪同。其时，东门头人及东风村委干部心中充满着喜悦与自信。由此推想，县长抓粮食，离不开粮食局；而粮食局脚踏东门头土地，又离不开东门头人。东门头人为有如此重要部门设立于此地，常常感到自豪不已。

福安粮食管理机构可追溯到明末，其时，设有专管机构，主持粮赋征收工作。

民国时期基本上沿袭清朝田赋制度，设立“钱粮柜”。那时期政府不经营粮食，而由县贸易公司的“粮食部”去做这件事情。民国16年（1927），县政府设“财务委员会”，执掌军粮征收，供给和民食调剂，财委会下设“征收处”，负责征收钱粮，取缔私人买卖。民国29年，县政府成立粮食管理委员会负责粮政，试行计口授粮。不久，因有名而无实被撤销。民国32年，“县田赋处”和“县粮政股”合并，成立“县田赋粮食管理处”，负责办理城乡土地赋税和粮食业务，此制度一直延续至1949年福安解放。

1949年11月，福安县人民政府粮食科成立，主要负责军需、支前和机关和学校的粮食供应及员工奉供给和开征公粮工作上。其时，粮食科共有7人，下辖城关、赛岐、下白石 、社口、穆阳、溪潭、甘棠、上白石等8个粮仓，全县粮食系统员工40人。

1950年，在城关阳头设立省贸易公司福安分公司，撤销福安粮食贸易公司，成立中国粮食公司赛岐分公司，承担起市场粮食供应，调节市场粮油供应。同年11月，赛岐粮食支公司与县府粮食科合并，成立福安县人民政府粮食局，全县粮食员工共计50人。

1953年11月，正式改称福安县粮食局，首任局长孙天保。

1990年市粮食局内设办公室、人事股、职工教育股、购销计划股、财务会计股、储运股及工会，下辖14个粮油管理站及粮食贸易中心、粮油工业公司、粮油设购销公司、粮油加工总厂企业领导小组各1个，3个粮食收购所，64座粮库，全县粮食系统职工总共957人。

◆ 邮政局——“传邮万里，国脉所系” ◆

1940年5月9日，周总理在中华邮政总局第三军邮视察时给林卓午先生亲笔题写“传邮万里，国脉所系”。

林卓午先生为福安籍资深邮政官员，福安人倍感亲切和自豪。

1949 年，邮政局由新政府接管，设立在东门头地界。据《福安市志》载：南宋淳祐五年（1245），就有驿道内福州通入福安境内。清光绪二十八年（1902），福安县城经过三都澳邮路全长 85 公里，其中县城陆路 15 公里，赛岐小路 50 公里，三都澳陆路 20 公里。时至 1956 年，福安城区分有邮电局至汽车站邮路，全长 0.5 公里，用于抵车运邮；1968 年改用三轮车；1973 年才有三轮摩托车运邮；1980 年，邮政人员用上自行车，之前邮件邮物皆为肩挑背驮。

明代，福安境内驿铺仅为官府递送公文。光绪二十八年即 1902 年，城关邮政开始收信、寄信；光绪三十年（1904），改设代办所，增办收寄挂号函件业务。到了民国 23 年（1934）10 月，县邮政局增办快递邮件和航空件业务，邮件收寄量猛增至 5.6 万件。民国 37 年，全县邮局进出函件交达 36 万件。

中华人民共和国成立后，随着各项事业发展和人际交往的日益密切。特别福安当时是地委和专署驻地，交流日益增多，往来信息量迅速扩大，信函收率逐年增加。1950 年全县出口函件 43 万件，进口达 53 万件，转回达 14 万件，居闽东第一。

党的十届三中全会后，随着经济快速发展，邮政储蓄、报刊发行、集邮工作、电话电路，特别是农村电话线路增长迅速，成为邮政电信工作重大之重。据《福安市志》载：民国 20 年（1931）福安私营农村电话 8 部，至 1990 年农村电话 12000 部，实现村村通电话。邮政局设在东门头，更是方便了东门人对外交往，成为一个认识世界的窗口。我们可以设想，如果东门头人长期封闭排外，一味孤芳自赏，那么，就可能没有今天如此重要的政府部门设立在此，也可能没有今天东门头社会发展之盛况。

◆ 农业银行——金融起程担千钧 ◆

福安农行成立于 1951 年，地址在今天东风北路 37 号，前身是农业合作银行。

清代福安出现典当业。民国 8 年（1919），“福昌”等 10 余家钱庄先后开业。民国 12 年，出现私人票号，私票开始启用。民国 24 年，国民政府明令取缔私票。同时，中国农民银行在赛岐建分支机构。直到 1949 年 7 月福安解放境内设有金融机构，至今之前由于民国政府滥发纸钞，信用崩溃，民间以银行为信用币使用。在福安，最早出现当铺是在咸丰年间，即福安郑承庄等设立“咸亨”当铺。

福安农业支行，成立于1956年。1957年8月撤销，并入县人行，到了1964年1月恢复，名福安县农业银行。1965年再次并入人行，两度分合，到了1980年1月正式恢复农业银行，设立于东门头至今。

进入改革开放后，国家特别重视金融事业发展。20世纪90年代中期国家出现“金融风波”时，国家采取治理整顿的办法，有效地调节经济，促进生产发展，扩大流通，刺激消费，促使国家经济逐步走上正常轨道。

如今，福安城关各家银行林立。拥有人行、建行、中行、工商行、交通银行、兴业银行、农村信用社等等。农业银行始终脚踩东门头地，肩挑两担子即服务城镇与乡村，支撑起福安乡村振兴和城镇经济发展的半壁江山。本人近日走访在农业银行工作的同乡人士，发现行内人员精干，业务成熟，设备齐全，服务到位，待人热情，眉宇间充满着自信。毫无疑问，这些是与东门头人的在地支持有着密切关系。

总之，林业、财政、粮食、邮政、农行，这些政府重要部门设在东门头，它们似血脉，与东门头人的骨肉融为一体。东门与部门同跳动，共呼吸，融合发展，和谐共存，携手并进，合奏出一曲新时代的美好乐章。

民国时期福建银行发行的纸钞

‖明王建章《云岭水声图》

卷三　街巷民生

挑水人的情怀

◎陈耀年

童年时代，我最同情的人是挑水的禄波叔，他为我家挑水。六七年间，我朦胧认识了他。当年只有30多岁的他长得人高马大，浑身布满肌肉疙瘩，满脸通红，脖子上有几道暴起的青筋，常年脚上穿着一双旧解放鞋。他身无技艺，袋无孔兄，只能出卖劳力，在巷子里专门为缺劳力的人家挑水，每担两分，靠干苦劳役活，挑起全家人的生活担子。

他特备一担大水桶，每天天刚蒙蒙亮就赶到东门头水井打水。这时，井台因冷落，操作可自如。他手中套着橡皮块，一头系着粗麻绳的小圆木桶利索飞快地从中滑落井下后，只见他把提水绳顺势一甩动，小桶便在水面上翻个跟斗而沉入水中。他立马使劲拉动绳子，三下五除二就把水打上来了。每担挑水桶可装八小桶水，约150斤。这幅担子压在他身上，每天来回三四十趟。我看到他步伐越来越小，尽管是铁打的汉子，疲惫不堪时，也得来回换肩。当水挑到用户家时，他才放下后桶，把前桶往水缸沿边一靠一倾斜倒完水后，即用左手提起后桶倒水，动作利索干脆，不加休息又挺起脊梁骨，迈着坚实步伐，从容自信地走向人声嘈杂的井台。这时，他才发现自己放置在井台上的小提水桶，被他人借用后，因麻绳索截断而沉入水底。他只好叹息一声，无奈地回到家里，取出新绳和一付双铁钩，重返井台后，在众人的帮助下，花半个小时，才将提水桶打捞上来。这种情形虽少见，但耽误收工时间，个别用户不可能按时接水煮饭，而对他颇有微言。此情此景，他并没有对人家说出真情，以求谅解。

挑水的担子沉重自不必说，来来去去地行走在主人家和水井台这两点相连的一线间，天气和疾病对他也是有影响的。炎热的夏天，烈日当空，酷暑难忍，挥汗如雨，口干舌燥。他头戴小斗笠，肩披白布巾，炙烤了，脱下斗笠扇扇风；

出汗了，抽出披巾擦擦汗；口渴了，埋头张嘴喝喝水。严寒的冬天，北风怒号，风刀霜剑，天寒地冻，手脚麻木。他头戴平舌帽，腰扎蓝布条，手僵了，用手搓搓脸；流涕了，用手擦擦鼻；咳嗽了，用手掩掩嘴。遇上下雨的坏天气，他身穿蓑衣，拖着湿漉漉的鞋子，气喘吁吁奔走于巷子内。有时在避雨处，放下担子歇气时，用手抹一把脸，随即一甩，把汗水、雨水、苦水都抛到九霄云外。一年中，人总有身体不舒服的日子。若如感冒，他戴上口罩，以防打喷嚏，口沫溅入水中。要是中暑之类，他喝上痧茶水或抓痧，症状稍缓解，也能挺得住。最为难的是，身体实在难受不舒服，躺在床上休息时，有人上门叫挑水，他犹豫片刻，最终还是咬紧牙根，毅然翻身，走向潮湿的井台。

平时，碰上倒霉事，他都忍气吞声。有一次，他为我远房吃斋的伯母挑水，一进门，搁下水桶担子，顺便用扁担架在两桶间，坐在上面喘气休息。不料隔壁家醉汉看到这一幕，上前抢夺扁担，逼他站立。理由是，屁股臭气融入水中，念佛之人喝下晦水会得罪神仙。这情形让围观者哭笑不得，谁也劝不了醉汉。他只好默默地挑起水桶，走出大门，径直把水挑回家。又有一次，他为一位少妇家挑水，倒前桶水时，她家 10 岁左右的孩子把小手伸进后桶水里，少妇见状惊慌失措。他欲提桶倒水，少妇立马阻拦，两人僵持不下。少妇说："脏水不能喝。"禄波叔道："小孩稚嫩之手，有何妨？再说，他是你的孩子。"围观者纷纷认为禄波叔说得有道理。瞧着眼前两脚叉站、双手摊开的少妇架势，他二话不说，把后桶水分装成一担子，黯然伤神地往家里挑。当年，我年幼，不谙世事，也品尝不出水中的苦辣滋味。

挑水人也有遇到称心如意的事。夏天，人们用水量多，特别是黄昏时刻，井台上打水人拥挤，井下水位骤然大幅下降。但人们一见禄波叔来挑水，都会主动让出位置，让他先打水。他也会乘机帮助老弱者提水，或主动把打水的小木桶借给别人。春节挑龙头水是件大吉祥的事。除夕子时过后，他就挑起水桶，为自己的用水户送去年头龙水，东家高兴地为他倒糖水，临走时，一定塞上红橘或炒米，有人还送红包钱，对他一年的付出表达感激之情。

一年四季，巷子里总有人办喜事，也有人办丧事。邻里乡亲办事都得多用水，碰上人手难应付时，主人家就请禄波叔帮忙挑水。碰到喜事，大家心情舒畅，笑脸相迎，禄波叔受东家气氛感染，肩上的担子也觉得轻松许多，但他还是十分谨慎，挑水时，尽量放慢脚步，两眼光顾四方，以防触碰他物，桶内的水往外溅，造成地面湿滑，影响行走。丧事家有许多忌讳。他平常注意了解民俗习惯，防止在办事过程中出差错，而给东家造成心理负担。20 世纪 50 年代初，我家一位年轻伯母因病去世，家中留下四位男女皆未成年。细伯父通知禄波叔带其长子到东门头水井“买水”。半夜里，他一丝不苟地在井旁点烛燃香，交代孩子要对“天”说的话儿，然后从井中打出一桶水，用小酒盅掏桶内水，按伯母终年岁数倒数至一岁，不厌其烦地一次次把小酒盅里的水装进另一只小桶后，再烧元宝钱等，待各个程序都办完后，已是三更时分，他小心地挑着水，带着孩子安全地回家。灵柩下葬那天，他主动打一桶水放在后厅，说是“压龙”。办丧事那几天，全家用水量比平常多，他只要看到水缸里剩水不多，就主动补给，不用东家操心缺水之事。事后，细伯父给他工钱和红包，他收了工钱，却退还红包，口里不停地说：“办事要多花钱，不必客气。”

多年来，他尽心尽力地为我姆厝各位叔伯家挑水，一来二往，彼此间关系很亲密，谁家里有重大困难，也愿意请他帮助。60 多年前，大哥椿年因工作调动，要携眷属到周宁县报到。那时各地交通闭塞，周宁是个落后山区县，福安到周宁没有通公路。一直以来，人们到周宁，要步行两三天才能到达。犯愁的大哥求助于禄波叔。他明知路途遥远而且高峰险峻，还是不假思索，痛快答应。出发那天，他的“地瓜篮”担子，一头装着家什，一头躺着侄女，艰难地爬铜岩岭，过穆阳街，达岭尾村。住宿隔夜后，翌日涉过周宁八步溪下游，登上陡峭的周宁牛岭，行走在悬崖绝壁的山峦小道上。一路上，他手攀肩挑，小心翼翼前行，到达七步村时，农舍已亮起了洋油灯。第三天，当一家人安全到达周宁城关时，“禄波叔煞白的脸才有了血色”，事后大哥对家里人如是说。如此辛苦跋涉，出于对他的感激，大哥一再挽留他住下休息逛城，可是他婉言谢绝，只睡了个囫囵觉就回来了。侄女陈忱如今回忆起这件事，心中无不荡起对禄波叔的感念之情。

当年小巷昏暗潮湿，一天下来，挑水人把路面泼成湿漉漉的“水墨画”。它既是底层平民生活艰辛的写生，也是千百年来小巷百姓生存习俗的画卷。将近一个世纪了，时间并没有淡化人们对它的品读，历史也将挑水人定格在东门头“吴刘郭”的鹅卵石小路上。如今，我们日复一日重蹈他当年挑水走过的小路时，想得更多的应该是，不见经传的社会底层劳动者具有善良、勤劳、隐忍的高贵品格。在他们朴实的劳动观、价值观花圃里，永远绽放着宽广、坦然、淡定的情怀花朵。

写古典智慧“圆”字的人

◎陈耀年

20世纪50年代初，红弟、细弟兄弟俩的圆木桶店默默地栖身于“吴刘郭”市井。它日日夜夜如同一匹老骥不知尽头疲命地完成使命，又恰似一颗细沙，沉寂消逝也不为人知。

当时，箍桶匠在“五行八作”中占据重要地位。因为那是人们打赤脚走路，生活用品基本都是木制品的时代。鉴于此，工匠兄弟俩人收揽活儿显然不少，店的犄角旮旯尽是堆放着长长短短的杉木板，巷头里日夜都能听到这家店里发出“坎坎”剁木声、“丝丝”刨木声、“砰砰”箍桶声。

每天伴随他们的常用工具是锤子、斧子、锯子和凿子。由于活计的特殊，他们的工具还包括内圆刨、外圆刨、圆凿、刮刀等。几片厚的杉木料，兄弟俩经过刨、削、钻、箍等步骤就能制作成桶器。晚间收工时，地面上的刨花象大海里的浪花拥簇一团，随着清场的结束，那些工具也露出了疲惫的脸面。

想当年，红弟师从阿二，按旧俗学徒期为三年，踏进圆木匠行列，就开始经受枯燥简单的洗礼。在师父面前毕恭毕敬，靠先辈的指导和自己悟性出师后，也不是一帆风顺。尽管另立门面，瞅着在自己手中蹦跳出来的孩子，个个歪瓜裂枣，丝毫感觉不到浑然天成的意境。原来旧行业潜规则，为师者也不能倾囊相教。往后的日子，他只能负重前行，偷师学艺……

那年头，他付出了辛勤和耐心，收获了精益求精的技术，他的老手艺总是被烙上经久的印记。红弟司兄弟俩在拉料推刨、拼板上箍、钻眼拼接、打箍、沟槽上底板、打磨出细六道工序中，严格按照要求操作，绝不马虎。拼板上箍是箍桶匠的绝活。在制作上，按照自内而外的顺序。除了要求外表圆滑光洁，更重要的是每处木板边缝都必须紧实拼接，木板间拼接靠一枚枚小小的竹销。他们在每块木板侧面钻孔，用竹销钉入孔中，紧密拼合相邻的木板，同时还要仔细检查木板围合起来是否密合，最后围成一个圆形的桶壁。如果能做到浑然一体，才能防止木桶出现漏水。木桶靠“箍”定型，他们技艺熟练，对照木桶两端直径大小，缠绕了几环的铁丝圈上桶，初步固定后再上箍细细敲打，直至铁圈贴合桶壁固定为止。最后一步是在其桶底铲出一圈桶槽后，再架上事先做好的木原板，再经过进一步箍紧、打磨出细，上桶油等步骤后，一个严丝合缝的桶器才算完工。他们把人生的岁月浸在木屑与刨花间，为了一件合格完美的作品问世，如临深渊，如切如磋，如琢如磨。经由他们的手制作的圆桶木器，使用年限长达几十年，还能保持滴水不漏的状态。

我 12 岁那年，父亲请红弟司为我家订制一担小号水桶。这桶板严丝合缝，桶身圆滑细腻，造型美观大方，红漆通透润滑。桶面上方，父亲手书正楷“耀记”二字端庄大方。这是我财产的标签，也是我担当的证明。往后的日子，我就用他为我量身订作的小水桶，颤悠悠地挑起家庭生活的轻微担子，走过一段象肩上的水桶一样圆融的人生路。

福安有句谚语：“临时生孩子，临时割（制作）腰桶。”腰桶是古代产妇的接生桶，一般人家嫁女儿时就有准备了。特殊时急煞人，羞于启齿，找到店里求师傅帮忙虽是个例。红弟司体谅东家的难言之苦，急人所急、忧人所忧。二话不说，放下手中的其他活计，投入紧凑的操作中。不多时日，一个桶壁圆滑、认真打造的腰桶，让来者满意地取走。大多数这种为方便他人的背后，他总要承受别人的误解或指责。比如，有人认为他为了多得些经济利益而耽误自己的事，有人认为他会乘人之急偷工减料、加价加码。其实这纯属多疑和猜想，长期的接触与交往，东门头宾贤宫“吴刘郭”一带人都认可了他的艺德。

圆木水桶用久了，水桶脚料被水浸泡而腐朽，有时挑水人不小心滑倒，水桶重度触地后，桶底板的脊梁条木都会被截断。你随送，他随修，取桶不隔夜。为什么对来客如此热情？他挂在口头的一句话：“是木匠都有规矩，唯有我随方就圆。”

我们当地人，女儿出嫁前，娘家人都要请木匠打造一套体面的嫁妆。其中，绝对离不开红弟司为准新娘们手工制作精良的严丝合缝的一套圆形器物，包括迷你型的子孙桶（马桶）、脚桶、腰桶……这些桶器的外表多了手工雕花和彩漆装饰，制作更加精致。这样，匠人也能得到不菲的工钱和约定俗成的红包钱。每当收到沉甸甸的纸币时，他嘴里一定说着：“多谢，多谢！”

箍桶匠，每天重复着简单枯燥的劳作，受操作空间的限制，身体被伤害是家常便饭的事儿。由于长年累月接触木屑粉尘，他们的眼睛三天两头红肿流泪，鼻涕灰黑，经常咳嗽。由于工具隐没在刨花堆中，他们的手脚冷不防就被扎伤、划伤。即便伤口处流出殷红鲜血，他们就地随手抓一把刨花擦伤口，用火柴盒侧面的磷纸贴上就万事大吉了。木匠由于刨木桶内外两面时，都要低头弯腰用两膝紧夹住桶身才能如愿固定，他们晚年身腰拱弯、双膝外翻。

上了年纪，他们也带徒弟。那是店主木生伯见红弟司兄弟俩勤恳好学，就把自家女儿许配给弟弟细弟司。从此他们和店主是一家人，小舅子奇声也成了他们的徒弟。不过没有风趣的授徒仪式和送猪脚等礼俗。

人类历史的长河里，圆木桶老行当给人们带来经典和持久，随着新兴产业的兴起，新型材料的圆形用具已经占据社会生活的方方面面，那些在没有战场的硝烟焰火，却像从炮灰中钻出来的圆桶匠人，在自己人生的这本画册中再也找不到箍桶的形象尊容了。但历史会告诉现在和未来，他们曾经得到人们的尊重，并不是因高官显爵，而是社会生产中圆木的精髓。

为你称颂，写古典智慧“圆”字的人——箍桶匠。

糖糕饼的甜度

◎陈耀年

‖糖糕饼

一家简陋而诱人的糖糕饼店开在宾贤宫“吴刘郭”的巷头，它像迎宾队的排头少女，浑身上下散发着迷人的香味。店内摇摇晃晃的木架子上摆着几块大小不一的箴笠，里面盛着圆形状、甜味道的各式各样的糕饼。人们一脚踏进巷里，就闻到了香喷喷的气味，都会忍不住往口袋里掏出零钱带上饼或糖，回家让自家的孩子高兴地围上来。

店主叫五妹伯，他历尽沧桑的脸上刻有几道深浅不一的皱纹，稀疏的短发，淡淡的眉毛和嘴唇周围的短胡须已被面粉染成白色。他烤制糖糕饼已有十多年工夫了，巷里大小都认得这位师傅。他制作光饼、糖包、水饼、炉酥、凸饼香脆酥怡；他熬制的白糖金含，一种像白玉如意、拇指大小的糖，1 分钱买 1 个；红糖金含，一种像粽子形状、黑枣大小的糖，1 分钱买 2 个，甜蜜沁心；他打制的五代糕，松软可口。

饼店自然要用到饼炉。一尊用几片粗厚杉木板围成的圆坯子，其高矮大小与今日的饼炉差异不大。糕饼的制作流程也没多少变化。师傅制作光饼，总是要起大早，当天空还有留在天边的星星，巷子一片寂静时，他家就生炉开工了。一支铁的吊镂里装着几大块木炭，泼上煤油，引燃碎木片，满屋浓烟，呛人喉鼻，两眼经受不住刺激直流泪。主人用特制凹形油纸扇不断地煽风点火，然后把燃得很旺的木炭镂顺势放进炉子预热。当年市面上没有电风扇，更谈不上空调。夏天，人们与通红的炉子结伴，豆粒大的汗珠不由分说地直往炉里滴，实在受不了，也只好把头歪倒一边，用手掌抹一把额前的淋漓大汗，甩甩手就得了。天刚拂晓，第一茬光饼就出炉了，200 多块金灿灿热乎乎的光饼，倒进笠里就活蹦乱跳，接着等待进出城、上学、上市的人光顾。光饼生意最足，每天制作几炉，基本不留隔夜的。

吃过早饭，师傅就开始制糖了。熬糖是关键的制作流程。这个流程全凭师傅经验。一阵猛火后的文火，是掌握火候，用手拉糖丝是检验成熟的技巧。当锅里熬出的糖呈金黄色或奶白色且现牛眼气泡时，糖料即可起锅。稠粘的糖料被挂在木柱子上钉装的木墩时，师傅开始甩糖。他左手紧握一根七八寸长的细木棍子，辅以右手的交织动作，象女人梳辫子似地不停编织甩打糖仔。此活要用大体力，动作反复、单调、深沉，且不能停歇。数九寒冬，师傅也只能穿单薄衬衫操作，呼吸加快，口里不断地呼出白雾气，心脏加速起搏，胸间一起一伏，面部肌肉膨涨呈暗红色。半小时后，被取下的糖料颜色鲜艳、形状光洁、内在紧致。接着压、搓、剪，糖品出手了。孩子们手中的零花钱，每天大概都与它交换。一粒小小的糖块，让我们尝到了香甜的味道。想当年，小伙伴们为了能吃上一块五妹司的“金含”，愿意长久蜷缩在店门口等待。这时，他会给我们讲“孙悟空三打白骨精”“哪吒闹海”等民间故事，还招呼到店后面的厨房喝生水。如今翻出记忆，思绪悠长。一粒糖，余香满口；一段情，回味绵延。

饱含温情的夏天在孩子们的嬉闹声中悄悄过去，店里开始进大袋的面粉和白糖。五妹伯告诉我们，中秋节快到了，有中秋饼吃啦！贪吃的孩子们雀跃欢呼，奔走相告。农历八月初一，店里多个徒弟帮手，五妹伯胸前挂着白布长围裙，师徒两人端坐在一张很大的木台前，开始和面、混馅、擀皮、包馅、烤饼。烤饼是关键环节，他要亲自掌门。八月初的中秋饼，很少有人问津，随着中秋节的来临，品种齐全，有什锦、豆沙、孟油酥、枣泥，经他亲手烤制的中秋饼，香酥适合，一点一点地咀嚼，细细品尝，满嘴余香，与味蕾融合得恰如其分。这时，生意才有起色，但那时风俗习惯简约朴实，多数人家只先购一盒送至亲。也许这一盒中秋饼在节日期间要跑好几家的门。真正拿不出钱买饼送人情的家，临近中秋节时，五妹司也愿意把饼赊给困难户。有一年的中秋节，店门口站着一位上了年纪形容枯槁的女乞丐，手上还牵着一个瘦骨伶仃的小男孩。天色逐渐黑下来了，她俩都没走的意思。五妹司不假思索送给她一盒中秋饼。女乞丐合双掌不断点头致意，片刻，消失在皎洁的月光星夜。第二天一早，五妹司上察院司水井提水，路过宾贤宫，又见到乞丐母子俩栖于宫前的石阶上，他回店后取出两块光饼送过去。当年，我目睹这一幕，告诉家里长辈，他们听后，说道：年节时光，五妹司都要拿几块饼给乞丐食。今天，我重吟苏轼《咏月饼》“小饼如嚼月，中有酥和饴”诗句，能体会到人们只轻轻咬下一口饼，便听到味蕾上几万个感谢的声音。因为饼不在于小，而在于圆的形状和甜的味道。五妹司既然选择了饼业，他就选择了给众生团圆的祝福和甘饴的甜美。

端午节、中秋节、春节，这三个民俗节日是福安人最隆重的吉祥日子。在这些年节里，老百姓或为头年出嫁的女儿“结节”，或为儿子订婚“喜饼”，或为男方家聘礼“答盘”。这些礼俗都离不开糖糕饼，街坊邻里一定找五妹司，商榷糕饼的种类、质量、数目、价格。接活后，店里显然忙碌起来了。木台上的饼坯象广场上列横纵队受检阅的士兵，个个昂首挺胸。大笠里堆叠着金灿灿黄澄澄的大块礼饼。一见这情景，多让孩子们垂涎欲滴。不多日，不同东家总是满心欢喜地抬回装有“芝麻开花节节高凸面饼”“双喜盈门喜事多的定亲饼”“五代全堂儿孙旺的答盘糕”等盘担。盘担是红妹司自备的，一则方便邻里，二则招揽生意。日后，事主送还盘担时，往盘中撒上些许芝麻、红枣、花生，还会放置二三块饼或糕，以示谢意和祝福。这时五妹司总是谦恭至极，祝福绵绵。

糖糕饼的店铺极易引来苍蝇和老鼠。小伙伴们见到停在饼笠上的苍蝇，总是喜欢用双手合掌拍打，见到抱头鼠窜的家伙总是用脚踩踏，其实这方法既不卫生又很危险。有一次，一位小伙伴因踩踏老鼠，惊慌失措的小动物慌不择路，竟然窜到他的裤管里。可怜他大声嘶吼，用力跺脚，竭力哭闹都不顶事。只见五妹伯母冲上前，解开他的裤腰带子，敞开裤头，老鼠见到光线，急忙窜出，一场大危机才得以解救。可是同伴脸色煞白，已哭成泪人，大腿上的嫩肉被撕出一条条鲜红的细痕。从此，店里来了一位消鼠防患的新客人——大黄花猫。五妹伯母是一位50开外的女人，她体态丰腴，眉清目秀，亲切慈祥，头梳髻鬟，衣着对襟，裹足缠脚。她专门备有一支粽叶蒲条，每天忙完家务事后，坐在放饼笠的木架子前，不断地晃动手中的粽叶条，时间久了，可能也困了，只见她半醒半闭着眼，手上枝条摇摇停停，最后手也不动了，人也睡着了。这时，我们互相使个脸色，打个手势，一溜烟散开了。

时光在糖糕饼的香甜脆酥中消融，童趣在五妹伯夫妻辛苦劳作中发酵。社会底层的老百姓只要谋得一艺，就专心结缘守候一辈子。60年前，中兴街东段拆迁。他们的店铺被推土机一口“吞食”，从此这家糖糕饼店在“吴刘郭”销声匿迹了。

糖糕饼师傅“纤手搓来玉色匀，碧油煎出嫩黄深。夜来春睡知轻重，压扁佳人缠臂金”。苏东坡一首《戏咏馓子赠邻妪》恰到好处地刻画出糖糕饼美味诱人的魅力所在。他们一生的操劳与奉献，正是“饼儿圆与月儿如，更兆嘉祥食有余”的生动印证。虽然面粉过早地染白了他们的双鬓，虽然岁月无情地敲打着他们的骨架，但他们的日子平淡却有甜度，他们的人生平凡却有方圆。当他们洗净一天的风尘、汗水与疲惫时，想得最多的还是明天的生意，让炉火如旭日般燃起希望，照亮“吴刘郭”的寻常百姓家。

柜头下养猪的米店

◎陈耀年

“吴刘郭”黄厝巷的路口对面有一户人家，一家人居住在条形状的房子后头，前头临街的店面，开家卖大米和豆腐的铺子。这就是“吴刘郭”的张金声米店。他的店铺门面有3米多宽，一个用又宽又厚松木板钉成的硕大柜台，像今天城市港口码头上的集装箱。柜台上常年累月整齐地摆放三四块大竹笠篓，当年，小伙伴们要踮起脚尖，才能看到笠篓里盛着红米、糯米、豆类等五谷杂粮。柜台后，一张稍蒙有糠粉的俩抽屉长桌，紧靠凹凸不平的木板墙摆放着，两只拉手干净明亮。柜台左上方木板墙上，挂着大小两杆星花已经模糊的铜盘秤。一天下来，生意不多，只有临近晌午和黄昏时，老板才忙一阵子。

金声伯的父亲当年来“吴刘郭”给王家打长工，几年后辞去活儿，改成制作糖业，挑糖担子沿街叫卖，日子虽紧巴，还是咬牙在“吴刘郭”安个窝，勉强维持苦日子。金声伯成家后，不想再漂泊了。他认为，这条路米店少，人人每天都要吃大米，一定有生意可做；开米店，制作豆腐，本钱少，米糠和豆腐渣可用来养猪；柜台当猪圈，既解决场地问题，又增加收入。三思后，他决定改行做粜米和卖豆腐的生意。

当年，金声伯50岁开外，中等身材，体魄结实，平头发顶下，总挂着一张笑容可掬的国字脸，见人总是先点头打招呼，眉宇间透着和蔼慈祥。他的生意不盛不衰，维持一家六七口人的生计，还得靠常年喂养两茬生猪增加收入，才不至于寅吃卯粮。

金声伯母是个裹脚女人，衣着整洁干净，为人温和真诚，平时操劳家务事，照料大小儿子外，还要协助丈夫干些砻米、筛米、桄米等加工的活儿，尽管这些是重体力活，她从不抱怨。店里生意吃紧时，特别是年节来临前的一段日子，大米售量剧增，他们为了应付店里生意，挑灯加班，辛勤劳作至三更半夜。

最有意思的是，顾客到店里粜米时，能听到柜台下不断发出“嗷嗷”的声音，台子有明显震动感，说不定还能听到一阵“哗啦哗啦”的水响声，一股淡黄色的腥味十足尿水从柜台底部倾泻而出，注入下方小沟内。许多买家世代居住在吴刘郭方圆，与米店老板生意来往日久天长，早已司空见惯，不足为奇。倒是小巷里的“调皮鬼”，乘老板不在时，偷偷光顾这里。他们个头瘦小，趴在柜台根部的地上，用一根长树枝条从柜台木板间的缝隙处悄悄地插入，猛然捅到猪身上，赖在地上的猪受到惊吓，一下子从地面窜起来，口里不断吼叫，四处逃窜，柜台跟着摇晃。老板金声伯听到猪叫声，立刻从里面的厨房赶出来，四处观看一阵，没见什么动静，心里也明白了，若无其事地弯下腰，伸手拔出扎入柜台的树枝条，随手扔到小路边，然后回到柜台右侧，蹲下身子，眯起左眼，用右眼从木板缝隙往里察看，确认生猪躺下休息了，才放心地回到厨房。

厨房里，一大锅猪饲料热气腾腾，正准备出锅。金声伯母负责熬煮猪一天三餐的饲料。此时，她坐在灶台口前的矮凳子上，满脸通红，清隽的面额上泌出细密的汗珠。夫妻俩用打水桶装上饲料，抬到柜台猪圈口，改用圆木矮脚饲料盆装饲料，小心翼翼地把木盆推进猪圈里。小崽子每天要喂五次，以精饲料为主，即粗饲料中加稀粥和麦芽渣，少量多餐，二三个月后，猪长到20多斤，每天喂三餐即可。虽然喂养次数少了，但是饲料量却增多了。为了使生猪长得膘壮，这时段，他们还得花钱请师傅为生猪阉割。阉割生猪在民间是一场戏，就连过路人也驻足观看。大人们把活蹦乱跳的小崽子逮住后，猪嘴巴马上被竹篾套子封上，四肢被左右分开，牢牢地摁在地面上，尽管小崽子嗷嗷大叫，师傅操刀果断往腹部下方狠狠一刀，利索地从腹内取出两个似鸽子蛋大小的睾丸。金声伯母把事先准备好的锅底烟灰递给师傅，只见他用五指戳一把烟灰，迅速往伤口上来回抹搽。大家松手后，小崽子逃命般钻进圈内，口里不停地厉声尖叫，现场留下点点滴滴的鲜血。

他们家一年出栏两茬肥猪，平常喂养和照理它，是一件费心的辛苦事。虽然自己店铺出产米糠和豆腐渣，金声伯还是要到街上拣蔬菜败叶，或安排小孩去田间拔猪草，或到街坊邻里家挑回淘米洗碗水，掺和其他食料煮熟喂猪。夏天夜里，蚊子咬生猪，它睡得不安稳。他们还得半夜里起床，在柜台外置一口铁锅，装上谷壳熏蒸，接着侍候一阵子。冬天，他们担心猪崽受冻，总在猪圈地上垫些稻草，让它睡得安稳香甜。平时遇到猪生病，他们除熬些土药让它服用外，也得求神拜佛保平安。

夏天的黄昏，我总看到金声伯上身打赤膊，下身穿一条肥大的黑布短裤，白色宽大的裤头布从右往左一遮盖，用一条细长的白纱绳当腰带就扎上了。接着，他开始拨拔出柜台右侧的几块松木板，一头又肥又大、步履蹒跚的生猪口里嗷嗷地叫着，慢条斯理地钻出栏子。金声伯用特有的哨声招呼它到陈厝酒库的墙根处，只见生猪把身子贴在三合土的墙上，用力摩擦瘙痒，然后躺在路边地上休息，不时往身上甩尾巴，赶跑叮咬的苍蝇。金声伯立马回到店里打扫圈内污物。他弯下腰，将长柄扫帚伸进圈里，贴着有缝隙的木板地，用力来回拖拉，用白天积下的生活用水冲洗猪圈。一小时后，他把猪引回圈内，接着开始做黄昏时分的买卖生意了。端午节和春节前，是生猪出栏的季节。他们总要事先与屠夫联系好屠宰的日子，一家人忙着烧开水，搬弄大木桶，摆设长木架。屠夫与助手上场后，他们就退到厨房，片刻工夫，路边有招呼声了，回到现场，接过猪肚内一半大油，留下二三十斤猪肉。早餐后，打发小孩往主要亲戚家和长年累月提供淘米洗碗水的邻里家，每家送去斤把肉和一碗猪血。而猪内脏和另一半大油，送与屠夫，其余猪肉上秤计价。当他们从屠夫手上接过花花绿绿的票子时，疲倦的脸上充满丝丝满足。

一家之主，夙兴夜寐。金声伯站在柜台前，诚然是个精明诚实的生意人；他赶猪出圈，清理污物，俨然是个饲养能手。在中国传统社会里，老百姓家里养猪是非常普遍的一项家庭副业。城里人因受居住条件的限制，饲料来源困难，往往少有养猪。那些小商贩，家庭养猪更不容易，金声伯居然利用柜台养猪，这不但是一种新颖的创举，更是一种持家的智慧。

东门头棺材坊

◎陈耀年

棺材是土葬的标签。它是每个人身后归宿的用具，蕴含着商品属性，也在千百年的市场商品交易中占据不可或缺的一席之地。

城东凤尾，进则市，出既乡，地盘热闹又偏安。匠人们瞄准这个地域设立棺材坊，既节省开支又不招人闲言碎语，丧家打探也简单方便。此地段在不同的年代、不同的街巷，不同的师傅曾先后开设过三间棺材坊。

第一间开设于民国后期。地点处于离宾贤宫巷口十多米，“吴刘郭”西侧“崇一”校后门隔壁的小民房内。人们行走于小路上，不易察觉到作坊。这家棺材坊进深约 10 米，铺面仅一个用作通行的小门，走进五六米后，空间突然倍增，竖立的棺材稀疏地靠着土墙，再往里是匠人的房间与厨房。平日里除见到有丧家进入挑拣讨价外，很少听见里面有声音。由于单透幽深、光线不足，人们走进作坊，心里不免产生恐怖感。师傅红妹司，又矮又壮，满脸络腮胡子，平时多走乡村，选材购货。同伙人材弟四十开外，单身汉，不苟言笑。有一天，人们突然想起，每天晚饭后都按时到对面朋友家聊天的材弟，七八天来却不见身影，大伙心生纳闷，猜疑四起。第二天，一班人来到棺材坊，里面空无一人，喊叫也无人回话，却闻到一股恶臭扑面飘来，定眼一看，旮旯有人上吊，尸体全身浮肿发黑，面目全非，脚下地面蠕动着细小白嫩的蛆虫，环顾四周，发现在一口质量上乘的棺材里摆放着一双破旧的布鞋。大伙才明白，材弟早已自缢身亡，但不明究里，只好慌忙张罗丧事。他们长年累月在社会的夹缝中挣扎，在世俗势利的眼光里求生，在歧视淡漠的氛围里隐忍。眼前死去人的委屈、无奈、失落都随着盖棺远去直至淡忘。惨淡经营的棺材坊就在不多时日后关闭店门了。随后，坊间传闻闹鬼，有人在棺材坊门前挂起一盏风不动灯，为活着的人在夜行中增添丝丝勇气。

第二间开设于共和国初期。坊主黄谦弟为仙岭上沃村人，天主教信徒，个头低矮，结实硬朗，背微驼。先前典城墙内侧陆厝左侧厢房，后设坊制作棺材。因不临街面，局外人很难寻探到这儿，但师傅名气大，丧家也能打听到地址。30 多年前的农历二月底，家父仙逝，我寻迹达此坊，瞥见小门上有一副对联：“唯恐生意太好，但愿雇主莫来。”看到现场的对联，内心不免放松许多。这时，老师傅和蔼从容迎上递烟。我因丧考心情沉重，又急于备棺材，料理后事，加上平常巷头巷尾对棺材坊的说三道四，心里不免戒备有加。为了给先父备一口体面的棺材，我向老师傅详细地了解规格和价格。他详细地告诉我，天下棺材七尺三，原杉木料要选年代久远，口径大小 40 至 50 厘米，且无痕无结，当地规格有两种，即海棠式和四方式。老百姓一般都选用海棠式。民间依据材料优劣，成品称全成、六合、九合，但凡左右墙一定要整块木料，加工时不能掏空变薄，应实心显厚。棺头额要宽厚高昂，尾部 1 尺 2 寸，这样的棺材显得富贵双全。最后带我环顾四周的成品。彼此双方当场选好木材，约定好价格。翌日下午，我带人去取货时，一口外观大方、质量优良的海棠式棺材已靠在墙上，盖子上还贴着毛笔书“福如东海”字的红纸。那一刻，我作为孝子受伤的心灵得到莫大慰藉，马上给付材料费 180 元、制作费 12 元、红包 2 元。吩咐小工抬走棺材时，黄师傅还特意交代，棺盖要含口不能推紧。我们离坊时，他燃放一串百子炮，以示吉祥。

几十年后，老师傅已经作古。他的孙女黄如云也已过知天命之年，她和我说起当年爷爷开棺材坊的事，无限感慨地说，“一把斧头养活全家九口人。”此活异常辛苦繁重。锯圆木料时，父子俩一上一下。爷站在高凳上，两脚一前一后；父坐在地上，两腿分开。他们使尽力气，用长条大锯把一截洗脸盆粗的圆木料锯成对半，干活时，大汗淋漓，粉屑飞扬，眉宇间粘满锯料细末。夏天高温无冰块、无风扇，为赶制作应付丧家，只好挂起风不动灯，昼夜加班。孙女拿扇子不停地为长辈搧风取凉。他们是社会底层的劳动者，用汗水和技术实现自己的社会价值，为逝者提供应有尊严，为丧家送去心理抚慰。

她说，有一年，弟娶农村女孩要多花销，为筹划全家过好春节，爷爷忙着备好三口棺材料。姑娘进门不久，穆阳丧家进坊选购一口。新媳妇回门走娘家后，接着又卖走两口。全家人认为新媳妇身上有喜气，生意接连不闷气，可是嘴里又不能多说这些话。听到此事，我想起，坊间一直流传“棺材坊，盼人死”的说法，不禁脱口问道：“平常有忌讳吗？”她很认真地告诉我，“家里娶媳妇嫁女儿，一定要门当户对”，“亲朋戚友平常在一起，从不主动提起‘棺材’一词”，“逢年过节尽量不上亲戚家”，“喜酒也不入席”。我茫然了：此时，买卖双方显然都把老板工匠当作棺材的化身了。最后，她愤愤不平地说，最要命的是，有些人总是用异样的眼光看棺材坊，暗地里指责“棺材坊，套死人”，也不乏有人在谈天中半认真半开玩笑地说，“棺材坊要人死，后代不好”。每当听到这些话，家里大小只能默默忍受，从不做无谓的辩解或反驳。她接着说，我家两代人都能做到重规矩、守戒律、传家教。比如，遇到贫困丧家，不但红包不收，工钱也不要。为了降低成本，让利于丧家，平时尽量选购贮存又好又便宜的木料。此时，我领悟到：棺材坊老板也会将人性中的同情心，融化在一次次的交易中。

第三间开设于改革开放初期。老板林师傅是社口镇后溪村人，中等个头，粗壮结实，手脚灵活，善于谈吐，为人亲和。他从东门头郭氏人家购得处于池头边的一间临街小店面。父子三人干起此活。儿子打粗胚，父亲做细活。那时市场经济刚兴起，城里流动人口增多，人们口袋里也有了些钱，除了丧家现买现用外，有福有寿人家偷闲苟且选购寿木。店铺虽小，二架木码，锯刨凿敲声终日不绝于耳，成品堆在后面厨房间，每口盖面上都贴有红纸写的诸如“寿比南山”“福寿绵长”“驾返瑶池”等吉祥语。这时期，不揽来料加工活儿，丧家急用，老板派儿子送达，启程也没太多规矩。老板经常交代儿子，咱们从事此业，第一心要轻，意即怀慈悲之心；第二莫挑人，意即不能以貌取人，任意抬价；第三送棺木至丧家，少说话，径直回，人不转身，头不顾后。棺材坊匠人也有家教，虽只言片语，但闪烁人性光辉；虽迷信鬼怪，也暗藏护身法术。我找到当年的棺材坊老址，一间辉煌富丽的黄金饰品店代替原作坊。我见到老板二儿子林成波，可叹当事风华正茂、机灵活泼的二仔已变成面黄肌瘦、苍老呆滞的老头儿。他告诉我，父亲在此地经营20多年，父亲作古后，自己坚持子承父业，因劳累过度，平时又嗜酒酗酒，不久得胃病，花费20多万元治病。说话间，我见到他妻子钟寿英，现年51岁，显得苍老孱弱。她告诉我，丈夫得重病花大钱，16岁儿子患自闭症，足不出户，一家人生活窘迫。数年前，夫妻在娘家下廉岭村重操旧业，制作棺材黑市交易。

不料被举报而取缔，连工具也被没收，现在这条生计不敢再走了。我认真地听完她的讲述，望着原前棺材店、后厨房的家室，真的凌乱不堪、家徒四壁。一家三口焦虑无奈的表情，深深烙印在我的脑海中。社会殡葬制度的改革，毫不留情地迫使他们转换社会角色。父辈们传授的制棺技术和传统的价值文化，像鲜红的血液，在他们血管里流淌、涌动、升腾。他们为了妻儿生活，为了迎合需求，偷偷摸摸重操旧业。社会是否能用一种更合理更适宜的人性化方式说服教育这类匠人，引导他们开辟并走上新的生活路子。

社会总是在发展和进步，人们的思想意识和传统观念，也不可避免地在历史的变革中发生深刻的变化。当下的人们在相当的程度上认可火葬，民间流传千年的土葬习俗悄然地销声匿迹了。这是一种社会文明进步的表现，值得提倡，值得推广。但民族记忆和民间愁绪，显然在短时间内挥之不去。为了让我们的子孙后代能正确了解土葬传统文化的时代特征和本质风貌，也为了人类殡葬史上的一段文明与进步能诉诸文字，谨志此文，以兹永念。

送上吉祥如意的银匠

◎陈耀年

银器是我们日常生活中比较常见的一种“贵金属”饰品，花样丰富，种类繁多，价格实惠。改革开放前，能买得起黄金白银的人很少，只有少数家道殷实的顾主会用到这些饰品，所以从事金银器制作的师傅屈指可数。

70年前，“吴刘郭”理发店斜对面，金声伯米店隔壁，有一家打银店。店长叫眉长师傅，棠溪泰逢村人。当年只有50开外，高挑瘦小，驼背弓腰，长年戴着一副窄边的银丝老花镜。他整天聚精会神坐在一张横放店门口的又黑又旧松木桌前，埋头操作自己干了大半辈子的打银活计。客户进门喊一声“师傅”，他慢条斯理地抬头望一眼，一手摘下眼镜，一手揉揉双眼，片刻抬起一张疲惫、乏神、呆板的花脸应对来客。

他的桌面上有灯芯像豆粒的一盏桐油灯，还有铁质工具家当：砧子、锤子、锉子、钳子、剪刀。每当接到一桩生意后，他在下料前就得在大脑中构思要做一件什么样的工艺品，需要些什么样的材料，不同材料的量是多少等等。下料结束后接下来就是锻打。他把有形的金属加温退火之后，用锤敲打成片。为了保证下一步制作的质量，他锻打时力度均匀、次数恰好，有节奏，听着很舒服。在对银料进行锻打的同时，也需要对银子进行淬火处理。淬火在传统金银器制作当中是异常重要的一步，老师傅让有形的银件加热升温后，立马把它投入到水中。当盆里的水发出微弱的“丝丝”声，冒着白烟气雾时，他再迅速取出银料，放砧子上锻打，反复多次，直到满意为止。当人们问到作用时，他说：“这样能使银内部的损伤和裂痕重新愈合。”拉丝在工艺品中占有重要的地位，完

打银店里的金银制品

全靠他手工锻打，当年巷头巷尾的街邻都传言，他的技术水平能锻打出发丝细的线条。你瞧，他把敲制到一定程度的丝线细头放入丝眼当中，用拉丝钳夹住，靠人工拉出，根据需要可制作粗细不同的丝眼，拉出各种直径的细丝线。接着，在雕刻进行之前，他必须在粗形上用铅笔或毛笔画上传统图案，然后再根据所画的图形进行雕刻。錾花是手工金银器制作工艺当中最能体现作品神韵的一步。他把某一件初具大形的工艺品铸入支撑物后，在其上进行手工錾花。为了精益求精，独具匠心，极富经验的老师傅娴熟运用数十种不同型号的錾子来应对不同的花纹錾刻的需要。焊接技术的优劣直接关系到成品的美观度，焊接过程中关键在于局部用火的技巧。眉长师傅焊接用吹焊法。他把吹焊灯燃火之后，用吹火筒人工吹火加温，火的大小、温度的高低完全靠他嘴中的吹火筒与火苗间的距离控制。因为他长年累月学习操作，具备掌握高超的呼吸换气方法，所以在吹焊过程不断火，能一气呵成，避免前功尽弃。抛光是整个手工艺加工流程中的最后一步，也是至关重要的一步。眉长师傅用高温将银饰品烤热，然后投入酸液中，取出后，放入清水中用铜刷刷洗，去除银饰品表面的黑迹和杂质，即可洁白光亮。我小时候，经常在他的店门口玩游戏，看到他两手的十指象附着绿苔藓的松木干枝，粗大枯裂，样子怪吓人！

银，在福安应用甚广。当地婴儿降生，母亲找他制作“长命富贵”银牌；婴儿满月，三姑六婆请他制作银质手镯、脚镯、“奶麒麟”；孩子周岁，亲戚朋友邀他制作“吉祥如意”挂件。青少年成年礼（即男孩弱冠，女孩及笄），男孩的“吉祥如意”元宝，姑娘的“双坠凤凰”耳环，也是他制作的。一般人家迎娶新娘，手镯、戒指、项链、耳环、茶匙是必备的，只是金或银材料不同而已。

开家打银店，平日里不免有人将自家珍藏的银圆送来请师傅鉴定。只见师傅接过手后，神情庄重，两眼炯炯有神，用右手拇指和食指将银圆上下夹住，靠近嘴唇，用力一吹，迅速移到耳孔。片刻，他会如实告诉藏家物品的真伪。碰到假货，他一般劝来客收起保存，留作纪念。遇到真货，甚至是稀有珍品，他凝重告诉持有者，作为传家宝代代珍传，等待市面升值，留待子孙欣赏。顺便说一句，凡是出自他手的金银饰品，身上都有“泰逢 ×”的番号。年关喜日子多，店里生意足了，他的儿子注生也上场帮忙了。父子俩总是笑眯眯地接生意，做工精细，一丝不苟。活儿紧时，他吃饭囫囵吞枣，起草摸黑，日夜加班。变得两腮干瘪，脸色青灰，人明显消瘦了。街坊邻里调侃说：“要钱不要命。”他只好委屈地说：“应付日子罢了！”诚信是那一代匠人们从业的基本准则，他们不会嗜财如命，坑害消费者。

老师傅鉴定银圆、饰品或材料，从不收人家的酬金。你只要递上一支香烟，他便会客气地接手。平日里，有人将使用日久的变形或发黑金银饰品送到店里，请他洗刷或整治。碰到这种情形，他总是用心配制标准的洗涤溶液，决不滥用硫酸、盐酸溶液，担心饰品伤筋脱皮，伤害到消费者的利益。那时的银店，少不了有人将首饰品出典、出卖。他一定是按质论价，操守行业，绝不会乘人之危，欺行霸市。所以当年他的名声远播，十里街市慕名而来者逐渐多了。

生活并不是那么一帆风顺。一天清早，我上学走小路，瞥见许多大人围着他店门口，一打听，才知道昨天夜里小偷光顾银店了，抽屉内所有贵重的金银饰品被一扫而光。老师傅像数九寒冬被霜雪打蔫了的白菜，耷拉着脑袋，呆愣地痴坐那把他平时干活的短凳头上，苍白无奈的老脸上一片茫然。

那些表面上浮雕着繁琐却不凌乱的优雅花纹，点点的银光宛若星空般绚烂而美好的银饰品，带着情意绵绵的嘱托，藏着天长地久的承诺，那无与伦比的光辉折射出的绚丽，可以穿透时空，直达灵魂深处。

这就是那个时代银匠师傅们的人品与精神！

敢在太岁头上动土的人

◎陈耀年

20世纪50年代初，小巷子里有一家理发店。地点处在打银店的对面，王五先生厝坪的弄口左侧。男师傅雷顺贵，坂中乡后门坪村人，长得稍矮、敦实、强壮，理着平头，平日里喜欢穿黑色着装。女人梳着髻鬟，上身总穿着兰洋布斜襟女装。顾客踏上三个台阶才能进到店里。店内的摆设简单整洁，两张半旧半新的木质理发椅相隔一米多平行摆放着，面前被烟熏黑的木板墙壁对应处，分别挂着两块明亮的整容镜，两镜间的下方横架着长木板权当工具架，架子上凌乱地放着剪刀、推剪、剃刀、小梳子和毛刷等小工具；一条七八寸长黑不溜秋的干猪皮悬挂在镜子旁。

每日早晨，太阳一露出笑脸，店门就打开了。师傅挨坐着高脚凳，守候在门口内右侧旁。有人进店，他立马站立，微笑招呼，并迅速走到椅子旁，用披挂在靠背上的白毛巾利索地拍扫坐垫后，示意客人落座。尔后，他把一条洁净的白围裙从后而前，顺势围住顾客胸腰，并把领头布围绕着脖子，又顺便反折领口，严严实实地把人家的脖子包裹紧了。这时，他手握推剪，从顾客后脑发根部位反复向上推进，接着两侧鬓角，最后头顶。其间，他时不时用左手轻触客人头部，示意调整头部位的方向。经过五六分钟梳理后，客人围裙上落满星星点点的黑发絮，瞬间长发变短发。接着，客人离座洗发。他招呼客人把头伸进一盆不冷不热的温水里，芬芳的香皂抹过后，当他用双手抓挠客人头皮时，头皮上的舒服感，通过传导神经立刻涌向周身各部位。脏水倒掉后，头发再被清洗一次，盆里的水就澄清了。客人重新回到座位前，师傅一定会把椅子座板翻身，才让落座。随后，他用散发香气的干毛巾先后捂住客人双眼和双耳，轻轻揉按，接着擦搓头发，直至头发稍干才罢手。接着让客人躺在已经拉成斜状的靠背椅上。他开始用锋利的剃刀在你眉宇间、鼻翼侧、嘴唇周、耳朵里小心翼翼地刮去绒毛或胡子，偶尔碰到硬胡渣，还会用手巾抹些肥皂水把它浸润，用剃刀快速地在猪皮条上来回摩擦后，再刮须毛，最后用手触摸一下，直到满意才放心。起座后，他又用梳子为客人固定发型，在前后左右位置挨着湿发修剪。少顷，当客人朝镜子里端详自己容光焕发的面容时，师傅已经把一盆让客人洗脸的清洁温水放在架子上。客人离开时，他还会送到店门口，并说一声："慢慢走！"我每次光临理发店，目睹雷师傅为客人服务的全过程，总是被他对顾客的温暖热情与周到的服务态度所感动。

师傅老伴服务的主要对象是婴儿与少年。可能她女性的温柔更容易被小朋友们所接受。在她不断地"乖呀""好了""给糖吃""妈妈来了"等细声细语哄话中，小家伙都能安静地任她摆布。最后，从女师傅不平凡的技艺中，洒脱出一个个活泼可爱的小精灵。偶尔也有中老年女性到店找女师傅"拔孔毛"。当年，本地市场鲜有化妆品，女人也少谈美容之事，但爱美之心人人皆有。女人们大方而悠闲地坐在理发椅上，女师傅将熟石灰粉均匀扑洒在她们粗糙晦暗的脸面上，然后用双手绷紧一条细麻线，在女人们额头前、后脑勺、两腮上来回搓动。顿时，沾上白粉的细毛发被拔得精光。她还有一项职责，夏暑难忍，店里上方常年挂一把长方形的厚油纸质风扇，女师傅得闲时，一定会用力拉动风扇，习习清风，自上而下，客人们凉在身上，暖在心里。

60 多年弹指一挥间，人非物移。那家小小理发店的社会功能和价值与当今新时代的理发店相比，虽同出一辙，但它们之间所服务的项目、质量、态度甚至环境截然不同，真有天壤之别。

理发师傅也有闲着的时光。这时，周围人会到店里围着他天南地北调侃。他曾经对大伙讲过一个十分生动有趣的故事：有一年乾隆皇帝到江南微服私访时，刚遇到二月二。乾隆十分高兴，认为这天是龙抬头的日子，想要剃头、整容，取个吉利，一路平安。乾隆命令太监找剃头棚掌柜亲自来剃头。掌柜一听，吓得魂飞魄散，体似筛糠，假借换衣乘机溜走。这时一个十六七岁的小徒弟人称"小怯勺"的，正站在墙角不紧不慢、稳稳当当地刮冬瓜。当太监知道他愿意给皇上剃头时，把头摇得像拨浪鼓似的。小怯勺说："有志不在年高，无志空活百岁。

你让我去吧！准保让皇上满意。”他们来到龙亭，小怯勺马上给乾隆磕头说：“启禀皇上，你别看我人小，手艺可是呱呱叫呀，大伙都叫我‘剃头的小神童’。”乾隆一听这小嘴真乖，能说会道，又瞧他眉清目秀，长相机灵，答应让他剃头了。小怯勺开始也有点怕，但他的基本功平时练得扎实，心里沉稳，手头灵巧，动作轻快，不大会儿功夫就剃完头，刮过脸，梳好辫子。乾隆拿镜子一照，既漂亮又大方，心里挺高兴，连声称赞“小神童”，并纳闷地问道：“你为朕剃头，怕不怕呢？”小怯勺镇定自若地回答：“皇上是真龙天子，天下属您最尊贵啦！您叫我剃头，就把龙头交给我了，刀子在我手里攥着，您都不怕，我是个小剃头的，无名之辈，跟您相比，是一天一地，俺还怕啥！”乾隆很喜欢小剃头手艺高超，能言善辩，就封他为专给自己理发整容的五品随驾官。

有的时候，雷师傅也说到自己的身世。他的老家村子是个畲族聚居地，因交通不便，村民出山都要靠双脚走 20 多华里的山路，才能到达城里。当年，家里人口多，劳力少，是全村穷得响当当的一户，每当遇到青黄不接时，不要说谷子，就连地瓜米也吃不上，一家大小只能挨饿过日子。村里别人家靠凿打墓碑谋生，父亲无此技艺，只得面朝黄土背朝天，垦荒过日子。15 岁那年，村里来了一位老实笃厚的理发师傅，父亲就将他送去当学徒了。从此，他提着理发的小工具箱，跟着师傅跋涉于山村之路，行走于阡陌之间。每天师傅安排他打水和洗头。剩下时间，他主动坐在师傅身边，眼观师傅弄剪操刀的步骤与方法。第二年，师傅搬来大冬瓜，认真教他练剃头的基本功：手拿着剃刀刮冬瓜皮上的一层白霜，一刀一刀地把白霜都刮掉，刮得干干净净，还不许刮破一点冬瓜皮儿。就这样，他用自家栽种的冬瓜刻苦练了两年。由于实物的操作、师父的点拨、自个的悟性，三年学徒期满，师父送一套工具给他，他开始走上从事理发的手艺之路。

他每次都很平静地谈起当年走村串户为村民理发的事儿。每天，自个儿提着简便的工具箱来到村子，先找东家处歇脚。村里男女老少听说每月来一次的理发师傅到村了，就扶老携幼来找他理发。他能体贴农民兄弟干农活劳累，顾不及洗发，大多数人头发杂乱无章，胡渣子坚硬，一般家庭都用“榛籽渣”洗浴。一天下来，他总是乐滋滋地站着为男人理发，为女人剪发。流动理发师傅当场不收酬金。秋收时，每家每户按人丁数向师傅交纳每丁一年 6 斤稻谷计酬数额。遇上天灾人祸户，其稻谷一律免收。东家因管食宿，无需交纳稻谷。

每当人们问起如何娶到师傅娘时，他总是得意地谈起那遥远的经年往事。

两年后，他与周围村的农民朋友混熟了。大家见小师傅伶俐、机灵、聪明，都十分喜欢他。不久，邻村有一户农家托人提亲，父母之命，媒妁之言，这段姻缘就定下了。双方相约，无聘金，无随陪嫁妆，只用当年各村收到的500斤谷子就娶到一位如花似月的畲家少女。提起畲家的婚俗，他绘声绘色说道，新郎官赶10里路找到自己的师父理发。徒弟身置此时，更深刻感受到师父的匠心和手艺。婚礼上，新郎、新娘都穿黑色畲族新装，男戴黑色礼帽，女梳凤凰冠头，一条红洋布条将男女双方系成一对幸福的夫妻。

他们操世上头等大事，理人间万缕情丝。虽只是毫末技艺，却依然顶上功夫。这功夫来自他们对技艺日久天长的磨砺，这功夫来自他们对顾客真心实意的热忱，这功夫来自他们对职业无愧于心的操守。当我们坐在理发椅上，让他们“不教白发催人老，更喜春风满面生。修就一番新气象，剪去千缕旧东西”时，应该要感恩他们能为我们重塑体面容颜的付出。

裁缝肥师傅的分寸

◎陈耀年

肥师傅，圆墩墩，恰似一尊深山老林中的老树桩，成年人伸双臂还围不了他的腰。20 世纪 50 年代初，他不惑之年，孤身一人靠裁缝手艺在吴刘郭我姆厝门头坪对面的秀英姑姐临街房屋里开个裁缝店。铺面很简陋，最显眼的是一台全身斑驳的老牌缝纫机，背后搭个宽大的裁布的高台子，上面整齐地叠放着不同质地，各种花色的布料。比如，蓝洋布、花纱布、龙头布、印度绸、花洋布、麻纱、格子洋布等等。我记得，他堆满肥肉的一张大脸笑起来，眼镜片后的两眼眯成一条线，尽管一双手很粗大，但做起针线活，竟然也像妇道人家飞针走线自如自在。每天一早，他的作坊就起活了。只见他翻开记事本，找到今日要裁缝的资料，然后从布堆里取出相应的料子。一块摊在台面上的布料，他用 2 米长的黄色木尺一边比划，一边用各种颜色粉块勾画出裁线，顺手拿起锋利无比的裁缝剪，沿着色线，“咔嚓，咔嚓”几声，就剪出各种形状的布片子，随后交给坐在缝纫机前的秀英姑姐制作。一件成型衣服或裤子的出炉，需要量身、画线、裁剪、缝纫、钉扣、熨烫、折叠等工序。面对每天如此枯燥而重复的操作，他总是乐呵呵，仿佛每天都是自己幸福的时光，每件衣服都是自己亲密的伴侣。

那年头，老百姓连温饱都顾不了，哪有心思奢求新衣呢！老年人和青壮年男子的衣装基本“三年新，三年旧，缝缝补补又三年”，进门多年的媳妇箱子里也还有几件出嫁时的新衣裳，只有姑娘和儿童过年过节才制作新衣。所以每年春节和端午节前的一段日子，是肥师傅最忙的季节。他平常从不拒收改制和缝补的活儿。当年大伙收入低，生活困难，一般人家只能把大孩子穿过的衣裤送交肥师傅改制后，再让其弟妹穿用，看上去既实用又得体。小孩活泼好动，衣肘处，裤膝盖处和臀部处容易磨损，多出窟窿。这种活儿要在衣裤上打补丁，上面一圈又一圈整齐的缝纫线构勒出的图案，好像运动场上密匝的跑道。这些活计，真的费时又费神，酬金也不多，有人求助，肥师傅都乐意接收。

冬至过后，店里来往的人逐渐多了起来。肥师傅要为新娘子做嫁衣裳，为小孩子制过年新衣。这时节，他和秀英姑姐都成了大忙人。白天，他俩轮流坐落在那架缝纫机前的矮凳子上，随着他们贴在踩踏板上的双脚晃动，店铺里不断地传出“沙啦啦”“沙啦啦”的声音。我小时候，经常在店铺里玩耍，看到他们双脚踩踏缝纫机底部的花格铁板，右边上下两个大小轮子飞快转动的情形，心生好奇。有一次，我乘肥师傅聚精会神劳作之时，随手捡到一块碎布，偷偷摸摸塞进飞速转动的大轮子里，眼前立刻爆出一声“嘎啦”响声，轮子不转了，缝针两断了，衣料折破了。我知道自己闯祸了，正想逃之夭夭。肥师傅却已伸开双臂，两只大手像螃蟹钳爪死死地咬住了我瘦弱的身子。我拼命地挣扎，始终逃脱不出巨掌。不料，他又转身用一只手提起台桌上的裁缝尺，此时，我脸色煞白，认定要挨揍了。许久，他口中喘着粗气，手中的“戒尺”终于随着手臂的垂直，而用力抽到他坐着的小凳上，同时长吁一声：“我要赚钱啊！”另一手也从我身上松开了。乘他还愣着的片刻，我一溜烟逃出店铺。

夜间，肥师傅还要挑灯干活。一盏微弱的小煤油灯，点燃他生活的希望。在豆粒般大的灯火下，他穿针引线，缝钉补衲，漫长的星夜凝结着他的寂寞和辛酸。第二天，漏夜后两眼的晕圈和两鼻的鸦黑，是他当晚心血耗尽的表白。往往在极度困倦的夜里，总会摊上意外事。比如，打盹时不小心碰到煤油灯，让难闻的煤油浸到布料；比如，用熨斗不慎，盆内火红的木炭火星溅出，让成衣烙出星点；比如，走神时，剪刀不留情，错把张三当李四。每当遇到这些心酸事，他总是自认倒霉，主动包揽责任，诚恳地与客家商量赔偿事宜。

肥师傅很注意细节。有的客家递上布料，量身后转头即走，肥师傅裁剪前，都要将其布料事先自行缩水后，再下剪刀。有的客家将布料往台子上一扔就走人，肥师傅事后亲自上门量身。他还担心自己有时不在场，恰遇有人取成衣而未果，就在每件成衣内领处贴上姓名标签，方便来客。每件衣裤裁剪后留下的特别是稍大块的边角料，他都如数收集好，塞进新装的口袋里，一并交到客人手里。

肥师傅注重个性。男女顾客的年龄、体形、特征各有差异。巷子里一位哑巴想穿新衣，他不厌其烦地用肢体语言与他沟通，仔细揣摩对方要求，直至明确为止；老妇人为藏零星钱及小物件而制作的“肚仔兜”，他闭起眼睛也能裁剪出大小深浅恰到好处的成品，每位老大娘都愿意请他制作；身体畸形者来找他，他更亲热，好像迎接久别重逢的亲戚，让座沏茶水相待。这时，双方沟通交流就自然、亲切。

肥师傅知防患风险。为防偷盗，每晚收工后，他都把衣料存放到自己睡觉的房间；为防虫害，他诱捕蟑螂和老鼠；为防灾害，他每天留意收听广播。特别是端午节至中秋节这段汛期，一旦风吹草动，即使三更半夜，他也毫不犹豫把缝纫机机头和布料等搬到楼上避灾。

肥师傅具怜悯之心。巷子里如有幼儿夭殇、成人罹难、老人作古，求他制作冥衣。肥师傅立刻放下手中其他活，第一时间帮忙。一件事我印象很深刻。深巷子里有一位少男得夜游病，不慎跌落粪坑致死，尸体捞上后，恶臭难闻。丧家与他商量寿衣之事，语言中表达不必量身，只要随便制作一套即可。肥师傅不同意，立刻前往察看，回店后，马上制作一套合身衣裤。

逢年过节，我们兄妹的新衣服布料，父母都交给他裁剪制作。每次大人提着布料带我们到店铺，让他量体裁衣。虽然是童装制作，肥师傅也一丝不苟，用一条磨损发黑的软皮尺在我身上各部位丈量后，就下笔记录在案。这时，我像木偶人，任凭他摆布，末了，他告诉我取衣裤的日子。我心里像喝了蜜一样甜。因为我把一粒美好的期盼种子洒播在肥师傅身上。临春节前二三天，他见到我，主动招呼，点头示意进店，取出新装，让我试穿，围着我的身前身后，不由自主地转来转去，时而把钮扣捏捏，衣长拉拉；时而把衣领合合，衣袖捋捋。这时，我也显得十分乖巧听话。

突然有一天，店里来了一位中年农村妇女。听别人背地里议论，秀英姑姐赴任街长，人们给肥师傅介绍了这位能缝纫的寡妇。一来，可以帮衬做他的助手，二来，为他俩创造接触的机会。日久天长，这桩姻缘始终难圆满。听说，肥师傅认为自己是穷裁缝匠，收入有限，日子难熬，娶一个带着三个未成年子女的寡妇，恐怕难以支撑这付生活重担。他痛苦而无奈地放弃了娶妻的念头，依旧过着无牵挂的单身汉生活。

肥师傅早已离世了。我穿着他为我缝制的衣裤长大。长大后，我经历人生的风风雨雨，能体验到他充满心酸和无助的处境；也能品尝出他浸透苦涩和无奈的人生滋味。他处在生活漩涡中，靠自己娴熟的江湖手艺和与世无争的淡定态度，平静安详地走完自己平安而坦然的一生。

铜岩伯和他的土烟坊

◎陈国栋

◆ 一 ◆

20 世纪 60 年代，居住在东门头和阮厝大院的居民们，总忘不了一个叫“铜岩伯”的名字，还有和他所在的土烟丝制作工坊。

铜岩伯本不是阮厝的原住居民，他是在 20 世纪 50 年代末期才搬进阮厝院子里居住的。当年，这位身躯凛然、精神矍铄、胸脯横阔、臂肌暴凸、五十开外的中年男人，一来就给人们留下了鲜明深刻的印象。尤其是那颇为凸显的便便大腹，行走时极致的“外八”步型，还有不修边幅、略显邋遢的外表，也时常让人过目不忘。整个夏季，他都是袒胸露背，只穿着一条肥硕出奇的黑色七分“操裤头”裤，白色的裤腰上还系着一条足够长的浅灰色的纺线带子。这带子静若处子，动若脱兔，时而顺从地依附于他那又深又大的肚脐眼下，时而随着他矫健的步伐欢快地抖动，让人觉得忍俊不禁。他那双粗厚有力的手掌上，结满了浅黄色的硬硬的老茧，那是他常年“推烟”留下的职业印记和显著标志。那时的铜岩伯，无疑便成了阮厝大院子里的一道无可替代的独特风景。

“铜岩伯”这个称呼，源于他的老家铜岩村。

铜岩村历史悠久、风景秀美，有福安“韩阳十景”之一的“铜冠双松”著名景观，就在旧时福安前往铜岩村的必经之路铜岩岭旁。铜岩伯出生于晚清，家境贫寒，父亲是当地一个老实巴交的做大木师傅，家里还有两个弟弟和一个妹妹。他作为长子，15 岁便早早地离乡背井，出外谋生了。在外漂泊期间，他揽过苦力活，做过木工，还当了整整3年的制作土烟丝的学徒。老实肯干的他逐渐掌握了土烟丝制作工艺的核心要领。正当他踌躇满志准备大干一场时，家中二弟不幸夭亡，他被父母急匆匆地唤回了老家。

在老家铜岩，他家没有耕地，弟妹尚幼，生活重负全都系于父亲一身。作为长子，理应分担家中的义务。迫于生计，他说服父母，决定重新迈出家门。

在外漂泊打拼的日子，艰辛在所难免，所幸的是，铜岩伯具有强健的体魄良好的心态。他十分清楚，自己没有上过几天学堂，肚子里没有几滴墨水，唯有勤劳本分和那一身"推烟"绝活儿，是他赖以生存的保障。一生中，最让他难忘的是36岁那年，他娶了岁数比自己小一半的贤惠妻子，同年又得到自己曾经"推烟"所在的宁德飞鸾这家烟店老板的再度青睐，回聘他为该店掌门伙计，长期负责该店加工制作土烟丝的营生，这一干就是数十年。几十年间，他们一家五口在东门头的阮厝安营扎寨，从此，再也没有离开过。

铜岩伯的人生轨迹，似乎都和烟草、烟坊、烟丝、烟草味息息相关。自从他第一次踏进东门头走进阮厝大院起，好像是命中注定，他就和烟草、烟丝和烟坊融为一体了。

铜岩伯刚搬进阮厝居住时，他"推烟"的场所很狭小，是租用东大路一户人家的闲置场地。后来，他转到现位于当时中兴东路段龙江路口一家土烟丝制作坊。这家烟坊是当年"城郊供销社生产收购门市部"辖管的一个内部加工场地。在这里，不仅规模较大，很有名气，而且分工明确，管理规范。当年，铜岩伯能够顺利地进入这家烟坊，完全凭的是自己的人品、本事和掌握的制烟"核心技术"。那时，和他一起共事的老阮与老缪，也是他挑选过来的。

◆ 二 ◆

铜岩伯工作的土烟丝工坊，面积大约在200平米左右，分上下两层。在烟坊底层的深处，摆放着一台陈旧笨拙的"立式手工锻压机"。这台设备底座沉稳厚重，在底盘相对的两条边上，分别嵌入了一块3厘米厚度和1米高度的钢板，钢板顶端的两边，横亘着一条足够粗壮中间被开了圆孔的钢梁；圆孔是为旋入锻压机厚重的连轴杠和压盘而设置；压盘和底座采用完全一致的金属浇铸件，如同小户人家用餐时的圆桌桌面。所不同的是：压盘是扁圆体的，其厚度约为8

厘米，直径为90 厘米。有趣的是，在圆盘的边沿处，被等距离地深凿了6 个直径4 厘米的圆孔，在手工操作锻压的过程中，推烟师傅将适用圆孔直径的铁棍插入压盘预设的圆孔中，两位推烟师傅同时反向立于压盘的各自一侧，同步顺时针发力，以滑轮的方式转动压盘，将置放于底盘之上已经过配料而成的蓬松絮状土烟半成品，锻压转盘到不能旋转为止。

三百六十行，行行都有“道”。

在当时，铜岩伯和他的土烟工坊靠的就是守“道”，才成了东门头人心中的一抹亮色。

制作出上品精美的土烟丝，需要一整套完美的工艺流程。铜岩伯他们加工制作土烟丝的流程，大致可以分为四个环节：一、烟草原材料的收购；二、土烟丝半成品的配料；三、土烟丝半成品的锻压；四、推（刨）出土烟丝成品。这四个流程缺一不可。完成了这几道工序，品相高雅、清香迷人的土烟丝成品，就可以流入市场。

优质的烟叶原料，是制作土烟丝的第一道关口。

当年，铜岩伯和他的烟坊，就是靠优质上乘的原料，确保了土烟丝良好的口感和口碑。

20 世纪60 年代交通不便，烟坊中用于制作土烟丝的原材料，初期大多购买于毗邻的福鼎县。后来本地许多农民知道了烟坊的生产和收购需求，不少村民便开始了烟草种植。每年到了烟草收获的季节，铜岩伯的足迹，就会踏遍烟叶种植区的每一个角落。

本来，对于受雇于城郊供销社的推烟师傅们来说，只管自己烟坊里的土烟丝加工制作就算恪守本职了，他们是按自己制成多少土烟丝产品的数量来计算报酬的。可铜岩伯不一样，当年供销社的领导，因为看重了他的人品和技艺，除让他负责并主导土烟丝制作外，还对他委以重任，把原材料收购、质量验收、配方配置、工具设备添置等权限都交给了他。每到收购的旺季，他都会到种植烟叶的村落，挨家串户精挑细选，查看检验，称重过磅，每一道程序亲自验收，对烟叶质量严格把控。

收购完土烟丝的主要原材料烟草之后，就可以进入配料的程序了。按照当时这家烟坊的功能分区，两层楼的制烟坊，一楼主要用于加工土烟丝产品外，其余空间，也摆放负责销售他们烟坊土烟丝的收购门市部所收购来的一些大件的废铁、纸箱等杂品。二楼上除了分别设有 3 个 20 平米左右的木质仓厢外，余下的 100 多平米面积，就只是专门用于存放烟草的。所以，每年到了烟草收购的季节，整个楼层被金黄色的烟草所覆盖，就像铺了一层厚厚的地毯。

木质仓厢是用于土烟的配料场所。每个师傅在配料这道工序时，会选用已经清净粘附在烟叶上的粉尘，剔除了烟骨等杂质后的纯烟叶、茶籽油、烟末、少许的植物色素配比。在各自的仓厢内，通过充分搅拌至完全均匀后，然后再进行不间断地揉踩，直至略呈胶溶粘结的状态后，再将其装入一个大大的布口袋内后进入锻压。这道工艺简单又繁琐，如果师傅心术不正，意欲在添加物上做文章，是不难有“外快”收入的。可一生正直无私、坚守良知的铜岩伯，不仅以身作则，也坚决反对其他同仁有违背道德良知的行为发生，从而确保了从这家烟坊走出去的所有土烟丝干净纯正，原汁原味，绝无杂质，都是良心产品。

◆ 三 ◆

经过两道工序后，就到了土烟丝加工制作半成品的锻压流程。

土烟丝产品加工的这个过程特别辛苦，可谓是对推烟师傅们一次迸发力量的检验，抑或是一场孔武有力制烟匠人的精彩演绎。初始阶段，手工锻压机的滑轮旋转较为轻松，两个师傅尚能保持相对的姿态，随着压盘的渐续降压，轮盘的旋转会越来越慢，两人的脚步也愈来愈沉重。欲将置于底座上近 100 厘米厚的土烟原料，通过人力将它锻扁至不足 10 厘米的板块，对于两人来说，无疑是一次次对综合素质的检测和力量的挑战。这个过程，他们因竭力使劲而憋红了脸庞，面部肌肉会不时地痉挛、颤抖；豆粒大的汗珠不断地渗出，汗水如田塍被挑开了一道口子，顺着身体欢快地流淌。专注操作中的两个师傅，紧绷的躯体因竭力禁不住地往后仰，各自双手紧握着的铁棍，像是死死攥着拔河赛的粗绳；上肢每处肌肉仿佛有撕裂般的感觉，脚下虽卯足了劲儿，却举步维艰。只能极度无奈地走起了蚁步。渐渐地、缓缓地，两人会随着轮盘的艰难转动，重新寻找钢管插入轮盘所相对应的圆孔，直至锻压流程全部结束。此刻，两个推烟汉子已不再流汗，他们几乎接近于脱水的状态，只能颓然跌靠在烟坊的墙壁上，大口大口地喘着粗气，全身充满了艰辛和疲惫！

劳动创造了生活，劳动也积累了智慧。所有的制作流程及工艺，看似粗狂简单，其实，都是有“门道”的。

当年的东门头土烟丝产品的加工制作，对设备的要求并不太讲究，可师傅们的小小发明，倒是发挥了不少的作用。譬如依次倚在手工锻压机位置旁边的那三个“烟板夹架”，便是铜岩伯自己原创的。他用两条三指宽的硬条木，一方坚实的原木垫，加上两枚插梢做成一个可活动的类似木匠用的“柴马”形状的架子。其作用是：将锻压成板块的土烟原材料半产品，置于此中夹牢，让推烟师傅用特制的推烟刨刀，慢慢地、一丝丝地将之推刨出烟丝成品。这些经过锻压成板块的土烟丝半成品，通常的重量是25公斤左右，体积大约是70厘米×60厘米×10厘米。精益求精的推烟师傅们，总是担心烟板块在推刨烟丝期间不慎松散，所以做到防患于未然。铜岩伯是一个责任心极强的推烟大师傅，他每次都会在实施手工锻压的过程之前，便预先将四条食指粗的麻绳，间距地置放在尚未形成的烟板块底部，直至烟板块锻压完成后仍需捆绑紧实。这也为最后一道工序——推刨出丝，去除隐患，打下坚实的基础。

顺利完成了第三道工序，第四道流程依序而至。这时离不开他们的“神器”——制作烟丝的刨刀和磨刀石。

石头能变成一个宝贝，刨刀当然也是一种不可或缺的工具。

在推（刨）土烟丝的过程中，师傅们对于刨刀片和磨砺石的选用是有讲究的。磨刀时双手的角度、力度、火候，期间的洒水湿磨、出浆润刃乃至磨锋的频率、时长把握，甚至磨刀时的一进一锉的姿态等等，任何一个细小的环节，都将直接影响刀刃的锋利和使用的时效。显然，这个环节运用得当，不仅能使推烟师傅在推烟丝时省工省力，亦可保证推刨出来的烟丝条形完整和品相卓越，从而提高土烟丝产品的质量以及经济效益。

关于制作土烟丝的专业刨刀，其工作的原理和木工用的刨刀基本雷同。略有不同的是：推烟刨刀所配的刀片一般都选用优质的铁合金，远比木匠使用的刀片更厚更沉。它的长度约18 厘米，宽度为12 厘米，比成年人的手掌还要大，重量是当时木工刨刀的四倍以上。那时候，铜岩伯们推烟的过程画面感十分夺人眼球：他们整个身躯是深度弓着，双手始终得紧攥着沉重的烟刨，上下不停歇地用手中沉甸甸的烟刨刀，将胯下“烟夹架”上坚硬如钢的板块烟，推刨出细如头发的土烟丝，这种动作，一遍遍的重复着，无休无止，周而复始。这种单调乏味的沉重劳作，对铜岩伯来说，每天必须要保持8个小时以上，才能将半成品的板块

水烟筒

烟推刨出15 斤左右的成品土烟丝来。每次走进这偌大的烟坊，除了听到推刨烟丝所发出的“嗤嗤”声外，周边一片宁静。那些推烟师傅们，许多时候都是赤膊上阵。铜岩伯本身就体胖怕热，从双脚一跨在烟板夹架上开始，汗水就不曾离开过他的身体，即使在寒冬腊月里，烟坊内制作土烟丝的师傅们，依然会大汗淋漓、气喘吁吁，一年四季，他们每个人的肩膀上，总是搭着一条浸润着黄色汗渍的毛巾，那是他们每天超负荷地推刨土烟丝产品时体内涌出的汗水给浇注的。

四道工艺流程完美结束，铜岩伯和他的制烟工坊也声名远播，蜚声福安。

20 世纪 60 年代末期，计划经济下的烟草市场，卷烟供应十分紧缺。铜岩伯工作的烟坊，土烟丝成了紧俏商品。那时候，仅凭烟坊里的三个制烟师傅起早贪黑、加班加点，根本无法满足市场需求，再加上这家烟坊的口碑和名气，土烟丝身价倍增，需要凭票供应。每天一大早，烟迷们在烟坊门市部门前排起了长达百米的“龙形”长队，这也成了当时东门头的一道独特风景。多少年来，铜岩伯和他的烟坊，也深深地烙在东门头人的心里。

作为一个匠人，在铜岩伯平凡朴实、善良真诚的内心世界里，从来没有虚伪、浮华、奸诈、贪恋这些词汇和概念，他只知道恪守本分，坚守良知，任劳任怨，兢兢业业，用自己的默默付出换来生存与保障，以求得内心的踏实与安稳。他珍惜生活，敬畏职业，恪守道义，把良心刻入骨子里，让它们紧紧伴随自己平凡的生命。

哑巴的生计

◎陈耀年

东门头察院司叶厝是一座大庭院。民国时期，这里右侧住老中医叶盈珍三兄弟一家，左侧是张子山家。新中国成立前后的一段日子，叶盈珍先生是衙前街隆泰药店的坐堂郎中。他一生养育四男二女。可是，命运之神给这个安分守纪的平民人家带来了灾难：其中一男聋、一女二男哑。面对突然连续而至的厄运，叶盈珍带领一家人艰难走过76年坎坷人生路。

新中国成立后，叶先生被录用到一家集体所有制的诊所，当门诊中医师，日子倒也安稳。没多久清理阶级队伍，叶先生被遣送回家，无工资收入，一年后回单位上班，仅领30元月薪。小儿子下放城郊荷洋村当赤脚医生，每月回家前，背药箱先巡诊病人。眼看两个哑巴儿子长大成人，整天到处游荡，无所事事，老人心里十分焦急。他搜肠刮肚后，决定把哑巴儿子叫到跟前，父子三人用手语沟通。父亲说出自己的想法：我们的家庭人口多，经济收入少，弟弟上班前，夫妻还要摆摊炸海蛎包，赚钱维持大家庭生活。你们能否学一门手艺，自己独立谋生。哑巴明白父亲的意思后，不断地比划手势，口里发出“咿咿呀呀”的声音，头摇得像拨浪鼓。父亲读懂儿子的哑语：“我们从小没上过学校，不识字，受别人欺负。哪位师傅肯收哑巴徒弟？”为了治好哑巴的病，在他们很小的时候，叶盈珍就到处求医问药，花光积蓄，却毫无效果。如今哑巴儿子长大成人了，对他们溺爱，不是父亲应有的责任，而是纵容和伤害。

严冬里的一天，天气很冷。叶先生躺在床上，交代哑巴儿子为自己的火笼添炭。当哑巴按照父亲的吩咐，把火笼递给他时，他的手不小心被铜火笼盖烫伤了。哑巴知道自己闯大祸，不免惊慌失措，一边察看父亲的手，一边用手指小心地触摸铜火笼盖，几分钟后，若有所思地走开了。几天后，哑巴从街上买回一个铁火笼盖，来到父亲跟前，把它与铜火笼盖做对比，打手语告诉父亲：铜火笼盖的纹饰又密又细又精，才会烫手，表示要给父亲换个铁火笼盖。叶先生无奈地苦笑了，正经地告诉哑巴，铜盖比铁盖质量好，价钱贵，能保暖，手被烫，是因为自己不小心。哑巴点点头，知趣地走开了。

哑巴靠手语与正常人交流沟通，生计特别困难。他们的自食其力问题，始终是叶先生的心病。平日里，他总是绞尽脑汁，想为儿子找一门简单易学的手艺。

其实，哑巴是聪明人。上帝给他们关上一扇门，也给他们打开了另一扇“心灵手巧”之窗。“大哑巴”已经打定主意，要学铁艺了。他白天上街围着残疾人的铁艺摊转，这个小玩意摸摸，那个铁艺品看看，还不时与师傅交流哑语，认真切磋铁艺制作技巧。父亲还发现，这段日子哑巴买回一节硬木头，剥去粗糙表皮，锯刨成一个 40 厘米高的木墩，上方园心挖个小洞，埋插铁砧，成为哑巴制作铁艺的工具台。他不但买回铁锤、锉刀、钳子等工具，而且上五金店批发各种不同型号的铁丝线。当一切准备就绪后，厅堂里每日传来磨、锉、锻各种声音。一周后，哑巴上街摆出手扶架，挂上耳挖、丝瓜刮刀等小摆件，同时为路人修拉链。不久，哑巴将铁艺品包括铁火笼盖、老鼠笼等搬到街上摊前，

用细铁丝编成的火笼盖是当年习用的物件

展示出售。

哑巴制作铁艺的名声传出后，寿宁、周宁、柘荣等地有人找哑巴批发火笼盖。哑巴生意从家里做到街上，从本地做到外地后，请木工精心制作一个宽30厘米、长60厘米、高50厘米的工具箱。此箱有三层抽屉，可容纳各种工具，夜里将它寄存于街面店铺。往后的日子，不时有宠物爱好者慕名来到摊前，定制关猫、狗、鸡等特大的动物铁笼，或小食店厨师专用的炸油漏斗。由于生意广开门路，收入日趋稳定，哑巴情绪饱满，笑口常开。他们赚钱后，见父亲年老体弱，买回人参，让老人补体壮身，或经常买些零食品送给侄儿消馋虫，或带些他们自己爱吃的荤菜祭牙。

哑巴的内心充满美好和细腻，渴望理解和尊重。有段日子，哑巴外出摆摊，一定要穿上新衣服，对着镜子照了又照才出门。一回到家，立刻脱下身上新买的衣服，一头扎进前庭天井，将多日准备的木料，搭建成养猪圈。一家人感到很意外，觉得很奇怪，哑巴为什么要养猪呢？经过交流，父亲知道了："哑巴想娶老婆了。"遗憾的是哑巴的心愿最终未能实现。一些无法躲避的现实问题，无异是哑巴婚姻无法逾越的一道道鸿沟。

哑巴的世界，其实有着不逊于正常人的五彩缤纷。

东大路边的红烛店

郭德杨的大家庭

◎陈耀年

郭德杨先生世居东门头。20 世纪中叶，他家是东门头一带远近闻名的大家庭。夫妻俩育有六男三女，人口鼎盛时期，一家三代 24 人，直至他 63 岁辞世前，这个大家庭不曾分过家。人们提起郭先生的家，总是啧啧称赞。

我与郭先生的大儿子益德是亲密无间的小学同班同学，益德经常邀请我到他家玩耍，如今脑子里还留有郭家当年的记忆画面。

郭先生身材高挑，是个硬朗的汉子。他自从娶妻生子，独立门户，成为一家之主后，艰苦创业，勤俭持家，坚定地信奉“人生在勤，不索何获”的信条，一生孜孜不倦追求自己的事业。郭先生一家居住在地处东大路繁华地段的房子里。房屋狭长，光线昏暗，前商后居。临东大路不大的店面里，摆的是些家庭生活用品，诸如酱油、虾油、醋、盐巴、面条、蜡烛等。平时夫妻俩省吃俭用，添置一台加工面条的机器。上午在店里加工面条。那古老磨损的齿轮和晶亮光滑的碾压轴，以及大转轮的手摇柄中段处被磨得细小锃亮细节，分明告诉我们，这是一台有故事的机器。通常是郭先生摇动大转轮，妻子坐在机子正面接住从齿轮咬合处流出的面条，然后整齐地铺在竹篾垫上，竹篾垫由郭先生顶在头上，送到池头空地上晾晒，这活儿要赶在太阳升高前忙完。郭先生接着又到池头对面厝埕，有序地揭开昨晚盖在十几个酱缸上的竹篾斗笠，让太阳暴晒酱缸里的豆酱。中午时分，他用木浆板来回搅动酱汁水，其颜色马上由褐黑色变成蛋黄色。傍晚，他再来一次搅动，盖好竹篾斗笠，才能放心回家，并收拾上午晾在池头的干面条。他吃过晚饭，马上在灶口边架起大锅熬蜡油，随着炉里木炭烧得通红，锅里固态的蜡块逐渐熔化成液体，便小心翼翼将油倒进事先已布上拉紧的烛芯的模具里，不一会儿，几台蜡烛机模具先后被灌满。第二天下午，这些蜡烛被卸下，接着开始包装入库，等待批发。一天下来，夫妻几乎都在忙里忙外，毫无休闲的时刻。郭先生年轻时学过医术，家里孩子头痛肚泄，几味中药就药到病除。平日里，只要有病人求救，他立刻变身成为济世扶困的民间仁医；他继承父业，寻龙择日也蛮在行；城邑开展“信俗文化”传承活动时，铸铁枝、扎舞龙也是他的拿手绝活。

若干年后，郭先生的儿女们都长大成人，男婚女嫁，家业大了，人口多了。郭先生又适时严格地订立勤俭家规，对大家庭成员的衣食住行都有严格的要求。每餐吃饭前，用两张八仙桌上下并列摆放，规定一家人到齐后才能动筷开饭。父母坐上头，兄弟们坐在两侧，孙子坐立下方。这一拨人餐毕，那一拨人才能上桌就餐。孩子们就餐时，或挑三拣四，或漫不经心，或洒落饭粒。他见到后，总是毫不客气地要求子孙把饭粒拾到碗里。他们家孩子的穿戴十分节俭。有一年的冬季，天气很寒冷。一天上课前，外面刮着大风，教室的门紧关着。突然门被打开了，闪进一个人的身影，大家定眼一看，不免笑出了声。原来益德同学今天穿了一套又长又宽的新便装，衣袖、裤管因过长而往上折了几圈，肥硕的便装裹着瘦小的身材，显然有些别扭。班主任老师当场告诉大家，益德同学家里兄弟多，他是长子，父母特地为他添置大件衣裤，使得他家的衣服可以“传承有绪”。暑假里，我和益德都到双井巷刘老师厝补习。小伙伴们在三合土地面的大厅嬉戏，益德自言自语地说，我家泥土地面，春天潮湿，下雨天泥泞，每年对地面刮土一次，上面洒些细沙，以防滑倒。去年田野调查期间，郭先生三子铃仔说起一件事，小时候到柘园下村砍柴，误收了别人家的茅草，主人发现后，要没收柴刀，当知道郭德杨是我父亲时，什么事也没有了。接着，自己高兴地挑回茅草，并把事情一五一十地告诉父亲时，父亲立马要求自己把这担茅草归还主人，并诚恳地向人家道歉。

郭先生认为："富贵本无根，尽从勤里得。"五个儿子到了婚娶年龄，不少人到他家提亲，其中对象不乏城里居民户姑娘。郭先生夫妻经过再三比较，决定娶农村女孩进门。他们说，乡下姑娘从小热爱劳动，不怕劳累，不爱打扮，肯下地干活。果然，几位农村姑娘先后过门后，一到"田家少闲月，五月人倍忙"的农忙时节，夫唱妇随，主动下田插秧、割稻，干农活挣工分。当年桃之夭夭、灼灼其华的少女，如今已是满头银发、年华垂暮的老妪。她们谈起那些年头下田干农活之事，显得淡定自如。

古人言，家和万事兴。郭先生治家公平，公开。子女们所赚的钱，一律交给母亲统一管理支配。大家庭成员的衣食住行，由母亲全盘掌管。因家中农业人口多，每月要购买的粮食和每日上街要买的菜，由母亲做主采购；父母统一为子孙、儿媳妇添置春节和端午节的新衣裳，旧衣服要轮番穿戴；小孩的零食品由母亲按时购回，平均分发；农村儿媳妇的娘家亲戚来家作客，由父母接待。大家庭成员之间如有误会，委屈，父母主持双方沟通开导教育，妯娌之间团结友爱，餐后争先恐后抢着洗碗。大家庭让每一个成员自觉拥有一份"退一步自然优雅，让三分何等清闲"的情怀。由于郭先生严厉管教，儿子和儿媳们能重大局，识大体，能循规蹈矩，家门和顺，兄友弟爱。

这个大家庭的主要特点是：父母为养育儿子，经历千辛万苦，为他们撑起一片灿烂的天空。首先，夫妻两人对儿子成家立业，牵肠挂肚，虽然包办代替一家大小的衣食住行，但是公正、公平。小夫妻可专心致志谋事赚钱；其次，父亲有医术和五行之类的知识，平常为邻里乡亲服务，大伙对他亲善友好，在街坊间有口碑、有威信；第三，小辈人能体恤父母，孝敬大人。

郭德杨治理这个"小小大家庭"的智慧，值得大家学习。

东门头三弟鱼货店

◎陈耀年

民国后期，东大路双井巷口德杨蜡烛店的对面，有一家东门头出名的鱼货店，老板是郑三弟。因兄长早亡，为了养育侄儿，拿出手头所有的积蓄开了家鱼货店，特意将侄子春弟和福生叫到店里协助经营。三弟教他们出差备货，张罗店面，接待客人，推销货品，揣摩客人心理等生意经。叔侄以信招客，以诚待客，鱼货店生意口碑越来越好，财源越滚越大。

该店主要经营各类咸鱼、鲜鱼及小鱼虾蚵腌货。咸鱼货源来自浙江苍南沈家门一带，是福安东路山里人购买的家常货，所以销量较大。几年后，因路途遥远，交通不便，同时台州洋有抢劫帮出没，商家进货渠道改为连江一带。若进货鱼鲞和各类咸鱼，则同行老板事先要有约定，择日结伴前往连江渔区采购各种鱼鲞。鱼货店进的腌虾苗、腌鱼仔等货品，可直接到赛岐码头向霞浦、宁德籍的小舢板渔民购买提货，用小木桶装回他们藏在舱里的腌货，再批发给乡下的零售店。城里人的餐桌上离不开鲜鱼。每年一到渔汛季节，则派人到官井洋收购鲜黄瓜鱼。店里派到渔区采购的伙计，为预防抢劫，把竹筒子剖成对半，打通节子，银元叠放里边，再紧实封口。纸币或藏放内衣口袋，和衣睡觉不卸装，或用条布缝成腰带，往里塞纸币，扎在腰间，不露财。鲜货一到手，伙计们特别担心路途拖延时间，鲜鱼失去鲜度，卖不到好价钱，一定用树枝条遮盖鲜鱼，连夜雇舟船乘涨潮时分启程，到达赛岐码头后，如遇退潮，请纤夫拉绳索，船溯洄而上。当船停泊福安溪口码头，挑工立即赶到现场，将鲜鱼运回店里。哪怕三更半夜，只要人货到城里，即使顾不上吃喝休息，老板点亮汽灯张罗交易，伙计们马上开店门大声吆喝，招呼周围人们买鲜黄瓜鱼。早市一开张，客人争着买鲜鱼，那些红唇、个头大、眼睛亮晶晶、全身黄澄澄的被提走后，剩下的折价出售，再剩余的腌成咸鱼出售。

当年农村交通落后，环境封闭，经济滞后，山里人生活贫困，购买能力低下，基本过着“虾苗和糟，芥菜连头，地瓜米对半和”的日子。他们最喜欢买腌鱼虾蚵，认为“穿要蓝青，吃要咸腌”。农村劳力吃咸鱼，身上筋骨能强壮，上山坡，下田地，劳动干活有大力气。有的人爱买咸带鱼，认为蒸后表面炸裂，能出油，黄澄澄，是下饭好料。有的人逢年过节才买些咸白力鱼，咸鲨鱼。大多数买家伸手把货篮里的咸鱼上下翻个遍，其实只为了买到一二条而已。老板提着铜盘秤在一旁耐心侍候。买家如果所带钱额不足，老板会热心答应赊账，过一段日子，除特殊情形无力偿还者外，所有人都能如约如数奉还。没有消账的债户，他们到秋收季节，就用谷子、大米、粉扣丝、地瓜米折价偿还。一个社会的商业活动，交易双方能把“诚信是人性，是道德，是契约”的精神，根植于心里，践行于行动。那么，有序的市场、文明的交易，将为政府公共资源的节约，提供了条件与可能。

每天上午八九点钟，东部山民就挑着松木干片的担子，肩扛大碗口粗的杉

东门头的鱼货摊

木条，穿过城门，匆匆忙忙地行进在东大路上。有些山民经过三弟鱼货店，就要撂下担子，提着蒲包饭篮子走进店里。老板、掌柜、伙计争先恐后笑脸相迎，有人马上用手掌把水烟筒吸口搓擦一下，递给进店的来客，客套几句后，把来者的蒲包饭送到后面厨房锅灶预热。有人给山民递毛巾、端茶水。这些人进城卖去柴木片后，回店能吃到热腾腾的饭菜，谁不愿意顺便买些咸鱼回家呢？

炎热夏天，鱼货店对货物的管理有严格的要求。盖着树枝条的龙头鱼鲜货一到店，嘴巴鲜红，体态圆润，质地滑脱，买家围上前，七上八下挑拣，翻动，取舍后，剩下的又小又软，只能低价出售，所赚不多，老板毫无怨言。大热天晚上，伙计们躺在店门口睡觉，夜猫子耍抓老鼠的把戏，高潮时，一只猫能逮到六七只耗子，不及时处理，很容易生虫。这时，人不管有多困，也要起来料理清楚。

春弟当年是英俊后生，风华正茂，待人诚恳。他20岁那年，春暖花开的一天，一位俊秀姑娘来店里买鱼。春弟不知其中缘由，便主动笑脸相迎，不等人家开口，便滔滔不绝挨个介绍咸鱼种类、价目。许久，他抬头望一眼，发现姑娘心不在焉，两只眼睛却含情脉脉地望着自己，慌忙问道："你要买什么鱼？"姑娘羞涩地小声说："回家和哥哥商量后再决定。"说完快步迈出店门，一阵风消失在路上来来往往的人流里。春弟若有所思赶到门口，眼前是比肩接踵的人群，只好失望地回到店里，无精打采地做着上午的生意。其实，他不知道底细。作为三弟鱼货店的伙计，他手脚勤快，嘴巴蜜甜，人缘甚好，讨人喜欢。平日里，不断有人上门为侄儿提亲，受各种条件限制，三弟都婉言谢绝了。唯有柘荣蒲洋后坪村一家山民长年与之生意来往，知根知底，主动上门提亲，自愿将自己眉清目秀的妹妹嫁与春弟做新娘。理由是：后生仔态度和蔼，人品端正，家道殷实，"八字"相符。三弟见对方言语恳切，真心实意，便首肯赞许。年底，三弟高兴地为一对年轻人举行隆重的婚礼仪式。

三弟为了店里的生意，也为了养育侄儿成人成家，自己错过成婚年龄，直拖到50岁才结婚，如今儿孙满堂。

中国人经商的历史源远流长，在漫长的商业活动中逐渐培育出一套商场"潜规则"：诚信、公平、守诺、礼待是商场的良方；欺诈、失信、无良、蛮横是商场的大敌。

东门民俗传人掠影

◎陈耀年

东门头民间信仰文化和民间习俗文化传人，因受区域性和文化现象载体的限制，从业人员数量和场地均受到一定影响。以下简单介绍民国时期东门头信俗文化特征及其传人。

◆ 迎神祈福展铁技 ◆

扬名中外的铁技民间文化艺术表演，大约于明末清初从福建泉州一带传入闽东沿海地区，曾流行于福鼎、蕉城、福安、霞浦、寿宁等地。民间铁技，技术高超，阵容强大，场面壮观。它吸收民间文艺、传统戏剧、舞蹈杂技等艺术门类的精华，形成独特的民俗表演艺术，成为闽东颇有影响的民间节俗活动之一。一年中，每逢节日、庆典、神诞、庙会，各地都会举行具有传统节俗风格、乡土文化气息，精妙绝伦的铁技艺术表演。当年，东门头建民厝住打银匠成技师傅、打铁匠汉容师傅，两人精通扎铁技的技艺，境内人主动当帮工。现场上，特大木头墩支起每层高 1 米的 3 层铁技架。有时，每层高度视内容而定。师傅们用铁砧打孔，将粗铁条插入有孔的厚铁板，铁条之间用铁线捆绑固定。充当铁技表演的儿童，要选胆量大、扮相好、身体壮、身材高、10 岁左右的男女孩子。他们被扎紧腰围，或站立底层，或端坐中上层，装扮成小姐书生的样子，扮演“唐僧取经”“哪吒闹海”等历史题材的人物，吸引八里十乡的老百姓观看，街路上人流如潮，拥挤不堪。正月迎神日，众人抬着东门头的铁技巡游全城，名扬四方。

◆ 正月舞龙图吉利 ◆

舞龙俗称玩龙灯，是一种中国民族传统民俗文化。舞龙时，龙跟着绣球做各种动作。穿插时，龙不断地展示扭、挥、仰、跪、跳、摇等多种姿势。舞蹈者持中国传说中的龙形道具而得名。龙的形象源于中国古代的图腾，被视为中华民族的象征，并把它看作能行云布雨、消灾降福的神物。

东门头人用舞龙的方式祈求平安丰收，精彩表演带来无限欢乐。东门头龙骼用竹篾编成，龙身用铁条扎，外形用彩绘布包装，有八九节。体内点的灯，纸蕊浸过茶油。东门头人舞龙时，龙身活跃翻腾，轻盈矫捷；龙头张口伸舌，活灵活现；龙珠舞动时，清脆的铃声美妙悦耳。

龙头由技术高、体格壮、力气大的郭翰章操控，其他技高、体壮、力大的年轻人轮流承担。

老百姓家逢年过节、老人寿诞，东门头龙队前往庆贺。程序一般是：引导人把纸糊的圆形榛油太平灯，放在主人厅堂大桌上。接着，龙珠抢先入内，龙头昂首跟进，龙身绕柱舞动。一阵舞龙欢乐后，大家喝吉祥的红糖水，吃东家送来的炒米、桔子，并收下红包，如不合意，客气地说“添丁”。东家即明白客人意思，加大红包数额。舞龙完毕，龙尾先退出，龙头后随出，最后把吉祥红纸条贴在主人大门上。

◆ 施法消惊召魂魄 ◆

东门头的郭石成先生是一位民间驱邪消惊的高手。坊间有小孩子受惊吓，家长认为是魂魄受怕脱体造成的，表现为婴儿日夜吵闹啼哭不停，必须请巫师来为婴儿施法消惊，把婴儿魂魄召回体内，使之康复。病家发出邀请后，他一定在预约的时间准时到达。老人身材高挑纤瘦，胡子眉毛头发一色雪白，身穿白粗布衫。他吩咐东家摆设供品，即茶水 3 杯、酒 3 杯、豆 1 碗、红烛 2 根，要过小孩平常所穿 1 件内衣，交代受惊儿童闭上眼睛，平静地躺在床上。他烧香燃烛后，左手摊 1 张黄纸咒符，右手握 1 个甲杯，面对厅堂墙壁，请“神”下界。所请“神”为陈靖姑管辖下的三十六宫婆神、四十八位婆姐以及巫师本坛的祖师爷。接着，他口中诵“消惊咒”，一边振振有词，一边手舞足蹈，不停地用脚踩踏地面。几分钟后，来到孩子床边，用香点烙事先写好的“奉祖本先师敕令大魔王收捉卍”的咒符，然后交代病家焚符，将烬灰泡甜糖水让孩子服下。法事完毕后，他收下红包，悄悄地飘走了。

◆ 寻龙筑墓选吉地 ◆

子承父业。郭德杨先生传承父辈“五行”术，除为乡邻们驱邪赶鬼外，也择日选穴，成为东门头一方筑墓的“寻龙”先生。郭先生告诉大家，一块吉地，后背山要有龙脉延伸缓缓而来，前要有笔架山，左龙山能全环抱，右虎山要半环抱，意即龙包虎，属平安吉利，前方的“明堂”有田有水是吉地，两侧无山风及泻水口能聚财。罗盘是郭先生选穴的主要工具。当年，东门头左邻右舍纷纷请他寻龙，以图财丁两旺，喜气盈门。郭先生体态颀长，走起路来健步如飞，出外寻龙之日，翻山越岭，如遇形势可取之地，即停留测试。先生取出小木盘置于地上，盘里铺红布，撒大米，理平后，将罗盘置于其上，不断挪动调整罗盘方向，以求准确无误。初步定下座向后，则与墓主时辰生庚八字求吻合，以祈“合山”平安吉利。郭先生在一天里，以这些程序在不同的山头、园坪屡屡尝试，以求得愿。古代有些大户人家，为求得“龙穴”，将寻龙先生滞留家中几年，鱼肉款待，不可怠慢。

长弟先生的杂货店

◎陈耀年

民国后期，长弟先生的杂货店是东门头较大的一家店铺。他的店铺处在东大路的中段北侧，平日里，人来人往十分热闹，遇到节庆，特别到年关，店铺生意非常兴旺。有人说，这是东家“知地取胜，择地生财”的结果。也有人说，这是老板“精于儒商鼻祖端木赐的经商术”。

其实，七八十年前，要想经营一家像样的店铺，老板的素质确实是关键。长弟先生是农村人，当年，家道殷实，也读了几年书，村里乡邻都认为他是“读书人”。后来，他进城扎根东门头，开家杂货店。自己既当老板，又当坐堂郎中。老板做生意，从细节做起。例如：因顾客要上俩个台阶，才能到达店里。他亲手在店门口墙上，写四个大字“小心台阶”。老板要求，店内功能区域分明，货物摆设显眼。顾客进店，举目一扫：店右侧摆着市面上商铺通用的“曲尺”木柜台（主柜台内有棱锥形的入币口，钱币一旦投入，很难取出）。柜台后的墙根处并列摆放八九个圆柱木桶， 这些木桶上大下小，半腰里装上一片木板后，上层装着食杂干货，如桂园干、红枣、黑枣、白糖、冰糖等等。迎街的短柜台上，一溜儿排放十来个玻璃立罐子，瓶内装海里珍贵的干货，如海参、开镜、凸包等等，瓶外贴上货品名称、产地、价格标签，客人一目了然。左侧贴墙的货架上，高层置放家庭杂什用品，下层摆着盛“洋油”的“亚细亚”方形铁桶，角落转弯处安放几口盛着酱油、虾油、醋、酒的小号“冬瓜缸”，临街面摆放十来个竹篾“海篮”仔，里面装着白笋干、乌笋干、紫菜干、笋毛子、腐乳干、海带、墨鱼干等山珍海味。与右侧柜头相向处的上方横吊着两根平行竹竿，前根竿上面挂满红色“只乙”，竿右端末有少量白色的长短不一的白烛仔，后根竿上面挂满不同规格的“喜烛”。

长弟先生经商的原则讲究有情有义。平日里，他对伙计们反复强调，先做人，后经商。店铺顾客主要是城外东部山民，像当时所有做生意的老板一样，他要求伙计们接待买家，要做到宾至如归。为了方便宾客趁热就餐，店后房筑有土灶，置有圆桌、木凳，中午特意雇人为客家熱饭菜。角落地上有口锅，旁边立着很大的铁圆形转盘，这是一套制作香烛迷信品的设备。虽然地盘所剩不多，但是隐蔽处仍设有便厕。年关前，长弟先生免费供应红纸，亲自为来店者写春联或折水果包。

店铺日常经营管理由儿子负责。长弟先生把握经商理念，登记进出货的账目，处理重大问题。他的账目包括日期，数量，货品，字迹个个清晰，来去笔笔清楚。当年，商品买卖中赊账是常有的事。他的账簿里一丝不苟地标上赊账记号，年关前，双方结账，翻出账本，信用为先，很少出差错。若个别债务者是年遭天灾人祸，无力偿还，自然成为呆账户了。春节过后，他大笔一挥，一笔勾销。小辈们对此时有异议，他谆谆善诱：“难道我们不能像胡雪岩，上半夜想想自己，下半夜想想别人？”

他经常利用夜间伙计们在厨房里制作烛仔的机会，背着双手，踱着方步，绕着制烛的铁架子，口里朗朗吟诵：“于己有利而于人无利者，小商也；于己有利而于人亦有利者，大商也；于人有利，于己无利者，非商也；损人之利以利己之利者，奸商也。”炉里通红的炭火把他清瘦的脸颊，相映得潮红，可以看得出，这些话发自他的内心。可是伙计们似懂非懂，另请他讲古代名人经商的故事。当他信口开河讲起“富甲陶朱公范蠡、智慧商祖白圭、营国巨商吕不韦”的经典故事时，大家立马洗耳恭听，睡意瞬时飘到九霄云外了。这时，锅里的烛油愈来愈少了，而架子上红彤晶亮的“只乙” 却愈来愈多了。稍过片刻，他平静而严肃地说：“大凡天下之学问，万事成败，皆不出道与术这两大范畴。道是河，术是舟；道是舵，术是桨。无河无以载舟，无舟难以渡河。无舵则无方向，无桨则无动力。所以，道是方向，术是方法；道是法则，术是谋略。”士儒经商之道在不知不觉中，被他灌输到伙计们的头脑里。

长弟先生做生意最显著的特点是以医促商。一张账桌摆放在离店铺柜台正面丈把宽的对面处，这里是长弟先生的座位。桌面上叠放着古代中医名著，如《黄帝内经》《脉经》《腹症奇览》《千金方》《汤头歌诀》等。无交易时，他专心致志阅读中医书籍。学医书，提高医术，成为他的一种习惯与追求。他认为医者要有医德，特意把清代名医喻昌著作《医门法律·问病论》中的句子“医，仁术也。仁人君子，必笃于情”写成条子，贴在桌面的左上方，作为自己行医的座右铭。每当病家找他看病，他总是性情温雅，志必谦恭，动必礼节，举止和柔。

几年来，他为邻里把脉开方，按照“望、闻、问、切、辨”五步骤，辨证施治，手到病除。医患关系建立起良好的互动后，病家日后就成为买家了。人是一种理性的感情动物，他们之间一旦有了信赖和尊重，交易就容易成功了。

有人问：他是老板，抑或是中医师？其实，身份对于他来说，已经不重要了。他拨弄算盘时是老板，开家杂货店铺想赚钱，是商人的利益追求，无可非议；把脉开方时是中医师，有时病家随意送上微薄红包，遇上贫困者，拒收他们的红包，也是人之常情。而这位老板的智慧之处在于：秉承孙思邈“人命至重，有贵千金，一方济之，德逾于此”的医训，运用自己的一技之长，悬壶济世，以医促商。既为病家解忧排难，又为自己广开财路，岂不是一箭双雕，一举两得！

事例一：城郊官洋村郑姓乡亲，有一男孩经常腹痛不已，慕名来店找长弟先生看病。他望着眼前十五岁左右小男孩，脸色蜡黄，形体消瘦，手脚冰凉，腹部微胀，便详细地向家长了解孩子平时的生活饮食习惯。他低头沉思片刻后，对家长说，蛔虫入肠，窃取养分，宜用“乌梅汤”服之。病人连用三剂，果然有虫驱出。由于病根找到，他接着把病人身体调养好，所以体格逐年健壮。成年结婚娶妻时，开设宴席的酒料来店采购。这是一张病家的广告，传遍十里八乡。俗话说：“声誉与生意相依，做生意先要做名气。”名气一响，财宝就会滚滚而至。

事例二：当年，柘荣、富溪、黄柏等地的山民经常来福安治病或买货，他们到城里办事，必经东门头。有一年中秋节的上午，店里来了一对年轻夫妻，径直走到长弟先生身旁，落座后，向他倾诉苦衷。原来他们是黄柏长冠村人，男方两代单传，结婚三年无子嗣。公婆慕名福安东门头杂货店老板治病有经验，特地安排他们来求医。听完他们的叙述，长弟先生立刻对女方把脉、望舌、问诊。顷刻，有把握地开出一张“温经汤”处方，交代服十天后，再换处方。往后的日子，他根据女方的身体症状，在原处方的基础上，不断采用加减法，连续服用三个月，女方终于有喜。这一家人为了表达感激之情，敲锣打鼓放鞭炮，给长弟先生送来一面锦旗，上书“观音在世”。好事一传十，十传百。从此，柘荣一带找他看病的村民趋之若鹜。慕名求医者络绎不绝。

长弟先生既是一位充满理达、聪明的仁爱医者，又是一位豁达、淳良的严谨老板。一个成功的商人，首先要懂得商道之本，不仅要善于转输货物，商略价格，拓展市场，还要善于审时度势，调和矛盾，明辨利弊，只有这样，才能在商海中立于不败之地！

做会暝的道师兄弟

◎陈佑年

道师法坛上的神画

旧时福安城关地盘小，街头巷尾亲朋戚友低头不见抬头见。谁家操办红白事，都得按传统信俗来办。家里死了人，收殓当晚一定要做会暝为死者诵经请神。超度亡灵脱离苦海早降人间。正常死亡的会暝由道师做。那时县城有三个坛：后垅霖章法师坛，阳头崇现法师坛，东门头文生、文玉法师坛。三个坛做会暝虽有心照不宣的地域分工，但东门头文生、文玉道师坛承接的法事遥遥领先其他两个坛。探究原因主要是：

民间对信俗文化、技艺看中的是祖上一派传承。俗话“一样道师一样法”，讲的是每个道师都有别于他人的独门功夫。文生、文玉道师祖父、父亲均是道师，传承立世后又传给孩子梅基，可谓四代单传。他们属“正一派”，亦称“天师道”，由汉张陵创。

正一即真一、正道、真道之意。张陵第三十八代后裔张与材被封“正一教主”，总领龙虎山、闾山、茅山符箓，此后凡是道教的符箓各派统称“正一道”。文生、文玉之父民间称老盈道师，因承上启下，在福安名声很大。他东门头家中极富道教氛围和职业特色。大厅墙壁设有木柜嵌入式的感应灵堂。风火榜横书“闾山宝殿”，“显应”“灵坛”分置左右两旁，中间竖书“南无大慈大悲救苦救难灵现观世音菩萨”，从中往两旁依次书各方神明，如“闾山九郎”“茅山十郎”“普庵真武玄天大帝”“护国通天圣母元帅”“林公忠平侯王”等等。文生、文玉从小耳闻目睹，又得父亲真谛相传，加之兄弟俩天性聪颖，强闻博记，文生13岁即随父出场做会暝护将道师。老盈道师羽化后，文生兄弟独当一面，撑起东门坛。文生道师为主行。文生既做会暝，又办道术传习馆，收徒授法。东口坛、阳头坛、社口坛均出其门，名声和影响力自然更大。城外东路的占洋、马上、仙岭，官洋、金钟、后楼、荷洋有做会暝，都会上门邀请。文生兄弟不但法术高，而且极具怜悯心，看轻钱财。有的东家家庭困难，他甚至不讲价格，随送随收，给予赊账或不收，因此口碑极佳。

“戏班好不好，先看行头会不会灼佳（好看）”。他们的行头中当属老盈道师给孩子文生、文玉道师购置的一套最为贵重。文生、文玉道师的红、青或黄的祭服长衫，前襟绣龙绣麒麟，背后绣太极图。红色、青色的四瓣帽全手工刺绣。金线绣龙绣麒麟，金线镶边，金碧耀眼，雍容华贵。神事挂图，如“师爷”“十殿阎王”“普贤祖师”等都是手绘，场景、人物、神态都维妙维肖，极其富于感染力。手绘颜料均为多色矿物质，经年不褪色，悬挂壁上光鲜亮丽，犹如新绘。文生兄弟的道具，如手持香炉、台铃，奏板，如意，特别是法印，都用名贵木材，请名师精雕细刻。“三音”锣、鼓、钹铸材地道，音色纯正。件件道具包浆开光，油光发亮，是弥足珍贵的艺术品。

文生兄弟做会暝讲究程式步数，从不随意删减。他俩外出主持法事，不管在哪场合都依章施法，有一套严谨的程序。午后两时许，他们就会赶到丧事家，指导或亲自布置厅堂。随后端坐八仙桌旁，专心致志用黄、绿、红纸书写各种“牒”“幡”“疏”。文生道师的小楷毛笔字部首间架合理，横竖撇捺有力，字间行距匀称，很是端正秀美。下午三时过后，文生道师就开始发薄暮咒。起醮宴请历代法师前来主坛，分布符书请三界神灵、本地城隍土主；洒净水清除污秽，邪魔鬼怪；通报亡人姓名、生卒时辰、请诸神超度亡灵，请孤魂野鬼领

道师法器

食疏散。诸多步骤结束后文生道师方用晚餐。稍事休息，焚香点烛、锣鼓响起，文生，文玉道师更衣上坛，进入会暝的核心步骤：道师边舞幡竿，边念边击乐器，开路引亡灵归来。此后要破“地狱”、拜“十五王”、过“十殿”、环灯、环材（棺）、劝灵、辞神，直至次日凌晨五时许，整场会暝才结束。虽一夜劳顿，文生、文玉道师亦精神抖擞，不见疲惫。

福安民间做会暝，但凡家境中等以上，或虔诚信佛人家，或报孝心切后人，都要再请个和尚来当主行，道师两边护将，僧道经忏能唱到合拍、步骤能走成协调的亦不多。文生道师长期与福安著名的香花和尚安德师父搭档，闻名四里八乡。福安民间佛教香花派始于明朝。福安香花和尚最出名的有“石门科”和“锁泉科”两种。两者从事的佛事内容相似，但形式有异。民间俗语“城里重石门，农村重锁泉”。香花经书内容丰富多彩，亦释亦儒、亦佛亦道、亦僧亦俗，但仍以释教经典为主，佛事经书传承较为严格。文生道师搭档的香花和尚是天堂庵擅长香花经忏的安德师父。安德师父生于 1900 年，1963 年圆寂。他 10 岁出家，投福州雪峰崇庆寺，后为灵岩寺住持。1929 年福安佛教协会成立，他为一至四届理事。1941 年受法鼓山圣箭堂盛慧法主座下，是曹洞法脉第五十一代传人。

道师法事身着的道袍

1950年因三宝寺被政府征用，安德师父住天马山天堂庵，农禅并重，自食其力，过着日耕夜诵的禅经生活。安德师父为人慈悲，佛心广大，时传他有观想“密语”，有“长光”（即“重光”）之术，通过法术能再现已然发生之人事，故颇受时人倚重。而文生道师与安德师父相交颇深，会暝上配合密切，就是很自然的事了。

会暝的功德是超度亡灵脱离苦海。法师作为神鬼人的沟通者，法力的拥有者和法术的施行者，他既与凡人不同，但又同是血肉之躯具备喜怒哀乐。民间言“内行看门道，外行看热闹”。道教“门道”不是每个人都能知晓，但“热闹”却是做会暝时人们有目共睹，感同身受的。这“热闹”就是道师在晦暝过程中与东家心灵的互通、情感的互动。文生、文玉道师人高马大，堂堂正正，本就给人一种威仪感，而他俩行法虔诚、专一、细腻，以及保持着与东家的良好交流互动，给了东家信任、感动和慰藉。

文生、文玉道师法事功夫细腻、仪式感强。道教掐诀可以道真制邪，役将治事。不同神明有不同诀法。文生兄弟手指按一定方法盘结掐诀而成的形状造型优美，其过程指法娴熟，五指变化快速，掐诀形式多样。文生兄弟的踏罡步功在法坛，假方寸之地以九重天，按星辰斗宿方位用步踏之稳健有力，似神驰九霄，启奏上天；又似驰骋阴曹地府，所向披靡。他们细腻的做工使人仿佛身历其境，倍感惊异。

道教音乐保持了古代音乐文化特色，又与民间、民族、佛教音乐相互影响，相互吸收，极具特色。文生、文玉道师的唱功也堪称一绝。他俩音色浑圆低沉，极富磁性。会暝咏唱中细腻悠长，抒情达意；念唱中似念似唱，平稳整齐；吟诵中一字一音，狭窄音域；朗诵中自然语言声调而戏剧化的经韵音乐，白中杂唱，唱中杂白，有板有眼，变化多样。特别是“劝灵”中“天也空来地也空，生死如同一梦中”“金也空来银也空，死后无钱在手中”，如歌如泣，催人泪下。

文生、文玉道师的四代兴盛终结于1966年。那天中午，兄弟俩把祖传的经书一卷卷、行头一件件，亲手丢弃天井中，亲手点燃火苗，伫立凝视着熊熊烈火化为一摊灰烬，黯然离开。此后，东门头再无做会暝的文生、文玉道师。

伯父母的生计

◎陈佑年

现今东大路门牌7、8、9号三透店位置，当年是我二伯父陈守波的土木结构楼房。二伯父性格独立，敢于尝试各种生计，青年时在甘棠、赛岐等地挑海篮子卖鱼货，成婚后，自立门户，白手起家，在东门外施老亭村开过弹棉店、豆腐店、面店、饭店、客栈。由于眷恋故土东门头，夫妻省吃俭用于民国32年买下东大路这栋破烂不堪的二层楼房，其中两透是土木房，一透为空地。伯父母拖着5男1女，从此在东门头讨生计。生活的磨盘碾转辛劳的日子，流出酸甜苦辣咸。

伯父破旧的楼房既是安身地，也是营生地。屋厅是他们谋生的工坊，春夏间在这儿加工面条。那时，加工面条要人工运作。揉和面粉是累活，粉料倒入浅缸，加水、搅拌、揉捏、推滚、甩翻，直至主人精疲力尽，面粉呈黄色，变得松软。有筋道，倒进机器挤压成面条。人工转动机轮，面条徐徐流下。他们晨劳夜寐，代客加工，零售出卖，含辛茹苦。但生活并不让人如意。每年春末夏初，天气瞬息万变，晒在晴空下的面条，突然被一场风暴雷雨淋湿耷拉成一团团面粉砣子，第二天面团上长出幽绿的茸毛，发出酸味，就不能吃了。

秋冬两季，伯父母改弦易辙，在屋厅弹棉被。一张宽大的木板上摆着称好的棉花团。二伯父背负着沉重而弯曲的硬木架，左手执着弹棉牛筋弓，右手握着内胆灌铅手榴弹似的弹棉锤，当锤子沉稳而不停地敲扣着弹弓上两头紧绷的牛筋时，发出沉闷急促的“砰砰砰”弹棉声。当弹弓从棉团上拂过，被扬起的棉纤维刹那间盛开蓬松的白绒花，转眼工夫，铺板上是毛茸茸的棉絮层。他提起大竹筛，把棉絮压迫成标准尺寸的棉被状。这番轮到伯母也上场了。他俩站立铺板对侧，伯父通过竹子制成的长“纱竿”把棉纱递给伯母，她迅速掐断棉纱后沾到棉絮上，一来二往，棉絮上布满密密麻麻经纬状棉纱，包裹的棉絮犹如穿上有孔目的素裳。接下来是最苦最累的活儿。伯父端出笨重的木碾盘，干瘪的两手紧抓着盘子的把柄，不停地往披纱的棉絮上碾压着，额前豆粒大汗珠像断线似地落在雪白的棉絮上，他只顾用手肘抹去，并不在意它的苦涩。他伛偻的身子爬上铺板，颤抖地站立在碾盘上，躬着身子，扭着腰子，双脚带动碾盘挪动，用力碾压棉絮，即使上气不接下气，也坚持顶着。两三袋烟的工夫，棉被碾压得服服帖帖，他才下架，口里不断喘着粗气，抽一阵闷烟，呷一口茶水，又干活去了。

伯父母家屋内有一透空地，喂养着母猪。伯母每天都要到三姓路老宅挑泔水，到市场捡菜叶，用米糠搅拌煮熟喂母猪。她悉心照料母猪一日三餐的饮食，进饲料时，一边抚摸母猪脊背，一边自言自语，既安慰母猪，又安慰自己。母猪临产，伯母怀揣期盼，祈祷无恙，喜忧参半：盼母猪一窝能多产崽，又怕它生病难产，寸步不离猪栏，眼睛直瞪躺在地上的产崽母猪。最让伯母开心的时刻是母猪一胎多产。她望着刚落地，眼睛还未睁开的十来只小崽，悬着的心放下了，一边嘱咐儿子取抹布纸张，一边安排丈夫熬糯米鸡蛋汤，忙到下半夜不曾合眼，也没有一点倦意。她家每年出两三窝猪崽子，多时存栏二三十头。

楼房虽破，但因临街，也可以当铺面使用。小小的铺面是伯母的自留地，它规模甚小，设置简陋，品种稀少，厘头利薄。两条窄板凳支起一块门板权当柜台，左边斜放一面木质的弹珠盒盘，右边稀稀疏疏发摆列“红金”“飞马”“丰收”“经济”牌几盒香烟。

摊面中间位置摆放福安特色与风味的糖制品。精致的玻璃牛奶瓶或透明塑料瓶里装着薄荷糖、红白金含、脆豆、咸酥花生、翘翘糖、米糕、炒米等十来种零食品，前沿放着几个直径六七厘米、用竹篾捆成的小圆圈，圈内装着时令水煮花生、蚕豆、麦前豆等。摊面后排，伯母摆放自家秘制的糖醋类零食品。

“走船坐店”。虽是小摊，顾客也络绎不绝。伯母还要帮屋内弹棉被、制机面、养猪姆，人去摊空，每当顾客叫买，伯母就在屋厅内应声：“你自己拿吧，钱就扔在摊上可以了。”有的人虽素未谋面，也这般信任。伯母得暇在摊面时，总是和颜悦色、细声细语。那时一分钱可买两粒金含，小孩喜欢红、白金含各挑一粒。性子急、馋得慌的小孩，两三口就嚼碎吞下肚。也有小孩含在嘴里，细细舔着，囫囵吞枣的小孩只能后悔的看着细嚼慢舔的，心有遗憾。伯母笑着对急性的小孩说："细，金含、金含就是要含在嘴，慢嚼慢舔，嘴才会甜。你一口咬了吞了，不就没了？"遇到拿大面额钱买零食的孩子，伯母总叫他们回家让父母带着来买。也有孩子口袋空空如也，却徘徊摊面，不舍离开，伯母知道孩子的心思，有时也会送一粒金含，笑着说："看来你馋虫来了，这颗金含拿去喂喂它。"小孩接过，笑着一阵风跑开。

伯母摊特别稀罕的是糖醋藠藠，形似蒜头，味透酱香。我第一次尝它，口咬清脆，汁味酸甜，满口刺激，神奇至极，竟说不清什么味道，一时想吐出，又情不自禁贪婪吞下，才知道世间还有这种美味。因可口诱人，经常断档。屡有体弱病者或临终老人嘴巴乏味，为寻求味蕾刺激，病家三番五次打听找到东门头，伯母不吝啬，不收费，权当发慈悲心，做善事。

伯母秘制的糖醋杏梅也是招牌食物。盛产杏子的季节，收购几斤，敲去内核，用竹蔑把三五粒穿成一串，取盐水浸透，再泡在糖醋中，一两天就可以食用，一串一两分钱。甜酸俱佳、清脆可口的杏梅，也常被一抢而光。季节一过，摊上糖醋杏梅串销声匿迹。但伯母会留下两三瓶，有些孕妇要尝醋杏子，也会迤逦找到东门头伯母摊。

伯母以爱心、诚信、恒心在东大路开办摊面有 40 年之久。当年的孩提们，今天已是年逾花甲的老人。他们回忆起金含摊，意味深长，甜蜜难忘。

走过姑婆家的池塘

◎蓝炯熹

从我懂事起，就知道姑婆住在东门头。姑婆家的门前是一口池塘，现在才知道，那是东门护城河的一部分，池塘里的水始终是深绿色的，偶尔会漂浮着一两片菜叶或者落水的败枝。池塘边种着各种各样、不可名状的蔬菜，高高低低，葱茏青翠。当一阵风吹过，一串串长丝瓜在绿色涟漪中摇曳。有时，迎面会飞过一只蜻蜓或蝴蝶；有时，蔬菜的叶面上会蠕动着小昆虫。不知为什么，这些大自然的景致不大会勾住我的好奇心，除了偶然的停留，每一次去姑婆家都是匆匆走过，径直到姑婆的家里。自己从小就是一个不太热爱自然、挺无趣的人。

一进偏门就是姑婆家的厨房，陈设简陋，但干净整洁。我经常在厨房的饭桌上写作业，画蜡笔画。厨房外是天井，天井边的土堆里往往种一株南瓜，姑婆精心照料，拼命上肥，一个个南瓜都足足有脚桶面大，南瓜熟了，煮了一大锅，当饭又当菜，吃起来香甜可口。姑婆的卧室在天井边。两间卧室的外面是前后厅，大门应该是在那里的。但是，从我记忆开始，就很少从大门进姑婆的家，时时都是走过池塘而入偏门。

姑婆叫蓝素英，是那个时代典型的畲族妇女，个子不高，但长得很壮实，皮肤黝黑，背部佝偻，没有缠脚，大脚板走起路来稳重实在。她有一双慈祥的眼睛，说话声音很小，从来没有见过她发脾气，如果有什么事，不管好歹，都泰然处之，默默承受。我很小，也不知道姑婆的身世，妈妈也没有说起她。邻居们都十分尊敬她，因为她有一个烈士的儿子——当年中共福安县委委员雷美孚。我曾在自己的人类学作品《猴墩茶人》中描写过他，素材就来自姑婆：

那几年（注：1930年代），猴墩村时常走动着一位特殊的补鞋匠，他名雷美孚，是福安县城关东门头畲民。当他的那副补鞋担子晃悠悠地摇在进村的道路上时，猴墩村的男女老少便乐开了怀。他精于畲歌，工于盘唱。天生一付好嗓子，擅长假声，会连续唱几个通宵，他一人能斗败数个资深的畲族歌手。他的一曲《长年（长工）歌》，唱得老人们长嘘短叹，热泪滂沱；他的一条《拦路歌》，惹得布妮（畲族少女）们面红耳赤，怦然心动。他健谈豪饮，有一回在村里喝得酩酊大醉，误把口杯当成了新纳成的布鞋，硬将木楦头往里塞，还抡起木锤敲得嘭嘭响，口里嘟囔着："这支鞋真不听使唤……"待他一觉醒来，瞧见口杯早已完全变形。

他还在猴墩村教唱来自福安柏柱洋红色根据地的革命歌谣《十把白扇诗》《十送红军》等，还教唱一首流行于畲村革命根据地的山歌《革命谣》，歌曰："敢做木头不怕钉，敢做笊篱不怕淋，火烧王茅（茅草）心不死，杀头也要干革命。"他有一句名言："'一吡'会变'六猴母'（乡间撒骰子时，将骰子中的"一点"称为"一吡"，"六点"称作"六猴母"），穷人也有出头天。"过了十来年后，猴墩人才知道雷鞋匠是中共党员，还任过县委委员，到过江西瑞金，参加过闽东的国共谈判。他后来由于"犹大"的告密而被捕，惨死于狱中的酷刑，死时离闽东解放不到半年。

表伯的骨殖原来在闽东革命陵园，姑婆认为离她太远了，便直接选了一块墓地，硬是把表伯的骨殖取回，安放在自造的坟墓中。姑婆想，等她过世时，好躺在表伯身边。一家人在一起总是好的。

姑婆还有一个儿子，我的表叔雷春弟。他是个罗锅，个头很小，但是特别引人注目的是那一双明亮的眼睛，炯炯有神，这副眼神来自姑婆的基因。表叔在池塘边的阁楼里摆摊卖香烟，他的摊位边总会招集一伙人，谈天说地。自然，表叔的摊位也是我少年时代的重要去处。

在平时聚会的常客中，有一位形象古怪的人，他大约40来岁，整个人光溜溜的脑袋，没有一丝头发，也缺少眉毛与胡子。他的样子，就像意大利著名的"光头裁判"科里纳。这种人很少见到，他自己告诉我们，之所以出现这种怪现象，是头发在一夜之间给"鬼"剃光的。"鬼"的手段实在可恶，一点都不留情面。

我最喜欢在香烟摊上听人讲故事，人世间的酸甜苦辣，能在那里一一感受到。最引人入胜的是一位道士所讲的故事，他平时没有被延请作法时，都会坐在香烟摊位，高谈阔论。我觉得他是这群人中最有学问的人，他会画符，小孩一时受惊，大人不小心刺鲠在喉，消惊化刺，都是他的拿手好戏。他讲的故事许多都是亲身经历的。有时说得精彩纷呈，听得惊心动魄，这些是我在小人书里读不到的。

不知表叔得了什么病，突然逝世了，姑婆很伤心，请了畲族巫师为表叔“做会暝”。那天夜里，我和妈妈都住在姑婆家里，厅堂的法器龙角撕天裂地。我第一次见到亲人的死亡，听到巫师的吟唱，巨大的恐惧感压得我好几天喘不过气来。

又过了一段时间，晴天霹雳，姑婆也不在了。还是在厅堂，还是畲族巫师做会暝，下半夜的《师爷歌》如诉如泣。我很难过，我知道，从此再也见不到姑婆了，再也不会去姑婆家里吃南瓜了。

又过了一段时间，福安城里拆迁改造，姑婆的房子在红线内，被完全拆除。从此，姑婆、表叔、姑婆的老屋，以及那深绿色的池塘，都消失得无影无踪，成为深埋在我记忆深处的儿时画面。

豆腐人的肩膀

东门头

◎陈耀年

自古以来，韩阳城邑洪涝防治工程脆弱，每年端午节后、中秋节前，庆元、政和、泰顺、寿宁等地河水倾泻而下，东门头地势低洼，百姓叫苦连天。民国十一年（1922）的洪水，犹如一匹脱缰的野马横冲直窜，东门头一带被冲垮的民舍老宅不计其数。祖上遗留下分给陈洪鋈房的“吴刘郭”陈厝下座，被突如其来的洪水吞没了。洪水退去后，面对断壁残垣，满地破碎的瓦片，东倒西歪的家具，他欲哭无泪。

灾难是人间的试金石。试受灾人的坚韧或懦弱，测受难人的气概或胆怯，同时检测一个人在灾难面前是否有足够的智慧与勇敢。时值抗日战争期间，受灾户陈洪鋈在龙江街的街口正对面开家豆腐店，撑起破碎之家。一年三百六十五天，除了春节的三天外，豆腐店老板每天报晓鸡初鸣后，就要起床，只身走进清冷的磨坊，点亮挂在土墙上的四方形“榛油灯”，开始一天的忙碌了。他挑灯上察院司水井挑水。这时，三姓路上寂静无声，偶尔遇见二三个喝酒的醉汉刚回家睡觉，打水人在清冷的井台上，甩桶和拉绳的响声飘出巷口，消失在宾贤宫的拐弯处。他挑着一双装满水的木桶，健步如飞，挥汗如雨，来回四趟，才能灌满大水缸。接着，他开始磨豆腐浆，粗糙的双手推着大转磨的长臂杆，吃力地带动沉重的上磨盘，随着昨晚已经浸透的黄豆滑入上磨口，上下磨盘咬合处流出了白色的豆汁浆。一个瘦弱的中年人，揽下青壮年小伙子连续磨上二三个小时才能完成的长臂杆推磨活。一道道程序，接二连三地干开了：烧火熬豆腐浆，过滤豆浆渣，不断搅拌加入盐卤的桶内豆浆。当豆浆逐渐结成絮状后，立马倒入模容器，挤压，去水，让豆腐析成。如果没有挂在墙上的那盏“榛油灯”，你还看不出豆腐作坊里的他，左眼残疾，眼珠细小，白粒干涩。当孤灯只影随着缭绕茅舍的炊烟飘散时，当寂静的时光被灶堂里“吱吱”的通红火苗吞噬燃尽，三姓路上有稀疏的脚步声开始响动，第一桌用汗水凝成的白豆腐上市了。

依靠这样的辛苦，几年下来，家庭收入略有节余，他正准备重建家园时，一场大祸直闯豆腐人的家。

几年里，他失去 7 位亲人：父母、大叔父夫妻、小叔父、大哥和自己的妻子。失去父母，他心疼不已；失去亲人，他黯然神伤；失去爱妻，他失声痛哭。那一次次的生离死别，不仅让他心里绞痛，而且耗尽豆腐生意的所有积蓄。大家庭里 13 口人衣食住行的重担，压在他孱弱的身上。“往后的路子怎么走？往后的日子怎么过？”豆腐人的心里无奈地揣度。

他思前想后，决定举债度日。主意打定后，向街尾电影巷林子怡举债，再开家米店。加工稻谷的舂臼设在老宅门头厅，楼上安放二门砻、二门风车。一切张罗好后，米店按时开张了。他每天挑两个大麻袋约摸 300 斤稻谷上楼，吩咐短工“高脚”砻米。想不到高脚偷稻谷有奇招：砻米时，加谷壳黑灰，增加稻谷重量，神不知鬼不觉地偷走“多余”的稻谷。他是个善良人，只好自己揽下所有活，每天砻米、舂米、扬米，忙碌不停。砻米是累活，上下俩砻盘是直径约 1 米左右的圆木桶，下砻盘稍大，有一道盛稻谷的圆形沟，它们的外部用竹篾扎紧，内部填充三合土，咬合面插上经过食盐炒过的竹钉子，工作原理和花饰纹路仿石磨。上下俩砻盘叠加时，人工推拉长臂杆，带动上砻盘，上下砻盘表面竹钉互相摩擦，使稻谷脱壳。因砻体笨重，稻谷粗糙，手工推动，十分费力。他的豆腐生意刚放下，就上楼砻米。不多时，口喘大气，肩上汗巾拧出一串汗水。有时，因故未请师傅磨尖竹钉，拉动吃力，脱壳困难，舂米更吃力。砻过的米，要倒入石臼，靠人工舂米。石臼埋地下，口与地面平。人用脚力启动杆杠，另端石锤不断锤打石臼内被砻过的米，直至大米色泽雪白。扬米靠认真，人的右手摇动风车把柄，经过风吹，谷壳随风飘走，大米从下方口子流出。这样，老板虽然辛苦，但是生意成本低。可是，事总是不遂人意。贫穷的人家揭不开锅的时候，只好提着蓝布袋向米店老板赊二三斤米。这样的人和事多了，他的生意资本周转就困难了。年关逼近，打发孩子们除夕夜 10 点后去讨债，结果债户无力偿还，空手而归。老板面对一大捆赊账簿，欲罢不忍，左右为难，束手无策，横下一条心烧掉它，将库存的米、麦、豆折价奉还债主，米店因此倒闭。

生活还要继续。面对破产，豆腐人没有懊恼、绝望、颓废，而是积极、从容、淡定。首先，他向阳头侄女借耕上步下村溪坪的园坪地。他每年风餐雨宿，辛苦劳作，把每担 150 斤的人粪尿挑到地里，走一段上坡路，要花 1 个多小时。平安年可收地瓜二十几担，即使被洪水冲刷后，挖出洪水带来埋在土里的石头，精耕细作后，还有三四担地瓜收成；其次，他不顾被麻风病毒传染的危险，每天去城外偏僻的麻风院周围垦荒种菜；第三，他收回已卖给吴某的 1 亩多农田，带领儿侄犁田、播种、插秧、耘田，收割后，每年可收 300 斤稻谷。他终于靠一再的劳累和付出，把濒临解散的大家庭打理得有条不紊。

为了全家的生计，他想尽一切办法，开源节流。不辞劳苦，酿酒出卖，可怜酒鬼赊账，肉包子打狗，有去无回，只好歇业改行；开家鱼货店，资本少，开支大，用梧桐叶包鱼货，客人笑话老板寒酸，店铺自然倒闭；也干过制茶油业、木材买卖，总是亏多赚少。尽管他的生意不起色，大家庭开支越来越大，个人负担越来越重，大侄子修福上福州读高等学校，无论砸锅卖铁，他还是坚持要送孩子上学。

他在天灾人祸面前，有勇往直前不回头、坚持道业无遗憾的态度，乐观面对生活。夏天，孩子们拖着木屐拖鞋，走起路来“咯咯”响。他笑着说：“芒种作雨，火烧溪旱；夏至作雨，穿烂铁鞋。”每年侄儿们去扫墓，见到墓地杂草丛生，口出怨言。他平静安慰：“能让先人们安息就好。”“你们长大了，一定会修好祖宗的大墓。”

他是一个有担当的长辈。他不惑之年决定用自己的肩膀挑起大家庭的重担，信心百倍地带领儿侄们修复家园。虽然现实屡屡击碎梦想，但是他直面生活，从不退缩。如今，磨坊墙上“榛油灯”茕茕孑立；砻米坊里的“砻磨犹存，春臼犹在”，却不见李白诗所言的“高堂明镜悲白发，朝如青丝暮成雪”之人了。

豆腐人的身上一种神奇的力量。他明白，情是担当，情是道义。因为他对天地有敬畏之情，对苍生有悲悯之情，对长辈有孝敬之情，对幼儿有怜爱之情，所以他有大爱人间的胸怀。他对亲人和朋友的真挚情感，对人生的积极追求，对生活的执著信念，交相辉映，成为人世间最亮的那束光芒。

情满杏林的青草医

◎江绍光

20 世纪五六十年代，东门头巷道里有一间青草药店（现在东风街）。这间并不显眼的小药店，店内普普通通的木制旧药柜，错落有致地堆砌着形形色色、各种各样的中药、青草药材。柜台前，站着一位面带笑容、身着寻常衣裳、满脸沧桑的中年人。他就是远近闻名的青草店医生——王玉成。虽是极为普通的小药店，但店内、门前、弄道里时常簇拥着一批衣着朴素甚至衣裳褴褛的普通平民，他们都是慕名而来的求医者。

王玉成医生

当年，居住东门头一带的居民依稀还记得，青草店门前求医者络绎不断的情景。那是贫苦农民出身的王玉成医生，不仅医术精、疗效好，而更难能可贵的是：王医生不忘初心，善待每一位求医者。无论贫富，一视同仁，童叟无欺，仁心相待。对于上门求医的贫穷患者，少收、减免或不收诊费与药费。甚至路途遥远又不便当日返家者，热情留宿。王医生“悬壶济世、仁心待人”远近闻名。

1922 年，王玉成出生在溪柄镇坑口村的山后楼自然村。山村坐落在穷乡僻壤、荒山野岭之中。“鸡鸣一声闻三县”，仅有三户农户的山后楼村在福安、霞浦、柘荣三县交界的崇山峻岭之上。钟、王、张三家山民在山上种菜种粮，自给自足，“日出而作，日息而归”，基本上过着与世隔绝的农耕生活。三家之中，钟姓人家世代为青草的采药人，三家人中偶有生病，都由钟姓家人上山采青草药治疗。王玉成父亲王万树是个老实巴交的农民。山民一起在深山盖房安居，共同耕作，钟姓农民毫无保留地传授给他青草药疗病诀窍。久而久之，王万树也学会了青草药治病的门道。

王玉成自幼聪慧勤劳，年仅 10 岁就跟随父亲王万树上山采药。耳濡目染，王玉成逐渐了解、掌握了青草药疗病的奥秘。为日后成为青草医生打下了基础。青草药治病的特色是“土”“简”“灵”。“土”是当地百草为药源，就地取材；“简”是方便简单，常用一二味药；“灵”是行之有效，相当灵验。王玉成在这种特殊的环境中成长，日积月累，逐渐成长成土生土长的青草“土医生”。

◆ 悬壶济世走天涯 ◆

1931 年，红色革命风暴席卷闽东大地，闽东革命领导人深入山区发动农民。山村再也不平静了。三户农民响应号召，参加了红色农民武装——“红带会”。1935 年闽东革命处于低潮时期，“大刀会”组织引领国民党军队上山烧毁了山后楼民房，三家老小躲进深山老林幸免于难。无奈之下，三家忍痛分手。张姓迁家溪柄镇茜洋村；钟姓往坂中乡仙源里村投靠畲族乡亲；王万树携带王玉成举家迁往城阳乡官洋村。那是 1935 年岁末，王玉成年仅 13 岁。

在官洋村租用店铺开设了青草药店，向村民出售青草药，偶尔之间也为村民门诊日常小疾。久而久之，王万树成为了当地青草药的医生。王玉成 15 岁起就在药店帮忙，跟着学医。天性聪明的王玉成在父亲王万树的督促之下，熟读、记忆了《汤头歌》《药性》《伤寒论》等中医书籍，了解中医基础知识，结合青草药的疗法实践，王玉成逐渐成长。16 岁，王玉成就开始坐堂门诊，求医者纷至沓来。1948 年，26 岁的王玉成与官洋村农家女郑琴莲结婚。贤惠的妻子不仅操劳家事，协理店务，还随丈夫上山采集青草药。官洋村“王记青草店”名声日益远扬。

王万树的医技源于当年同村畲民的青草药技术，加上自己多年治病经验，融入中医元素，医术日益成熟，精益求精。而儿子王玉成则是子承父技，以父为师，在实践中学习治病临床经验。经过20多年的实践，王玉成也擅长了“望、切、问”技法，熟悉了病体的“寒、风、气、血、杂”五大类病种；娴熟了“内、外、妇、儿、喉、眼、骨、伤”等医科种类的疗法。

由于王万树、王玉成父子精湛医术和仁心待人，附近的秦溪、上村、荷洋、留洋、沃里、官庄、王基岭各农村乃至福安城关都有慕名而来的求医者。

◆ 妙手回春行慈爱 ◆

王万树、王玉成父子于1955年初举家由官洋村迁往福安城关，在宾贤宫路（现东兴街）租借店面，“王记青草店”在城关开张。因王万树、王玉成父子医术精湛，诚心待人，虽然店处城关地界，医家药店众多，市场竞争激烈，但是“王记青草店”的求医者依然接连不断。1955年底，王万树逝世，王玉成接掌“王记青草店”。1958年人民公社化，全县各公社成立联合诊所、卫生所，

青草店里的中药

实行公私合营。因王玉成医生名声大，县卫生部门曾邀其参加联合诊所。由于家庭人口较多，工资不足于养家糊口。王玉成婉拒聘请，请求自行门诊。县卫生部门同意请求，并发给门诊许可证书。王玉成将“王记青草店”迁往东门头小巷内（现东风街26号）。

酒香不怕巷子深。“王记青草店”迁至东门头小巷深处，但上门求医购药者依然接踵而来。东门头老居民中有这样的传闻：三年灾害期间，民间许多人患上“水肿病”，1964年间又有不少人患上“脑膜炎”。王玉成医生精心配制药剂，有针对性地治病。当时，患者蜂拥而来，王医生有求必应，毫不怠慢。贫穷上门者带来薯米、茶叶、芋头、蔬菜等都可充医药费。

“王记青草店”疗术的另一个特色是伤科，用青草药精心熬制各种药剂药膏治疗外伤。不少上门患者甚至是伤口流浓恶臭难闻的求医者，王医生都不厌其烦亲自动手包裹伤口，悉心治疗。

巷里老居民中有则传闻：城北官埔村一位年仅十几岁的年轻人患上脑膜炎，处于垂死状态。王医生受邀后，三番五次上门出诊，有时辛劳至半夜三更。终于使那位年轻人得救了。王医生逝世之日，那青年赶来拜泣悼念，对王医生深怀感恩之心。

王医生亲属回忆：1964年岁末，一个寒冷的傍晚，一位来自寿宁南洋的求医者上门，声泪俱下请求出诊，他妻子患上“血崩”症，在家中奄奄一息。王医生二话不说，背起药箱，拿着手电筒，连夜随家属步行前往出诊。后来病人得救了。王医生逝世几年后，那家人闻讯特地赶来悼念致谢。

二三十年间，王医生致力于治病救人，真正做到“仁心仁术，救死扶伤”。

王玉成医生于1967年底逝世，享年45岁。英年早逝，令人痛惜。送葬那天，除了亲属，还有周边群众，更有许多远道而来曾经的求医者。足见王玉成医生的行医生涯在人们记忆中是十分深刻的。

草根出身的王玉成医生，不忘贫苦农民出身，一生谦虚厚道，乐善好施。虽然经营一家不起眼的青草店，但三十多年如一日，尽心尽责，尽力解除平民百姓病家的疾苦。堪称“一片丹心济平民，一世行善及乡梓”。

东门客栈

◎陈耀年

20 世纪 40 年代中期，东门头的东大路西段北侧出现一家客栈。女老板是本地人，当年 50 岁出头，手脚勤快麻利，言语细声甜蜜，客人尊称“眉婶”。她店铺门楣上的檐头，常年挂一盏油纸质的黄色冬瓜灯，上书“客栈”二字。二楼有 3 个房间，呈“品”字形。并列 2 间是客人房，每房有 3 个铺位。床上铺着稻草垫和草席，被子面套料是士林兰的蜡染棉布。房间四壁均用竹篾骨心抹上红泥土，外盖白灰，土墙上挂 1 盏小煤油灯。

眉婶的客栈地处热闹无比的东大路上。每天来往客人如流，其中不免有来城里看病或走亲戚的人，或外地挑夫，他们见价格便宜，投宿方便，就选东门头客栈住下。除了这些，眉嫂的亲和与热情，是吸引来往客人的磁铁。

早晨，天刚蒙蒙亮，她就起床了，准备可口早餐，供应住客。早餐一般是干饭，配上豆腐、腐乳、咸菜干，再添上一碗紫菜汤，是客人们喜欢的家常便菜。中餐和晚餐吃蒲包饭。那是用蒲叶包裹大米，堆放在锅水里，加火焖煮熟透。这种饭吃得香，每人 1 份蒲包饭、1 份配菜，吃的数量自己可自由掌握。

客栈的事儿既繁重又细微。上午，客人吃过早餐，一般就离店办事。她就打扫里外的卫生，整理上下的内务，特别要清理好地面上的烟蒂头、果皮壳、痰迹、“蚊香棍”烬灰、尿壶里的污水等脏物。她忙了一大阵子后，才能到厨房准备午餐。

傍晚时分，客人一进店，眉嫂就立刻泡茶水，端木凳，寒暄几句后，利索地端上一盆温暖的洗脸水，让客人洗去旅途上的疲劳。接着带客人上楼，安顿好床铺后，不厌其烦地交代防火、防盗等事项。夜间，她总要留意客人住宿情形，并把灯火捻到最小状态。有的客人难以入眠，便毫无拘束地大声聊天。她趁整理杂物时，故意连声咳嗽，大家便知趣地闭嘴休息了。她每天除了做好常规性卫生外，每月还定期做好环境消毒工作。比如，往床板上喷洒少量“六六六”粉，杀灭臭虫、跳蚤等害虫，把白玉兰花晒干后，置房中熏烧取香，用碱水冲泡尿壶去污去臭，每十天就要换洗所有床上被套，每两天用“皂粒籽”水擦草席，既可杀菌又可除臭。遇到阳光充足的日子，她就翻出所有被褥暴晒。客人们公认，眉婶的客栈环境整洁，食宿称心。

客栈里的客人来自四面八方，他们有时不免会碰到紧急事、尴尬事。眉婶总是尽力协助客人解决好眼前之事。东路罗柏洋村有一女子曾有难产史。这次临产，母亲执意陪伴女儿来城里，找家住湖山脚下肖助产护士接生。母女俩住宿东门客栈，第三天夜里，产妇忽然腹痛如绞，口里大声喊叫，在床上翻滚不停。眉婶料到女人即将临产，亲自带其母亲到湖山下肖厝，请肖护士到东门头客栈为产妇接生。半夜里，三人风风火火地赶在清冷的街道上，急急忙忙地回到客栈。她立即下厨烧汤水，备小木桶和洗澡用具，并翻出当年自己孩子出生后所穿旧衣。当这些用品放在临时产房内时，不但产妇母女感动，连肖护士也被眉婶的真情感染了。因为及时接生，产妇顺利产下一个白胖男婴。眉婶又默默地下楼到厨房，煮了鸡蛋分吃，以表平安。

有一年夏夜，东大路安静下来了。夜里，她睡一阵后醒来，忽然听到楼下店门外有抽泣的声音。她赶紧推开木窗扇，隐隐约约地看到门口外有一条黑影子，哭声是从那里发出的。她立刻披衣下楼开门一瞧，原来是位十二三岁的小女孩子，问起为什么半夜不回家？为什么哭泣？小女孩始终缄口不言，越哭越伤心。她也不便再问再劝了，把小女孩带到店里，经过洗漱，给口饭吃后，安排女孩上楼独居一小间。想不到，翌日清晨，她进室一瞥，女孩已不见踪影，不免倒抽一口冷气，各种猜想纷纷涌上心头。第二天中午，离去的女孩领位中年妇女来到客栈，经交谈得知，此女孩系童养媳，当天因家里来了客人，准婆婆买了些肉招待亲戚，晚餐间，女孩多吃了些肉，大人数落几句后，女孩生气地离家出走了。进城后，女孩子见东大路这家店铺挂着红灯，料定是客栈，因为在村里的大榕树下，曾听老人们说过，街道上挂红灯的店铺是客栈，一想到口袋里没钱，就不敢进门，一直蹲到半夜，心里不免紧张恐惧就哭出声了。女孩的身份与经历，马上触动了眉婶心田里的那根筋。她当过童养媳，生下来 1 个月内就被同一条街上的程家抱走，从小尝尽贫穷和歧视。她因此开家客栈，有客人来住宿，缺钱者可少交，也可赊账；粗心客人为防盗，把钱币塞进枕套内，不料人离店时，走得匆忙，被她发现就得代为保管，从不占为己有。她经常为中暑客人抓痧，店里常年备有藿香正气水、人丹、清凉油、茶油等物品，以备急用。

有一年立秋后的夜晚，店里住着几位客人，子夜时分，她朦胧中听到隔壁房间内有梦呓声，声音由小到大，顷刻间，声音由一人发出，到三四人，直感染到六七人都发声，内容不清楚，但声音有节奏，像士兵列操口令，此起彼伏，一阵高过一阵。她连忙推门观看，客人们都躺在床上睡着，即使走到床前，他们也毫无知觉。这时，她猛然想起，曾有住宿的客人谈天闲聊时，提到这种偶尔发生在客栈的“闹营”之事，以及对付它的应急之策。只见她提来一只铁皮子直桶，迅速点燃三串“百子炮”，扔入桶内，飞快地用洗脸盆盖上铁桶口，桶内“噼里啪啦”炸声连绵不绝，震耳欲聋，床上所有人都被震惊了。一会儿，大家都清醒了，问起刚才之事，都摇头表示并不知晓。

有些客人夜间会聚众酗酒，这些人信奉“酒逢知己千杯少”，开怀畅饮，天南地北，忘乎所以。有一次，几位苍南挑夫喝醉酒后，横七竖八躺在凳子上、地面上睡觉了。她夜里查房一看，桌上酒杯狼藉，地上遍地烟蒂头，油灯也被打翻，灯油流到地面上，引燃客人衣裤，她心生怒火，但又不便发作。她看到这些人狼狈的样子，又想起他们多年来进店入宿，一放下行装就帮助自己去井台挑水，灶膛里长年燃着的木片也是他们用刀劈的。他们独自出门在外，也是发泄孤独情绪的需要。一想及此，她轻轻地叫醒了每个人，让他们躺到床铺上，安然睡去后，才开始收拾房间里的浊物。

作为客栈主人，她结交了不少三教九流。与他们交往，她既有主人的气度，又有姐妹的包容。因为她对四方来客接待有度，谈吐有节，所以，双方能保持良好的交流，处理好宾主之间的关系。

一年一度，寒来暑往。她送走了无数客人，也迎来了不少新客。虽然许多人都是匆忙过客，人走茶凉，但还是有不少莫逆之交。每年一到节庆时分，总有人往她家送苷粽、乌米饭、糍粑、春笋或咸笋干、地瓜干，甚至有人挑来干松毛枝或干松木片。礼尚往来，她总要回馈面条或咸鱼干货。

由于大多数客人是独自远行者，寂寞与孤独伴其随行。他们除了借酒消愁外，也用语言文字表达心中的追求、思念、愤怒。表现为各个房间的白粉刷成的墙壁上，写满密密麻麻的打油诗、顺口溜，也有转摘转抄古代诗人的思乡之句。眉婶虽然识字不多，偷闲时，能与来客简单交谈几句，日久天长，她也能品味出其中的韵味。她已经百听不厌了，也从来不去抹掉，因为她理解它的作用和意义。

眉婶的客栈地处城乡结合部，独特的地理位置，方便客人，惠及客人，眉婶细心周到的服务、包容豁达的心态、贴心至爱的真情，正是客栈最吸引人的财富。

卷四　老宅人事

东门头

咸同茶商之家

◎陈耀年

东门头“吴刘郭”的刘氏宗祠 毗邻一座清朝中期老宅。当年它的主人是陈创基先生。

这组古民居建筑群，包括主座，上座，下座，酒库和柴楼，总面积1000多平方米。主座临路的南面，鹅卵石垒砌的长22米墙基上，承载着高八米封火空斗墙。墙顶部用瓦片拼饰长方形几何花纹图案窗。西面门头坪大门额匾书“旭日东升”四字。陈家老宅斑驳的青砖黛瓦浸透着岁月的沧桑风雨，蒙尘的檩椽磉盘承载着世间的斑驳岁月。

◆ 一 ◆

根固始，脉发韩邑上杭。陈氏族人入主吴刘郭，迄今已有230多年。据明洪武三十年乙丑中顺大夫湖广荆州府知府裔孙秦源主人陈宗忆《上杭源流序》述：“夫我陈氏支派盛于天下，乃祖宗修德业，以贻厥子孙也。自太始分长溪，子孙毓秀，枝叶俱繁，传文蔚、传汉唐、传钰、传理、传孺，以及于今，又周世也。”追溯源流，福安上杭陈氏先人于唐朝景福年间，随王审知从河南固始南下入闽。陈檄娶闽王侄女为妻，其后裔汉唐先后迁移寿宁下房，三峰两地。四子陈孺迁徙福安龟龄，曾赴闾山学法，与张、詹并称“三仙师”。北宋乾兴元年再迁韩阳凤山。史载陈孺曾于上杭井边除虎患，民间灭瘟疫，被朝廷授“威惠侯王”和“避瘟将军”。陈孺有三子。次子飞晏派下，十三世裔孙华、延、腴、远、兰、惠、

三姓路陈宅大院上座灰雕

三姓路陈家宅院砖斗的泥塑

陈宅前后座的隔墙

荐、义八人捐资建上杭陈祠，祠称八房。义房裔孙世居凤尾山横路面。乾隆年间，二十九世陈尚朴移居宾贤境宾贤宫地段，其育 5 子。长子创基生于嘉庆己巳年（1809），娶黄氏为妻，生 4 子 1 女，青年时期小本经商，勤俭持家，略有盈余，后转购吴刘郭肖家和郭家旧房产及周边闲置地。此后 200 余年，陈家子孙在吴刘郭繁衍生息。至今又传八代，有后裔近 200 人。

茶经营，兄弟获利倍蓰。鸦片战争后，外国侵略者强迫清朝腐败政府签订一系列不平等条约，中国沿海城市开放门户。清政府与西方通商后，福安茶商应运而生，茶叶开始远销海外，不少茶商发财致富，置产业购田地。陈家二子春霖女婿宋瞻扆记载："咸同年间，闽海始通夷舶，福安故僻处，涉巨商，君与伯兄并为茶，运与外夷互市，所获利倍蓰。"（摘自清光绪进士陈春英墓志铭）。在这种大环境下，陈创基长子春曦与三子春英加入茶商行业，取号"陈氏肯堂"。兄弟俩凭才干与勤奋，营造出殷实家道，在吴刘郭乃至韩邑已有名声。"初吾父与吾外舅相友善，余尝至其家，时其家方蒸蒸然。"（摘自陈春英墓志铭）陈氏族谱资料和历代口传故事验证了陈家经营茶叶的状况：初期，陈家厝内设制作茶叶手工作坊，家中雇制茶师傅、拣茶女工，安排专人负责收购东路林洋、官洋、黄柏和西路林岭、铜岩、隆坪的茶青。因诚信守诺，公平公正，生意越做越大。高峰时节，每天制茶的男女多达六七十人，茶农把茶青送到陈厝大厅和天井，专掌司秤的先生就有好几位。中餐时分，后厅两侧厨房忙个不停，开饭十来桌。陈厝前后厅、天井及空闲房间都腾出制茶，场地仍然不足，借租隔壁巷的刘氏宗祠上下厅，权当制茶新场地。当年祠堂后墙陈家小门对应处被凿个通行的门，方便人员来往，如今亦可见这道门的痕迹。那年头，宗祠内日夜茶香飘逸，灯火通宵达旦，人员川流不息。兄弟俩"终日握筹算，无倦色"。（摘自陈春英墓志铭）因商通四海，陈创基居住的上座院落卧室内，层层叠叠摆放着白花花银圆"紫银桶"。

修豪宅，古巷留迹风韵。现存陈家古宅基本保持当年原貌。古宅坐东北朝西南，是一座木结构合院式住宅，布局合理，装饰精致。"建筑中轴线上从前往后分别是天井两侧廊庑，正座，后天井两庑，火库，正座穿斗式梁架，悬山式屋架，面阔五间，进深八柱，中部设置有楼梯道。明间梁架做通高处理，不设楼层，屋面下设置顶槅，即重栋造，前廊梁架饰作双轩檩卷棚轩。"（摘自《乡土福安》）院落四面高大的封火空斗墙厚重古朴。大门建在天井西南侧，朝西而立。宽厚的吊框石稳稳地架在左右两侧二米高的竖条石上，构成首道坚固的大门。“内大门设在主座右侧廊庑外间，为门亭式建造。大门双开，门额枋装饰一对葵花柱式的门簪，保留有两个素面木匾托，匾额已不见，檐口上用三跳插拱挑檩出檐，以承屋面。天井两侧廊庑临街山墙，饰作虎头式封火空斗墙。”（摘自《乡土福安》）大厅地面三合土光滑细润，矗立18根柱子，最长的8米，最大的腰围近1米。柱子上挂着金字黑漆的楹联板。穹顶横梁钉有36个伞灯挂件，窗棂花纹雕花刻鸟栩栩如生。大厅前沿铺就3块巨条石，它与天井连接处用大石块封面。上下厅中间两级左右倚以斜面的石阶，把天井与大厅连在一起。前天井为条石鋪墁，60块长2米、宽40厘米的花岗石有序平铺。正面砖墙上方额匾书“云汉文章”4个阳雕大字，四周泥塑粉饰，突显典雅端庄。靠近墙体中央置放雕琢精美的如意式青石花台，上面摆放直径至少半米的陶瓷雕龙三花盆。左侧廊庑为假山鱼池，雕花青石栅栏，风貌娉婷，景致怡人。右侧廊庑为藏典授惑之窗。“上座俗称‘火库’，是主人为预防火灾而建造。后天井封火空斗墙厚且高，装饰大幅繁缛而精致的灰塑。墙面饰作三楼三间式牌楼，其墙体两侧开设欧式门窗。牌楼下方中间方格内，以镂空双寿砖雕及各种博古图案相围，两侧做四方形花龛，边沿灰雕如意草等纹饰，龛内灰雕立体景物。”（摘自《乡土福安》）虽损毁严重，但不乏雕饰罕见、题材新颖之感。人们穿过两扇用青砖和厚木料制成的防火防盗大门，就进到上座院落。大厅幽静儒雅，中堂壁悬挂“朱柏庐先生治家格言”书法条幅。天井花台置尊长方体青石香炉，左右摆设梅竹的青釉长筒花盆。穿过右侧通道，到达柴楼。顺路而下，是存放醇酒的库房。绕个大圈子，出口处竟在黄厝巷。有街坊邻里说，进入陈家大院，要用稻谷壳洒地面，才能走得出来。

扬家风，县官赠匾彰善。同治五年（1866）仲秋，县官刘秉清将书“合德型家”中堂匾额赠予陈家。据说授匾当日，陈家将红地毯从门头坪铺到宾贤宫，并备两班唢呐人迎接。县衙派遣四条人高马大的役卒汉子抬着结彩的额匾，缓缓行走街上，瞻观的老百姓人头攒动，巷子被拥簇的人群挤得水泄不通。一会儿，县官匾赠陈创基家的消息传遍了韩城。

县太爷缘何赠此匾呢？陈家口传缘由：陈氏当时是东门头一带人财两旺的大户人家。陈创基于咸丰五年捐输本邑驳台义叙九品职员。虽远在芝麻官之下又属虚职，但总是一种身份和荣誉的象征。因家道殷实，乐于救急扶贫，每逢节庆吉日，天灾人祸，佛节祈福，陈创基率先组织家人搭灶熬粥，让贫穷人家随意取食。（摘自《上杭陈氏义房谱牒》）陈创基还热心社会公益事业，光绪三年（1877）修葺后巷陈孺人墓，他立马呼应并当董首之一；（见后巷孺公墓碑刻）兄弟分家，他将酒库房产出赠；察院司水井和东门头下路尾水井要修砌，他慷慨解囊。

◆ 二 ◆

嫁孙女，九品攀附高枝。陈创基膝下有男女孙各 8 人。老二春霖生 2 女，长女顺端适鹿斗邑庠生宋绍阑次子宋瞻扆。宋公子曾言；“吾父与吾外舅（后成岳父）相友善，余尝至其家。”可见年轻的宋公子因亲戚而走动，对陈家情形比较了解。在接触中，陈家人对宋瞻扆的人品才学也甚是欣赏。两位年轻男女经父母之命，媒妁之言，结为秦晋之好。光绪年间嫁娶完婚。宋瞻扆成家后，仍专心致志攻取功名，立志走仕途之道。乡试中举人后，上京殿试，终于中榜，摘取光绪庚寅科（1890）授文林郎二甲赐进士翰林院庶吉士桂冠。（摘自《上杭陈氏宗祠·义房谱牒》）

据传，宋瞻扆中科举后，县老爷派役通知陈家。陈家人欣喜万状，家中张灯结彩，摆席设宴，铺红地毯，并到溪口桥头迎接贵人衣锦还乡。宋瞻扆在众人拥簇中，上溪口渡口，穿李子树坪，过南湖小木桥，沿下街南金山巷，直达衙前街，回莲池湖山脚下老宅拜祭祖宗后，稍作休整，次日到岳父家。期间，陈宅燃放鞭炮，在场人们甚至感觉地面在晃动。

古代科举授文林郎，不是职官，为正七品文官所授的散官。定级别，赐进士出身：中二甲者，赐进士出身较少数，大多数都是同进士。三甲者，基本人数同进士最多。在所有的进士中，只有一甲三人可直接进入翰林院，二甲和三甲中挑选精英考试才可以成为庶吉士，他们的职责是给皇帝讲解经史书籍，并帮皇帝起草诏书，是皇帝的秘书，权力很大。英宗后有惯例：非进士不入翰林，非翰林不入内阁。因此庶吉士号称“储相”，能成为庶吉士的都有机会平步青云。清朝时汉人大臣中，亦多出于翰林庶吉士。可见这种人才在官僚体制中属凤毛麟角。

陈家乘龙快婿踏入仕途，成为金銮殿上的命官，这件事成为当时街头巷尾的佳话。从此，光宗耀祖的陈氏家族在社会上的地位得到进一步提高。

筑寿域，青山独树一帜。“花开花落终有时”，人生之旅，来去匆忙。陈氏兄弟于光绪初年（1875）筹谋为父母营筑寿域。当年聘江西籍寻龙先生，在家中食住三年，家人陪伴先生踏遍城邑山山水水，终选东路二十三都，詹洋境石人岗下。此地坐子向午加壬丙分金，背承的龙脉山势缓缓延伸而来，明堂秦溪洋一望无垠，龙山公鸡衙山引吭高歌，虎山石人岗凌空注目，笔架山极目横空出世，案山近在咫尺舒展平坦。唯“润水”不足。因此，寻龙先生建议“筑坝围田蓄水”。方案被陈家采纳后，工程随即动工。据传，筑坟所用的沙、灰、砖、石，均由小工肩挑十多里路到工地，工钱在墓坪上当场兑现。工程历时三年，耗资数目不小。陈创基坟茔范围内的主墓，长 30 米，宽 25 米，呈三转圈“风”字形椅子背大墓。祭桌上立 5 方青石墓碑；正碑高 1 米，宽 80 厘米，上方书“颍川陈氏”。外两侧正面碑文“议定墓田合祭合收规约四条”，内两侧斜面碑文“十五号祭田所处的位置及收租数目”。两侧立体石柱正面书“齐龄伉俪称双庆，奕世簪缨卜一环”。内面书“琼芝新茁延年草，竹策丛生奕世祥”。插屏书“子孙宜”。从入口到拜坪有 1 米之高，再到祭坪又有 80 厘米高度。围坪左右两侧皆用大口锅般的石头分别砌成 15 米之长、3 米之高的墓手。最为壮观的是；用硕大花岗石料从山脚下涧流处垒砌 1 条高 20 米、长 42 米、宽 1 米的双重基座，与墓坪成水平状，内造一坵长 42 米、宽 9 米、面积约 8 分的水田。陈创基妻黄孺人卒于光绪癸未年正月初四日亥时（1883），终年 75 岁。陈创基卒于光绪癸卯年八月二十二日亥时（1903），终年 95 岁。他们的忌日离寿坟完工之光绪三年（1877）分别为 7 年和 27 年。

◆ 三 ◆

遭夷诈，家道日落西山。中国近代以来，茶叶成为最主要的输出商品。在数量快速增长的同时，主客观两个方面又造成其质量的大幅度下滑，引发茶叶消费国商民普遍抱怨。1870 年开始，英国逐渐转向在印度，斯里拉卡发展低廉茶叶。“这些英殖民地的茶叶与华茶争夺市场，华茶由于繁重的关税和运输费用等原因，在国际竞争中处于劣势，福安茶人终于被迫收缩国外市场，把主要精力中转到国内市场。”（摘自李健民编《坦洋工夫》）国际茶叶市场形势变化对华茶极为不利。到 1875 年，中国红茶虽然在国际市场上很畅销，但英美等国先后提高市场准入门槛，其他国家也随之效仿，华茶出口受阻。“洋商见茶叶贸易利润可人，就在福州竞设洋行，雇‘牙仔’进山收购茶叶，操纵市价，打击华商。华商因资本微薄，哪有力量与外国资本竞争。”（摘自李健民编《坦洋工夫》）中国茶叶贸易陷入衰退期。当时福州茶叶市场鱼目混珠，洋人良莠不分，也不愿出公平的市场价格收购高质量的茶叶。“外夷习久生诈，茶无辩良苦故贱售，利大减。”（摘自陈春英墓志铭）陈家诚信经商，决不像一些不法茶商贪欲膨胀，只图产量，不求品质，同时也为了尽量减少在外的开支，只好把茶叶低价抛售。当收入扣除各种费用，所剩极少，甚至亏空，生意自然维持不下去了。

兄暴亡，运筹举步维艰。陈家老大春曦和老三春英长期从事茶叶商贸，是家庭经济的两根柱子。然而，天有不测之风云，人有朝夕之福祸。“越十余年，伯兄卒。”（此段引文均出自陈春英墓志铭）老大39岁撒手人寰。从此，春英“独肩其任，纬繣不苟顾”，个人单枪匹马疲命于商场。但“屡遭挫折，阅罄所获不足，又称贷之，愈奋愈蹪而力心亦交瘁”。这是多么残酷的现实。虽然他历经方方面面，也竭尽心力，可是无济于事，最后只能借钱举债过日子，纵使不断努力，却又不停摔跌。“仲兄与季弟素读书，不问家之出入。”他慨然曰：“始，伯兄殁时，授我籯金，今不能增奈何多逋负，何以谢昆季？不如亟所产，以所负归吾，毋累兄弟。”“自摒当其夙逋，而君之力益备甚。”宋瞻宸文中言：“忆自余游其家儿二十余年，逋见始也勃然兴，继则气渐颓蹙。免然若不可支，迄今日势乃中止，非人力有不逮，毋亦数之使然。”可怜老三春英“外虽怡愉，中实刻苦。甫五十，脱冠童然，秃且白矣”，“余问悲其早衰，不知其竟止于此也”。一位勤奋而诚信的茶叶商人，于光绪十二年（1886），在残忍的商场拼搏中倒下了。那年，他才51岁。光绪二十年（1894）四月十七日午，他卜葬于东郊西山边之麓，其墓志铭即为侄女婿宋瞻宸所撰。

200多年前，陈家荣辱兴衰的社会生活和家庭经济现状，呈现中国近代社会历史发展的必然，是当时中国社会老百姓社会经济生活的缩影，也是一轴中国半封建半殖民地社会众多家族生态的画卷。

云聚东门紫气来

——城东郭氏老宅往事

◎江绍光

郭宅马头墙

据《福安市郭氏源流简略》：南宋时郭氏汾阳郡王子仪公曜公裔孙大麟移莆中号新仓里头房，其三子常盛九公生二子，长曰一天公，以庆元五年特奏进士，任长溪（今霞浦县）县丞，遂与弟一育公徙居长溪东郊赤岸里。厥后，一天公生一子若仪公，一育公生一子若凤公。约嘉定七年（1214）前后，同迁福安秦溪。不久，迁居邑城，若仪公居城东棠发境，为东族始祖；若凤公居城西鹿斗境，为西族始祖。其后子孙繁衍，遍布福安乡镇及迁邻县，成为人丁兴旺之望族。

◆庭院深深深几许◆

“敷锡五福，以安一县”的福安县城邑，系典型的福建丘陵地貌。清清富春溪水穿城而过，城内犹如珍珠宝石般点缀着大大小小的山丘、山岗。福安流传古谚语：“三山藏，三山现，三山全不见……”福安城邑遍布：凤山、扆山、龟山、金山、鹤山、甲杯山、湖山、杨梅山……古时福安县城其实就是一座山城。

勤劳智慧的郭氏东族自宋代迁入福安聚居在城邑东风街一带，历经了800多年的沧桑之变。东族郭氏辛勤劳作，依山麓、凭平原，修建了大大小小20多座郭氏宅院，作为郭氏东族子子孙孙栖身居住地。

据城东郭氏宗亲查证：

城东金山柳家巷4号的大宅院，为远近闻名的《源记杂货店》《兴泰布庄》的老板、城东郭氏第26世后裔郭晋基于民国十七年（1928）修建。宅院6大扇，建筑面积约700—800平方米，前面两大座，后门两大座，前出廊，后出厦，回

郭宅堂厅

环四合，互相连属，宅院自通，东西厢房，宅高三层，粉墙青瓦，结构严谨，延续明清年代宅院构型，装修考究，古风盎然，为当时福安城内引人瞻目的深宅大院。1949 年 7 月，福安县城解放之日，人民解放军入城部分官兵驻扎于此。20 世纪 50 年代，用为福安专区共青团委办公室。80 年代，为福安县城关镇政府办公场所，而后又成为福安市电力公司所在地。

东门头双井巷内耸立着五座郭氏宅院，其中较为宏大的一座为城东郭氏 21 世后裔郭光裕于雍正乙巳年（1725）所修建。宅院为六扇院落，建筑面积约 500 平方米，坐北向南，北西正房，东西厢房，前后两厅，中间天井，由走廊贯通，正房在院落正中，东为侧房，西为厕所，大门朝南向深巷，后门贯通小巷，规模较大，布局讲究，为地道的清代民宅造型，历史悠久。该宅院曾涌现出为城东郭氏光宗耀祖的人物：21 世郭晓峰为清朝乾隆年贡生；24 世郭德均（字憔彬）贡生，后晋升为乾隆年间的九品官职；26 世郭翰章（1899—1985）于 1931 年参加中共地下革命斗争，担任中共闽东特委联络员。因其两位内弟周慈成、周成树都是中共地下党员。所以，1931—1934 年之间，闽东革命领导人马立峰、施霖、詹如柏、阮英平、陈挺、任铁峰等时常出入此宅院。宅院成为了闽东革命斗争时期的联络点、交通站。1948 年，黄垂明同志带领闽东游击队在此宅院安营。1949 年 7 月，陈挺同志率领首批入城的人民解放军部分官兵驻扎此宅院。该院宅是名符其实的光荣宅院。

据郭氏族人回忆：在东门头鸡笼头（龙江路），原有两座标致的郭氏宅院，为城东郭氏 24 世郭德金两兄弟分别于乾隆年间建成。宅院坐北向东，六扇房，建筑面积各约为 500 平方米，两厢前后厅、大门朝南，三层建筑，东厢侧房，西厢厕所，中间大天井，回廊贯通，亦为当时人丁兴旺、结构严谨的标准明清时期风格的宅院。但于民国 29 年（1940）时，时任福安县政府县长的高诚学提倡新文化运动，在城关修建大体育场，两宅院恰在规划线内。经当时县政府再三公示与动员，无奈之下服从大局，忍痛拆除，县政府给予土地、物质、货币赔偿，在三姓路重新修建两座郭氏宅院，其格局、规模大不相同，仅各有 300 平方米左右，原老宅的二柱子移到新宅成为主柱，后宅非原宅可比，但也保存了城东郭氏宅院的风格，保留至今。

双井巷 8 号的郭氏宅院落，由东族 25 世后裔郭建邦约于清宣统年间所建。郭建邦系茶商，贩茶致富，购买下一片山地、宅地、平地修建宅院。因郭建邦育有 10 男 3 女。为安置这个大家庭，经几余年经营，精心构建了这座较为庞大的宅院群落。建筑面积约 1500 平方米左右，楼高三层，主宅五透，六大扇，大厅、后厅、中间天井，两旁二厢，前后三座，坐北向南，前门向巷，后门通“三姓路”。宅院与宅院之间回廊贯通。院宅内设假山、鱼池，院内小石径沟通。宅前坪设置花园，后山垦为菜园。郭建邦长子在城关街开设银铺，经营金银首饰为郭氏大院锦上添花。此宅院风格古朴，为当时花园式的宅院，反映了郭宅曾经的富庶。

凤尾山麓的凤山路耸立着两座东族郭氏宅院。其中具有较大规模的一大座院落为东族郭氏第 26 世后裔、著名书法家郭赞夏（字叔华，1877—1948），约于民国 5 年（1916）所建造。民国初期，郭赞夏曾任省政府秘书，为当时著名的书法家。凭笔润所得购置了城关东门凤尾山一带山地、厝坪、草地、荒地，建构郭氏宅院。宅院主体建于凤尾山，依山临街，坐北向南，主宅为三层楼，建筑面积约达 800 多平方米，还拥有较为宽阔的空地。多才多艺的郭赞夏把宅子分宅院、花园、果园、菜园、草坪，错落有致。原主宅建在凤山麓，南向街面，主体宅院六扇，高三层，大厅、后厅、天井，及西厢房、东厢房。内楼回廊相贯，宅前小花园，后山小果园，前门菜地、草坪向南延伸。宅院与花园、果园、菜地、草坪之间由小石径连通。宅院保持了清代以来的宅院风格，又包涵了当年郭氏家庭宅院的遗风。几经历史变迁，宅院已成为历史。原宅院被政府征用，凭政府批给赔偿土地、资金，郭氏后裔在凤山下再建一座郭氏式的宅院，保留至今。如今：原主宅地是福安市卫生局大楼，前宅地是福安市妇幼保健院，前宅菜园是东大路，草坪是福安市粮食局，凤山后果园是福安市卫生局职工宿舍。后建的郭氏宅院还保留着郭氏宅院风格。凤山尾郭氏宅院人才济济，文人荟萃：25 世郭作桢，字干臣，清宣统年贡生、民国初参议员；26 世郭赞夏，字叔华，曾任民国初省政府秘书，著名书法家；27 世郭宣瑜，著名人民教师；27 世郭庸（定凯）1931 年参加中共地下党，中共安福县委特支委员；27 世郭大景也是 1931 年中共地下党工作者。凤山郭氏宅院堪称文化之家。

岁月的流水，卷走了年华，剩下了只是岁月刻下深深的印痕历史和沧桑记忆。城东郭氏的大大小小的宅院都有着自己不寻常的变迁史，都记载着城东郭氏人家不平常的经历。

双井巷的郭家宅院大门

郭文周书法碑刻

◆ 千载谁堪伯仲间 ◆

福安汾阳郭氏虽分城东、城西两族，但同宗同源，血脉相连，迁居福安八百多年间，尊崇祖训"探讨源流，宏扬祖德，承先启后，世泽长流"。郭氏在城邑东门头区域繁衍发达，地灵人杰，八百年间涌现出许多仁人志士、官宦商贾、历史名人。郭氏曾寓居东门区域的史上杰出人物有：

郭文周（1512—1578），字景复，号东山，生于鹿斗境，也曾居东门鹤山。嘉靖二十二年（1543）举人，嘉靖二十三年进士。官授中书舍人，南道御史，两次巡按广东，史称"铁面青天"，深得皇室器重，连升六级，官至顺天府丞（京官正四品），誉称"台臣第一"。为八闽风范人物，福安将其列为自唐朝至明万历的十大先贤之一，入祀乡贤祠。

郭殷，字宗商，东门人，明朝永乐十五年丁酉科李马榜举人。

郭嘉冕，字用周，东门人，恩贡，南京睢宁知县。

郭振扬，字孟乾，东门人，明万历年贡选。

郭东光，字道卿，东门人，明天启年广东四会县训导万历年贡选。

郭为瑛，字文白，号采庵，东门人，直隶盐山知县。传见《文苑》。清康熙三年甲辰严我斯榜进士。

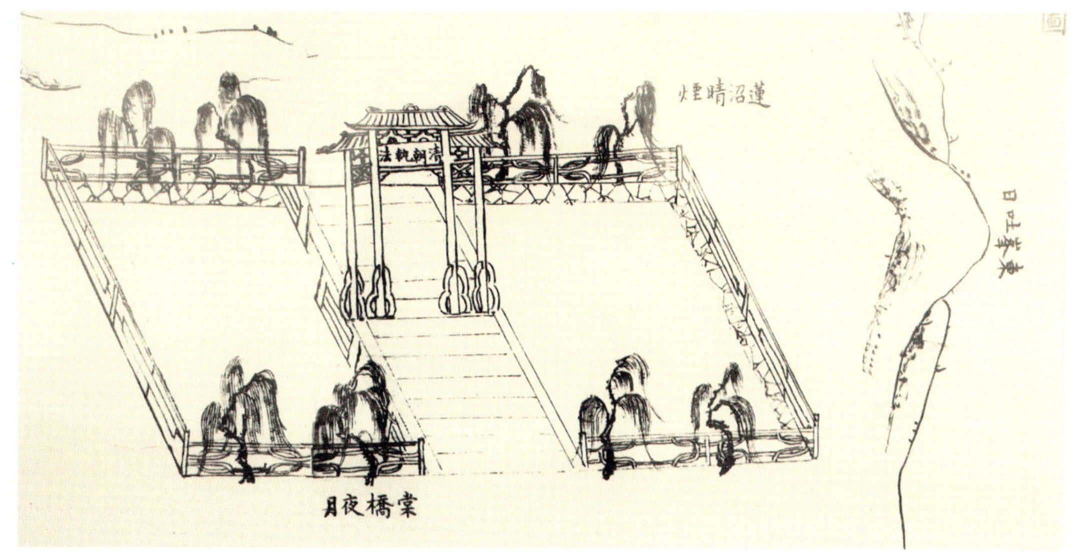

郭文周牌坊示意图

郭承询，字快苏，东门人，例贡由监生捐。

郭文烦，东门人，布政司经历衔。

郭文光，东门人，州判衔。

郭光震，（清）字启奏，东门人，乡宾。

郭显胄，（清）字永英，东门人，乡宾。

郭养德，（元）东门人，元朝浙江宪司副使。

郭晓峰，字垂奕，东门人，清乾隆年贡生。

郭德均，字憔彬，贡生，清乾隆年间晋升九品官。

郭洪谦，字有益，东门人，明崇祯年特旨拔贡。

郭作桢，字干臣，东门人，清宣统年贡生。

郭赞夏，字叔华，东门人，著名书法家。

郭宣瑜，东门人，著名人民教师。

还有一些烈女、节妇：

彭启便：东门郭秉钺妻，结婚七日而夫卒，矢志守节，孝高堂、姑姐，抚夫侄为嗣，守贞三十载。乾隆十七年，旌表建坊。

吴水英，东门郭应妻，结婚三月而夫卒，氏年 21 岁，矢志坚贞，抚嗣子秉锡成立。知县程公匾旌之曰：“冰心不字。”

林聚使，东门郭竣分妻。

陈雪使，东门郭承钢妻。

李祝如，东门监生郭泰元妻，年二十九守节，以夫侄生员孝恩为嗣，光绪六年请旌。

郭氏东族为表彰光宗耀祖的名人和推崇贞节观念，在东门头建立坊表和贞节坊如下：

青紫坊：在东门巷内。永乐十五年为郭殷立。

良弼坊：在鹤山下，嘉靖三十一年为郭文周立。

贞寿坊：在东门铺。乾隆十八年为儒士郭鸿达妻刘氏立。

（以上摘自清光绪十年版《福安县志》）

◆ 山形依旧枕寒流 ◆

汾阳郭氏肇基福安城邑八百余载，东族迁居东风街区域内。城东郭氏人才济济，涌现出众多历史名人，为宋代以来的社会发展作出了卓越贡献。但芸芸众生、平民百姓中犹存许多可圈可点的时代印记。

郭氏东族 26 世裔孙郭晋基，号三茄，生于光绪二十九年（1903）出身贫苦的小商贩家庭，从未进学堂接受文化教育。12 岁开始在商店当学徒，经十余年磨炼，娴熟经商之道。约于民国 12 年（1923）在金山头（现金山路）始创“源记杂货店”，经数年努力，商店愈办愈大，鼎盛时期与远近闻名的“万泰酱行”并驾齐驱，成为当时著名商家。三大间店铺经营食品、杂货、干鲜、陶瓷、家具、餐具、粮油、布匹、药材、茶叶……成为当时福安富商之一。在金山头柳家巷内建一宅院。在宅内开设“兴泰布庄”，批发布匹。不仅畅销县内，还远销省城、外县。发迹后的郭晋基乐善好施，多次开设“乞丐粥棚”，亲自脱长衫穿围裙，为求乞者煮饭、分粥，享有“善人”名誉。1938 年间与“万泰酱行”联手救助难民善举，成为当年美谈。商场由胞弟郭瑞孙（1933—2019）、女婿徐德基协理，雇员有徐十弟等三人。1956 年响应政府号召，走资本主义工商业社会主义改造大道，参加公私合营。“源记杂货店”投资万余元，成为县城仅次“万泰酱行”的第二大投资商，郭晋基任福安县食品公司资方经理，郭瑞孙、徐德基、徐十弟等五人都成为正式职工。

郭氏东族第 26 世裔孙郭俊基，东门人，生于民国壬戌年（1922）。出生书香门弟，自幼饱读经书。1938 年，仅 16 岁的郭俊基应试被聘为福安县警察局文员。3 年之后调县政府当秘书，后任福安县党部主任干事。因知书达理，铭记郭氏祖训“处异端以崇正学，笃宗族以昭雍睦”，虽身居政务，从不贪污枉法，不欺压百姓，民间口碑良好。因自幼受文化熏陶，酷爱书法。时常应政府部门之邀，上街书写大标语、巨幅宣传画。当年福安城关商店招牌、商业广告，也有出自他的手笔。群众婚丧喜庆所需楹联、挽联、碑碣、帖式等都请他代书，他也乐于助人。得以安居乐业，养家糊口，安度晚年。于 1985 年逝世，享年 63 岁。

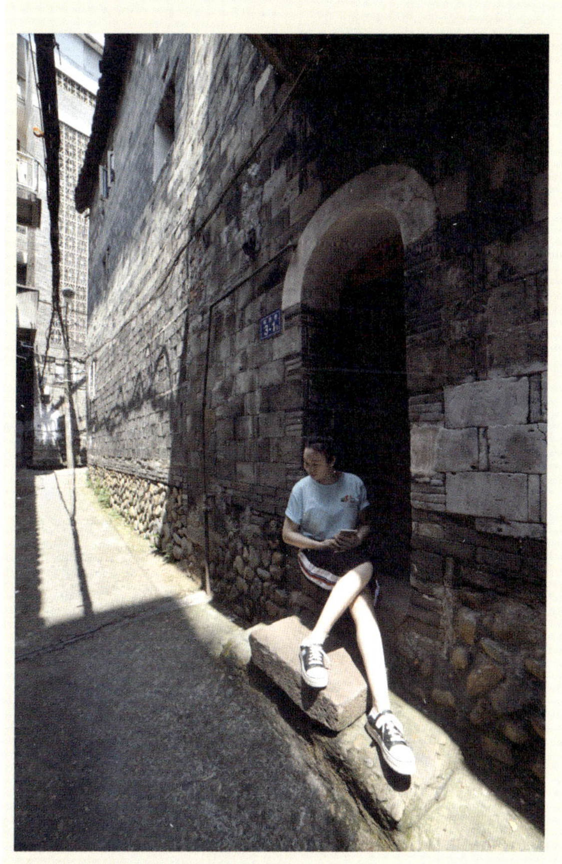

双井巷郭家宅院小门

郭氏东族第 26 世后裔郭翰章（1899—1984），东门双井巷人。1950 年 9 月，军管会主任、军分区司令员陈挺，福安县人民政府县长黄垂明亲自决定设立福安县第一个城区基层行政机构——福安县城关镇东风街，并亲自指定任命郭翰章担任东凤街第一任街长。据考证：郭翰章于 1931 年参加中共地下革命斗争，担任联络员。1948 年初黄垂明在福安坚持革命斗争。一次陷于敌人包围，郭翰章的内弟周成树引领黄垂明突出重围，当场壮烈牺牲。郭翰章是由内弟周慈成引导走上革命道路的。1930 年周慈成和闽东革命主要领导人马立峰、施霖、詹如柏、阮英平、任铁峰、陈挺等 18 人投身革命，“十八兄弟”都是铮铮硬汉、革命骨干，他们的斗争事迹已载入闽东革命史册。周慈成曾任中共闽东特委东区军事委员，1934 年参加革命斗争光荣牺牲。

郭翰章在革命低潮时期，仍然坚守信念，终于迎来福安县的解放。1950 年，陈挺、黄垂明同志一到福安就职，立即开始寻找郭翰章。于是就有了福安县第一个街道、第一位街长。同时，郭翰章儿子郭自基担任农会主席，女儿郭雪仙担任妇联主任。自此，福安县城关东凤街展开了轰轰烈烈的革命工作：土改、镇反、抗美援朝，合作化，工商业改造，城区建设等等。郭翰章于 1984 年逝世，享年 85 岁。

寓居在福安城邑的大大小小郭氏宅院的郭氏族人“睦亲敦序古风悬长，齐家治国世泽悠远”，延续了汾阳郭氏家族的昔日辉煌。

阮厝众厅的喧嚣

◎陈国栋

20 世纪 50 年代末，我们一家 5 口随父亲搬到了东门头这座大得出奇的老宅阮厝。不曾想到，这一住便是十多年。那年，我才 6 岁，还是一介“少不更事”的“混沌小子”。

阮厝，对于长期居住在东门头的人来说并不陌生。然而，许多人只是局限于对其建筑物表面外观的粗浅感知，却较少触及其历史深处与时代灵魂。事实上，当我们打开东门头的历史画卷时，可以看到，在阮厝的春华秋实中充满着脉脉温情与传奇色彩。

百多年来，阮厝与其近邻的双井巷长相厮守，成为东门头的一大奇观。可以说，东门头阮厝与“吴刘郭”之望族建筑群并驾齐驱，即其所承载的地域文化印记，虽年湮代远而不失风采，彪炳史册。阮厝是东门头的一处地标式景观，一帧历久弥新的地理名片。

◆ 前世今生 ◆

阮厝的童年生活，如同五彩斑斓的梦境，常常令我心驰神往，回味无穷。那里所发生的桩桩趣事，总会时时活龙活现地重现在我的眼前。

韶光飞逝，岁月悠悠。不曾想过，当年阮厝一别，竟然有半个多世纪。这些年来，我寄情于旧居的念想与日俱增，期盼能重返故居，邂逅那张张熟悉的面孔，能与之欢聚一堂，开怀畅饮，促膝谈心。在我的心目中，阮厝人朴实善良，热爱生活，睦邻团结，相处和谐。老宅许多动人往事凝铸成了东门头人的口碑。

阮厝老宅的始建年代无法稽考，但据居住老宅前庭的陈家大叔说，自己的祖辈至少在清光绪二年（1876）便已购得了阮厝大门左侧的花厅。大叔还给我讲起了老宅起建的神秘故事。

关于老宅起源的故事有多个版本，下文简述其中之一。故事虽荒诞不经，但耐人寻味。

据说，阮厝的祖先原本家境贫寒，加上男主人嗜赌成性，时常是有了上顿没下顿，度日维艰。一日，女主人饥肠辘辘，觉得自己在朦胧中做了一个梦。梦见自己周身乏力，正蜷缩在一突兀的孤峰上。峰岗四周尽是悬崖绝壁，底下深渊望不见底，随时都有堕崖殁命之险。就在绝望无助之中，眼前突然一亮，随着一道紫光闪过，一曲曲美妙悦耳的天籁之音纷至沓来，飘然而至。须臾之间，顿觉神清气爽，浑身充满了活力。

女主人打起精神，定睛一看，只见一片祥云上，一班装扮各异的道童，手持不同的乐器，簇拥着一位银发如雪、仙风道骨的老翁飘然而至。他面目慈祥，双腿盘坐在莲台上，左手持一拂尘，右手所托着一个金色的托盘，上面放着一锭黄金大元宝。老翁面带微笑，欲言又止，女主人却已隐约感觉到一个细小的声音在耳边呢喃……女主人梦醒后，恍惚中老翁的余音尚未在耳边消逝，感觉自己梦见了神仙。

之后，女主人遂依梦境所示，在山岗破屋的地下挖出了一个大缸，缸内装满如梦中所见一般大小的金元宝。意外获得如此巨大财富，这对于穷苦潦倒了大半辈子的人家来说，无异于恍若隔世。女主人止不住心中的喜悦，本欲将神仙托梦送宝之事，告诉自己的丈夫。随即转念一想，担心丈夫好赌或将散财，此事还不便急于明示，得让丈夫断了赌根再说。

好事成双，就在女主人获宝翌日，男主人也意外地捡到了两块元宝。他喜出望外，心想这老天爷如此的眷顾自己，可不敢再犯赌了，何不回去与老婆好好比划一下，用它做本钱干一番事业，免得老被人家瞧不起。

人逢喜事精神爽。这一想，男主人顿时来了劲，脚下生风，一阵小跑便到了家里，将捡到元宝一事和自己的打算告诉老婆，还小心翼翼地从口袋里掏出两块元宝来。女主人见状，看着丈夫满脸的喜悦与诚恳，不像是开玩笑，觉得这一切变化，当是幸运之神的造化使然。于是女主人决定，只要丈夫真心戒赌，会立即将自己业已获得金元宝之事也和盘托出。夫妻俩经过一番坦诚对话，男主人唯恐妻子对自己戒赌意念存疑，遂猛地一转身，从灶台上取得菜刀，对着神像发毒誓，同时迅速地砍下自己左手的两个手指，以表自己的戒赌之心誓死不变。女主人见状，尚未缓过神来，已经来不及阻止。一阵嘘唏之后，即从灶膛中，掏出一大把草木灰，找来一块破布条，将丈夫血淋淋的断指伤口包裹着个结实。随后，夫妻俩人沐浴焚香，买来酒果祭拜神明。不久，便在此起宝之地，叠梁架屋，形成了偌大宅院。

叙述这个故事的陈家大叔是阮厝公认的忠厚老实人。平日里他少言寡语，可一旦聊起阮厝的历史与阮厝的人文时，便像换了个人，眉飞色舞，谈锋锐利。

阮厝的老者们说，东门头这一带，原来仅仅是一处土名叫“凤岗”的山体。阮厝则依山而建，是这一带较早的建筑物。紧紧倚在阮厝边邻的“双井巷”本有两口井，初建阮厝时，主人将其中的一口枯井圈入宅内。人们又说，所谓的“双井”是凤凰的两只眼睛。圈入宅内的枯井不算，而位于东门头下路尾的那口“朝宗井”，才是凤凰的另一只眼睛。因为，只有活水才富有灵性。

陈家大叔还说，东风社区过去叫“宾贤境”。早先这一带的原住民，通常还会将“吴刘郭”“东门头”“凤尾山”来泛指这个地块。他又说，他们族人的阮厝住宅，系清代光绪二年之前置的祖业。他的太叔公陈春英，曾是福安负有盛誉的茶商。其开始经营茶行的时间，可以比肩“坦洋工夫”。他的太姑婆更是个有福之人。早年间，姑婆的父母与后巷“三门下”的宋厝人订下姻亲。至太姑婆出嫁之时，宋家瞻宸金榜题名，于清光绪十六年庚寅科（1890）二甲中了进士。是日，随着喜报传来，锣鼓喧天、鞭炮齐鸣，一路风光无限，招徕了东门头这一带的街坊邻居。他们纷纷投送羡慕的目光，让大叔的族人颇感自豪与荣耀。此后，这阮厝的声望与气场日益彰显。现如今，我们还可以在陈家大叔的祖坟上，看到宋瞻宸撰写的碑刻。

当年的陈家大叔，如今已是鲐背之年。但子女孝顺，其乐融融。心闲神定的他，自然少了许多烦恼，加上养身得法，如今依然耳聪目明，精神矍铄，记忆力也没有消退。

大叔也许还不甚了解，阮厝的许多住客中有许多知名人士，他们也都是从这座院子里走出的。他们有北大毕业生、留美博士，优秀的人民教师、公务员，有高级农业科技工作者，有律师、医生、诗人和企业精英等等。今天或曾经的许多阮厝居民都是这里的骄傲与财富。阮厝的前世今生，包括静态的建筑与动态的人群。

◆ 大院英姿 ◆

阮厝就像是袖珍型的城堡。整个建筑合围紧实又畅通自如，是富有特色的闽东传统民居。占地面积约有 1000 平方米，系砖木结构的双层住房。该建筑坐北向南，除了和普通人家一样的前后门外，还有两个边门，而且后门和边门都开得比较大，行走方便。一如小城堡有着东西南北、四通八达的四个“城门”。

正座墙体以薄青砖为砖斗垒砌，用蚶壳灰勾缝。内构为木柱托梁架檩，支撑椽条和青瓦屋顶，屋顶为悬山式。居室内壁和地面，均采用木板拼接镶嵌。各个居室的木质窗门镶嵌有形式各异的奇花异兽的木质花框。照壁上装饰蝙蝠浮雕，是民间习见的“福”字寓意。

阮厝的室外庭院、廊庑走道、大厅地面，均以优质的三合土夯实铺就。其天井地面，选用坚厚的大条块青石嵌砌。大院雄伟厚重。整座大院的木质架构，均为榫卯建筑工艺结构。偌大的庭院构架，居然没有用上一枚铁钉子。屋顶角翘简洁，让整座大院平添了舒展大度的气势，这个建筑舒展、飘逸、对称、稳重。

至于阮厝大院独辟蹊径，比普通宅院多出两道边门的建筑设计，想必是出于安全考量。毕竟阮厝比普通人家的院子要大的多，院子大，人口也就多了。比普通人家增设通往院外的两道边门，一旦发生险情，便于院子里的人员得以迅速疏散撤离，可降低人员伤亡的风险。

阮厝大院除了独具四道门的建筑风格外，凸显的另外一个建筑风格，还在于其前庭与后院之间，存在一定的错层落差。前后座之间，是以天井和若干级青石台阶错开，使得整个后院明显要高于前庭。与前庭存同的是，这后院也有一个天井。而最大的差异，却是在于这后院的厅堂，比前庭可是要大得多。历史上人们都将前庭称为“众厅”，也有称“官厅”。至于是否曾真有官府大员住过，就不得而知了。

还是谈谈这个“小城堡”的四道门吧：第一道是前门，即大院的正大门，走出门口绕经下厝郭氏人家门口，直入前行至双井巷口处，则可分别通往棠发洋和东大路，两个相对的方向；若是一出前门向右边的巷弄走，会进入郭厝人厅堂，借助宅内人家的小边门，从“吴刘郭”口一出，便是现在的中兴东路了。

第二道门是前庭边门，这道门实际上则是陈家大叔与其堂弟两家人所共有，可独立通向院外的通道。迈出此门口便是双井巷，沿巷首回走不足30米，径直进入中兴东路。第三道门即后院边门，这道门与第二道门同一个朝向，只是前后之分而已，同样具有不必通过阮厝大院中的前后门，亦可单独进出阮厝，直通院外。当年，此门庭院住有“万泰酱行”的薛氏后裔人家，但也只是租房客而已，其产权的拥有者则是陆姓人家。此道门口出来，直接就是中兴东路。第四道门自然就是阮厝大院的正后门了，门外便是东门头的中兴东路段。

我知道在上了年纪的人中，大多数人还是认同阮厝前院的厅堂为“众厅”的这一说法。自然，在阮厝这个“小城堡”的居民中，还有后院的厅堂称作“官厅”的另一种声音。“官厅”之说，强调了这座“小城堡”的权威性与影响力；而“众厅”之说，则要说明了阮厝的草根性与大众化——我们阮厝大院厅堂的故事也体现了这诸多特点。

◆“众厅”人影◆

近代，在阮厝大院的鼎盛期，住有20多户人家，计百余人口。有趣的是居住在大院前庭的人口，仅占了二成之多，近八成的人都是居住在后院。后院的“众厅”宽敞有度，人气兴旺，在1958年“大跃进”时期，还发挥了特有的功能。当年，在东门头地界中，没有比阮厝“众厅”更大的院子，于是，人们就将“众厅”选定为“大食堂”的理想场所之一。

“众厅”砌起巨型的灶膛，安放硕大的铁锅，源源不断地将柴片与谷壳等燃料运来，东门头一带居民家的炊烟已然被大食堂的灶火取代，附近居民的一日三餐都在阮厝“众厅”大食堂内解决。木框蒸床垒成小山，家家户户的陶瓷饭罐盛好了粮食都置于其中，火焰升腾中充满着喜悦与期待。等到了开饭时间，“众厅”热闹异常，一家一家的男女老少，三五成群、四面八方汇集于此。人们交了定额的饭票，兴致勃勃地从饭床里取出热气腾腾的饭罐，再将家里带来的空饭罐放在蒸床上，等待下一餐再来取饭。我年纪小，不知道这种“放开肚子吃饱饭”的火红日子维持了多久。之后，大食堂的火焰就不知不觉地熄灭了，阮厝的“众厅”自然而然也冷清了下来。提及那一时期的大食堂，设在东门头范围之内的，并非仅阮厝众厅一家。设在现中兴东路龙江路段的那处“五一”

大食堂，规模更大，是曾经的大型绣花厂腾出改建而成。当大食堂的“浪潮”退尽，又涌来了新的客人。先是来了一批绣娘，因为特有的商机遂使阮厝“众厅”倏忽成了绣花厂。这是官方外贸系统的产物，一大批的外贸订单，需要出口绣花的桌子台布、窗帘等等。既可告别灶台，走向社会；又可赚取小费，贴补家用。一批技痒的姑娘们不知不觉融入了绣娘团队。他们之中，大多为待字闺中的妙龄女郎和出嫁不久的年轻少妇。

入主“众厅”的十几个绣花女中，有出自本院子内的、也有近邻的，更多的则是当年绣花厂变更为食堂后闲赋在家的、渐渐汇聚而成的女红，她们个个穿着简朴，却也清新甜美，富有青春朝气。

这帮绣花女工，平时数十人算是一个小组，一齐聚集在阮厝“众厅”。一张长条形的木桌，摆放在阮厝的“众厅”正中。长长条桌的两边，齐刷刷工整地安放着两条长长的条凳。这些刺绣女工，恍如穆桂英帐下的女兵，分别端坐在条桌两侧。

她们对工作的环境毫不挑剔。夏天没有电风扇，冬天也不奢求购薪炭生火取暖。她们使用的工具更是出奇简约，大致长短有度的两条竹条围成了一个大小均匀的竹圈，能将绣花布撑在里面，绷紧到便于操作。一个巴掌大见方的布沙袋，压在撑好的布面上，绣娘们便可以运用自如地上下飞动针线，不一会儿，一片花卉便凸现在布面上了。

刺绣的布料是白色或浅灰色细棉布，需要刺绣的图案，以易于洗去的蓝色的线条，浅浅地印在细棉布上。当年的那些图案，基本上都是老外喜好的几种花卉为主。

她们的针绣工艺流程主要是“抽纱”“缕空”“锁边”等等。这几项工艺流程，不算最为复杂，但是也有一定的难度，容不得半点马虎。

在刺绣过程中，她们飞针走线，神态专注，安详淡定。有时她们也会偶尔一展歌喉，宣泄情感。于是，略显繁忙、沉闷的“绣花厂”中会飘荡着一阵阵悦耳的歌声。有时绣娘还会将针线活带回家里，加班完成。

这个时期，阮厝“众厅”可是一幅新时代的女红图，年轻的绣娘们给阮厝“众厅”点缀上青春气息，增添了生活情调。

没几年工夫，“众厅”的绣花女工渐渐少了，随之君临的是一帮粗壮孔武的木匠师傅。同为手工技艺人等，相形之下，木匠师傅的活儿比起绣花女工的工作强度可就大多了。这帮木匠师傅的队伍也有十几个人，他们干活的工具不再简约。但见这帮师傅来到众厅时，几乎每个人都带了一个装满了工具的木箱子。

在我的印象中，每个师傅所使用的工具基本上是雷同的。除了数条用木质圆柱条制成的“柴马”“长条柴凳”外，每个师傅基本上都是各自使用自己的工具。记得这些工具中，仅手工锯的种类就有好几样。我经常听到师傅们对锯的称谓，不外乎就是“粗锯”“细锯”这两种说法。除了锯，其他工具可就五花八门了。如斧头、刨刀、锉刀、墨斗、曲尺、锤子、锛子、钻子等等，就是最小的那木工磨砂纸，也有好几种规格形号。

他们将一副副“柴马”架设在“众厅”，这里俨然是一所木器社。师傅们推锯、走凿、挥刨、弄斧……打破了绣娘们当年在“众厅”的温馨与祥和，取而代之的是砰砰作响的“制木”声。木器活并不轻松，不仅讲究技能，同时需要气力。记得当年，每次听到母亲的使唤，让我去“众厅”向木匠师傅要点木屑花烧火做火引时，总会见到他们不时会用脖子上的汗巾，擦拭去脸上不断渗出的汗珠。我也偶尔会为他们烧点水，并在他们自带的水具中添满。当年我的一个房间打开门便是“众厅”，与师傅们接触的机会，比大院里其他人自然更多。每次见到他们喘着粗气仍不停干活的情景，总会在我的心中，升起一股对这帮木匠师傅的敬意。同时，透过他们坚毅而饱含沧桑的脸上，我见证了与绣花女所不同的手工艺人，生活的坎坷和艰辛。

不知过了多久，木器社也销声匿迹了。“众厅”成了街道居委会的办公地点，居委会驻地自然会讲究一点排场，办公地点一度会延伸到群众的住家，几间厢房里。从此，政治标语红红绿绿，干部群众出出进进，公事私事应有尽有。

曾经住在厢房的居民想出售自家的房屋，但是在特定的历史时期，动用自家的财产也不是那么轻而易举的事。居委会领导知晓后发话说：怎么？公家办公地点，说出卖就能出卖的吗？

当年的阮厝“众厅”所发挥的特殊功能，几乎都是无偿提供的。在那个年代，这是毋庸置疑的事情。

◆ 大院厚德 ◆

《黄帝宅经》云：“阴得阳，如暑得凉，五姓咸和，百事俱昌。”诚如绣娘们的柔美和恬静，与木匠们的那种粗犷和豪放，相辅相成，相得益彰，在阮厝的“众厅”之中，完美演绎一回阴阳互补的“太极图”。显而易见，阮厝大院得益于“众厅”的厚德与博大优势，方可承载阴阳互补的繁荣盛景。因此，阮厝居民间的邻里关系也显得尤其和谐。

有例为证：1966 年的那些事，阮厝大院里，自然也少不了有不同派别的人家。都说在那近乎疯狂的岁月，由于派别的不同，导致单位里同事之间的争斗；学校中老师之间、师生之间、同学之间的争端；家庭中甚至亲人之间，也难免发生过争斗甚至流血的伤亡事件。而令人不可思议的是，当年在阮厝这座大院里，居然不曾发生过因派别的对立与纷争。

那时，同居住在阮厝的后院中，有两个不同派别的青年学生。他们之中，一个是“造反派”的头目，另一个是“保皇派”的宣传队骨干。他们俩在各自的团队里，所持有的观点坚定，在各自团队的活动中均表现得十分积极。但他们俩一回到阮厝大院里，却极少争执，始终保持着这阮厝邻里间的和谐与友善。

福安曾历经 1965 年与 1969 年两次特大洪水。因阮厝的所处地势比较高，这双井巷中，地处低洼地带的郭厝、吴厝、陆厝等周边的许多户人家，在那两年所发生的洪水期间，半夜里纷纷向地处高位的阮厝大院转移。在发洪水的雨夜，人们拎着早已备好了的大小包物品，有怀抱鸡鸭的小弟妹们，有赶猪驱犬的大叔大妈，和被人搀扶着的年长者等睦邻居民。他们大多唉声叹气，显现出极度的脆弱与疲惫。人们脸上写满的是颓丧与悲催，冒着大雨于深夜中纷纷涌入了阮厝大院。须臾间，阮厝大院的每一个旮旯里，都被人们挤得水泄不通。那些跟着主人窜入阮厝的家禽家畜，一时也无法分出是哪户人家的，一起统统被驱赶到了天井，与混杂在天井中的一部分人一起，任凭着大雨的洗礼。那时，原本处于深睡中的阮厝居民，难免会同前来避险的人们一道，在充斥着人声嘈杂、鸡飞狗跳、猪的尖叫声中，一起度过难忘的不眠之夜。

阮厝居民并不因自己的梦乡受惊扰而埋怨邻居。大家纷纷打开自家的门，将拥挤在天井走廊、众厅里的邻居，请到自己的屋内。现场有给沏泡红糖、姜茶驱寒湿的，有翻箱倒柜找合适的衣服给更换的……阮厝居民在那两个不眠之夜所表现出来的友爱、互助与热情，相信亲历者是难以忘怀的，至今更是清晰地留在我的记忆里。

斗转星移，昔日阮厝后院天井墙角边上的那株桑树自是早已不复存在。那是当年自己与邻居共同栽种的。当年为了养蚕，我俩一起跑了几趟街尾龟湖畔，拾掇回来了好多石头，又挑了好几担土，一同合力共筑垒成的一个小土堆，栽种了这株桑树。在我俩的辛勤培育下，这株桑树长得特别茂盛。我最喜欢看到的是，每一次雨后，一片片大如巴掌的青绿色桑叶，经过雨水的爱抚，常会在叶面上，留下晶莹剔透的水珠。此时，自己会用两只小手轻轻捏着叶子的两端，耐心地上下平稳轻拉，任凭这黄豆粒般大小的水珠在葱郁透亮的叶片上，来回滚动，煞是有趣。我们听说，蚕宝宝吃了沾水的桑叶会拉稀，于是，总会小心翼翼地用干净的纸张或手帕，将桑叶上的水珠擦拭干净，以免蚕宝宝拉肚子。那个年代，养蚕是孩子们日常游戏的最佳选择。

昔日居住在阮厝大院中的青葱儿童，他们的故事又何尝不是与这座老宅一样，温情、多元、和谐而传奇。

◆ 永恒记忆 ◆

随着城市建设的迅猛发展，彻底地改变了福安老城区的格局。当年从阮厝大院的后门出来，一眼便能看到的鹤山那座“池厝平底墓山”的巨型大墓，如今早已荡然无存。鹤山山麓之上的那一片浓浓的春色渐渐凋零。取而代之的是那些参差不齐的灰色厂房和无章无序的民房建筑。昔日阮厝大院“众厅”业已风光不再。大院当年的诸多居民，除了前门的陈姓老人一家依然眷恋祖上留下的老宅不愿离去外，许多人都早已离开。阮厝原有的格局尚能找到的已寥寥无几，遗存在众厅中的那几间小屋子面目全非，居住其间的也都是陌生面孔，可以断定他们都是新住户。

漫步在旧貌尚且得以部分保留的双井巷内，昔日兀立于阮厝陈家老人边门的那口井，早已被锈驳斑斑的铁皮包得严严实实，密不透风。当年传说凤凰之眼的这口井，就像是母亲的丰乳，曾经哺育着一代又一代的阮厝人。而今，井影虽在，人事沧桑，直面拔地而起的是鳞次栉比、灯光绚丽的商铺建筑群。昔日的阮厝人，仍然有着对故居终其一生的眷恋情怀，一如幼子依偎在慈母怀抱的永恒记忆，挥之不去。

池厝工商金融业的兴衰

◎池建东

我家的老宅就是坐落在福安城关龙江路的“池厝”，这座宅子在民国早期福安的商界曾产生过一定的影响。本文根据家族前辈的回忆结合一些历史资料，对民国时期池厝工商金融业的盛衰作一个简要的叙述。

◆ 开办鱼行、营建大墓 ◆

我的曾祖父池鉴明，字照南，早年家境贫寒，打银为生。他的墓志铭上记载：“公为太翁祚惠公冢嗣，家故贫。年十三，太翁弃养，诸弟嗷嗷待哺，公以童稚力赡其家，太孺人宋氏得以矢柏舟之操。”意思说，池鉴明先生是其父祚惠先生的长子，家境原本贫穷，13 岁那年父亲去世，弟弟们在饥饿急于求食，他凭着一个小孩的力量供养全家，并使得母亲宋氏得以矢志守节。可见曾祖父早年还是很艰辛的。

清朝末年解除“禁教令”后，天主教活动公开。这时由于五大口岸开放通商，社会上也兴举民生实业。光绪某年，城关天主堂高神父为答谢池家在禁教时期的救助之恩，出资帮助池家在赛岐开设鱼行。据我 93 岁高龄的父亲回忆：池家当时请了两个池氏宗亲。一个是冠后岭德慈太叔公，他擅长经营管理。在鱼行开业之初，兑鱼银两短缺，他把砖头放入钱箱，雇人一路挑进鱼行，让大家以为兑鱼银款到了，增进了鱼行的信誉度。另一个是官埔延弟叔公。他熟悉鱼货，是内行人。当时赛岐埠头是闽东水陆交通枢纽，福宁鱼货、福清白底渔船都来

池厝的洋楼

赛岐。福安上半县的穆阳船、白石船、斜滩艚（两头翘起的小船）都直接到赛岐运鱼货，交易范围直通周宁、寿宁、泰顺。特别是每年的官井洋黄瓜鱼季节，更是一片繁忙热闹。一年又一年鱼行货银运行通畅，车水马龙。福宁、连江、福清的鱼货源源不断，生意越做越红火。随着财富的积攒，祖辈兄弟开始一边购置田产，一边忙着为先人筹建大墓；曾祖兄弟对天主教也更加笃信，他们四个兄弟中就有两个终生修道未娶妻。

鹤山大墓（前些年在旧城改造中已拆迁）是祖辈长兄应斋（1877—1958）为其父亲而修建的，也是他自己和兄弟的寿域。这座坟墓坐东朝西，面对衙前街，在当时的福安数一数二。人们说，站在墓头扔出的石头不出墓脚，可见其规模之宏大。我曾祖父的墓比鹤山墓小一些，碑上记载，方圆左至右 9 丈，上至下 14 丈，还刻有当时湖山学校校长黄廷球撰写的墓志铭，至今保存完好，只是左右两边被掘建房和厂房。

这两座墓分别于民国 9 年、民国 10 年安葬，葬礼非常浩大。据我 91 岁的姑母说，我祖父邦龄（1891—1926）当初筹建的父兄陵墓是与鹤山大墓并排的，后遭曾外祖父反对，才改在秦溪王湾里建墓。

◆ 鼎建新厝、开设钱庄 ◆

茶叶生意兴起，我祖父从报纸上知道此信息，立刻开茶行，收购茶叶，往外发货。此后适逢民国11年（1922）洪水，旧房倒了，就大兴土木，再建造池家新厝。

新厝在当时不仅高大，而且采用砖木中式结构和仿洋式装修。大门四周镶嵌着巨大条形青石，横匾上是一群蓝色浮雕；台阶两旁斜梯抹上当时的进口水泥，显得格外光滑，吸引孩童在此嬉玩。走进大门，厅堂的两根大柱十分显眼，柱上方用六层斗拱顶起双层屋檐，顶上有精致的天花板和弧形拱板，下面吊着几盏大吊灯。每根柱子都挂着黑漆金字的联匾；每个房间都是杉木地板和石灰天花板，不露一椽；花边雕饰的窗户，嵌着五色玻璃。前廊庑间墙上还保留着两幅花地木底金字的联板，上书：

合气于静游情在初流品既清风期自古；

致和为春朗抱若日至情相契乐趣能长。

那和悦情长的诗句，还依稀透出当时的悠闲和沉稳；加上厅堂几桌上的古董、精美的茶几，真可谓极尽排场，显示自己的阔绰。

其后，祖辈兄弟着手开设锐康钱庄。钱庄址就设在新厝，赛岐商行楼上设有分号。此时曾祖辈都去世了，祖辈大哥荫斋担任总管，二哥洛卿管外交应酬，小弟邦龄（我的祖父）司账。此时可以说是池厝的鼎盛期。

池家洋厝三层有一个暗仓，是当时钱庄的钱库。为了让股东们更信任、放心地存钱，特地夜里数钱，声音响及邻里。当时传说“池厝数钱，用耙子耙，用斗量”，其用意与做墓、建房的摆阔如出一辙。

◆ 钱庄倒闭、商行变迁 ◆

可是从鼎盛走向衰败也是很快的。据我父亲说，有一年大兵过境，地方派的公债加重。此消息一漏出，引起挤兑潮，人们手握钱庄票涌到钱庄，钱庄无力兑现，倒闭了。紧接着父辈长子伯球在上海吃喝玩乐、赌博嫖娼，欠下一大笔债务，人被扣留；因钱庄的钱票已变成废纸，只得向三都宝泰银行贷款还债；贷款由池家在赛岐的商行以3000银元担保。此事发生后，由于资金链断裂，赛岐商行也摇摇欲坠。

据姑母回忆，我祖父30多岁就得了肺疾，当时对痨症无特效药，是不治之症。祖父临终时把长兄应斋请来，口述种种账务后说："吾儿尚小（我父是长兄，这时才6岁），我们有责任为他们分得财产，予以生计。"就这样，以口头方式分新厝厅堂西向的房产和赛岐商行的12年收入给我父亲这一房。两天后祖父长逝，这一年他才37岁。父亲回忆，没过些时候，发生为伯球还债事件，应斋索性写下《归管约》，将赛岐商行尽给我们。

当时家中由未出嫁的姑婆松姿（1895—1977）主事，原来赛岐的商行已经无法再继续下去了，改开布庄，取名"泰春和"。她请人掌管，惨淡经营。1945年赛岐发生一场大火灾，由狮子头码头棕衣店起火，直烧到赛岐大码头，整条上街都烧毁，"泰春和"店也被烧光。

◆ 重整旗鼓，开办米厂 ◆

那时我父亲已经师范毕业，在崇一校（今实验小学）教书。"泰春和"被烧后，他无心继续从教，请了江家渡十弟哥、赛岐六弟一起在原"泰春和"店的残墙断壁中搭盖，重开山货店。山货店生意还不错。一次，父亲在福州买到10斤德国青（染料），回福安后高价转手，用所赚的钱，到穆阳买了一批杉木，重盖起赛岐楼店。该楼店一直经营到新中国成立。

堂兄弟那边，据伯母清容回忆，父辈三子伯瑢（1912—1950）16岁与兄弟伯璠往福州学制袜。没想到他对制袜发动机更有兴趣，一心钻研，6个月学徒期满，学会开机、修机。回福安后多年帮人开机，还懂得用明矾自制碾米脱壳用的春席。一年，一艘外国汽艇开到赛岐，机器出了故障，几个赛岐技师都无法解决，最后请他去修好。第二天对方送了好几筐香蕉、菠萝等水果答谢他。其兄伯球事件后，他们先买一艘汽艇，营运赛岐至狮子头的过往客人，当时那里是赛岐到城关的交通要道，每人收12个铜板，生意不错。后回城开办"锐康米厂"，厂名就用钱庄名号，用柴油发电，白天用来碾米，晚上用来照明，是福安的早期发电厂之一，地点在原崇一校附近。为扩大经营，他们又联合伯父池伯珑和刘明基、红孙等人合股，在莲池头开设"灵丰米厂"，直至新中国成立。这一家米厂可能是当时福安最大的米厂了。

君归东吴怀故庐

——东门头吴宅的记忆

◎江绍光

《重修重金吴氏宗谱》记载："一族之中济济多贤，英才辈出，而物望咸浮，争相推重，非其盛德之感人，曷足以至此？呜呼，天其必将有以兴吴氏欤？何其后多贤也！"（宣统二年，福安知县言宋书序）据考证，重金吴氏先祖曾是朝廷命官巡查福建时，过长溪仕坂（今坂中长汀），"度其土地可聚族"，故"挈眷安家"。其后人又在金山下（今福安东门）"买地构室，创始图新"。此后，福安城邑内吴氏子孙主要居住在东门头吴祠周边，以及棠发、鹿斗、后垅、冠后等地。

据东门头吴氏宗亲回忆：耸立于城邑东门吴氏宅院有五座，陆续建造在城东也有大大小小也有几座吴宅。首座吴家大宅约建于清朝康熙年间，距今有300余年，晚建吴宅亦有百年之久。

◆ 青山老屋故园心 ◆

重金吴氏宗祠坐落金山下，城邑东门头。勤劳聪慧的吴氏宗亲在吴祠附近东门头一带买地建房，安居乐业，衍繁子孙。虽经朝代变迁，300余年风雨沧桑，但东门吴宅在志书、族谱中留下珍贵的史料，在吴氏宗亲、城关父老中留下了历史的记忆。

东门五座吴家大院，犹如血脉相连的吴氏宗亲一般，紧紧相接，院院相连，连成一片宅院落群，构成了当年城邑东门建筑物的一道亮丽的景观。五座吴氏宅院都坐落于城邑东门头一带，总建筑面积约计有5000平方米左右。历经改朝换代、历史变迁，五座吴家宅院因交通道路改造、城区建设需要，或规划改造，或赔偿拆迁，大部分已不复存在了。留下的，只是深深的历史遗痕。

重金吴氏，不愧是勤劳聪慧的家族，单单东门头五座吴宅就涌现了不少的达官贵人、官宦商贾，亦有庶民百姓、耕读人家，都为当时当代的政治、经济、文化的发展作出的贡献，充分体现了吴氏“济济多贤，英才辈出”，为重金吴氏家族增添了光彩。

在凤尾山之麓，双井巷之前的空阔地带，前后相连耸立三座吴氏宅院，都是坐西北向东南。

◆ 江山代有人才出 ◆

重金吴氏位于东门头的三座宅院，由吴氏二十五世孙吴钟岳携兄弟约于嘉庆年间始建。吴钟岳生于乾隆戊戌年（1778），嘉庆五年（1800）钱宗师以诗取进，道光二年（1822）韩宗师补。

居中一座宅院建筑面积约800平方米，四大透，高三层，有大厅、后厅、前天井、后天井、大厅间、后厅间。底层大房屋10余间，回廊相连。沿袭了明清时代大宅院建筑风格。一进院门，正中一条青石砖横跨天井，直达大厅。大厅上方正梁中间，本应悬挂大牌匾的位置上，出人意外地悬挂着一个“大木厢”，雕龙描凤，金碧辉煌，光彩夺目。正面“圣旨”2大金字并配有满文，引人注目，凸显皇恩浩荡。其原由是该宅院吴氏二十七世孙吴锦淮（道光辛丑年生），诰授武义都尉，赏戴蓝翔，三品衔候补副总府。因有功于朝廷，故获道光皇帝赏赐。

本宅历史名人有：

二十六世吴荣升，生于嘉庆壬戌年（1802），敕授武略都尉（三品官）；

二十八世吴庚元，生于同治壬戌年（1862），敕授武略骑尉宁衔所千总衔；

二十九世吴文光，生于光绪丙戌年（1886），全闽学堂毕业，授权办理禁烟事宜，保资六品衔，民国时期浪城议事会议议员。

现当代名人有：

三十世吴卫彬，生于民国丙子年（1936），南京大学毕业，国家劳动部劳动保护科学研究所主任、导师；中国环保产业协会噪声专业委员会专组组长。

三十世吴卫清，生于民国己卯年（1939），北京联合大学毕业，高级工程师，第八届全国发明家金奖获得者，福安市第十一届人大代表、福安市第八届政协委员。宁德市高师协会名誉会长。主要著作有《中华名医高新诊疗选鉴》（中医古籍出版社 2005 年出版）。

三十世吴卫平，生于民国辛未年（1931），早年跟随父亲到台湾，后远渡重洋求学，美国哈佛大学硕士，宾夕法尼亚大学博士教授，在美国从事研究工作。长子吴其光（1962 年出生），美国哈佛大学哲学博士，现芝加哥大学管理学院教授。次子吴其美（1963 年出生），美国威斯康辛大学博士。父子三个都是博士。

二十九世吴文凯，生于清光绪甲辰年（1904），福建省立第三中学毕业，早年赴台求学任职，在台湾安家。因台海阻隔无法返回故里，日夜思念故乡亲人。1972 年中美建交后，台海关系缓和，允许退休人员返大陆探亲寻祖。1975 年，已逾七旬的吴文凯携长子吴卫平返回故里。见到阔别几十年的宗亲、家人。老人热泪盈眶，感慨万千。当老夫妻手牵手出现在城关街头时，满城轰动。当时，福安县政府、人大、政协等有关部门热情接待返乡台胞。成为了当年福安县城的一则时事新闻。

◆ 各领风骚数百年 ◆

大门朝向双井巷，北依凤尾山麓民居的一座吴氏宅院，亦为二十六世吴钟岳所建，该宅沿袭明清年代传统宅院规格，建筑面积约 800 平方米，高三层，四透房，底层九间，大门朝街，后门一小花园，与后门坪相通。宅内含大厅、后厅、双天井、两侧厢房，宅内回廊相连，左侧门与相邻吴宅相通，装修考究，古风盎然，保留了吴氏宅院的建筑特色。

该院走出的历史名人有：

二十六世孙吴荣藻，生于嘉庆辛未年（1820），太学生加捐都司衔，诰授昭武都尉，晋封武义都尉（正三品）。后辞官回乡总理祠堂事务，规划重建祖祠，辞世前嘱其儿吴锦河继其修祠大业。殚精竭虑，鞠躬尽瘁。

现代科技名人有：

二十六世吴振铎，生于民国庚申年（1921），福建省立农学院大学毕业，福安农校副校长，台湾茶叶改良场场长，台湾“国立大学”教授，多年从事茶

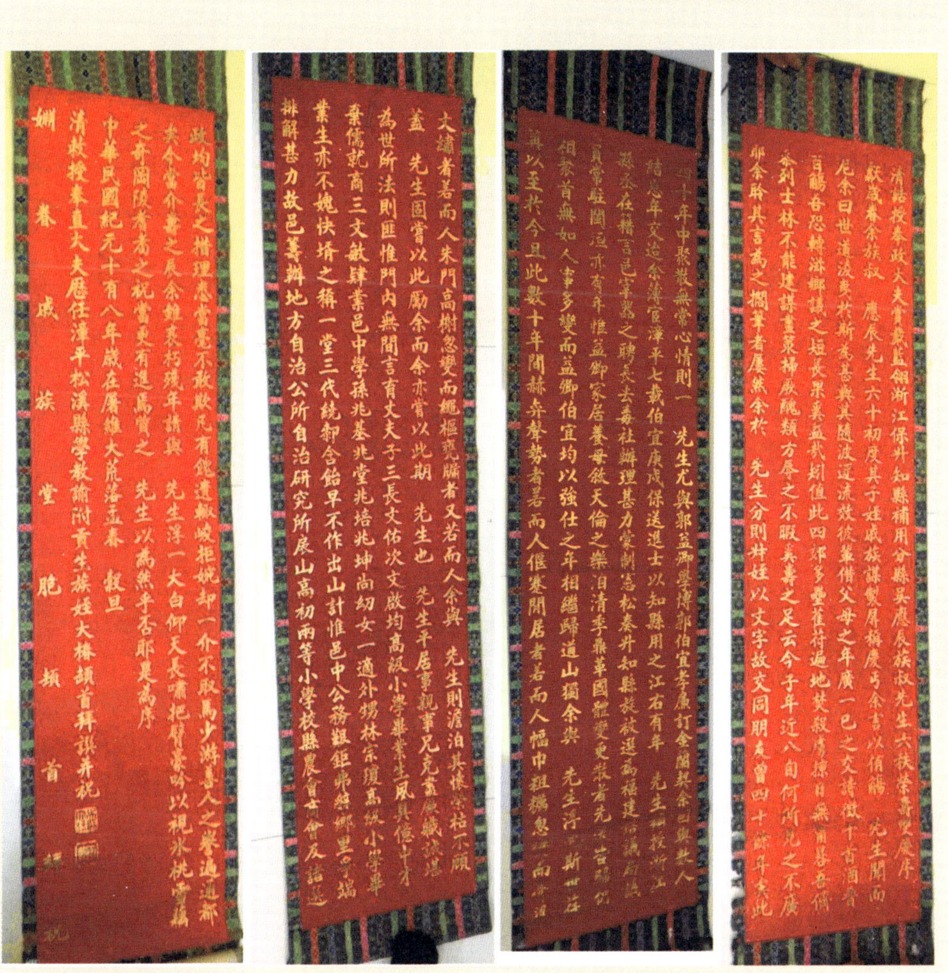
清誥授奉政大夫賞戴藍翎浙江保升知縣補用分縣吳應辰族叔先生六秩榮壽雙慶序
欽褒春余族叔　應辰先生六十初度其子姪戚族謀製屏稱慶丐余言以侑觴　先生聞而
尼余曰世道淩夷於斯為甚與其隨波逐流效彼輩借父母之年廣一已之交詩徵千首酒費
百觴吾恐轉滋鄉議之短長果奚益哉刻值此四郊多壘萑苻遍地焚殺擄掠日無寧晷吾儕
忝列士林不能建謀畫策掃除醜類方辱之不暇奚壽之足云今子年近八旬何所見之不廣
耶余聆其言為之擱筆者屢然余於　先生分則卅姪以文字故交同朋友曾四十餘年矣此
四十年中聚散無常心情則一　先生尤與郭益卿學博郭伯宜孝廉訂金蘭契余亦與數人
猜忘年交迨余薄宦潭平七載伯宜庚戌保送進士以知縣用之江右有年　先生亦投浙江
縣丞在籍言邑宰器之聘長去毒社辦理甚力蒙制憲松奏升知縣旋被選為福建諮議局議
員常駐閩垣亦有年惟益卿家居養母敘天倫之樂洎清季鼎革國體變更散者先後皆歸從
相聚首無如人事多變而益卿伯宜均以強仕之年相繼歸道山獨余與　先生浮沉斯世存
兼以至於今且此數十年間赫奕聲勢者若而人偃蹇閒居者若而人幅中粗糲恩
文讞者若而人朱門高樹忽變而繩樞甕牖者又若而人余與　先生則澹泊其懷榮枯不顧
蓋　先生固嘗以此勵余而余亦嘗以此期　先生也　先生平居事親事兄克盡厥職誠堪
為世所法則匪惟門內無間言育丈夫子三長文佑次文啟均高級小學畢業生風其億中才
棄儒就商三文敏肄業邑中學孫兆基兆堂兆培兆坤尚幼女一適外甥林宗璜高級小學畢
業生亦不愧快婿之稱一堂三代繞膝含飴早不作出山計惟邑中公務艱鉅弗辭鄉里有端
排解甚力故邑籌辦地方自治公所自治研究所辰山高初兩等小學校縣農會
政均皆長之措理悉當毫不敢欺凡有饒遺輒峻拒婉卻一介不取焉少游喜人之譽過通都
大邑當介壽之辰余雖衰朽殘年請與　先生浮一大白仰天長嘯把臂高吟以視冰桃雪藕
之奇岡陵耆耇之祝當更有進焉質之　先生以為然乎否耶是為序
中華民國紀元十有八年歲在屠維大荒落孟春　穀旦
清敕授奉直大夫歷任潭平松溪縣學教諭附貢生族姪大椿頓首拜撰并祝
姻眷戚族堂肶頓首拜祝

‖值吴鸿枢六旬大寿之际，清敕授奉直大夫任潭平松溪县教谕的族侄吴大椿祝词

卷四 ◎ 老宅人事

叶科研，素有台湾“茶叶之父”之称。

更为引人瞩目的另一座吴家主院。亦为二十五世吴钟岳率兄弟们构建，因是家长本人居住，建筑风格更为考究。建筑面积约1500平方，高三层，三大透，北面是正房，东西是厢房，南面是侧屋，后为罩房，底层九间房，东西南北都是房间，中间是大天井，三间大正房，正房两侧设置耳房，整体由回廊贯通。前门南通向双井巷，东侧与自家吴宅共墙，高大的青砖院墙，精美木雕的窗花，彰显吴家当年的富庶。大门屏顶上木制门楣刻着“进士”两大字，因二十五世吴钟岳公系嘉庆五年（1800）钱宗师以诗取进，皇上敕赠进士衔，故此宅有“进士宅”之称。

此宅还曾居住过：二十七世吴锦汉，生于道光戊申年（1848），加捐按察司照磨。二十七世吴锦江，生于道光庚戌年（1850），敕授武略骑尉，守御所千总（五品官）。二十八世吴鸿枢（又名吴应臣、吴应辰），生于同治庚午年八月（1870），赏戴蓝翎，五品衔，浙江候补知县。1927年，中华民国福建政府成立，被荐举为福建省咨议局议员，后又任福安筹办自治公所研究所长，办理禁毒事宜。年届六旬的吴鸿枢辞职后，致力国民教育，筹办扆山小学，亲任校长，吸收平民子女上学，传授新文化、新思想和引进科学文化知识。同时，被推选为福安县商农会会长，热心于公益事业。

◆ 一代新人换旧人 ◆

吴氏在城邑东门头安居发族逐渐壮大，人丁兴旺，原有由二十五世吴钟岳兄弟所构建三大吴宅院，已不是人口众多吴氏子女所能够栖身居住了。于是二十七世孙吴锦河、吴锦汉兄弟约于清道光年间，携手在三宅院之旁再构建一大一小宅院。一座吴宅与并排三宅毗邻，建筑面积约800平方米。高三层，底层九间，有大厅、后厅、侧房、前后天井、后天井为鱼池，两侧厢房设置一字排开的书房，供后辈子孙读书求学。

吴家另一大宅院耸立于双井巷内、郭氏祠堂前，占地约1500多平方米。毗邻郭家等宅院。大门朝南通向郭祠巷。二进，高四层，四大透，底层20余间，错落有致，结构严谨。四周青砖高墙环绕。北花园与郭氏宅院相邻，南花园南临大街。大宅院包含前大厅、后大厅、前天井、后天井，前四堂、左右厢房，三排齐整、精致的木房。大宅院内由弯弯曲曲的厢廊贯通。吴家大宅院高大宏伟、整体美观、结构严谨。在城邑东门头鳞比栉次的民宅群中，具“鹤立鸡群”之形。

1956 年 8 月中旬，三份高考录取通知书连续送达，喜报惊动了吴氏家族，震动了韩城。20 世纪 50 年代大学生录取数甚少，福安专区内普通高中学校数也寥寥无几。而这座吴宅竟有三人同期录取本科，传为美谈：吴福源录取上海交通大学；吴培源录取华东水利学院；吴梅庄（女）录取福建师范大学。

这座吴宅大院走出的杰出人物有：

二十七世吴锦汉，生于清道光戊申年（1848），庠生，加捐按察司照磨。三十世吴培蓝，生于民国戊辰年（1925），福建省立高级农校毕业，台湾“电讯总局”视察。三十世吴培萼，生于民国庚午年（1930），福建省立高级职工学校、北京电影学院放映资本科毕业，福安市经济技术开发区中心办公室主任。三十世吴福源，生于 1937 年，上海交通大学毕业，四川电视台客座教授、高级工程师。享受国务院津贴专家。三十世吴培源，生于 1938 年，华东水利学院毕业，教授，水利专家，高级工程师，江西省水利厅计财处处长。三十世吴梅庄（女），生于 1937 年，福建师大毕业，高级工程师，福建省技术中心检验处化学组组长。三十世吴培煊，生于 1944 年，上海复旦大学生物化学系毕业。生物化学研究员，华东职业医学生物化学教育理事会理事长。研发的茶啤酒工艺，荣获国家农业部金奖。三十世吴培藩，1942 年出生，小学特级教师，福安市实验小学副校长，福建西山文武学校小学部校长。三十世吴培荆，1943 年出生，宁德市民族中学高级教师。三十世吴穆生，1943 年出生，高级讲师。三十世吴培贤，1944 年出生，福安市宣传部副部长，福安市教育局局长。三十世吴晓越，1964 年出生，主任医师。

耸立在福安城邑东门头的五座吴氏院宅，因时代的变迁，大部分已成为历史，不论是明清时期，还是近现代，东门吴氏“族姓醇厚，英贤辈出”，“善行树望于一时，官迹著美于世代”。（康熙年间福建巡抚张伯行赞重金吴氏语）三百余年间，东门吴氏“长江后浪推前浪”，英才辈出，为社会发展做出卓越贡献，为重金吴氏族谱添上光彩的一页。

重金东门头吴氏宅院示意图

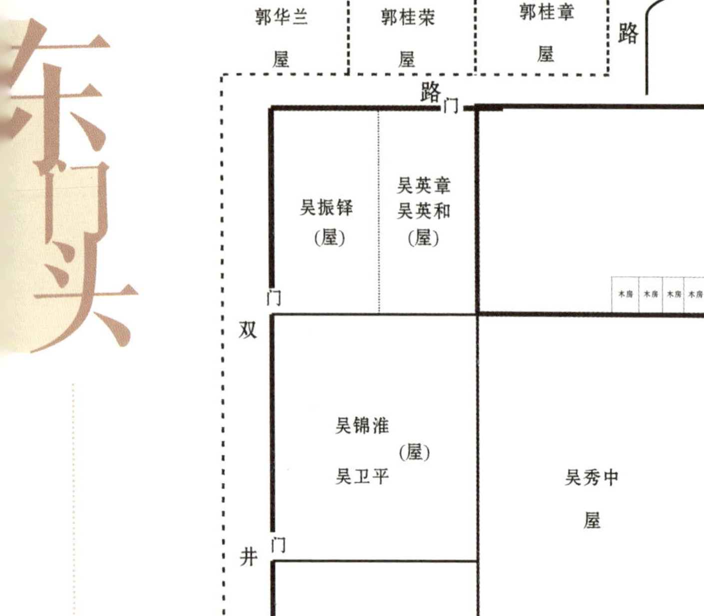

两粒种子　一片森林

——记凤尾山横路面周宅

◎陈耀年

◆ 长乐始祖艮岩公 ◆

福安韩城察院司横路面周厝族人，是入闽始祖维岳公后裔。维岳公又名周颐，字崇雅，号梅林翁。原籍河南光州固始县魏陵乡符里铁井栏地方。唐末，僖宗光启二年（886），因北方动乱，遂携子周靖衣冠南渡，入闽宣慰王审知将军。又因与王审知将军是故交好友，受其挽留，同入福州城，住三山石井巷（现东街口省邮电局后面）。

周颐公传至九世时，有常安公，字荣演。生有三子，长子百福公迁居闽侯县，次子百禄公迁居新宁（今长乐市），三子百爵公迁福清县。百禄公传七代崇贤公时，定居长乐江田镇石门村，形成“石门艮岩周氏”支系。后裔尊称百禄公为“艮岩一世”。艮岩，指地势险峻的岩壁，所处位置居东北方。从人类社会学的角度分析，周姓石门先祖当年或居住艮岩，或辞世后安葬艮岩，因地命名。据其后裔提供资料称，长乐始祖百禄公的墓前有三块大岩石，呈“品”字叠立，当中俨如一大厅，可排设一筵席，后人因号“艮岩公”。

◆ 韩邑肇基绍品公 ◆

艮岩百禄公支系二十二世绍品公，当年在长乐祖居地，虽朝乾夕惕，却没有换来如意丰足的生活，只能决定背井离乡，远走他乡，大约于清朝乾隆五十五年（1790）前后，徙居福安韩城，从而成为察院司横路面周氏肇基始祖。

当然，当初的这种选择也不可能一帆风顺。长乐至福安路程将近四百公里，路途遥远，沿途穷山恶水，一路艰辛坎坷，后人可想而知。到达韩邑，人地生疏，举目无亲。他有细木匠的手艺，勉强靠揽活度日，租住莲池地段暂时栖身，是明智的选择。这块地，处县衙前南街一带，人口稠密，交通便利，商业氛围浓厚，可揽到木工活谋生。但语言沟通困难，活技未扬名，都是外地工匠的弱项。他为了生存，需要在困境中顽强拼搏。可喜的是，艮岩精神已经溶入他的血液里：首先，娶本县穆阳缪氏女为妻，成为当地人的女婿，为落地生根播下了种子；其次，勤俭持家，经过 50 多年的辛劳与积累，父子两代人典赁继而买断察院司横路面一座大院落，为子孙后代生生不息筑起安乐窝。

◆ 幽深雅致古院落 ◆

据周家后裔现存的咸丰五年（1855）十月立赁契记载：“郭陈氏仝夫侄惟林原有住屋一座，座落察院司岭头地方，坐北向南安着，木屋前后廊庑，右边披厦。屋后土库，托中送赁周章甫先生边为业……实收赁价银壹佰两、制铜钱贰佰伍拾千文。”又存同治五年（1866）十二月立尽断契记载：“今因夫翁造坟需用，托中尽断在周儒林先生边为业……尽断价银伍拾两、纹圹制铜钱壹佰贰拾千文。”

当年清朝知县年俸禄白银 45 两。一个县太爷几乎四年不吃不喝才能买断此座院落。

周厝是一座 4 扇 7 柱、进深约 23 米、左右宽约 16 米的古民居。人们登 13 级石阶到达门头坪。因地势居高，韩城美景尽收眼底。大门 2 米多高，横楣额匾上四字已被铲除，不见踪迹，门楣两侧竖架石厚重且雕琢精细，大门黑漆斑驳，拉手环腐蚀显见。进入大门左拐后，可观全厝面貌。大厅正面中堂上方，遗有一对木花雕托件，可见当年有额匾高悬，其上壁采用七朵花儿吐蕾的圆弧纹饰木格固定，镂空处用竹篾作骨架，塞红泥填充，抹白灰饰面，其下部有斜方形几何图案木质花格窗。两侧神堂头正面底色显白。客厅前沿上方横梁中央亦存一双雕花木托饰件，额匾上书“朝荐钦点法部京官”。厅堂左右侧壁上半截皆用木构件填抹竹篾白灰。大厅各条柱子上端依稀可辨挂楹联的铜饰钩件。抬头

周宅大门

可见屋顶天花横梁上遗存16盏悬挂红绸伞灯的铜托件，有的还存留引灯铁索线。

大厅三合土地面，有严重磨损痕迹。地面前沿压三条花岗巨石，中间的1条4.53米，其余2条2.95米。天井地面三合土已崩裂，左右侧的压石2条长合计5.5米多。天井地面上立一口直径约1米的雕琢凤凰纹饰的古铜色晶亮釉瓷鱼缸，但缸壁已有明显裂隙。步入后厅，迎面天井两侧有石材垒砌的洗衣台架。天井后方有半截子2米高的三合土花台，右边后门可通土库，但已荒废。

如今的人们，从周厝的房屋格局，岁月痕迹，足可睹物思人，追忆当年主人家的风光岁月。

周厝曾有过3场大戏，虽时过境迁，但口口相传，仍经久不衰。

十五世裔孙周祖颐公于清朝宣统二年，因“朝荐钦点”，官拜“法科京官”的喜报送达周厝。周家人流如潮，锣鼓喧天，张红燃爆，鞭炮声不绝于耳，全城老百姓都能听到。地势居高的周家人把荣耀和辉煌传遍了韩阳全城。

二十六世裔孙泽万公慈母李孺人于民国33年（1944）七秩荣寿之庆。周家大厅中堂挂上门生姜师肱撰文、侄王凤起书的序联。姜身份不凡，王书法皎皎，且姜姑归嫁周家二十五世裔孙雍西先生，两家往来益密。祝寿之日，周家礼乐齐鸣，轻歌曼舞，举杯推盏。

二十七世裔孙长龄公于民国8年（1919）农历九月初十日三诞之日。周家为庆贺喜得长子长孙，大摆酒席，宴请亲朋戚友、社会名流。是日，高朋满座，觥筹交错，唢呐悠扬。周厝厅堂两侧木壁上贴满“弄璋之喜”“子种莲房”“天降石麟”等贺联。

◆ 枝繁叶茂苍劲木 ◆

艮岩公福安察院司横路面支系，周氏二十二世绍品公裔孙，从清末至民国时期，有多人步入仕途，参与社会活动与管理，同时产生了若干革命先驱。

周祖颐，系艮岩周氏入韩二十五世，绍品公四世裔孙，字少濂，光绪八年（1882）生于福安察院司横路面周厝，光绪十九年以童子身份，由家人肩负进入考场县考，取榜首。光绪二十年入县学。光绪二十三年拔贡。光绪二十四年（是年16岁）北上京师，目睹清廷腐败无能，著文抨击时弊，语甚痛切，曾被捕。清宣统二年（1910）以朝荐钦点法科京官，28岁任北京检察厅厅长，又继任山东省陆军执法官。后倾向孙中山领导的同盟会宗旨，辞官入天津任《盖世报》主编，撰写文章宣传革命，文笔犀利，辛亥革命胜利后，他因革命业绩显著，荣获民国四等宝光嘉乐勋章一枚。

公元1917年，张勋废除民国《约法》，解散国会，实行复辟后，他又南下广州参见大元帅孙中山和总裁岑春煊，受命代理岭南道尹，兼任两广总督，司令部参议，因两广、滇、贵内讧，南方军政府解体。遂携家眷两度重上北京，力促南北议和。多年来为民主革命奔走呼号，终因时局艰难，积劳成疾，于1922年5月在北京病逝，时年41岁，墓葬福安鹤山。

周泽万，别名君石，系艮岩周氏入韩二十六世，绍品公五世裔孙，中共党员，大学学历，1906年生于福安察院司横路面周厝，8岁入湖山小学，15岁升省立第三中学，后转到福州省立第二中学。1925年赴北京，进入中国大学文科预科，1926年经郭宣霖、吴可介绍加入中国共产党。1927年冬，时在北大就读的周泽万与时在清华就读的郭宣霖借寒假返乡之机，带回《共产党ABC》《马克思主义浅论》《社会主义问题讨论》以及《新青年》《洪水》等革命书籍，在亲朋好友中传阅，使马立峰、郭文焕、陈铁民等一大批福安优秀青年受到了马列主义的启蒙教育。周泽万于1976年逝世。

周泽惠，别名仲慈，少将师长，1921年生于福安城关察院司横路面周厝，系艮岩周氏入韩二十六世，绍品公五世裔孙。他年轻时目睹日寇侵华，因家国蒙受灾难，立志从军报国，考入广东黄埔军官学校学军习武。24岁时，毕业于黄埔中央陆军军官学校第二分校，第十七期二十一总队，后任国民革命军驻四川第87军93师少将师长。1949年全国解放之际，他目睹国民党腐败不堪的统治，识大局，没有去台湾，携带妻子返回福安，后半生从事教育事业，1961年病故。

周若霖，系艮岩周氏入韩二十六世，绍品公五世裔孙女，周祖颐公女儿。曾参加中央苏区红军革命，牺牲于江西吉安。墓建在吉安乡村师范后门排云山上。

艮岩百禄公支系二十二世绍品公，从长乐江田镇石门村迁徙福安韩阳城，至今已有230年，传9代人，计20多户，近100人。周氏族人代代相传，为社会做出了许多贡献。

东门丁姓及黄儒回族村小识

◎白沙余挺

◆“拔贡”后裔　文化之家◆

韩阳丁姓，是从穆云乡黄儒村迁入韩阳的，世居东门、宾贤二境，即今东风社区一带。黄儒村是福安唯一的回族村。

丁氏迁入韩阳的具体年代不详，但最迟不迟于清道光年间（1821—1850）。在清光绪《福安县志·选举》道光年的名录中开始出现籍贯为“宾贤境”的丁姓族人的功名。

近代才迁入韩阳的丁氏族群与世居韩阳的诸大族比较起来相对要小。在清代中叶以前，韩阳丁氏人物不见于本邑官方文献（明万历和清乾隆、光绪诸县志）。道光年间，有丁观澜、丁元波、丁桐封三人脱颖而出，先后取得1837年丁酉科拔贡、1849年己酉岁贡和附贡的功名（光绪志未署丁

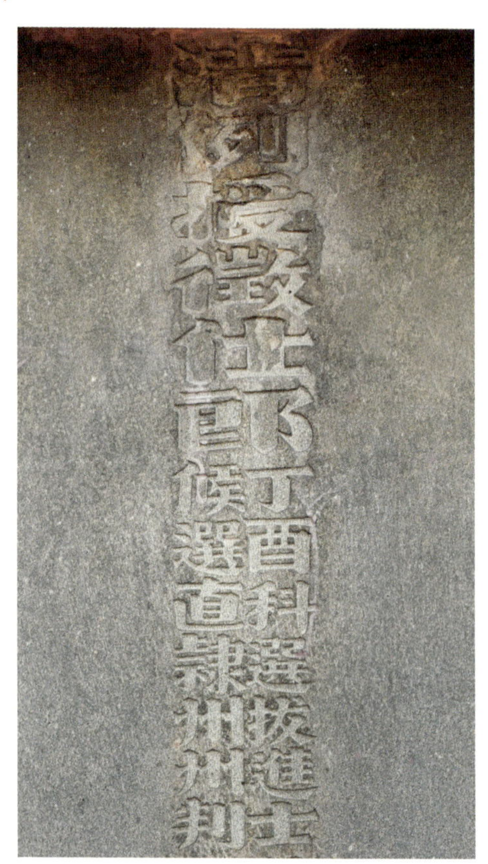

丁家族人石碑

桐封出贡年代，考诸丁氏墓碑，可知丁桐封系丁观澜侄辈）。笔者在察院司旧址古井旁寻得清道光十五年（1835）“修井题捐碑”，碑文有“丁宏镐”之姓名，载其捐银“拾五两天”，并列为修井“首事”之列。

依清代制度，拔贡、岁贡和附贡均从县学秀才中选拔而出（古谓“出贡”），具有了国子监太学生名分，不一定到监，却在一定条件下可获官职。丁氏俊杰开始崭露头角，自然也跻身于韩阳士绅阶层。

1970年代初期，我认识了为伺候父母晚年而从省电影制片厂调回家乡的丁钧华（1928—2017），他是东门丁氏后裔，家在“察院司”后的凤山，老屋坐北向南，虽非深宅大院，但前堂后厅、天井厢房，一应俱全。丁先生回忆昔日老宅故物，最不舍毁于“文革”中的“拔贡”横匾。则可证先生祖上即是道光丁酉年（1884）的拔贡丁观澜。清朝设“六贡”：岁贡、恩贡、功贡、副贡、优贡和拔贡，其中拔贡的身份远高于诸贡。乾隆七年（1742）后，拔贡之选每12年1次，县学每次限选1人，尤其难得。诸贡经朝考合格者，可分别派充知县等职，而拔贡优先，堪称“准进士”。光绪十年版《福安县志·选举》名录，丁家拔贡仅此1人，光绪十年后仅21年科举制就废除了，其间丁家再出拔贡的几率极小。但凡称拔贡者，熟读经书古史、诸子文集自不必说，有了这样的功名，足以撑起一个家道殷实的门第。

先生之父丁少和，绳其祖武，自然不废青灯古册，但其时科举已废，学堂兴起，身处西学东渐的嬗变之秋，科举无路，纵是白袷临风，却与芸芸草民其实没有太多的区别。转型的彷徨，内心的踌躇，与那时大多数读书人略同。科举既废，本县少数读书人或谋职于京师、沪上，或负笈日本、漂洋西欧，少和先生则选择留在家乡，受人延请设帐授徒，做起私塾先生来。那时知识分子受儒家思想、士大夫文化的濡染甚深，国学修养如魂附体，并不因时代蜕变一夜之间即能抹去，想少和先生亦然。可惜资料极少，除了从一二帧旧照领略先生的儒者风采外，却无法了解更多。

试举几个事例，来揣摩这位“拔贡”后代的文化面貌——

其一，丁少和与周祖颐是同一时代的东门人，因系邻里，自然相知，交往似乎密切。笔者在少和先生之孙丁立凡出示的祖父旧记残篇中，偶然发现一则少和手写笔记，竟录有周祖颐为长乐县会馆（可能在会城福州）所撰的联语：

长日如年，纵琴棋书画，亦可消闲，曷若登百尺高楼，眺水看山，眼空今古；

乐天知命，视富贵功名，真同幻梦，但愿饮千钟美酒，坐花醉月，身傲王侯。

首嵌“长乐”二字，写得潇洒，颇见周祖颐逍遥倜傥的个性。

周祖颐是福安的才子，清末民初北上都门，曾任晚清户部主事，旋服务于北洋政府总理孙宝琦，撰有《福安乡土志》，可惜英年早逝。遥想当年，此联悬于长乐县会馆，不独为该馆增色，也让会城雅士一睹福安文人的辞采。而丁家独能慧眼识珠，留记此联，使人得窥周祖颐的渊雅，也可印证丁、周彼此相投的文学趣味。

其二，丁家交谊甚广，可谓往来无白丁。钧华先生家藏祖上所遗的扇面书画，无论绢本纸本，笔墨典雅，古色照人。细细欣赏，感觉旧时文人的气息氤氲满纸，精彩自然，非今人轻易可以望其项背者。其题款多署“少和仁兄斧正”之类，也有少量署赠“竹园仁兄”的，惟“竹园”何人不详，想必书画作者都是丁家友人，却难以一一考实，爰俟博雅者识之。

其三，昔日丁家的居常日用，“文革”劫后，至今亦有一些留存，虽系民俗文物之属，但自有其艺术价值。重点是这些家俬透露出丁家祖上对文化艺术的讲究追求。如一些茶具着彩的官窑，嵌有“大明正德年制”“乾隆年制”等等，笔者随取一件清瓷看，上有题诗云：

春兰有异香，夏竹引风凉。

秋菊多佳色，冬雪白雪芳。

诗意浅白流畅，瓷艺却不失精致，书法在行草之间，率意天然。

家常旧橱的门扇，亦讲究儒家文化，上有烫金隶书。随举联语云：

喜超宗而焕三坐（暖四座）；嘉郭贺而赐二公。

范烨致思以精微；到溉显名于率素。

疏粗既讶于马后；都布曾缚于马援。

俭传唐帝之三浣；诏奉汉高之五时。

联中所列的谢超宗、郭贺、范晔、到溉、马后、马援、唐文宗都是儒家褒扬的古代人物，或笃学，或忠勇，或俭朴，或亲民，人格高尚，道德可钦。丁家用在日用家具上，也有其教化子弟的用心吧！

民国时代福安的青年能进入公立学堂读书并非易事，丁钧华先生出身书香门第，幼承庭训，弱冠就学于县立中学，旋入省立福安师范。不满政治黑暗，追求社会进步，遂秘密加入中共城工部，直到福安解放。1951年，丁先生被选入省电影干训班学习电影放映，1953年又被选送到上海的华东电影教育轮训班深造。回闽后在省电影系统培训本省的电影发行放映骨干，并参加省电影放映队，翻山越岭活跃于闽东以及省内城乡，为群众放映最初一批电影，丰富群众的精神文化生活。丁先生一生与文化艺术不离不弃，曾先后服务于省电影公司、福建电影制片厂和福安地委文工队。先生的妻子、儿子、侄子也都长期从事电影放映工作，一家献身电影文化。称丁先生是系福建省电影放映的第一代元老，并非溢美之词。

1970年代初期，丁均华先生回归桑梓，所在的工作单位县电影发行放映公司和笔者所在的县文艺宣传队隔一条中兴街相望，同属县直宣教系统，工作上偶有配合，有所过从。改革开放后，落实干部政策，丁先生以副处级干部的待遇任县文化局副局长职务，与笔者有共事的经历。先生多才多艺，不独熟谙电影放映技术，由于制作电影幻灯片的需要，亦练得一手娟秀的仿宋体蝇头小楷。在电影风行的近半个世纪中，先生所在的省电影放映队，所制作的幻灯片宣传党和政府的方针政策，有效服务工作中心。工作余暇，寄情绘画、摄影，所作花鸟小品皆神韵不俗，绘鹰画虎，笔力亦颇为雄健。其摄影作品大多是福安摄影尚未普及时的罕见之作，记录一个时代福安经济社会、城乡文

丁均华像

化的光影瞬间，弥足珍贵。

东门丁氏是回族，要从穆云乡黄儒村的历史说起。

据清乾隆五十六年（1791）黄儒《济阳郡丁氏宗谱》载：“丁族始祖尚宾公，明嘉靖年间由泉州城南陈江肇迁斯土。”

陈江即今晋江陈埭，旧属泉州府，是丁氏聚居地，素有“陈埭万人丁”之说。明万历二十八年（1600）黄凤翔撰《重建陈埭丁氏宗祠[①]碑记》云：“丁氏之先，自洛入闽（一说自姑苏，应以碑记为妥），曰节斋公者，居郡城（泉州）文山里。三传至硕德公，徙居陈江。”说明先祖丁节斋（1251—1298）从中原首入泉州，其孙丁硕德为陈埭的开基祖。

1980年代，几经曲折，黄儒丁氏与陈埭丁氏对上了谱系，并开始来往联系，黄儒丁氏也恢复了回族身份，这样，陈埭的始祖丁节斋自然也成为黄儒丁氏的始祖。

黄儒《济阳郡丁氏宗谱》把郡望定为“济阳郡”，隐去西域祖籍，其意甚明。西晋时济阳郡在今河南兰考，东晋济阳郡在今江苏武进。史学家普遍认为，中国各个姓氏认定郡望的主要动机，大多只是找一个本姓中的一流的人物和望族，以其郡望为本族郡望，以壮族威而已，这是非常普遍的宗法文化现象。黄儒丁姓祖上出于各种复杂的原因，以济阳为郡望，应是过去立谱时依汉俗约定俗成的做法。

黄儒回族村海拔600—700米，四面群山妩媚，下临断崖深谷，茂林修竹掩映上下村落。路下的民宅依山而建，相互通连，格局奇特。路面的山居，类似“吊脚楼”。稻稷田畴，大小错落散布，春绿到夏，夏黄到秋，煞是好看。全村人口1045人，以回族丁氏居多，共770人，其余为汉、畲、壮族诸姓。1997年台风灾后，为防地质灾害，政府实施“造福工程”，举村迁移至桂林村秀溪洋，重建黄儒回族新村。

“人生代代无穷已，江月年年望相似”。丁楷斋先生（道光贡士丁桐封之父）生前“自题”的墓联曰：“想前此计利争名终成幻梦，到将来销声匿迹亦是栖

---

① 陈埭丁氏宗祠为明代建筑，全国重点文物保护单位。明代以降，裔族讳言系伊斯兰后裔，取其祖赡思丁尾音——“丁”字为姓。该宗祠建筑极具特色，隐藏诸多伊斯兰元素和丁氏家族起源的秘密。如祠堂内中堂高悬“百代瞻依”大匾，后厅匾额为“绥我思成”，正门之匾则大书“丁氏宗祠”，三匾各隐“瞻思丁”中一字，暗示先祖为赡思丁。

察院司丁氏祖屋外墙

真。”“栖真”也者，是道家的观念，墓主或许别有含意。

2020年4月9日，蒙钧华先生之子丁立凡之邀，同至丁家山祖墓。墓凡三座，为清代“风”字型墓茔。

居中丁观澜夫妇之墓，碑云：“清例授征仕郎丁酉科选拔进士候选直隶州州判、显祖丁蘭九公、祖母李老孺人之墓”。“丁酉科选拔进士”是拔贡的一种尊称。称“蘭九”，是为了避“观澜”名讳，且指明观澜在族房弟兄辈中的排行。碑末列建茔诸子孙名字，有曾孙修和者，即钧华先生之父。“修和”即“少和”，盖因“少”与“修”福安方言音同而通用。如此，拔贡观澜乃钧华先生之高祖无疑。征仕郎，从七品文官阶；直隶州州判，凡直隶之州皆与府平级，州判则是知州的辅佐官，犹如今天的副职。

左右系丁楷斋、丁炳星之墓。右端墓主丁楷斋，正署“岁进士”，即岁贡，碑末有其子附贡丁桐封署名。独特之处有二：一是墓联，为楷斋生前“自题”；二是镌有福安最后一个进士郭兆禄亲笔题联云：“题阡愧乏中郎笔；挂剑遥追季子风。”署“姻眷弟郭兆禄拜题”。中郎，即东汉蔡邕，东汉文学家、书法家，官拜中郎；季子，春秋时的吴国公子季札。郭兆禄是画家郭梁之父，善书法。

吴厝旧事

◎吴如秀

吴厝坐落在东凤街东大路的北侧，三幢房屋东西方向排成一行，西至双井巷，背面是凤尾山。屋后有一长方形的花园，1958 年大跃进，1960 年大饥荒，不见了花丛，都种上了菜，只剩防空洞和一棵粗壮的老桃树，还有几株 2 米多高的芙蓉树，蓝天绿叶白花，甚是好看！

据说我奶奶头两胎孩子没成活，算命先生说奶奶命硬，孩子不要自己带。生我伯父时，小孩一落床便拿米箩隔开母子，并请来了一位很壮实的畲族奶妈。为方便照顾，也为让奶妈别思虑家人，影响奶水质量，就让她一家人全迁城里来，住我家菜园旁的柴房里。

伯父奶妈的儿媳，我们称呼“畲妹伯母”，我们几家的泔水都是这伯母来倒去。待一年半载她家猪“出栏”时，就给我们各家送一斤猪肉或猪油。

一年又一年过去了，奶妈家的亲戚好友，什么娘舅啦，小姨啦，陆陆续续迁到城关来了。他们在柴房旁边扩建，延伸，往凤尾山方向拓展，我们称那“上旁厝”，我记事时已有七户人家，二三十口人，他们多是泥瓦匠，搞建筑，只有伯父奶妈家种田。这儿成了个“城中畲乡”。

上旁厝有个兰妹，与我最要好，她回老家山上时会带回一些“粘米花”“猴锤”的野果分我一起吃，吃完相视对方变蓝变紫的牙与舌，捂住嘴笑。

兰妹家人丁最旺，她娘 30 岁出头就已生下六个儿女。

那时除冬天外，我们白天多打赤脚，晚上洗完澡才能穿上“坑垫”，它像日本人的木屐，底下一块脚掌样的板，在前掌横钉一条旧皮带，套在脚上走动“咔哧咔哧”很响。兰妹为逃避带弟妹，脱下“坑垫”夹在腋下，轻手轻脚往门外溜，有时也不成功，身后传来一句：“哪去？背上妹妹！”

夏日的黄昏或夜晚，左右两座房子有空闲的人都会坐在台阶上，摇着麦杆扇或油纸扇。读师范的堂姐会讲《红楼梦》，如想听茶校的堂兄讲故事，得先给他扇扇子，挤背上的痱子。畲家朋友的故事多为《白蛇传》《薛仁贵》等。逢三月三、中秋节偶尔他们有客人来，会对歌几句，但不是很放得开，毕竟在汉人的巷子里，不是在旷野山岗上，搬这儿来的都被“同化”了，他们不再盘那头发，不再穿那有花边的衣服。

逢年过节，我们都会互赠礼品，他们的糍粑、粽子、乌米饭很正宗，我们的炒米、脆豆、年糕更香甜。

吴厝的人帮“上旁厝”的畲族朋友代读代写书信，填表格，打报告，写春联，畲家朋友会送来一担担水，一把把刚拔回的鲜草药。吴厝女人中暑了，“上旁厝”伯母抓痧功夫了得，保证手到病除，只是会留下一粒粒红枣样的印记。阴雨连绵，柴草不接时，畲族朋友会搬来两担柴片，雪中送炭，锅灶暖了，心不慌了。

三婶是裁缝，淑女型的，声不大，话不多，就在后厅裁制衣服。她有三个男孩。有一年年关，兰妹过年的衣料买晚了，为了给兰妹赶制新衣，这年三十晚婶要熬夜了，我这小帮手当然义不容辞。

裁缝年关最累，婶困得眼都睁不开。我帮婶穿针引线，清理地上的布头线脑，给木炭熨斗添炭扇风，更重要的是不断讲故事，不让婶睡着了，睡着易扎到手指头。我讲故事，电影的、戏剧的、小人书里的，好不容易熬到新衣制成了，我也困了。大年初一，兰妹总算可以穿上新衣与我一起上街炫耀了。据说子女年三十晚上守年夜，父母会长寿，我这一次真的就通宵达旦了。

有一天，兰妹的妈妈让我们去买些治“打摆子”的药回来，那时候常有人犯这病，也多数是自行买些药吃吃就过去了。那药浅兰色，扁圆形，像扣子一样光亮滑溜，很好看。后来才知道，那是治疟疾的奎宁片。

两天后，兰妹在松溪打工的哥哥回来时，父亲外出帮工不在家，脸色苍白的母亲，躺在床上奄奄一息。邻居告诉她哥哥，母亲自己吃药堕胎，出了很多血，很危险了。兰哥不由分说将家里仅剩的一头很会下蛋的老母鸡宰了，让母亲补补身子。母亲骂兰哥，哥说母鸡明年可以再养，娘你若没了，我们六个兄弟姐妹怎办？看到我和兰妹吃惊自责的神情，娘说，不怪你们，做女人难哪。她老家村里有些女的，特意从楼梯高处往下滚，砍柴时从一人高的崖上往下跳，要让肚里的孩子掉出来，造个意外，逃避闲人的碎语、公婆的指责。一胎又一胎，生得太密太累了。

从外头看我家房子很大，其实房间不多。来了客人，娘便让我去伯母家住。伯母是一厝四户中唯一缠足的。她个子不大，很是和气。缠足人的鞋子小巧好看，像一件小玩具，但脚却象棒槌，很丑陋。伯母最擅长浆衣服。取最好的地瓜淀粉调成清清稀稀的糊状，不能有一点点粘稠不均的颗粒，将洗净的衣物放里浸泡翻动均匀，取出抖平晾干，洋布的布毛不见了，布料显厚，颜色更鲜，耐脏，像熨过的新衣。

动荡的年代，谋生不易，家家都有本难念的经。我家红婶小巧玲珑，黑发齐肩，眉毛密，睫毛长，双眼炯炯有神，一股机灵劲。婶常挑着两个浅浅的竹筐子，叫“海篮子”，装着些针头线脑、樟脑丸、油纸扇、麦杆扇、蚊香、洋火、香烟等，走街串巷，沿街叫卖。端午节到了，我姐做的“乒乓丹”串最好看，几个横隔网袋不同颜色，穗子更是五彩缤纷、飞扬飘逸。端午节小孩胸前必挂一串，看龙舟赛时好炫耀一番。

我也喜欢红婶，虽说农家出身，但她识字。婶心情好时会一边洗衣服，一边讲《西厢记》《樊梨花》《四郎探母》，且故事里人物名字她会记得清清楚楚。讲故事时婶很兴奋，也很投入。

红叔身材高挑，书生气十足。红婶在家洗衣拖地时，他便挑着“海篮子”沿着三姓路、宾贤街走，一步一晃，不敢叫卖。走着走着累了就在路边歇歇脚，有时还打起瞌睡。叔更多时候是在家踱来踱去吟诵诗词，每跨一道门坎，就一句诗：“感时花溅泪，恨别鸟惊心”，“姑苏城外寒山寺，夜半钟声到客船”。声调拖得很长，他自己非常陶醉其中。叔若穿长衫，会让人误以为他是活在清朝。

红婶的大儿子萱哥比我大 3 岁，萱哥活泼开朗，是个长不大的“小淘气”。在他带领下，我们有个别样的童年。

我们选些麦杆，自己编制麦杆扇。用苎麻骨搭建房子，联结处用草绳来捆。最爱玩的是把竹条弯成弓，挎在身上，再拿些直的竹条削尖了头便是箭。爬上后门那棵树冠像伞一样、开叉不高、很粗壮的老桃树，贪玩也顾不上桃胶黏手了，学民兵站岗放哨，查问口令，埋伏捉特务。

那时候还有坏人。我家大门外巷子的墙上有幅大标语写着“中国共产党万岁”，是繁体字，一天来了几名公安便衣，看到我在附近跳绳，就问有没有看谁在墙上写字，我自然没注意呀。事后才知有人在标语的间隙处写了反动口号。听说是下厝刚劳教释放人员干的，不知真假。

我用零花钱买来“平阳担”剩下的一只小鸡，喂食时总偏心地拦住别的小鸡，让我买的那只多吃几口。堂兄堂姐抿着嘴笑，别过脸去假装没发现。一天，那小鸡不知被谁踩了，奄奄一息，萱哥带着我们，捧着小鸡直奔后厅，找个木盆翻过来，将小鸡放上去，“咣当、咣当”不停地摇，说是心肺复苏抢救措施。没成功，我哭了，大家都沉默了。

为了驱散这心中的悲凉，堂兄带我们去池头玩。大男孩拿线头捆个苍蝇诱捕蜻蜓，我们在旁边捞些小鱼小虾，但更多的只能捞到一些呆头傻脑的蝌蚪。

我上初一时，红婶的大儿子萱哥已上高一。每次半期考和期末考，一中都会张贴出一张学生成绩排名表，我惊奇地发现萱哥的排名总在高中部前三名以内。萱哥个子不高，活泼开朗，人缘好，家中常有他的同学来来往往。

红婶家的烧柴主要靠萱哥负责，离高考只有 20 多天了，婶让他别上学了，专心砍柴，考上了也供不起。萱哥有个姨妈，在乡镇企业上班，姨夫是公社干部。外甥这么聪明，姨实在不忍，就劝红婶：别让孩子砍柴了，支持他一下，让他参考试试，若考取了，费用再想办法。缺钱是暂时的。女儿已经辍学了，这家除了儿子长大后能有出息来改变现状，还有其他转机么？

发榜的日子到了，萱哥是宁德地区理科第一名，考取了上海复旦大学生物系。他是全班最贫困、最聪明的男生，毕业后娶了全班最漂亮的女生。

知识改变命运！

兵　缘

◎吴如秀

东门头吴厝有大小五座，连成一片。我住的一座比较大，宽敞明亮。记忆中前厅一直被征用着，前厅后院间的门一般关着。二楼和三楼间能通行处均用木条钉成栅栏阻断了。

有段时间前厅是野战部队指挥部，住着当官的。后来又改为后勤部，只记得司号兵会在屋檐上吹军号。部队食堂做饺子时会打开前后厅间的门，借用我们几家的大铁锅煮饺子。煮好了饺子，他们一定给我们四户各送一大碗。在这之前，我们几家从没包过饺子，部队一改善生活，我们后院的小孩像过节一样兴奋。

从穆阳苏堤回到福安东门头，娘找了个帮解放军洗衣服的活，1 人 1 个月 1 块钱，从里到外，除了不用洗鞋子，另拆洗被褥 3 毛钱。我和姐是小帮手，抱回脏衣服，送去洗好叠齐的衣物，有时解放军会友好地拍拍我们。

我家前厅清静了几天，原来野战部队迁走了，接着就改成了“十九野战医院”。都说铁打的营盘流水的兵，部队医院也换了一批又一批的伤员战士。

池头旁那家小卖部生意不错，它独一无二，晚上只有这店有灯光，附近青年都会来这走走看看，“十九野战医院”的病号士兵也会来买烟买糖果等，那时百姓把军人称为“兵哥”。这时有一兵哥看中了吴厝的眉姐，据说兵哥懂一点“相面术”，说眉姐有旺夫相。他们每晚都会在小卖部旁边站一会儿，聊聊天。眉姐才 16 岁，眉宇间有颗米色美人痣，长得面容姣好，十分可爱。她心灵手巧，毛衣的花样款式一看就会，童鞋童帽上的花绣得喜庆精致。

一天晚上，兵哥自己上门来提亲了。原来他是寿宁人士，父亲之前参加地下革命，被国民党杀害了，就剩他只身一人，本来可以照顾他烈士子弟，但他 16 岁就参了军。他是炮兵，战役中耳膜震裂了，肺部被炮烟熏伤了，才住进了十九医院。临走交待提亲一事不能让部队知道。

从此，隔三差五，兵哥晚饭后会从前厅楼梯悄悄上到三楼，将栅栏中一条板的底部钉子弄松，将板往旁稍移动一点就可进一个人，再将板移正，便不留任何痕迹，然后从后厅的楼梯下来，回去也一样，熄灯前轻手轻脚按原路返回，一直没人发现。眉姐家兄弟姐妹众多，母亲善解人意，通情达理，兵哥只是来拜访一下，聊聊家常。我想兵哥只身在外，十分渴望感受大家庭的温暖。那时的男女谈恋爱，真的是冲着成家后长长久久过日子去的。

一天我上学顺路去邀一同学同行，同学的母亲和姑姑问起兵哥追求眉姐一事，因为已过多时，且习以为常了，我忘了当时的嘱咐，绘声绘色地描述了兵哥如何冲破前厅后院的阻隔，所用的技巧、路线等等。小女孩觉得大人爱听，自己懂得多显摆呢，全然没察觉别人狡黠的目光。

过了两日，放学回家，母亲问，你对谁说了兵哥提亲的事了？他要被处分了。

我听了脸色苍白，这不成了叛徒、泄密者了吗？怎么办？想不明白，那同学她姑姑也正与一军人病号谈恋爱呀，我这才放松警惕，怎还告密呢？真不知该如何收场了。

我脑子一片空白，从小最恨甫志高这样的叛徒，如何面对大家？我躲进了菜园的防空洞里，任凭他们经过大桃树下来来回回的呼唤，就是不出来。要好的同学出卖了我，最亲的家人我无颜面对，又恼又羞，哭着哭着睡着了。

不知过了多久，醒来才发现天已黑了，夜也深了。以前拿墨水瓶装的蝌蚪已长成了青蛙。我从防空洞爬出来，月亮将菜园照得清清楚楚，墙边立着谁家忘收回的稻草垫，没办法，我拿一条铺在两张菜地间的垅里，另一条草垫当被子盖。不时有老鼠这类的动物在墙边窜过，过会儿又来了只很壮的野猫，叫声又大又长久。我把头一直往里缩，心里祈祷着“别过来，别过来”。许久平静了，忽然又下起了霜，湿湿的，草垫一点不御寒。都说月夜很美，经历过才知道真是冷月清光无限愁呀。

第二天仍要背着书包去上学，我习惯性地到了林同学家，可能我脸没洗，头没梳，也早了点，她家人邀我共进早餐。我说吃过了，奶奶说：“掺了黄心地瓜米，特别甜，吃过了也尝一口。”多么聪明睿智的老奶奶呀，其实我昨天晚饭就没吃，正饿呢。同学家父母开鱼货店，家底殷实，不必请客，平日里饭菜都很丰盛，我美美地吃了一餐。

其实我能拿什么逞能，天地之大，一个小女孩怎离得了家人，中午厚着脸皮，乖乖回了家。

部队有规定，不能与驻地百姓谈恋爱。不久，兵哥和那个与同学姑姑相恋的病号军人真都退伍了。他们也就顺理成章地结婚成家了。

这期间，我隔壁巷有一漂亮姑娘，恋上部队一北方籍的营长，部队不批准，那对恋人软磨硬泡，左说右说就是不行，为表心志，姑娘一头往桌角上撞去，真佩服姑娘追求真爱的勇气。一天在她家巷口，见她头上缠着纱布，低着头从我身边经过，想必这是真的。那营长皮肤黝黑，身材挺拔，是很帅。

过了一阵子，应该是经过调查，女方家庭不是专政对象，没重大历史问题，男方又确实优秀，队伍需要他，部队批准了，营长降级留用。他们有情人终成眷属，这一对也成了。

兵哥心灵手巧，吃苦耐劳。部队饮事班干过，买菜做饭比眉姐都做得好，眉姐就打扫卫生，浆洗缝补，也绣花补贴家用。

那时福安没有煤炭，家家都要上山砍柴，妇女儿童就筢些干枝落叶，拔些麦秆头。逢周日，就轮到那些上班族大展身手了，那城郊的蜿蜒山路上，砍柴大军三三两两，络绎不绝。

有柴草的山越来越远，兵哥挑的柴枝也越来越重，只为能多烧一天，再多烧一天……

因那次泄密事件，我受了惊吓吧，兵哥对我特别关照。我上山下乡时，兵哥为我备了雨伞、雨鞋、手电筒，还做了个碗橱，很轻便，可挂可立，非常实用。我农闲有时回家，兵哥会从市场买一斤可口的海鲜送来。

我的大女儿是吃眉姐的奶，到 10 个月大才让我带走的。因为当时我知青上调工作还没转正，家里老人无法来帮我，也怕我带小孩没经验，兵哥建议我将孩子放他家，与他的第四个孩子一起养。那年代，工作机会于我们就如眼睛一样珍贵，特别是经历过上山下乡后的人们。养到十个月将女儿交还我，也是怕再没带，孩子有了记忆，长大了母子不亲。他们处处为我着想，帮了我一个大忙，夫妇俩吃了不少苦，这是一种何等的担当、何等的情义。

兵哥很累，但我猜他心中是甜的。他从小太孤单了，他崇尚多子多福。闲时他会蹲在一旁，抚摸着他的小黑狗，看着他那在东门头出生的三儿一女嬉笑玩闹，眼里满是笑意……

东门头也有“柳堡的故事”。

陆厝的人与事

◎郭孝卿

东门头

民国时期，福安东门头陆厝赫赫有名，一度兴旺发达，财源广进，逐渐取代其他族，一跃成为“首富”。

陆氏乃舜帝的后裔、齐国君的子孙。据《新唐书·宰相世系表》载：“陆氏出自妫姓，田完裔孙、齐宣王少子通，字季达，封于平原般县陆乡，即陆终故地，因以为氏。”陈（田）完是舜的后裔，妫满的后代。周惠王五年（前672），陈完奔齐，被齐桓公任为工政，改姓为田。传至田和，于齐康公十九年（前386）夺取齐国政权，开启田齐基业。再传至十一世，齐宣王（前320—301）封少子通于平原般县陆乡，因地而氏。子孙尊陆通为中华陆姓一世祖。传至唐陆噩，唐懿宗年间进士第，唐僖宗乾符三年（876）出任闽郡建州古田令。乾符五年（878）黄巢造反，陆噩返籍不得，偕夫人游氏居福州黄巷十余载，因仰慕屏南双溪山水，于后梁末帝乾化三年（913），迁今屏南县双溪际下洋，为入闽祖。传至陆信，于明永乐元年（1403）迁福安岳秀，为福安（梧桐）肇基始祖。再传十世至陆日昌（1677—1757），号成斋，于雍正二年（1724）举家迁福安城内鹿斗境（南湖湖山下）。陆日昌生四子，乾隆年间，其三子求藻迁居宾贤、四子求蘗（渠）迁东门头。

陆求藻（1716—1820），福安陆氏凤房十世陆成斋之三子，字琼园，郡庠生。陆求蘗（1724—1805），字莲玉，号清溪，邑庠生，乾隆二十八年（1763）移居东门双井，架屋建房，即今双井巷1号三座，呈“品”字形，称“陆厝”。

陆求蘗秉性好义，勇于公事，凡积储蒸尝、兴建祖祠，乐为之倡，尤对民

民国十一年（1922）年大洪水后，陆家新建的三幢呈“品”字型宅院

陆宅外墙

众信仰膜拜的城隍庙事最为热心。乾隆二十二年（1757），在他建议下，福安知县黄彬拨置龟龄寺饷田五号二十亩，作为城隍庙寿诞祭典资本。乾隆四十年（1775），在他的热心下，重修城隍庙并新建后座，知县陈良翼为之作《重修城隍庙碑记》。除此之外，乾隆三十年（1765），募捐起建武庙头门，知县孙象治带头“书梁”；乾隆三十八年（1773），捐设棠发宫蒸尝，造册勒碑。以上善事都离不开陆求蘗的谋划与捐助。乾隆四十八年（1783），陆求蘗寿登花甲，邑贡生李呈祥还为他写了篇寿序，赞颂其善举。

东门头颇具形势之利，乃生财蓄富之风水宝地。自陆求蘗移居以后，以读书为本，主要靠经商和买田放租积蓄财产，20世纪三四十年代取代他族，成为东门头“首富”。须知陆求蘗自乾隆二十八年迁居至民国初期，繁衍不上两百年，就能发展成地方巨富，而同时居住在小西门、院前（街尾）的陆族只能靠农耕、小本买卖为业，其财力与东门头陆族真有天壤之别，不可同日而语。这起码说明东门头的风水是如何适应陆族的了。

不过，民国时期的陆厝已经不是原先的陆厝。民国十一年（1922），原先的陆厝被一场洪水冲毁后，凭借陆族雄厚财力，灾后立即重建，砖墙取代土墙，柱子增粗，房屋增高，更见宏大、坚固。再者，其后子孙繁衍，陆续扩建、购置，今双井巷13号、东大路20号（从郭绍恩处典买），还有旧棠发铺城兜（人武部围墙西边，从夏姓处购得，今已拆除）等皆陆厝子孙繁衍分迁之处，陆厝范围不断扩大，人才辈出，除陆求藻、陆求蘗外，最值得称道的是陆毓杰。

陆毓杰（1866—？），原名鹏抟，又名毓兰，字崇馨，号升庭，邑庠生，为人正直公道，乐善好施，在民众中享有很高地位，深得民众信任。清末，福安推行新政，县分设参事会与议事会，实行地方自治。宣统三年（1911），陆毓杰就选任县自治议事会议长。要知道清廷搞地方自治，只把那些需要花钱的民间事务放权，如学务、卫生、道路、农工商事务、善举、公共事业等。这些事务与百姓生活息息相关，要办好这些事务并非易事，因而议长则是出力出钱不讨好的差事。然而，陆毓杰能尽其所能，尽力办好。缘于此，民国二年（1913）7月，虽然改朝换代，陆毓杰仍然被选任福安自治会第一任议长。后因袁世凯窃国，许崇智讨伐失败离闽，自治才取消。民国九年（1920），陆毓杰出任县农会会长。民国十六年（1927），年过甲子的他，仍廉颇未老，出任县商会会长。他在政界享有一定的知名度，据其孙陆绍栋回忆，他见过署名为“福建省政府主席陈仪”

在他祖父七十大寿时贺赠的一幅红缎寿序，周以金绣龙凤，十分精致。

陆毓杰生有两子承玑、承贽，也值得一提。

陆承玑（1886—？），字子衡，监生，曾任县商会委员、同善社善长，在社会上声望亦很高。

同善社到底是个什么组织？在福安如何发展的？

民国10年（1921），霞浦县人卢守用到穆阳传道，成立同善社，首届天恩社长林近珠（穆阳苏坂人），设坛于察阳栖云巷文昌祠楼上。民国十一年（1922），福安发生特大洪灾，将文昌祠冲走，林近珠与一些道徒在楼上坐禅，猝不及防，亦被洪水冲走，不知下落。灾后，宋延祚（湘孙）、李道融（峻望）、李培根（道融胞侄）等为首，在湖山临水宫设立佛堂，重整同善社，宋延祚任善长，李道融为副善长。民国十六年（1927），宋延祚逝世，由李道融接任善长。社址迁三门下岭尾北边民房，陆子衡晋升恩职。民国二十八年（1939），善长李峻望死后，城内山门下的一坛由陆子衡为善长主持。其时，抗日战争开始，全民奋起抗战，同善社作为民间组织，亦乘机逐渐扩大，各地纷纷立坛。

而后，福安同善社经过整合，选出社长林宗淮、副社长陆子衡兼收支。收支相当于会计、出纳，总管财务。同善社道徒甚多“达数万人”，鼎盛时期收入亦丰，若无可靠的人担任，恐生贪污、卷逃钱财之事，可见，收支之职何等重要。

民国32年（1943）10月（农历九月），福安发生了“九月暴动”，社湖、穆阳、蓬山、磻溪、泰蓬等九乡镇公所被大刀会攻入。据统计，全县被大刀会杀害者达17名，最惨不忍睹的是福安师范（校址设穆阳，即今福安三中）遭受大刀会的攻击，造成无辜师生员工7人遇难。

此事震惊省府，省主席刘建绪除委派胡邦宪前来福安接替县长高诚学外，并亲临福安戡乱，导致高诚学就地伏法。省保安第八团团长罗鹏瀛出任闽东绥靖区指挥官，带部队进驻福安侦办暴动案件。经侦办，同善社头头林宗淮、陆子衡，连刚任上白石乡乡长的陆绍椿（伟孙）也涉案，奉调归案受审。

大刀会与同善社又是什么关系呢？陆家父子怎么与“九月暴动”有关呢？

福安大刀会与同善社本是两个组织，初传入时，各干各的，互不干涉。虽然大刀会法师曾要求同善社给予“归根”（意即归同善社管理），但因同善社中多数人认为大刀会的一套和义和团一样，名为防匪，其中有许多通匪，甚至直接为匪，因而此议得不到通过。李峻望死后，福安同善社经过整合，才根据上头师尊的意见将大刀会纳入管理，称“后天”，亦称动派（武堂）。动派弄枪舞刀，修炼刀枪不入之身，而将经常坐禅念经的称静派（文堂）。

民国 32 年（1943），省同善社头子倪成突然来福安，要福安同善社选派代表三人同他到上海拜见师尊彭回龙。福安同善社自然而然推举正副善长林宗淮、陆子衡以及文牍王兆熊为代表。那陆子衡也许存引荐之意，便叫儿子陆绍椿代替他去出这趟差。陆绍椿遵父命跟随倪成前往。据说，林宗淮还与倪成前往南京（一说北京）参加汉奸褚民谊召开的全国同善社“拥汪媚日”会议。陆绍椿与王兆熊则留在上海等候林宗淮。

林宗淮一行回来后，同善社根据总社意图，利用当时群众对国民党县长高诚学的不满情绪，在赛岐召开一场会议，邀请刘宗彝、陈慕彭等“反高派”知名绅士参加，以“官逼民反”为由提出“抗抓丁、抗征粮”“替天行道”等口号，讨论“倒高”（打倒高诚学）运动，谋划举行“九月暴动”。据说会上陆绍椿曾挺身反对，力举其不可为。由于在场随声附和“倒高”者众，陆绍椿便中途退席。

陆绍椿原是韩坂镇中心校的教员。出事后，校中同事为陆绍椿奔走营救，特别值得一提的是女教师陈介士。

陈介士，原籍河南（一说北平），河南省立女子师范学校毕业，曾在黄双惠的妇女工读学校任事务主任，参加抗日后援会，当过赛岐中心小学教员，时为韩坂镇中心校低年级级任（相当于段长）。罗鹏瀛的幼小子女都就读该校低年级，每天罗鹏瀛的妻子都要来校接送子女，因而陈介士跟罗妻很熟稔。热心的陈介士便托罗妻为陆绍椿父子援颊。罗妻经再三考虑，最后转嘱罗鹏瀛的主办文书办理。文书答应在上报的文书中做点手脚，能从轻处理，但需要好处费银元 4000 元。几经反复磋商，始得成交。好处费如数付与后，文书便把上报公文中关于陆家父子的处理意见抄给陆家见面。随后，陆龙孙还携带巨款，亲赴永安向省政府、省保安处上下打点，才换得陆子衡、陆绍椿父子不死，释放回家。结案后，文书就调离他任，免招物议。

此事对陆子衡打击甚大。尽管陆家素负财名，为此案不知花费了多少银子，以致成为“中落之户，破产之家”。民国三十六年（1947）5 月，“本城粮食供应发生困难”，福安县政府为“调剂民食起见”，向陆子衡“价购干谷壹拾伍担”，却得不到支持。

受牵连的陆绍椿本经城厢镇选民选为镇民代表，因涉案被处重刑并褫夺公权，正式宣判执行，该代表之遗缺由东门保之次多数票数者递补。幸好陆绍椿深得县长胡邦宪信任，释放后，胡邦宪再委他出任山溪（今溪尾）乡乡长。那时，灾民甚多，陆绍椿富有同情心，还收养几个灾民童孩，后分送群众领养，口碑甚佳。抗日战争胜利后，胡邦宪因钟尚文（骆何民）案被解职，赴台湾，陆绍椿也跟随前往。1982 年，其弟陆绍东（台湾省立博物馆供职）主编出版《忍字箴言集》时，亦得到陆绍椿的良多支持。《忍字箴言集》出版，免费分赠各界，普获好评，索求者众，在 7 个月内连续四版，足见影响之大。福安解放后不久，陆子衡从赛岐乘自家木帆船赴台湾寻子，从此未再回到家乡。

说了陆承玑（子衡），再说说陆承贽（子舆）。

陆承贽（1889—1961），监生，字子舆，曾任县商会委员、布业同业公会主席，在商界算得上一个头面人物。

陆子舆富甲一方，但信守“成由勤俭败由奢”的中华美德，勤俭持家，全无骄奢风气、财主气派，资产全靠一点一点节俭积蓄而来。如果在市场见他买菜时讨价还价的样子，根本看不出他家富得流油。他很有商人特性，素有“铁算盘”的外号。举个例子，他生了 4 个女儿，2 个都给人家当童养媳，简直不可思议。

陆子舆生有 5 个儿子，其中四子绍渠出绍其弟陆承琼。他遵照其父陆毓杰的交代，要安排资金给他，因此早年就在家中天井鱼池底下埋下“几百块银元”，以备绍渠长大后继承这笔财产。不料绍渠尚未长大，无法自立，就遇解放。

新中国成立初期，斗地主、挖浮财成风。陆子舆被评为地主，接受斗争。每次斗争回到家时，妻子总担心他胆子小乱坦白，因而都会问及斗争情况。妻子的询问都被暗中跟踪的人听到，更以为他家一定藏有浮财，所以斗争更加频繁。陆子舆在极度高压，万般无奈之下，交代出这“几百块银元”。不交代还好，只不过例常斗争；一交代，反而坏了事，认为他肯定还有暗藏浮财，变成天天斗。在陆姓的诸多地主中，他义不容辞摘得“挨斗冠军”这顶桂冠，所遭受的苦楚比任何人都多，连累他家房屋因此也遭劫，“地皮被深挖三尺”。

这“几百块银元”不仅害苦了陆子舆，还连累了那些斗陆子舆的“积极分子”。有几个“积极分子”第一次见到这么多白花花的银元，自然心动，偷偷留下部分银元私分未上缴，后被查出，都受了处罚，有的还被劳改。

陆厝不但财力雄厚，才力也不赖。最具才情的是陆承鼎，其诗词作品曾入选福建省诗词名家赵玉林主编的《百年闽诗》。

陆承鼎（1915—1996），福安城关东门（今东凤）人，从小聪慧，6岁就进入私塾读书，12岁就熟读“四书五经”，“少慧且勤，广学博览，塾中诗文作业，艺冠群侪”。他的父亲引以为傲，时常携他诗文作业请教前清举人李经文、秀才林硕卿以及陈柏顺等名儒，打下了传统诗文的雄厚功底。

民国23年（1934）暮冬，陆承鼎的父亲正值壮年，却突然殁于赛岐寓所。那时，陆承鼎才19岁，还未自立，身后萧条，只得雇了一条船，将父亲的尸体运回营葬。家里除母亲外，还有1个伯母，加上3个年幼的弟弟，最小的才7岁，嗷嗷待哺。六口之家的生活重担全得压在他这个长兄身上。正在福安县立扆山初级中学就读的他因生活逼迫，未能继续深造，四处奔走，支撑起壁立之家。陆承鼎于是选择参军，经福建省地方行政干部训练团地政系培训，任新编第十师第三团本部司书。其后，调任福安县第二区署（区署设社口）第十二办事处办事员录事。民国27年（1938），他被任命为第二区坦洋联保主任。那时候实行保甲制度，原则上规定10户为甲，10甲为保，若干保为联保。联保主任相当于后来的乡长。

民国29年（1940），陆承鼎任第二区山里乡（管辖范围今潭头镇山里、泥洋、东升，社口镇吉洋、沙溪、岩坑、三坑、大坪）乡长；民国30年（1941）4月4日，调任新潭川乡（今潭头镇）乡长。其后调任县政府科员、师管区职员等职，做的都是文秘工作。师管区是国民党《兵役法》颁布后建立的掌管兵役和国民军训的机构。其时师管区司令部设在福安县城复兴路。

尽管陆承鼎“辗转军政幕僚”，但在文章不值钱的旧社会里，注定他只能享受低薪微俸，度寒酸生活。虽然在工作单位得到当时主管周孝培、陈齐瑄等的好评，但仍是郁郁不得志。由于他为人敦厚率直，光明磊落，沉静寡言，不善阿谀奉承，最终还是“遭放逐”。尽管他穷途潦倒，有志难酬，但从未做过损人利己的事。

新中国成立后，陆承鼎历任上白石乡、穆阳区人民政府秘书工作，勤勤恳恳，深得领导嘉许，后于1957年去职归里，从事手工，当过力不能胜的农民和油漆工。虽生活窘迫，从未有怨怼之言，只是含辛茹苦，默默地承受着。

1986年，在陈齐瑄等老领导的过问、支持下，陆承鼎寿晋古稀才得以落实平反。平反后的陆承鼎虽身衰力弱，但雄心未减，不甘空度晚年，受聘参编《福安市金融志》《福安市志》，为福安文史事业发挥余热。

陆承鼎的诗词造诣甚高，是福建省诗词学会会员。1987年，福安富春诗社举办“文明”为眼字的变通魁斗格征诗活动中，陆承鼎的诗钟“文思峭于山突兀，诗心清到月分明”被张景骞先生评为甲等。1993年，福安秋园诗社举行“晚晴”诗唱，陆承鼎“在近千卷诗中取大句”的诗句是：“好古生嗟千载晚，寻幽春靳一天晴。”

其诗集名《夕照集》。其“砚弟”郭绍恩在《夕照集·跋》中评其诗曰：

君之笔下大多讴歌盛世，颂扬党泽，感情真挚，爱国激情溢于言表。偶尔发伤感之声、低徊掩抑之叹，写得凄楚生动扣人心弦。一向诗工细律，雅韵铿锵，尤其古风翘楚不群，别有神采风味。《游九龙·并呈振铭、延祚同志》参加全国诗词大赛，获选入《金榜集》，其他作品在省内外诗赛中也累累入选，为福安诗界中之佼佼者。

我客居的陆厝

◎郭华琪

我出生在东门头陆厝，13岁那年随父母迁居他处。时光匆匆，半个世纪如白驹过隙，一晃之间，当年的天真少年已变为现在的白发老翁。然而，陆厝的格局风貌、岁月痕迹，常忆在怀；陆厝的和谐烟火、紫燕翩然，时入梦乡。

◆ 陆厝的稽考与钩沉 ◆

记忆中的陆厝，是一座很大的清代民居风格建筑群。最大的是母房屋，后面紧连着另一座房屋，组成前后座；在前后座的左边又各连着一小座房屋；于是形成一母带三子，有4个中堂厅、4个后堂厅，伴相关房间回廊天井为框架的建筑院落。而陆厝前后座的右边（南向）平行延靠着中兴路。整个院落四座房屋基本坐向都是坐西朝东。东向大门外是一条巷路，大门对面就是现在的福安市人民武装部围墙，武装部再往东边就是城河田园；西向与通往凤尾山的路口一段相接；北向与其他姓氏老厝相邻。

经过调查，了解到陆厝不是陆姓先人的原建房，而是清光绪十七年（1891）陆姓先人怀深用四百五十两银子从夏姓用仪手上买断来的。查阅卖断契，上有“立书卖断契夏用仪原祖手卖断有带地房屋前后座并回廊一连三座坐落棠发铺城兜地方”，“后座右边另有园坪一块，小门砖墙外即郭家衕”等字句，解读之可以知道：一，这座厝也不是夏姓的原建房，而是夏用仪祖上从他姓人家买断来的。二，厝的建制较大，有前后座加3座共5座，再加上后座右边的园坪。

卖断契上未能体现原始建造房屋主人姓氏和初建房屋年份。据此，这座厝先曰“某厝”，然后更名为“夏厝”，1891年后再更名为“陆厝”。解读中也出现疑点：卖断契上注明有5座房子，还有1块园坪，和我的记忆对比，多出1座房屋、1块园坪，是咋回事呢？原来，1958年开始拆建中兴路，多出的房屋和园坪恰在路基内，于是房子被拆卸，园坪被征用。被拆卸的房子有福安县城关镇人委会1962年4月1日的办公件记载“靠右一座应居陆九弟，所有权于一九五九年十二月拆卸为公路基地，公家另赔偿别屋，右边一座理应注销”为据，这样，记忆与历史实况就吻合了。

关于福安陆姓的来龙去脉，郭孝卿先生在本书的他篇已有概述，可助阅知之。笔者查阅与陆怀深相关的陆姓分谱，得知陆怀深家状：其高祖陆日昌（福安梧桐第十世）于清雍正二年（1724）举家由溪潭岳秀梧桐迁居城邑湖山下；曾祖陆求蘂（梧桐第十一世），邑庠生，陆日昌第四子，于乾隆年间再迁至东门头，置地架屋于东门头双井巷为早期陆厝，立足而发族；祖父陆堦（梧桐第十二世），从九品，陆求蘂第三子；父陆渐鸿（梧桐第十三世），邑增生，陆堦第四子；陆锡泉（梧桐第十四世），字怀深，号澄谷，贡生，陆渐鸿第四子。育五子一女，其第四子早夭，第五子习惯称为第四子。长子陆鉴波，例贡生；次子陆鉴瀛，邑庠生加军功五品衔。由以上信息，可推知其一，陆姓第十一世求蘂迁居东门头繁衍生息，后代人丁兴旺；可推知其二，陆怀深及祖上和下辈多有入秀才系列，在福安城可谓是很有读书风气的人家。

孩时居住陆厝，多次听父母辈聊及夏厝原来家业兴旺，后来家道中落的传说。传说毕竟只是传说，不予用来解析夏厝卖断给陆姓人家的原因。而陆姓则确为城东望族。我儿时居住过的东门头陆厝只是城东多座陆厝的其中一座，而有能力让夏姓卖断房屋，变更为东门头陆厝，本就是陆姓兴旺发达的一个佐证。据陆姓后人告知，买断夏厝之前，陆怀深一家是用租赁的方式已居住于夏厝了，后来继续租赁时，租赁的房屋面积越来越大，租赁期到时，夏姓人家未予赎回，于是最终整座院落索性卖断给陆姓怀深一家。

陆怀深有实力买断偌大的一个院落，其谋生创业方面应该有成功之处，透过历史遗留的一些痕迹，不妨可以窥探一二。笔者居陆厝时的童年伙伴、小学同班同学陆宁安和陆建忠，同属梧桐第十八世，称陆怀深为高祖。近期，我和他俩在交谈陆厝时，他俩还分别提供了一些陆厝文字史料，从而大体了解到陆怀深生前一些事例及买断陆厝后家族的一些情况。

陆怀深（1837—1904），少时入庠序，贡生。妻施氏（1841—1914），少陆翁四岁。光绪二十二年（1896），陆怀深六十岁寿，其堂姊夫黄锦章为其撰《澄谷公寿六十暨施孺人五十有六兼为双庆序》，最能体现其本人及家庭面貌。摘录其序部分文字："分爨后，家仅中人产，翁独能以货殖兴家，益光大其先业。""德配施孺人，柔嘉维则，综理内外，皆井井有条。而沉静之性，乐善之心，尤与翁有深相焉。育丈夫子四，长鉴波君，卓荦不群；次鉴瀛君，三鉴锕君，均以穿杨之技补弟子员；四鉴漳君英英露爽，气象不凡。女一，许字上杭陈大伦君，不愧乘龙之选。孙男六，皆崭然见头角。孙女五，尚小幼。今鉴波兄弟善承父志而于计然之术尤工，翁顾而乐之商贾事，悉委任焉。至今日置腴田、购华屋，家道愈蒸蒸日上。翁则优遊自乐，颐养天和，暇则展诵善书，以教诲子弟。凡桥亭、道路、庙宇、神宫，宜修造者，翁皆踊跃乐为；乡党宗族有困乏者，翁皆扶持周济、不吝赀财。远近中咸啧啧善人焉。"此文字告诉后人，陆怀深自兄弟分家时，由分得中等人家家产到独立门户后的生意兴隆，资产大增；妻俭慈，子勤孝，儿孙满堂，继业无忧，乐做善事，被尊称"善人"。由此可见，他能买断夏厝成为陆厝亦是情理之中的事。

光绪二十三年（1897）八月，陆怀深亲营寿域于二三都车岭彭河；光绪二十七年，陆怀深自题墓志铭。一个例贡生，秀才学养之士，仅从中等人家产发展到广置腴田，购华屋，家道蒸蒸日上，且被称之为善人，可谓功成名就，人生圆满。能亲营寿域是有主事能力和经济实力的体现，而自题墓志则是对自我人生的肯定和内心充满价值观追求的精神折射。自题墓志的开头说："生，乐乎？死，苦乎？则必曰：生，乐矣。死，苦矣。劳，苦乎？逸，乐乎？则必曰：劳，苦矣。逸，乐矣。"这里提出了正确对待人生的苦乐观、劳逸观。陆怀深给出的答案是"生自不得安于逸，死而后得免于苦"的积极辩证的人生观。然后述及先世由梧桐三迁居于东门头，到"忆先府君讲学凤岗时所以助及门兴。余兄弟者循循于禹寸陶分之喻。谓人生无论士农工商，皆不容稍自暇豫，负天地生成之恩。故游先府君门者，咸克自树立，余兄弟亦兢兢业业，敬守先言无怠"。字里行间，喻示着良好的家风传承，特别是父亲曾讲学凤岗，给门生及陆怀深兄弟树立了勤奋惜时、不虚度光阴、努力读书、努力工作的榜样。所以写此自题墓志时说道"今诸兄弟等皆谢世，余浮沉市井六十有五矣，半生劳瘁未敢少休”，并告知儿辈“吾人在一日，当为天地间作一日事。上而君相，下而市民，无不当然”。研读陆翁自题墓志，能体会到，陆翁是一位在修身齐家方面力求做到“春蚕到死丝方尽，蜡炬成灰泪始干”的努力奉献之士。

光绪三十年（1904）陆怀深卒，寿六十八；施孺人卒于民国3年（1914），寿七十四。陆怀深生前还为自营寿域设立了祭田，规定了其夫妇百年后的扫墓祭祀、修墓方案《澄谷公祭扫丁租引》。因属隐私，这里只介绍个大概：一，有苗田36处，遍布多乡镇村落，年收租110担多，另开宅园2处年收租4.5斗。二，生前作为陆怀深夫妇养膳之用，百年后作丁租。三，每年依房照次，轮值主持祭扫，取25担作祭扫完粮备办酒食的费用。四，每年另取3担，公举一人存积，每遇丑岁年头折吉日修墓一次，子孙不得以生庚冲犯为辞，违者罪以不孝，被公举人若有不检点，则罚斥再举。修墓若有赢余再积不瓜分。五，每年所余丁租按男丁数均分，有列为文武秀才者取双倍，乡试中榜者再倍之，若中进士又再倍之。六，因墓地颇远，另开的宅园两年收租4.5斗专用于鼓励每年踊跃往祭扫者。从家族史料中，陆怀深家从曾祖、祖父、父亲均有各自的祭田，为祭田而交代的文字亦简略，如仅交代地点，可收取多少租等。而读《澄谷公祭扫丁租引》，你会感受到陆怀深是一个富有远见、头脑活络、思维缜密、管理有方、赏罚分明的智者贤人。

陆怀深4个儿子分4个支房。每房都依长子守祖屋的规定，4支长房继承祖屋而居，其他子孙都向外立业发展。子孙们在继承祖业的基础上，也继承着先辈的优良品质，努力把祖业再做大，产业分布城关、阳头及各乡镇，有许多商铺、作坊、田园等等。但各房发展并不平衡，也有出现衲子继嗣的支房。

陆氏至于梧桐十七代，恰逢新中国成立，历经土改运动，陆厝也发生很大变化。陆厝院落中有相当部分房子被政府收用后，再作分配。于是有的新住户是获得房产权的土改受益者；有的新住户是他处的房产被政府征收，政府用征收到的陆厝房产补偿一些；有的新住户是国家干部，政府安排住进来，但房产权是政府的；还有的陆姓支房房主举家到外地发展，把房子租赁他人居住等等。这时期的陆厝已是多姓氏拥有房产权的一座杂居大院。

◆ 紫燕筑窝陆厝里 ◆

我从记事起到搬出陆厝的那些年，陆姓后人中有长支房、二支房计 3 户居住这祖屋，住入的杂姓人家有 7 户。全厝共计男女老少 60 多人。若论住户成分有工人，干部、贫农、中农、小土地、手工业，地主等等；若论住户职业种类则有国家干部、教师、医生、职工、农民、手艺师傅等等。住户社会面貌，职业结构可谓复杂，但人们彼此之间没有主客之嫌，贵贱之分。

多姓氏居住陆厝，相处中不须厝规公约，也不必谁来七叮八嘱，却井然有序，和睦兼容，十分融洽。各家首先自扫门前雪，不在公共区间堆放私物，多打扫公共卫生。小孩子之间偶有拌嘴甚至小打架，家长总是先责罚自家孩子，制止摩擦升级，然后互通了解到的情况，让孩子互陪不是，和好如初。那些年物质匮乏，各家经济都不是很好，长辈之间时有互借小钱、米面之类，互帮互济，以克一时艰难。各家会互相帮助照看婴儿，让女主人放心去忙些急事要事。哪户人家摊上麻烦事，各家会主动过问，帮助拿捏以慰之。哪家有红白喜事，各家聚拢帮衬，扛住场面。陆厝的这种人间烟火气有其文化底色，那就是基于优秀的传统文化与新中国新风尚的糅合。这种人间烟火味，能让你时时咀嚼回味。

我家搬出陆厝的第二年秋天，陆厝又遭洪水之灾，那晚父母关心着陆厝受灾情况，整夜未眠。第二天大清早就让我和妹妹扛着一大桶刚煮好的大米粥送往陆厝，以解几十人的早餐之需。父母一直与陆厝长辈们保持着友善往来。我妹妹小时候经常闹胃病。有一个冬日的下半夜胃病发作，疼的厉害。父亲出差在外地。母亲无奈，叫我前往陆厝，找当医生的陈叔，让先给点止痛药片暂缓解之。陈叔被叫醒后，听了情况，二话没说，背起急诊箱，和我一起往冠杭我家，给我妹妹视诊，打针服药，疼痛退去已是下半夜两点，陈叔才放心回陆厝。那情那景，几十年后我依然历历在目。

当年，我家居住在陆厝母房子这一座。每年暮春时节，夏留鸟家燕，从遥远的南方经长途跋涉，飞回故乡栖息繁衍，一般会在每年 5—6 月孵化一窝，6—7 月再孵化一窝。待第二窝雏燕也能具有飞行能力时，于秋天时节往南方迁徙过冬，来年春天再飞回来。家燕会选择母房中厅的顶梁筑窝，每年都要重新衔泥筑巢。这家燕也还真聪明，就喜欢陆厝母房子。因为房子靠近城河田边，衔泥衔枯枝筑窝，省力省工。但为什么一定要把窝筑建在母房呢？那时不懂。反正大人小孩都喜欢这燕子，房子会招来家燕，那这房子就是兴旺吉利的，意即燕子喜欢富贵人家。今天想来，陆厝人们喜欢家燕，当然有更多的原因。比如，家燕有亲情，年年归来，是把陆厝当成了家，也是家庭成员中的组成部分。又如，家燕单一配偶，呢喃细语，双双进出，与男女燕尔新婚，两情相悦，夫唱妇随不是同一意思吗？再如，家燕勤劳，垒窝筑巢，孵化乳燕，捕食喂养，这与人们成家立业，生儿育女，哺育成长不是同个道理吗？喜欢的理由还可以有很多很多，但儿时的我们却不解那么多，我们大多孩儿只是因为家燕漂亮，

燕子春归图

干净，飞行敏捷，会下蛋孵乳燕而已。当然，现在我明白了家燕为什么一定要把窝筑垒在母房的道理。由于当年造中兴路拆建中，陆厝母房天井一带朝南一侧庑廊被拆后，没有用围墙围起来，只在这一侧靠中厅端安放了一个新的简易大门，原来朝东大门的进出作用就被废弃了。这样母房的朝南侧实际上是开放的，燕子飞进飞出很方便；母房的中厅堂顶相对地面较高，人为对燕子的危害性小；中厅堂又高又开阔，也利于燕子飞进飞出；加上城河上的一大片水稻田，特别容易觅食；所以家燕就凭生存本能做出这种选择。不单是燕子喜欢这中堂厅，这座大厝的孩子们也都喜欢在中堂厅相聚，因为中堂厅宽敞，是大厝里光线最好的地方。燕子每年从南方归来时，我们会欢呼雀跃，会十多天不停地观赏它们衔泥筑窝，会为乳燕的出生而惊喜。但总有个别孩童会有相反举动，比如故意用竹竿扰乱家燕飞行，还说要捅破燕窝，这也引起大伙不满和警惕。保卫家燕的窝，成了一种自觉的义务。

我六七岁时学会了当时流行的《小燕子》这首歌，教会这首歌的是我的母亲。母亲听说有淘气鬼要捅破燕窝，于是，接下来那两三天的晚饭后，母亲让我们兄弟姐妹围绕在她身旁，她教唱一句，我们跟唱一句，这是母亲也是我们最幸福的时光。屋外小伙伴们很是羡慕，也跟着学。于是空中燕子飞进飞出时，我们就会唱起："小燕子，穿花衣，年年春天来这里……"一段时间后，大厝的小伙伴们都会唱了，大家也就更喜欢年年回来的家燕，就再也听不到谁再说要捅破燕窝了。每年燕子归来时，我们都唱这首歌。

我一生特喜爱这首歌，因为它融进了母亲的慈爱，也让我记住了在陆厝的童年时光。我唱给婴儿期的女儿听，唱给婴儿期的孙女听。说来也神奇，当唱起这首歌时，婴儿期的她们片刻之间就会安静下来，接着会"咿咿呀呀"的，仿佛跟着哼唱这首歌，这首歌也是婴儿最好的催眠曲。一首歌从母亲那里教唱起，已唱了四代人，我希望这首歌能让我家后人代代传唱下去。

写到此，仿佛对"旧时王谢堂前燕，飞入寻常百姓家"诗句的内涵有了更深刻的领悟。

1993年，中兴路拓宽扩建，沿街民房改造成商铺和商品房，偌大的陆厝也被先后拆去。陆厝、小燕子都成为记忆中的片段。

最忆是故居

◎陈　忱

我家的老屋位于东风街三姓路4号。坐东北朝西南，是土木结构合院式住宅，布局合理，装饰精致。厅堂和天井，是我们小时候的乐园，也是当年社会活动的场所之一。

听奶奶说，土改时期工作队开会的地点就设在厅堂。开会前，老屋主人们就跑前跑后，做好卫生，摆放好桌椅，冲好茶水。厅堂就成了会议厅，老屋主人这种热情好客的态度，一致得到了工作队、街道及街坊们的赞赏。

20世纪60年代中叶，厅堂又作为居民小组学习的地点。每当到了学习时间，组长点名后，在辅导员的组织下开始学习“老三篇”。人人自觉，学习认真。连我那目不识丁的奶奶，用福安话背诵《为人民服务》，也能倒背如流。那时，居民们学习的热情挺高，准时到会，认真学习。我们老屋的男女老少，整理场地，卫生保洁都做得很到位。

70年代中期，我在茶场下乡。有日，回家未入大门，就听到幼童稚润的歌声。奇了，我加快步伐走到厅堂一看，原来厅堂变成了教室。20多个小朋友齐刷刷地坐着，厅堂的正中间架起了一块黑板，老师正在绘声绘色地讲课，小朋友们专心致志地听着。随着下课铃声的响起，儿童们从座位上一跃而起。厅堂就热闹起来了。儿童们在厅堂、天井上下鱼跃。欢笑声、歌声连成一片，让人赏心悦目。

时光荏苒，似水流年。顺着光阴的经络，总有一些往事触动永久的心扉。老屋的前天井为条石铺墁，60块长2米、宽40厘米的花岗石有序平铺。近墙体中央置放雕琢精美的如意式青石花台，上面摆放着直径至少半米的陶瓷雕龙三花盆，花儿盛开，鲜艳夺目。左侧廊庑为假山鱼池，雕花青石栅栏；右侧廊庑为藏典授惑之窗。置身于这样的境地，我们怎能不欢愉呢！

二姑婆是我人生的第一任老师。那时，她60多岁，生性开朗，活泼有趣。当年厅堂的柱子上挂着一个喇叭，每天做早操的时间一到，喇叭响起，她就会吹起哨子，让老屋的孩子们集中，排好队。她作为领操员，胸前挂着哨子，精神抖擞站在队伍的前面，一招一式地带领我们做广播操。

广播操做完了，她又要求我们跟她学说普通话。她的普通话水平当然是有限的，但她的教学热情是值得赞赏的。在“误人子弟”的普通话教学中，我们跟读着、嘟囔着、纠正着、欢笑着……虽然教学效果不佳，但我们享受着并快乐着。

二姑婆重男轻女。小伙伴们一道玩耍时，只要男女方有争执，她不问青红皂白，就会谴责女方。如有逃窜者，她就拿着小竹鞭，迈着三寸金莲，上厅堂奔天井追赶小姑娘，嘴里还不住地责怪道“看你下次还敢欺负弟弟……”霎时，哭笑声响成一片。那情那景至今使我回味无穷！

老屋是我们童年娱乐的好场所，老屋聚焦着10多个年龄相仿的伙伴们。男童们在此玩弹珠、打洋牌、滚铁环……女童们在这里踢毽、跳绳、跳空格……这些项目简单易行，成本低，又能促进身体发育。如跳皮筋，只要用10多根皮筋一连，一层一层往上跳；招式，一个又一个地变换。跳得越高，信心就越足，兴趣越浓。这些项目，在老屋的厅堂、天井都有施展的空间。唯独“捉迷藏”在游戏开始前，先要圈定地点。要不，在老屋那么大的地盘里，谁能找得到呢？

童年，老屋给了我享之不尽的快乐时光。少年，老屋又给了我无法忘却的峥嵘岁月。

劳动，是伴随我们这一代人成长的主旋律，在学校要学工、学农、学军，回家要挑水、砍柴、洗衣、做蜂窝煤等。有一次这样的劳动，深深地嵌在我的脑海中：老屋几位叔叔相继要结婚，前辈们商议要把老屋的厅堂、后厅、上座好好地洗一洗，任务就交给了我们这10多个青葱少年。在“班长”的带领下，以“家”为单位，实行承包。有挑水的、有爬梯的、有擦洗的……各组协同合作。一天干下来，劳动量确实大，衣裳湿了，鞋子也都湿了。但看到老屋被我们擦洗得白白净净，心里确实有说不出的高兴。第二天，在厅堂里挂上了红灯

三姓路陈宅

笼，柱子贴了对联，中堂墙壁贴了大大的“囍”字。老屋喜庆极了。小伙伴们你看看我，我看看你，高兴极了！由此，我深刻地感知：只要付出劳动与汗水，就会有意想不到的成功和收获。

厅堂喜迎的第一个新郎官是修身叔。她的新娘是从坂中的仙源里嫁过来的，当年只有 15 岁。傍晚 6 时左右，新娘子就进门了，随着唢呐声、鞭炮声，老屋的厅堂一下就涌进了许多人，把厅堂、天井都挤满了。新娘子娇小玲珑，头上搭着红盖头，站立着硬是不肯拜堂。这可急坏了家中的叔婆、伯母们。她们急急上前询问，新娘就是羞羞涩涩一句话：“我娘交待一定要穿凤仪套装才能拜堂。”这下，可急坏了主事者：这么大的福安城，到哪去找这样的衣服呢？主事们只得理清头绪，兵分几路，满城寻找。时间就这样一分钟一分钟地滑过，大红灯笼静静地闪耀，新娘默默地在她该站的位置站着，小孩们在厅堂、天井之间欢闹着。等啊、等啊……大约到了晚上 9 时许，终于租到了衣服。新娘如意地穿上了凤仪套装才心满意足地与新郎拜堂成亲了。我的这位婶婶，凭着凤仪套装带来的好彩头，婚后与叔叔相亲相爱，勤俭持家，相继生了四个儿子。

周末，老屋的伙伴们，结伴翻山越岭 10 多华里，上山砍柴。在那年代，砍柴的人多，有时为了砍回一担柴，要连翻好几个山头。披荆斩棘砍好柴，捆绑后，已是饥肠辘辘了。然后还要挑着柴走十多华里山路回家，真是有点畏惧了。但路还是要一步一步地走的。印象最深的一次是：贪玩的大弟在挑柴回家的途中，看到路边的小河里有小鱼小虾摸，就把担子往路边一撂，捉鱼去了。待他喜滋滋地捉鱼回来，原先放在柴担子上的一件卫生衣不见了。当时，一件卫生衣价值七八元，而且还是大弟冬季重要的御寒服。伙伴们心里都沉重起来。大伙陆续挑柴回到老屋，柴摆放在厅堂和天井。说来也巧，平时不常在家的小叔那天偏偏在家，看到我们这支队伍，他兴致勃勃地说："不错，满载而归，让我称称你们的劳动成果。"他拿着大秤，逐一过称，当称到大弟的柴时，报出重量是 15 斤。这时，不知谁嘟囔了一句"砍 15 斤柴，卫生衣还掉了一件呢！"这在当时确是一件大事。打这以后，每每老屋有砍柴队伍出发，家长都要叮嘱一句"可别砍 15 斤柴，掉了一件卫生衣哦！"大弟为此事还难过了好一阵子。相比之下，生活在物质丰富环境优越的下一代和我们的少年相比，似乎少了点什么？也许是贫困中的欢乐，也许是压力下的希望。

重回故里，再看老屋。老屋不老，老去的只是一些流逝的岁月，不变的却是对老屋永久的情怀。

老宅新年（四篇）

◎陈佑年

——糖甜甜，橘圆圆，放鞭炮，过大年。

◆新　衣◆

想起童年，就想起过年；想起过年，就想起过年的新衣。

过年穿新衣，最初的记忆是我6岁时。大年初一，鞭炮声中，母亲站在床沿左推右拉着我，喜滋滋地絮叨着：

“乖乖，过年了，快起来，你大一岁了。”

“看看，这是你的新衣服，穿上你就成大人了。”

过年，新衣，长大，童年每一天里都翘首以盼的，今儿个一块来到了！我睡眼惺忪，一骨碌爬起。母亲利索地为我穿衣穿裤，用温暖的手牵我到厨房洗漱、用餐。

这才细细打量起自己的新衣：棕色的布，厚厚的像我写字用的纸垫板一样。棕色中夹杂着星星点点的黑色，象红年糕上撒着黑芝麻。衣襟垂到膝盖上，胸前缝着四个带盖的口袋，胸口的两个小些，襟摆的两个大些。衣袖太长了，朝手腕里扎了两圈。裤子不用吊带了，母亲用一条绳子把裤头拦腰捆在我肚脐上。裤衩没有拉大小便的洞洞。裤管太长了，往小腿上扎了三圈。我这上下打量，扭动的脖子时不时碰到衣领上，转来转去脖子像被栓在一个硬套套中，有被摩擦的疼痛。

东门头老宅

母亲看着我的新鲜感和认真劲，俯下身把我衣领拣拣、衣襟拖拖、裤头提提，自言自语地说："孩子会长，衣裤长些，兴许能穿三年五载。"站在一旁的父亲不无得意地说："还是这洋蔴斑的劳动布好。就算孩子是小牛犊，也经得起他在泥沙中磨爬滚打三五年。"

他们一挥手，对我说："玩去吧！"

我家祖屋是六扇四边厢房，前后天井，前后厅堂。高祖父19世纪经销茶叶，发了洋财，置下房产，在吴刘郭三姓路后来居上，也算是大户人家。那天井铺的是一尺多见宽、六尺见长的花岗岩条石，厅堂打的是厚厚的三合土。三条三级的石台阶把天井和厅堂连成一体，这里既是大人们红白喜事的礼仪场所，也是孩子们快活嬉戏的乐园。

"玩去吧"，我三步并做两步跑到后厅，就听到厅堂里伙伴们掩饰不住喜悦的叽叽喳喳。我迈进厅堂门槛，只见围成一团的文贵、文耀、元仔、羊咩都穿着新衣，长长的衣襟盖过膝盖，裤管、衣袖都折了两三圈，上长下短的。不知怎么，我一下子想起巷头驼背的瘦老头十五叔公，又想起街上五分钱一个的滑稽可笑的傀儡。不是说过年就长大了吗？可咋裹在这宽大衣服里的身子显得那样的小巧瘦弱，不堪一击？不是说过年就长高了吗？可咋伙伴们却都显得下垂和耷拉，那般的短矮？但伙伴们写在脸上的幸福，闪烁在眼中的喜悦，沉浸在节日气氛中的欢乐像是浓浓的饴糖，挥之不去。

儿时的欢乐总是和追赶跑打、嬉戏吵闹连在一起的。

“起头了——”，不知谁喊了一声，伙伴们心照不宣，各自抢路，一阵散开。

散开了，跑的人跑，追的人追，这是不言而喻的游戏规则。跑的人难逃过追的人，追的人难捉住跑的人。偶尔，跑的人被追的人捉住了，一骨碌，像泥鳅一样又滑走了，有时空剩一件衣服在捉的人手中；偶尔，眼看追的人就要落后了，可以喘口气了，没提防，他一个冲刺截在前，把你拦腰抱住，小手臂像铁钳把你箍得紧紧地动弹不得。然后，追的、跑的，抱成一团滚在一块，一会儿你在上、我在下，一会儿我在上、你在下。翻着、滚着，像要把厅堂的三合土滚出个洞。追了、赶了、吵了、闹了、累了、困了，大家就东倒西歪、张手张脚躺在厅堂的三合土上，或享受着胜利后的甜蜜，或策划着如何再挑起下一轮的战斗。这些都是我再熟悉不过的游戏和场景，历经千百次，每玩每新鲜。

今天是大年初一第一场游戏，我要像山羊一样敏捷，要像小虎一样勇猛。我想绕着厅堂的圆柱东躲西藏，谁也抓不住我；我想在花岗岩台阶上窜下跳，谁也逃不出我的手臂。

我迈开步子奔跑，可才两步，就感觉脚很重跑不开。我使劲拔腿往前，觉得两个裤管像缠在一起似的，又觉得两条腿都穿在一个裤管中。

这是怎么啦？

伙伴们助战的嘶叫声不绝于耳。我难道能让他们追上吗？我使劲抬起两脚往前冲去，就在绕过圆柱时，一个趔趄，我俯身摔倒在地成了“狗啃草皮”。没等我反应过来，文贵已一马当先，踩着我，摔在前面。紧追而上的文耀急刹不住，成惯性地摔叠在我和文贵之上。元仔赴汤蹈火似的冲过来，也跌倒了。我们四人缠成一团，吓坏了羊咩。

厅堂里顿时静寂下来。一会儿，元仔、文耀、文贵小心翼翼爬起，慌忙拍打新衣上的尘土。我翻身而起，三个伙伴一齐惊叫“哎哟，你头上有血”。我用手一抹，红红的，粘糊糊。

平日里，我一定会大哭一场，或许还要躺在地上滚一阵。可今天是大年初一，母亲早就叮嘱我不兴哭骂。我用带血的手把眼泪一擦，咬咬牙站起，可脚没伸直，又坐下了。一看，是卷着的裤管掉下了，缠住我的脚。我提着裤管站起来，可手一松，裤子就掉下。原来裤腰太大，裤带松了，掉下的裤子在膝盖下堆成一团，里面露出满是补丁的开裆衬裤。伙伴们哄堂大笑，我却忍不住嚎啕大哭。母亲闻声跑出来，看着掉落裤子泪流满面的我，似乎什么都明白了。她把我紧紧搂在怀里，自言自语地说："唉，衣服太长宽了。可不长宽些，明年又不能穿。"

五年的小学时光，这套棕色洋蔴斑新衣都伴随着我，直到小学毕业，上衣襟挂在肚脐上，裤管提在小脚肚上，我还穿着它。后来，父母亲又给我缝制一套黑色洋蔴斑、一套兰色洋蔴斑新衣。这两套新衣刚穿时也都是上衣长过膝盖，裤管折几圈。特有创意的是，在缝纫第三套新衣时，父母就交待裁缝用边角料在新衣上打上补丁。裁缝是个细心人，剪了六块椭圆的布角，贴在手肘、膝盖和屁股上，用缝纫机精心地绕着跑上十多圈。打了补丁的新衣更耐磨，它们伴着我直到高中毕业。

◆炒　米◆

那时家里没有一天一撕的日历。一座老屋只有大伯母家有本皇历，高置于灶公龛上，孩子个头小拿不到，也看不懂。一年一度春节悄悄走来，最初、最直接的感受，是从家里准备炒米开始的。

炒米是用糯米浸透、蒸熟、晒干、炒爆，和入煮沸的糖水，拌匀，倒在平板上，压实，然后切成一小块一小块的。过年多少的富足和欢愉都和这炒米连在一起。

现在想来，大概离过年两个月前，父母就在商量着今年买几斤糯米，胶几床炒米。此后父亲就留神在街上东挑西拣，货比三家，颇费心机籴回十来斤质纯粒长的糯米。

蒸糯米一般在晚上。老屋里的大伯母、细伯母都来了，我们兄妹也围在厨房中。母亲用笊篱把浸泡在水中的糯米一瓢一瓢倒入已是热气腾腾的大蒸笼中。灶膛里架着大块大块的松木柴片，火苗舔着火苗，哔哔剥剥，烧得通红。厨房暖烘烘的，热得大家的脸也红辣辣的。渐渐的，糯米的清香洋溢出、飘散开，淡淡的雾气在厨房弥漫着。这时，大人们一扫贫瘠艰辛的愁容，喜挂眉梢，谈笑风生，述说着今年来年，显现出对眼下的满足和对未来的憧憬。

我们兄妹一点倦意都没有，除了受喜悦气氛的感染，更嘴馋熟透后香喷喷的糯米饭。母亲慷慨地用双手搓糯米饭，一人一团。父亲不无心痛地说："现在少吃点糯米饭，过年时多啃块炒米。"

但过年时的炒米永远是嫌少的，我们还没吃够，那贮放炒米的“亚细亚”洋铁箱已空空如也。

也难怪，只有10来斤糯米的炒米，怎经得起七分八分的。我们兄妹三人，从大年初一到元宵，每人上午一块，下午一块，定时定量供应，占了大头。兄妹中谁特乖，父母亲就赏给一两块炒米；有时谁嘴馋了，乘父母亲不备，凳子叠着凳子爬上去，打开橱子上的箱子，偷吃上两三块炒米；会哭的孩子多吃奶，临近吃饭时，饭又没煮熟，谁肚子饿叫得猛，父母亲只得动用炒米给“充饥”，积少成多，数量也不少。新春佳节人来客往，一杯糖茶、一碟炒米是少不了的；客人带孩了来，临走时包上三五块，也是人情世故。这一来二往，正月没过完，炒米早已吃完。每当看到人家的孩子还在啃着炒米，那清脆的声音让我心中痒痒的。看着空空如也的洋铁箱，听着我们嚷着要吃炒米，父母亲总是满脸歉意，无奈地说：“今年没了，明年多胶一床，让你们吃个过瘾。”

但往往这个新年还是像往年。

这一年光景好。父亲没失言，多买了几斤糯米，并宣布今年的两床炒米，全部由我们兄妹平分，自个儿管自个儿吃。另胶一床，由父母亲掌握接待客人。

再不用盼天亮、盼午后“要”炒米了；再不用爬凳子“偷”炒米了；再不用装模作样“骗”炒米了。我们自己也可以当家作主，这无疑是天大的喜讯。

小年已过。母亲拈一粒糯米干用牙一咬，一下裂成两半，说是糯米干不粘牙，已晒干，就约师傅晚上到家里加工炒米。

老屋都是血脉亲。那阵子蒸年糕、胶炒米都是大事，少不了当个下手帮帮忙，凑合着热闹热闹。

中午开始爆米花。吃过午饭，大伯母在灶膛生起火，母亲系着围裙在灶前一个劲地用大铁铲翻动着锅里的沙，热气逼人时掷下一小块蜡，哧的一声，冒起一股蓝烟。这时，母亲把一旁早已准备好的半竹筒糯米干倒入热烫烫的沙中，马上急切地嚓嚓嚓来回铲动，一刹那，黑铁锅的沙子中爆出了白白的米花。母亲三下两下利索地连沙带米花舀起倒在筛子里，乘势轻轻一筛，黑沙落锅，白米花留在筛面上。母亲抓一把米花放在手心，欣赏自己的得意之作，喜形于色，递给大伯母：“你看，这一粒粒像小猪仔一样，多长多胖呀！”说着用手抹去满面流淌的汗珠。就这样半竹筒半竹筒的糯米干，一铲一铲的，直到天黑，才爆完。

年关，炒米师傅东家请，西家叫，半路还有人拦截。虽是前几天已约定，可师傅到我家时已很晚。他一把长柄平铲搁在肩膀上，铲柄的一头挂着八仙桌大的方板和稍小于方板的木框；一手提着乌黑油亮的厚实硬木块，一手握着厨刀。坐下后，他呷呷茶，咕噜咕噜抽足水烟，双手一搓，把红糖和饴糖倒入锅中。溶化的糖渐渐起了泡眼。他时不时把食指伸入滚烫的锅里，粘上一点糖，用拇指碰食指，慢慢地，两指张开合拢，又张开、又合拢，端详着连在两指间的糖线，用嘴轻轻地吹着、呵着，糖线立即由软变硬，由浑红变得通透。这时，师傅把整箩的米花倒入糖水中，用大铲翻动搅拌均匀，倒在加了木框的方板上，用厚重的硬木块朝下来回不停地压，蓬松的米花一下子瘫塌下去。一会，木框里的米花粒粒紧凑、错落有致、平平整整、严严实实。师傅手起刀落咔嚓咔嚓，一块一块的炒米切出来了。我们兄妹围着案板异口同声“一、二、三”数着，直到切完最后一块。

夜深人静。凉了的炒米硬脆起来。母亲搬出三个锈迹斑斑的洋铁箱，兄妹每人装个小半箱，我们各自抱着自己的一份，上楼的上楼，进房的进房，把它藏在妥当处。

哥哥大度而慷慨，第二天一早就大口大口咬着炒米，并出手大方地两块三块分给老屋的伙伴们，大年三天没完，他的炒米已吃完。我虽嘴馋，也只是时常打开箱子闻闻那淡淡的甜香，实在熬不过时也掰半块，拿一块过过瘾，算是吃到正月十五元宵的晚上。妹妹楞是连箱口也不开，直到春节的鞭炮响过，才一天拿出一块。我和哥哥的炒米都没了，只能打她的主意，连哄带骗，也揩了她不少油。一转眼已到二月，早春湿气大，也许是箱口天天都在开了又盖，也许是盖得不严密，妹妹箱底剩的炒米潮得粘成一团掰不成块。她抽泣着，十分不舍地抓起一把把的炒米，一边往自己的嘴中塞，一边又分给我和哥哥。

儿时，年复一年炒米都最早带给我新春的感受和富足。

◆鞭　炮◆

大年初一，窗外响成一片的鞭炮声把我从甜美的梦乡里叫醒。生怕哥哥抢先，我一个箭步冲到厨房，举目扫射灶台龛上的两扎“双响”炮，不容商量地嚷着：“我来放！我来放！”

那是我第一次放鞭炮。

“双响”是用粗纸裹紧的，有大半截钢笔杆一般大小长短的单体鞭炮，导火线插在半腰上。我左手食指和拇指轻轻地捏着它，往外伸得老长，让鞭炮离得远些。右手拿着点燃的香，颤颤悠悠地在导火线上下抖动。伙伴们看我一副胆小鬼的模样，捉弄地不时喊出“嘭，嘭”。我身子越发向前弓着，脚底象踩着云朵般轻浮浮的，手心也沁出丝丝汗花。导火线终于闪烁火花，没等我反映过来，“双响”已挣脱我的手指，往下沉沉的一钻，“呼”的一声，又腾空而上，像是呼应似的，又“嘭”了一声。

“响了！响了！”伙伴们欢呼雀跃，我又连放了两发。

“呼”“嘭”是单调又短暂的，但它毕竟是跳动的欢乐音符，融入左邻右舍的鞭炮声中，也组合成跌宕起伏、激动人心的春之乐章。我亲手弹奏、

三姓路陈宅大院

亲身经历，是那般的激动不已和深深陶醉。

也许父亲觉得“双响”不足以表达欢度年节的喜庆言语，不足以形容冬去春来的怒放心花；也许是父亲的当家账中可以多挪出块把钱，第二年春节，“双响”换成了“百子炮”。

“百子炮”两行对列，导火线对着导火线，一枚枚排开，用小红线串着。平放着，排列有序，提起来，两行单体小炮往下垂，呈“八”字型。一枚枚红艳艳的，真像丰收的累累硕果，让人垂涎欲滴。父亲可能承受不了初一到元宵上下午各一串的，早在除夕夜就把每串“百子炮”剪成两截来放。

“百子炮”毕竟比“双响”热闹而喜庆。一点燃，火苗就顺着导火线向上闪烁，噼噼啪啪地向外炸开，星星点点的火花闪耀着，红白相间的小碎纸片飞舞着，青蓝色的烟雾带着浓浓的火药味弥漫着。一会儿，炮已放完，我手里仍提着线头，迟迟不舍丢弃。这时，厅堂回声缠绕，我们耳鼓涨得满满的。我和小伙伴们呼的冲过去，趴在地下拾散落的“哑炮”。谁的运气好，拾到一枚两枚有导火线的，就高兴地点上火，抛向空中，一会传来“啪”的一声，也很是满足；没导火线的，也不错过，放在地上，拾块石头往上重重一敲，引爆了哑炮内的火药，也会低沉的“噼”一声。而后，我们伙伴一群疯疯颠颠跑到邻家院子，跑到街头巷尾看别人放鞭炮。听着那“噼噼啪啪”的鞭炮声，总想，明年光景好些，父亲再也不要把一串炮剪成两截来放了；总想，明年要是家里多买了炮，我要大胆向父亲索要一串，然后解开线头，让百来个小炮散开，我全揣在衣袋里，沿街一个个地燃放，该多神气而又惬意！

又一年的春节很快到来了。这一年我们县修通公路，大客车驶进城来。春节前有个彪形北方汉子，可能是新成立的汽车总站的头头，携妻带女租住在老屋细伯母家的左厢房。北方汉子豪爽，下班总是搂着我们，嘻嘻哈哈说笑话。他嗓门特大，可北方口音没能听懂几句，好在他神形兼备，说的内容大致也能领会。他妻子一条乌黑的大辫子顺着胸前垂着，头上常裹着大红大绿相间的格子围巾。他们三天两头包饺子、烙馅饼，总不忘往老屋东家一盘西家一块送。和我们最融洽的是他那与我们年纪相仿的女儿，圆圆的脸蛋两颊红扑扑，圆圆的眼睛忽闪忽闪。一租进老屋就不畏生地跟着我们追呀、赶呀，叽叽喳喳地讲着不知是南方的方言，还是北方的俚语。老屋犹如吹进新鲜的空气，饭前饭后，伯母们总爱围着厢房，看北方娘子的精巧针线活和精湛厨艺，虽是言语不通，用手比划着，也特别融洽。

这年的初一，我家的“百子炮”还是剪成两截，我也难启齿要父亲另给我一串。但这年的初一，我们比去年更高兴。北方汉子是工作人，可能手头宽绰。初一一早，他们夫妻、女儿各放了一串“百子炮”，长时间响着，我们心中都乐开了花。落地的哑炮，让我和伙伴们每人的口袋都不空着，着实乐了一整天。

初二，家乡的习俗是“白年”。这天要为上一年死去的亲人过年。有亲人死去的家庭，凌晨就点香烛、放鞭炮、供祭品、烧纸钱，哭着呼唤死去的亲人回来过年。而好人家是不烧香、不点烛、不放鞭炮、不走亲访友、不递烟沏茶、不说晦气话、不哭鼻子的——从小，这就是父母一而再、再而三的叮嘱，好在初一我们玩得也够累了，初二一般都美美地睡个懒觉，而后少言寡语、战战兢兢在家呆着，不招惹是非。

突然，厅堂里“噼噼啪啪”传来鞭炮声。在万籁俱寂的清晨，格外清脆、响亮、刺耳。父母愣着再听一会，不解地互问：“怎么啦？看看去？”我也跟上。

大伯父、大伯母、细伯父、细伯母，远房的叔伯们都赶到厅堂上。地上燃放了一大半的鞭炮已被踩熄，火药味还弥漫着。北方汉子搂着他那耷拉着小脑袋、一脸困惑不解的女儿。

“今天怎么能放鞭炮？”大家七嘴八舌地责问。

北方汉子这才知道犯了忌，陪着笑脸说，“女儿不懂事，一早自个提个鞭炮就放了。”他俯身斥责女儿：“你呀真不乖，闯祸了！”

沉闷的空气，一张张严肃的脸庞，吓坏了小女孩，她一脸的恐慌，“哇”地一声，哭开了。父母辈们吓白了脸，大声说：“今天不是我们过年，我们不放鞭炮。今天是别人做白年，让人家去放炮。”细伯母牵着女孩的手，哄着：“不哭，不哭！今天不兴哭。”

北方汉子无奈地低着头，看着地面残余的鞭炮，满腹心事。小女孩委屈地轻轻抽泣着。厅堂里静悄悄的，父辈们互相张望着，不知如何是好，然后默默地各自散去。

大年终于过去了。大人们嘴上不说，但不言而喻，总担心着厄运降临自家和老屋。北方汉子和他的妻子因内疚而略显拘谨，小女孩更多地站在厢房门坎内看着我们嬉戏玩耍。

雨雪风霜，春去秋来，三百六十五天总算平平安安过去了。辞旧迎新的晚上，北方汉子夫妻牵着他们的小女儿，手捧着酒杯向老屋一家一户祝福。父母辈们一年来心头的愁云散开，大家会意地笑了。但很快，正月一过，北方汉子和他的妻女走了，他们搬进单位新宿舍。从那以后，春节的鞭炮再没有给我留下更深的印象。

◆年　货◆

很小时，一个星辰满天的夜晚，在庭院纳凉，据说大年三天是弥勒佛管天下，他老人家慈悲为怀、笑眼常开、体大心宽、大肚能容，才有了世人这三天吃好、穿好、玩好的快活日子。不经意的故事，却铭刻我心，时常想：要是天天都是弥勒管天下，那我们不是可以天天过年吗？

可我不晓得，弥勒佛就是自己的父亲。他终年奔波劳累，企盼和努力的是妻儿“欢欢喜喜过个年”。

年关还没临近，父亲就开始买年货，说快些买兴许便宜点。隔三岔五的，父亲就带回一样年货，在阴暗的厨房桌上摊开，拨拨翻翻，或抓把在手心，掂掂瞅瞅，满意地对母亲说：“这货多好，多便宜。”

而后，他总要露一手他包扎年货的绝活。只见他掏出两张粗纸往桌面一铺，“哗啦”一声，年货落纸，父亲左手背竖起拦着，右手轻轻把年货往里扫几下，一下子就整合得规规矩矩。父亲把粗纸的两个对角合拢往上一提，乘势向下折两折，这已上下包紧。随后，他把右开口往里随意一折，竖起年货包，轻轻一抖，从容地把左开口的粗纸折下，翻过来，打开原来随意折的右开口，伸进两个指头，拾掇下，又折起来。这已是四面包紧。父亲顺手拖根咸草绳，纵横一交叉，上下呈“十”字，扎得牢牢实实。这时父亲把它托在手心，上拍拍，下打打，左捏捏，右折折，一个有棱有角、有模有样的年货包就出来了。

年货一包包放在漆成大红色的竹篮子里，竹篮子荡荡悠悠地挂在父亲睡的房间楼栋上。老屋楼层不高，房间窄小，光线昏暗，三合土的地面又很潮。悬空挂着的年货篮子总是显得大而空。有时我一阵风跑过，感觉它也会轻轻晃动几下。而那篮子里散发出的气息，有甜的、咸的、腥的，真是说不清。但那混杂的气味，我也有意无意地要多吸上几口。

这些年货留下童年多少的回忆。

那成块的冰糖和圆溜溜的红枣，初一一大早，母亲用锡茶盒托着递给我们兄妹每人一杯甜茶。茶水略显粘稠，但又清澈见底，杯面上飘着两瓣的红枣，象过年时伙伴们脸上充满笑意的小酒窝。用放在杯里的小勺一拌，热气腾腾，呷一口，清甜清甜。

那表层泛着白色的墨鱼干，除夕夜母亲把它蒸了，一端上桌，我和哥哥都抢着要扯目鱼长长的胡须。饭后还要掰块墨鱼肉，顺着纹理，一丝丝撕开，含着慢慢咀嚼，越嚼味越浓。

那薄薄的一条腊肉片，大年初一，蒸笼还没掀开，已是香气袭人。端出一看，黄中呈红，黄得个透明。扒一口白米饭，咬一口肥腊肉，满嘴油伴着白米饭，早已一骨碌囫囵下肚了，嘴角还留有溢出的油腻。

那一个个闽橘红得象一盏盏光亮的小灯笼，剥开薄薄的皮，露出水灵灵黄橙橙的橘瓣，嫩嫩的，不经意手指一碰，浓浓的橘汁顺着手指流到手心，让人忍不住用舌尖舔一下。剥一瓣放在嘴里，还没咬，就化在嘴里沁人心脾，这时满嘴甜中有酸，酸中带甜，余味无穷。

但那年年关临近，悬挂着的竹篮子一直空荡荡。我每每往上瞅，总有担心，一天禁不住问母亲："今年的年货呢？"母亲忧郁地说："你爹出远门，得等他。"

父亲是为了"义兴"食杂店到浙江采购。那时家乡没通公路，多是徒步翻山越岭，间或也搭船走水路。风餐露宿的，走到哪儿那便是家。曾听父亲说过，"义兴"店隔壁有个"小二"到平阳采购借宿山旮旮客栈，被见财眼红的店主五马分尸，怪吓人的。现在，父亲第一次外出采购，也许他想看看外面的世界，也许想让家里今年的年货丰盛些。我翘首以待，希冀今年的年货篮会满满实实。

这些天母亲很早就煮了晚饭，把饭菜罩在锅里，薄暮中她站在家门口张望，直到夜色浓重。我们嚷着肚子饿，母亲才一步一回头地回到厨房，掀开锅盖。这年灶神图画的是耕牛在前、牧童在后。天黑沉后下起了雨。先是细细的雨丝飘着，慢慢就下密，不紧不慢的，一天两天，没个停的意思。母亲房里房外地跑着，脸上布满愁云。三天五天，雨还淅沥淅沥着。房檐的水灌满天井，巷子外一片泥泞。母亲一阵阵看着天空，看着雨点，显得十分焦虑。她在灶公前上柱香，双手合掌，嗫嗫地说着"雨快停，雨快停"。

八天十天了，雨似乎是扯不断的线、射不完的箭，越下越有劲。屋里的三合土地沁出水珠，墙壁、家具都湿漉漉的，散发着一股霉气。阴天中夹杂着凛冽的寒气。母亲忧心忡忡，絮叨着：“这天，这雨，这山，这水，你爹他可怎么回来，这雨是万箭穿心呀！”早晚，母亲都领着我跪在灶公灶婆前，保佑雨过天晴，出远门的父亲平安归来。

雨还是没停，父亲终于回来了。

半夜里敲门声，母亲惊呼：“孩子，你阿爹回来了！”

“吱哑”门一开，父亲闪身进来。母亲拨长灯芯，满屋透亮。只见父亲身着蓑衣，雨水涔涔顺着往下滴，肩挑一担番薯篮，裹着的黄色油布上沾满水珠。扁担前挂着盏快要熄灭的“风不动”灯，扁担后挂着把斑驳的油伞。卸下担子，脱下蓑衣，父亲站的地方已是一滩雨水。望着他里外湿个透，母亲心痛地叫父亲去换衣服。一会儿，父亲穿着件旧棉袄从屋里出来了。

母亲不放心地询问父亲一路风呀、雨呀、吃呀、住呀，我从中知道父亲出门已十九天。他走过浙江平阳、瑞安、温州、沈家门。三个挑夫和他自己挑着四担的杂货，一路风雨兼程，担惊受怕回来了。刚才把货送到店里，老板正愁年货回来迟了，没人买，要积压年关钱呢。

“唉，我这已是马不停蹄，对得起‘义兴’店了，”父亲长长地叹了口气，如释重负，满脸转笑自慰地说，“回来了，回来了，这家里遮阳避雨的，多暖和！”说着他俯下身子，掀开番薯篮上的黄油布，对母亲说，也对我们兄妹说：“来，看看我们自己的年货。”他大包小包地掏出，一一说着货名。我实在离父亲太近了，端详着他黄里带黑的脸颊，深陷进去的两颗眼睛显得更大，头发杂乱而无光泽，稀稀疏疏的胡子长长的，明显显得消瘦和疲惫。但他仍是高高兴兴地垫着凳子爬上，把悬挂在楼栋上的红色漆竹篮取下，装进一样样年货，而后又颤悠悠地爬上凳子，把它挂在那梁上。

竹篮子一挂上就纹丝不动，也许是年货比往年多，沉重了。竹篮子堕着，一点也不晃动。

看着眼前的父亲，我的心也和装着年货的竹篮子一样沉重。

卷五　名士身影

《安腔戚林八音》编纂者陆求藻

◎郭孝卿

《安腔戚林八音》初版扉页

《安腔戚林八音》是福安历史上最早的一部方言字典，作者是陆求藻。

陆求藻（1716—1820），福安（梧桐）陆氏凤房十世陆成斋的第三子，字琼园，郡庠生，乾隆年间，与其子陆鹏移居宾贤。

陆求藻出生于书香门第。其父陆其昌性孝悌、好义、礼贤，立义冢收葬无主孤骸数百，并雇族人历年祭扫；重教育且家教有方，早年为宗族培养人才，牵头划田 20 余亩建立“育贤田”“祭田”，创立“积聚蒸尝”制度，以奖学子，推科举。雍正二年（1724），举家肇迁县城湖山鹿斗境，陆其昌即在湖山创建陆氏书馆，让诸子弟得近贤师友，以成学业。乾隆五年（1740），儒学教谕宗龙文赠匾“品德遗芳”；

双井巷内陆求藻故居

乾隆十二年（1747）福安知县杜忠赠匾“淳良可风”。

在良好的教育之下，陆求藻继承家风，好义急公，随缘布德乡井，热心公益事业。乾隆三十八年（1773），陈良翼知福安县，见学宫（位于金山脚下）低洼狭小，破烂不堪，于是筹资重（扩）建，“绅士、耆庶皆慷慨倡捐”，其中最见踊跃的就是陆求藻，并担任建学宫董事。此次扩建花费白金 2900 多两，还不包括董事“随时加输”。学宫建成后，陆求藻等 12 位董事见福安旧有徽国公（朱熹）祠在金山街，占地局促，无法扩展，规制简陋粗糙，而且破烂不堪，行将倒塌，就再次筹集资金，将文昌、奎光移到北边，拓其地建徽国公专祠；

原祠址改建店铺，租金收入用以徽国公诞辰祭祀费用，一劳永逸。陈良翼赞曰："善哉！斯所谓以义起者矣。"并作《新建朱文公祠碑记》，载于《福安县志》。鉴于陆求藻对建学宫、徽国公专祠的贡献，乾隆四十三年（1778），陈良翼奖赠其"艺林植望"匾额。

陆求藻对福安最大的贡献还不是好义急公、重教助学，而是编写方言字典。福安方言有"文""白"2套系统，即书面语与口语有较明显的区别。陆求藻满腹经纶，尤好字学，为了规范方言读音和识字教学的需要，早年便着手收集、编写方言字典。《陆氏族谱》记载："公性嗜诗书，留心字学，著有《检字便览三十六卷》以课儿孙。"乾隆四十八年（1783），陆求藻参修、同校《福安县志》时，就对福安方言韵音进行探索，后经悉心努力、研究，结合实践，大约在清乾隆后期（约18世纪末）著《安腔戚林八音》，又名《陆琼园本腔八音》。这本清代福安县方言韵书成为闽东地区历史上最早的一部方言字典，为后代留下宝贵的字学遗产，对闽东尤其福安县影响颇大，其价值是无法用金钱计算的。现福安市图书馆珍存的是福安范坑陈祖蔚1953年手抄本七卷。

陆求藻的贡献得到福安人民的肯定，历任官府对其敬重有加。嘉庆十六年（1811），陆求藻五代同堂，福安教谕曹国治并训导林上魁赠题："居心诚实，持行端严；孝友传家，睦姻处众；五代同堂，亲见七代。"福安知县孙征槐题赠："赋性淳良，敦天伦而孝友传于族党；存心公正，见善事而施与不厌倾囊。沐浴露于四朝，寿延期颐；庆同堂于五世，饴哺曾元。允为草野嘉祥，洵乃熙朝盛事。"府宪王天禄题曰："家传孝友，寿届期颐。绵七代之淳风，沐四朝之恩雨。一庭绳武，膝前孙复生孙；五世诒谋，堂上祖还有祖。允著海陬之盛事，洵推圣世之休征。"在曹教谕、孙知县、王府宪、王藩宪、张抚宪、汪督宪等的逐级详请旌奖之下，朝廷旌之，恩赐银币，例授承德郎。嘉庆二十一年（1816），百岁寿宴上，福安知县刘忠皓题"百年寿考熙朝瑞，五代云礽福履绥"赠之。

陆求藻寿迈期颐，享年105岁。

周祖颐和他的《福安乡土志》

◎李健民

◆ 投身民主革命 ◆

周祖颐字少濂，福安县城东凤人，生于清光绪八年（1882）。其父周之翰，清贡生，设馆为业，是晚清福安的知名塾师。祖颐天资聪颖，12 岁那年以童子参加县考，因年少，由家人肩负进场。发榜时名列榜首，入县学。光绪二十三年（1897）考取拔贡[①]。第二年祖颐北上京师，目睹清廷腐败，在报端发文抨击时弊，语甚痛切，因而遭到清政府的拘捕。出狱后因在京无业，遂回故乡小住。福安是一个濒海临江的小邑，民风淳朴，而且较早就与西方异域文化互动。祖颐在此得到地方官和乡亲们的看顾，得以编纂《福安乡土志》，还短暂受聘高等小学教员；虽遗世独立，卓尔不群，但这位拔贡出身的少年才俊，仍然处处受到重视和尊敬。

光绪三十二年（1906）清廷废除科举制度后，大批原本依靠科举制度生存的读书人流落社会。为了给这些人以出路，清廷采用选拔方式，对生员进行选优录用。光绪三十三年（1901）周祖颐告别家乡，再次赴京。宣统二年（1910）祖颐 27 岁，以朝荐一等钦点法科京官，实授北京地方检察厅厅长；

① 拔贡是科举制度中由地方贡入国子监的生员之一种。清朝制度，初定六年一次，乾隆中改为逢酉一选，也就是十二年考选一次，优选者以小京官用，次选以教谕用。每府学二名，州、县学各一名，由各省学政从生员中考选，保送入京，是为拔贡。

后调山东，任全省陆军执法官。这时中国社会已处于辛亥革命的前夜。受孙中山革命思想影响，祖颐接受了同盟会“驱逐鞑虏，恢复中华，创立民国，平均地权”的宗旨，投身民主革命。祖颐辞去法官职务，担任天津《益世报》主编，鼓吹民主革命。辛亥革命后，祖颐因积极宣传革命、推翻帝制有功，获民国四等宝光嘉乐勋章。

据新编《福安市志》的记述，民国 6 年（1917），北京上演张勋复辟闹剧，祖颐潜往广州，参见大元帅孙中山和总裁岑春煊，受命代理岭南道尹，并任两广都督司令部参议。后来曾被岑春煊聘为家庭教师。不久，两广、滇、贵互相猜忌，引起内讧，孙中山远在上海，南方军政府解体，祖颐遂携家眷二度北上北京，运动南北议和。十余年为旧民主革命奔走呼号，终因时局前途仍未乐观，积忧成疾，民国 11 年（1922）5 月在北京逝世，终年 41 岁。

◆ 编纂《福安乡土志》 ◆

清政府在遭受八国联军的沉重打击之后，又面临着日益高涨的资产阶级民主革命浪潮，清统治者意识到如果再不进行改革，势必危及王朝存续。光绪二十七年（1901），清廷终于发布变法通告，宣布实行“新政”，使戊戌维新失败之后被束之高阁的多数变法项目开始得以实施，尤其是废科举，设学堂，在中国产生了极大的影响。在此情势之下，福安紫阳书院改制为官立紫阳两等小学堂（福安县官立高等小学堂）。

光绪三十一年（1905）秋，新知县广东人梁耀堂（化熙）来福安走马上任，适逢清学部通令各地幕修乡土志，作为初等小学堂课本，并颁布《乡土志例目》。祖颐受梁知县委托，于当年仲冬（农历十一月）着手《福安乡土志》编写工作。

这里有必要言及清学部的《乡土志例目》。《例目》前面有这样一段，明确了《乡土志》的编写目的，规范了编写体例：

> 奏定学堂章程所列初等小学堂学科，于历史则讲乡土之大端故事，及本地古先名人之事实；于地理则讲乡土之道里建置，及本地先贤之祠庙、遗迹等类；于格致则讲乡土之植物、动物、矿物。凡关于日用所必需者，使知其作用及名称。盖以幼稚之知识，遽求高深之理想，势必凿难入。惟

乡土之事，为耳所习闻，目所常见，虽街谈巷论，一山、一水、一木、一石，平时供儿童之嬉戏者，一经指点皆成学问。其引人入胜之法，无遗此者。然必由府、厅、州、县各撰乡土志，然后可以授课。海内甚广，守令至多，言人人殊，虑或庞杂。用是撰例目，以为程式，守令虽事繁，但能微本地读书能文者二三人，按目考查，依例编撰，不过数月即可成书。事必求其详核，文必期于简雅。俟采辑成编，一面将清本邮寄京师编书局审，一面录副，详报本省大吏，以免转折迟延。经局员审定删润，俾归一律，钉成定本，并各种教科书发交各府、厅、州、县，以为小学一课本，庶可成完全之学科，迪童蒙之知识，他日进学成才，皆基于此。贤守令幸勿忽视。

《福安乡土志》第二年编成，此时梁知县已经他调。继任者皖南姚仲勋（步瀛）见到这本书，甚为欣喜。与作者悉心商榷，并邮寄京师编书局进行编辑，同时抄写数册，分别呈送本省有关上司审阅。这一年祖颐接受姚知县之聘，为福安县官立高等小学堂教员。由于教务繁忙，同时自觉对书中一些内容尚拿不准，就没有急着付梓。可是眼见县内各小学堂都争相传抄，劳工费神。光绪三十三年（1907）夏天，祖颐带着《福安乡土志》书稿进京，请名家鉴阅，并筹划出版事宜。鉴阅者有“少宗伯张燮师、侍御江杏师、太常林隆师、司马李伯师”。

宣统元年（1909）《福安乡土志》由京师京华书局用铅字排版，印刷出版。从谋划到成书，前后共历四年。

◆《福安乡土志》的影响◆

作者称，《福安乡土志》的编写目的是为了“课蒙”，内容方面“务求简核，各项皆专举其大者”。

光绪十年（1884），福安知县张景祁主持重修《福安县志》，是为该邑封建时代的最后一部县志。该志书为20年后编写的这本《福安乡土志》提供了丰富的素材。

乡土志是地方志书的一种。但是，这本乡土志又完全不同于传统意义的“县志”。

本书编撰者有着强烈的忧患意识和富国强民的愿望。面对着当时日益深重的民族危机，作者大力提倡“群学”，书中写道：“今世变迫矣，环海诸邦，各率其红、白、棕、黑之群，与我华抗；我华咸骇之、愕之，而不知其基于能群也。……谭天下事者其必曰群乎！”这里的“群”就是群体合力，按今天的理解应该包括“国民素质”和“综合国力”的意思，周祖颐认为要改变当时“群”的现状，必须先从乡邑、幼稚、愚蒙开始。因此这本以学生为主要读者的“乡土志”以“群居群处之山川，群言群语之事物，群耳群目之所视听，群手群足之所动作”为主要内容，“先语乡土之易知者”，“便于讲解，乐于记诵，发其聩聋，扩其知识，由乡邑之群以埒乎都会之群，由幼稚之群以臻诸勇壮之群，由愚蒙之群以化为才智之群”。只有如此，“中国群学知将来可比并泰西也”。

这样的境界是过往的任何一本旧县志都不曾有过的。

于是，本书摒弃了旧县志中关于典礼、选举、贞烈、节孝等方面与时代潮流相悖逆的内容，增加了一些与国计民生和社会现实关系密切的诸如物产资源、商业活动、西方宗教等内容，虽然不是很详尽，但这些都已是“史无前例”。在编目结构方面这本书也跳出了旧县志的传统窠臼，全书仅有两卷，分“历史”“人类”“地理”“物产”四个“部”，按内容性质归类，头绪清楚，叙述简洁。读之，很有些近代章节体史著的感觉。

作为早期新式学堂的课本，这本《乡土志》在教育史上仍有一定的借鉴意义。现在全国各中小学都在如火如荼地进行“新课程改革”，新编地方课程和校本课程的教材可谓汗牛充栋，编写教材的老师们是否挤出一点时间，也翻阅一下这本一百多年前的课蒙教材，或许可以带来新的启迪和开悟。

但是，这本书更重要的是以地方文史古籍的身份走进我们的视野的。它所给予我们的意义应该主要是“历史”的：通过它，我们可以了解清朝末年福安的社会概况和深厚的历史积淀，了解西方宗教在福安的早期传播和近代文明对福安的影响，了解一百多年前福安在商品生产和商品流通领域的大致情况，其中不乏许多珍贵的“独家”史料，而这许多对于我们今天来说无疑都是十分珍贵的。

比如卷二“物产部”的“商务门”写道：

(福安)商货分出口、入口二种。本境出口者：绿茶、白茶、芽茶、白尾茶、乌龙茶、二五箱茶，销行苏州、温州、福州等处，统计十万挑；茶油、桐油销行福州、宁德，各二千挑；牛皮销行温州、福州，二百余挑；土烟销行福州，五千挑；白豆销行宁德，十万余斗。是皆出口之大宗。入口者：苏松串布五万筒；苏杭绸缎三百余匹；上海洋布一万余匹；福州洋油八千余箱；香港、温州、宁波、福州、宁德药材五千余挑；桐山烟叶一千余挑；福宁两盐场运盐五万余挑；是皆入口之大宗。以上各件市情衰旺年有不同，只能举其大略。惟各件均系水运，而桐山烟叶则系陆运。入口各货多在城内销行，而盐则分运至东溪之铜台、西溪之洪口两处销售耳。

寥寥二三百字，就把当时的商业概况说得一清二楚。

历史是一条奔流不息的长河，今天的一切都是昨天的继续和发展；学习历史、了解历史，在文本中寻找“知”之快乐，在历史中获取“行”之启迪，这是现代文明人不可或缺的基本素养。而这样一本简明而又不很古奥的乡土志，正恰到好处地为忙忙碌碌、又希望也能够“风雅”一番的朋友们填补了这方面的空白。

《福安乡土志》的出版距今已过一个多世纪。百余年的风风雨雨使之几近灭绝，幸好福建省图书馆为我们珍藏了一册，才使得这本书不致在人间“蒸发”。20 世纪 80 年代，正值我国全面实行改革开放的初期，各行各业都焕发出勃勃生机。福安县文化馆以省图藏书为蓝本，组织力量“依葫芦画瓢”，照本依样誊印[①]数百册，使这本《福安乡土志》得以留存，功莫大焉。

① 誊（téng）印：用刻写或打字的蜡纸做版，固定在纱罗上用油墨印刷，也叫油印，是旧时一种简便的印刷方法。

民主斗士周祖颐的诗歌

◎郭孝卿

周祖颐（1882—1922），字少濂，福建福安县城关东凤人，一生为民主革命奔走呼号，《福安市志》为其传。

周祖颐出身书香门第，从小聪颖，诗才敏捷，被人称为神童。清光绪十九年（1893），他“以童子参加县考，由家人肩负进场。榜发，名列榜首”。光绪二十年，他进入县立紫阳书院学习。

光绪三十一年，“朝廷停止科举，普兴学堂，并颁发例目，饬各府厅州县撰《乡土志》以资蒙学之课”。周祖颐根据“编本以课蒙，务求简核”的要求，“遵例编辑，辑成二卷。阅数月之久而蒇事（完成）”。《福安乡土志》是《福安县志》的浓缩版，目的为了帮助学子了解福安，激励爱乡爱国热情。曾任紫阳书院山长的李伯畴有《寄示周少濂同学祖颐，时制科初改策论，用致厚望，并赞其行》，“其行”指的就是这件事：

与子观摩久，奇文结赏深。屠龙知汝技，相马快予心。
神想悬豪主，风披望海襟。超超天下策，联臂郄诜林。

中治有千古，外夷分五洲。才情先风气，挥洒具阳秋。
文献前贤考，离奇艺学优。伫看桂轮满，敻绝孰能俦。

燕云望不极，时事郁深杯。铜冠苍然色，金龟作者才。
天人三策在，今古万言恢。贾董彼谁子，行哉首漫回。

报国从科第，登坛几弟兄。三山据文坫，一任筑长城。

秋窟老蜍笑，野苹呦鹿鸣。兰成悴已甚，垂望更纵横。

诗中说起周祖颐在省城策问对答而“联臂郗诜林”。郗诜，字广基，晋代人，以策问对答第一而蟾宫折桂。该组诗可谓对周祖颐赞誉备加，寄予厚望。老师这般称赞“同学”，足见这“同学”当出类拔萃，那时周祖颐才 24 岁。

周祖颐少负诗名，其《催妆》组诗寓意甚深：

美人风调忆潇湘，环佩珊珊下婿乡。
料得崔庐好奁赠，十三经压女儿箱。

琴堂风月胜蓝桥，金屋凝香贮阿娇。
一曲清歌一杯酒，凤凰楼上坐吹箫。

玉人万里簇金鞍，直到秦楼合凤鸾。
桃叶渡江辛苦甚，合欢床上讯平安。

云李家风绝艳才，翩翩少年好丰裁。
买丝赠与嫦娥绣，绣出平原公子来。

彼姝门第溯清声，莲向濂溪并蒂生。
赢得吾家遴快婿，东床才调是卿卿。

发初香处酒初浓，罗带遇君解内重。
为报鸳鸯春梦熟，衙西轻摆五更钟。

姊妹相邀到隔帘，广寒宫殿好同瞻。
何来乌鹊南天去，惹我今宵恨又添。

萧郎消息久无踪，望断云山几万重。
重五佳期今已误，何时征戍罢卢龙。

倏见蟾光漏碧窗，箜篌弹罢不成腔。
伤心欲向嫦娥问，何处天涯是受降。

邻家邀我到楼东，一曲伊凉唱未终。
忽见小姑帘外入，道侬腔调减翻风。

蟹螯左擘右持壶，但劝娘来莫劝姑。
娘醉有奴奴有婿，姑姑醉倒倩谁扶？

周祖颐自清宣统元年（1909）离开家乡，北上燕京，从此“十载飘零尚不还”。这组诗当作于朝廷废科举之后、北上燕京之前，那时周祖颐不上 30 岁。

“催妆”本指新娘子出嫁，家人（或男方媒人）多次催促，梳妆上轿。然而这组“催妆”诗却大多是“新娘子”的口气，如“赢得吾家遴快婿”“姊妹相邀到隔帘”“忽见小姑帘外入”“娘醉有奴奴有婿”等。周祖颐当然不是“新娘子”，这里“催妆”是寓含士子“出嫁”——参加策论考试。“料得崔庐好奁赠，十三经压女儿箱”，乃指陪嫁中有“十三经”之类，寓“新娘子”满腹经纶；“琴堂风月胜蓝桥”是指仕途顺畅；“广寒宫殿好同瞻”，隐指希望与同窗一起参加策论能蟾宫折桂；“何时征戍罢卢龙”，乃寓何时实现壮志，不再参加考试。此组诗的寓意难以一一列举，大有朱庆馀“妆罢低声问夫婿，画眉深浅入时无”的意境。

周祖颐曾担任岑春煊（一说孙宝琦）的家庭教师，因得以饱览藏书。辛亥革命后，北洋军阀窃政，他就聘天津《泰晤士报》《益世报》编辑，所撰社论文笔犀利，大力鼓吹革命，抨击时政，声讨跋扈武夫，“以宣传突出，获得民国四等宝光嘉乐（禾）勋章一枚”。据说，周祖颐在《泰晤士报》所写的社论曾寄回一份存放福安家中，其弟侄为之装订十余册，“文革”时横遭焚毁。

周祖颐献身民主主义革命。民国 6 年（1917），北洋政府解散国会，企图废除《临时约法》。孙中山举起护法旗帜，声罪致讨。周祖颐“潜往广州参见大元帅孙中山和总裁岑春煊，受命代理岭南道尹，并任两广都督司令部参议”，参加护法斗争，忙于军务，“日理军书六十通”。因为怕连累家人，他与家人“骨肉分离”、音书隔绝长达八年。民国 8 年，他 38 岁时以诗代柬说起此事：

敌氛方盛遍烽烟，骨肉分离又八年。
欲写家书难下笔，池鱼无罪怕株连。

日理军书六十通，淋漓满纸墨痕浓。
年华卅八催人老，未献秦王决策功。

兰陵作赋感乡关，十载飘零尚不还。
只为国仇犹未报，更无余念及家山。

“只为国仇犹未报，更无余念及家山”，足显其十多年来为民主主义革命奔走呼号、舍家报国的高尚情怀。

周祖颐诗作颇多，大都散佚。

民国文人李经文

◎李健民

民国时期是中国历史的一个重要发展阶段。这一时期的福安，文人辈出，异彩纷呈，对当时的社会文化发生过较大的影响，李经文就是其中颇有特点的一位。

◆ 从“宦游”到“舌耕” ◆

李经文，字章甫，号培基，生于清光绪四年（1878），卒于1950年，福安阳头人，后居城内东门双井巷；清末福宁府学廪生（有廪禄的秀才），清光绪二十八年补科举人。这一年他正赶上封建王朝最后一次科举考试，因壬寅科补行庚子科，故称补科。三年后清廷废除科举制度，所有乡试会试一律停止，经文就往保定就读直隶法政学堂，光绪三十四年于法律别科毕业，这一年31岁。

直隶法政学堂开设于光绪三十一年（1905），以培养佐理地方政治人才为目标。经文直隶法政毕业后，即在外地“宦游”。所任主要职务：清宣统三年（1911）2月至8月，任福州南台（今台江、仓山二区）检察署检察官，1913年（民国2）5月至12月，任寿宁县政府管狱员，1916年11月至1918年5月，任峡阳分县（现为南平市延平区峡阳镇）政府县佐。（《韩坂镇县参议员候选人资历表》，1942）分县是民国初年设置的附属大县的小县，由县佐管理，就近指挥监督该地警察及处理违警案件。

1918年春，段祺瑞政府决定对川、湘、粤等省用兵，实行“武力统一”，南北战事开始。当年5月，效忠于段祺瑞政府的闽军失利。闽军统帅李厚基估计粤军可能沿闽西向闽北方向挺进，遂派部队分布在延平、建宁间堵截，闽北一地战云密布。为了躲避战乱，经文遂从峡阳分县任上挂冠而去，这一年41岁。

以上合计10年。经文晚年自述“服务警官廿余年”，那么还有十多年的光阴他在哪里担任警职呢？目前尚未有明确史料足以解惑。据《福安察阳李氏族谱》载经文侧室陈氏“坟葬福州仓前山”，笔者推测可能仍在福州南台任警职，后来可能还回福安继续此务，因为他是法律科班毕业，当时这方面的专业人材甚缺。

1928年前后，他终于结束了警官生涯，原因可能与“书生骨傲难谐俗”的个性有关。不做警官后，生计就出现了问题。和当时许多没有门路的失业知识分子一样，他以设馆教书为业。民国早期，虽然提倡新式小学教育，但私塾仍普遍存在。由于经文有前清举人头衔，才高名重，又平易近人，教学认真，深得家长和学生的信赖。这时新式教育在福安已经逐渐深入人心，并不断发展，至1929年全县有新式小学45所、在校生2484人，这样就大大挤压了私塾的生存空间。福安近代文化名人郭绍恩（1916—2015）回忆，李经文曾借用吴氏宗祠开办“国学专修馆”，自任馆长，聘当时福安名儒林硕卿、吴席珍为先生，专收读私塾的孩子就读。由于学生数少，束脩（学生致送教师的酬金）微薄，入不敷出，该馆办了一学期，就停办了。（郭孝卿《秋园人物》）

此后经文是否继续办学，有没有在公立学校任教过，塾师生涯止于何时。因资料匮缺，不得而知。

◆福安修谱专家◆

结束“舌耕”之后，为了生计，经文就奔走于乡间，编纂族谱，成为名噪一时的修谱专家。当时纂修一部族谱，少则二三年，多则五六年，经文一共修了多少部族谱，第一部族谱修于何时，是何地何谱，这些问题尚未可知，有待进一步的研究。以笔者的有限视野，所见族谱中有以下出自经文之手：1939年《铜岩颍川陈氏族谱》（1938年始纂），1943年《福安察阳李氏宗谱》（1938年始纂，李春华同修），1943年《廉首张氏宗谱》，1945年《长江尤氏族谱》（长江即长岐），1947年《大车李氏宗谱》。仅凭以上可知，从1938年到1948年，经文共修5部族谱（其中察阳李谱因卷帙浩繁与人同修），平均每2年1部。此外还看到经文为新修《察阳黄氏宗谱》（1933）、《水田重金吴祠族谱》（1948）撰写的序文，前因“思察阳为黄李两祖宗发祥之地，迁居同，聚族同，子孙之炽昌亦同”而撰；后乃应总纂人“鉴核并请序”之邀而作。1984年重修《赛江詹祠宗谱》，总纂王文平自称李经文“传授门生”。

从以上族谱可以看出经文与别人的不同之处。他在谱序中对修谱意义、要旨的表述常一改以往单纯的纲常说教，结合时代的变迁，赋予新的观念、新的思想。如《廉首张氏宗谱序》有这样一段涉及家国关系的论述：“民国现值抗战时期，无国何以有家，则家族似非急务。不知救国征兵系另一问题，与亲族毫无关系。且联合各族之子弟，以捍卫各族之父兄，则救家即为救国，报本又安可因噎而废食。”通过修谱宣传“救家即为救国”道理，并随附各家“小谱”进入家户。

又如《重修长江（长岐）尤氏族谱序》：“修谱者，所以联络同族之感情。但古代行井田之法，君为主而民为佃；上下相维，故法行而后治。后世易郡县之制，君独尊而民独卑；上下相离，故政苛而天下乱。然天下至秦一大变，以封建易为郡县也；至民国又一大变，以帝制易为共和也。时至今日，征兵之制行，则国重家轻；立宪之治兴，则党急而族缓。殊而不知爱家为爱国之先声，强宗为强种之嚆矢……世界潮流沧桑万变，今日社会主义非家族主义、非宗族主义也。然余以为治国必自治家始，强种必自强宗始，则今日尤是。以修谱者尊祖敬宗而收族，安知他日不以固宗族者为固民族之基础耶！”阐述时代变迁与社会制度的关系，认为社会主义是“世界潮流”，宣传“治国必自治家始，强种必自强宗始”的道理。

经文修谱善于独立思考。他对旧谱不是人云亦云地全盘照录，而是细心体察，发现问题，并力所能及地提出改进意见。《重修察阳祖祠族谱序》写道：“谱称（察阳李氏）由杉洋迁察阳，盖总括之词也……然文窃有疑者，考杉洋大谱，以诲公为始祖，诲公系泛公父，止多一代，乃杉洋谱至今已传40世，而吾族至今仅传30世，非因前代洪水，旧谱遗失，恐世次不若是减也。”2015年，阳头李祠第十一届理事会重修族谱，经多方考察、求证，对经文提出的世次问题作了实事求是的修正。

《长江（长岐）尤氏族谱》亦对宗族世系源流、姓氏变迁、入迁年代等问

題詞

我讀驛南浮游草，閱歷深時選詞好。服務警官廿餘年，看遍滄桑窮探討。脉物精刻做陸王，寄懷曠達宗莊老。課兒以真無浮詞，交友以誠無文藻。雖然同里未深交，晚得君詩如珍寶。縱然白璧有微瑕，修飾應堪付梨棗。愧我評詩已七旬，幾見元白堪傾倒。爲題一筆非謾詞，性情真處佑摩掃。

時民國丁亥花朝後三日章甫李經文署於展東之雙井草堂

李经文手迹

题提出疑问和看法。对一些尚无法搞清楚的问题，主张“不妨仿春秋夏五郭公（按，《春秋》一书中，夏五后缺月字，郭公下未记事，以此用来比喻文字脱漏）之例存之，亦疑以传疑”。

◆“秋园”重要诗人◆

1923年福安文人创办“秋园诗社”。该社以传承中华诗词文化为己任，系闽省创办较早的民间文化团体之一，在闽东颇具影响力，并延续至今。经文热心诗社工作，是诗社骨干成员之一。

秋园诗社规定每年举办一次折枝诗吟唱赛事。折枝诗是一种别具风格的传统韵文，为七言律诗中的两句，要求对偶工整，两句自成诗；折枝诗有多种形式，其中“嵌字体”较常见，要求在上下句中各嵌入一个规定的眼字。诗唱赛事是秋园诗社主要的经常性活动，但由于历史的原因，留下比较详细记录的并不多。

郭泽英的《秋园诗社的诗事活动》一文叙及与经文有关的几次诗唱赛事。1935年诗社有“乱余”第一唱诗赛，获诗500余首。第二年1月出版的《甘棠乱余诗刊》有经文作品“余生归佛还遭险，乱日辞官尚畏谗”，记述自己几年前的一段经历和境遇。1936年11月，赛岐巨商高旭记邀集福安文化名流在赛江旭楼举办诗会，秋园诗社重要成员包括李经文在内共10人应邀赴会进行折枝诗吟唱，共获新作800首，轰动赛江、韩阳，成就闽东诗坛一时佳话。这些诗作后辑为《旭楼征诗吟稿》1册，特请经文撰写后跋。此后还有1938年的“战生”第二唱诗赛，1940年前后举行的以“一初”为眼字的第六唱诗赛等。（《秋园人物》）

刘希明编的《福安历史翰墨》有经文为福安诗友林枝春（号驿南）《浮游吟草》诗集的《题词》手迹影印件，《题词》诗曰：“我读驿南浮游草，阅历深时选词好。服务警官廿余年，看遍沧桑穷探讨。咏物精刻仿陆王，寄怀旷达宗庄老。课儿以真无浮词，交友以诚无文藻。虽然同里未深交，晚得君诗如珍宝。纵然白璧有微瑕，修饰应堪付梨枣。愧我评诗已七旬，几见元白堪倾倒。为题一笔非谀词，性情真处俗尘扫。”该作写于1947年，其中“服务警官廿余年，看遍沧桑穷探讨”句写自己的早期经历。

经文擅长咏景诗，借景抒情。他主修的族谱都有他写的咏景诗作，以下选录数首，让后人通过这些文字，领略数十年前福安的山水风物，体察当时知识分子的情怀。

《龙舟竞渡》：旗鼓同张午节天，龙舟争夺锦标先。台南我早争高着，不料廉江续胜缘。

《渔板齐敲》：四处渔人趁晚春，齐敲渔板杂江声。夜深月上溪头白，击到悠扬断续更。

《渡口渔灯》：长江渡口已黄昏，难得渔灯照浦源。近艇翁随收网缆，远舟客趁返家门。星沉不碍僧归寺，月暗仍看雁过村。夜半泊船人语静，有谁乞火酌金樽。

《长江晚照》：龟湖夕照早传名，不料长江景更清。游鲤一群随浪现，归鸦数点映波明。倒衔帆影船如画，远蘸山光石似城。等待影残欣月上，渔歌唱晚放舟轻。

《湾坞即景》：鸡峰西峙嶂溪边，夕照横空倒影悬。谷口云迷星洞外，岭头霞落此山前。沧桑丁姓惊无地，蓑笠田墩别有天。斜日送来邻旧燕，王家梁上着先鞭。

◆ 活出别样人生 ◆

1947年，经文70岁，作一诗自况：“虚堂旧燕不嫌贫，度得寒冬又返春。古调独弹倾北部，稀龄作嫁屡西宾。饱尝甘苦奔驰倦，看尽沧桑阅历真。世局触蛮争未了，变机满望转鸿钧。”诗中“西宾”原注：“频年修谱，奔走各乡。”全诗表达对“虚度古稀、饱看世变”（集各句首字）的人生感慨。

别人怎么看他呢？

诗友林枝春有一诗《又效李章甫先生七十，以“虚度古稀、饱看世变”冠首》：“虚心接事本无欺，度活维艰有谁知。古义犹存违俗见，稀龄出作合时宜。饱餐风雨壮尤苦，看透沧桑老更悲。世态炎凉真可厌，变翻政策实新奇。”（以上录自《秋园人物》）

宗人李翰青有《寄族李章甫孝廉》：“到处随缘驻客骖，敢云名胜任搜探。书生骨傲难谐俗，地主情多有伴谈。诗债过途还不了，酒兵良夜战都酣。迩来自顾无他癖，说士情同食肉甘。”（李翰青《雪樵诗抄》）李翰青（1877—

1927），号雪樵，阳头人，民国福安文人，曾任福安县教育会、农会、商会会长等。翰青是经文的族兄，比经文长1岁，两人志趣相投，惺惺相惜。该诗当作于经文回梓后，其中“到处随缘驻客骖”写经文早年宦游，所到之处皆随缘而安；“地主情多有伴谈”写经文回乡后常与故友聚谈，表达作者对经文的理解、赏识和两人的情谊。

对旧文人来说，“儒家”是他们的自我定位，“入世”是他们的主动追求；因而他们也自觉地将“修齐治平”作为人生的评价标准。基于上述观念，经文对自己总是不满意的。1942年，已经64岁的李经文还参选县参议员，正所谓“老骥伏枥，志在千里”。1943年，66岁的经文写道：“文老矣。燕北闽南奔走半生，百无一就。晚岁隐居避乱，愧无寸进。”（李经文《重修察阳祖祠族谱序》）

但是，以今天的眼光看，平心而论，像李经文这样的旧文人，无钱无势无门路，少时于科举取得功名，后又乘清末民初的鼎革潮流，混迹于社会基层，发挥所学专长，为民众做些实事。“凤凰落毛”之后，尽管生计艰难，但他贤而有守，没有攀附权贵，不与污秽同流，而是凭一己之长，自食其力，为社会和民众服务，是很不容易的。作为一介文士，数十年间风骨不群，文采富赡，孜孜以求，笔耕不缀，为后人留下较多精神财富，演绎了一个正直的旧知识分子的别样人生。

民国书法家郭赞夏先生

◎郭孝卿

郭赞夏（1877—1948），字叔华，又名惺庵居士，原住城内鹿斗境莲池，后迁居东门，现市妇幼保健院地址。

郭赞夏像

郭赞夏的父亲郭作桢，号干臣，邑庠生入贡，办私塾教学生，兼替人看病，医理颇精，小有名气。郭作桢生有六个儿子，郭赞夏排序第三，之后来能成为书法家，与其父从小对子女的严格教育、训练分不开。

郭作桢的教子方法独具特色。每天早上一起床，他就要求几个儿子一起，从楷书学开始练习书法。儿子们必须以唐著名书法家欧阳询的《醴泉铭》、柳公权的《玄秘塔碑》字帖为范本，要端端正正书写蝇头楷书100多字后才可以吃早餐。不知是为了节约，还是别的意图，所用的文具都是最差等的。纸为一种叫“皮料”的，质薄而软。假如墨磨得稍微浓一点，则笔锋施展不开；墨磨得稍微淡一点，笔一落纸，就产生墨晕，用这种办法来锻炼儿子们磨墨的火候。笔是名叫“车头水”的劣等毛笔，容易倒锋、秃锐、开叉，借以训练儿子们的腕力以及笔杆的旋转操持灵活度。在这样严格训练之下，郭赞夏的几个兄弟自幼即能书写端正，初步掌握欧、柳楷书模式。

郭赞夏出身书香门第。除其父是个年高而博学的读书人外，其舅舅宋笏庭（瞻扆）是光绪庚寅（1890）恩科进士、宋韨臣（瞻衮）是光绪八年（1882）举人。其兄郭翼唐，字伯宜，举人出身，系教育界名家。光绪二十二年（1896），历任紫阳书院山长、福安县教育会会长、紫阳两等小学堂堂长，“阅选以知县签发江西”，民国初年，被萨镇冰聘为省府秘书。其弟郭甄殷，字季陶，号西城病者，从小入泮，系清末庠生（秀才），从闽海道师范学堂简易科毕业，后入养成所培训，长期从事教育事业，曾担任视学员、县立紫阳两等小学校校长、县劝学所所长（相当于教育局局长）等职，在教育界享有相当声望。

郭赞夏从小在这种书香风气熏陶之下，并且与胞弟季陶（殷甄）同为庠生，共床同砚，诗书意识亦见浓厚。民国初年，他毕业于福建省法政学院自治科，历任福安自治讲习所讲师、扆山中学教员，肆意致力于书法、篆刻，兼长绘画、作诗。

郭赞夏所临习碑帖多而精，而尤熟于《书谱》，深得其中三昧。故其书法无论楷、草、隶、篆，造诣极深，卓然自成一家，莫不各臻精妙。尤以让人感叹的是隶篆笔意融入正草，更加古朴隽雅。

民国初年，其兄郭翼唐就任省府秘书，寓居福州，求他写字的踏破门槛，难于应付，于是便叫胞弟郭赞夏代为书写交差。得郭赞夏书法的，认为郭翼唐的字跟之前不一样，比之前更潇洒、遒劲，更见功力，深感惊讶。究问之下，才知道是其胞弟郭赞夏所作。于是，省内外一向爱好郭翼唐书法的，转而求郭赞夏，络绎不绝，造成洛阳纸贵，名噪一时，甚至岭南名流亦纷纷来函索题，应接不暇。所以，郭赞夏墨迹流传在广东一带的比较多。

郭赞夏有较高的临摹技艺，特别喜欢临摹清一代书法名家，如刘石庵、何子贞、翁松禅等人真迹，临摹得维妙维肖，足以乱真。他常用双钩勒其笔画，镌刻联板，现莲池街陈润祥家还存其仿何子贞书的“簪船归处鱼餐美，社瓮香时黍酒浑”联对；龙江街池伯珊家，也有一对刻制柳公权书的“万卷藏书宜子弟，百年种树长风烟”板联，惜在“文革”中被毁。

郭赞夏因书法引起的趣闻轶事很多，常为人津津乐道，这里略举一二例。

当时福安裱褙匠某某，特地登门造访求书，郭赞夏聆听其谈吐风雅，误以为是知音，未及仔细盘问，就乘兴为他挥洒多幅书法以付。其人大喜过望，就将郭赞夏墨宝拿到福州仓山出售，尽为外国人抢购一空，价钱之高，难以想象，着实发了不少的一笔财。后来，郭赞夏听到这件事，只不过一笑置之而已。

有次，郭赞夏从乡下归来，已是夜晚天黑，道路难辨，无法行走，就向道旁店铺借灯，店铺老板不理睬他。郭赞夏指着店门头招牌说："这几个字还是我写的呢！"店老板愕然，一改原先傲慢的态度，殷勤接待，并亲持灯笼，伴送郭赞夏回到城里家中。

省立霞浦第三中学，其操场需要用直径 2 米的方形大字，求郭赞夏书写。郭赞夏别出心裁，铺纸于地，将粗沙（一说米粒）倾倒于纸上，堆成字形到认为满意时，则运笔勾为飞白体。福安县城商店招牌，许多均为郭赞夏手笔。新中国成立前，"新乾春"布庄的 3 个 1 米见方赵体大字，就是郭赞夏写的，圆润遒劲，笔力浑厚，给人印象十分深刻。

民国时期，县城人家有婚丧喜庆的，经常劳烦郭赞夏书写碑、铭、联、幛之类。郭赞夏博闻强记，所书写的碑铭联幛既恰如其分，又切合时地，给人感觉是特意为其撰写拟的。东门头三姓路陈厝与郭家沾亲带戚，民国 15 年（1926），请郭赞夏手书吴大椿撰文的《大懿范陈母姻母林孺人五十晋八荣寿大庆序》，条幅四轴 600 余字，郭赞夏一气呵成、字字浑圆、力透纸背，陈府以三担稻谷为润笔酬谢。郭赞夏书写序碑铭联不署名盖章，所写的联对均寓有哲理，并富于教育意义。这些联对大都用楷体，让人易懂易识、心领神会，效果尤佳。

由于郭赞夏的书法名气之高，所以求他写字的人特别多。他又不计报酬，乐于为人服务，造成其案头堆纸盈尺，包括中堂、屏条、横卷，特别是夏扇，如团扇、折扇、潮扇等。郭赞夏不管寒冷炎暑，坚持为人写字，甚至废寝忘食，全神以赴。家人见郭赞夏体质衰弱，终日劬劳，怕他身体吃不消，劝他休息，保养身体。郭赞夏答道："我是福安人，无其他本领为乡亲出力，只靠毛笔一支为人家写几个字，怎么可以让求我的乡亲失望而去呢？"

然而，郭赞夏为人写字，并不是有求必应，有些声誉不好、道德败坏的社会渣滓，虽然用重金高价求他写几个字装装门面，郭赞夏全都拒之门外。足见郭赞夏之高风亮节，非一般庸书市侩所同日而语。

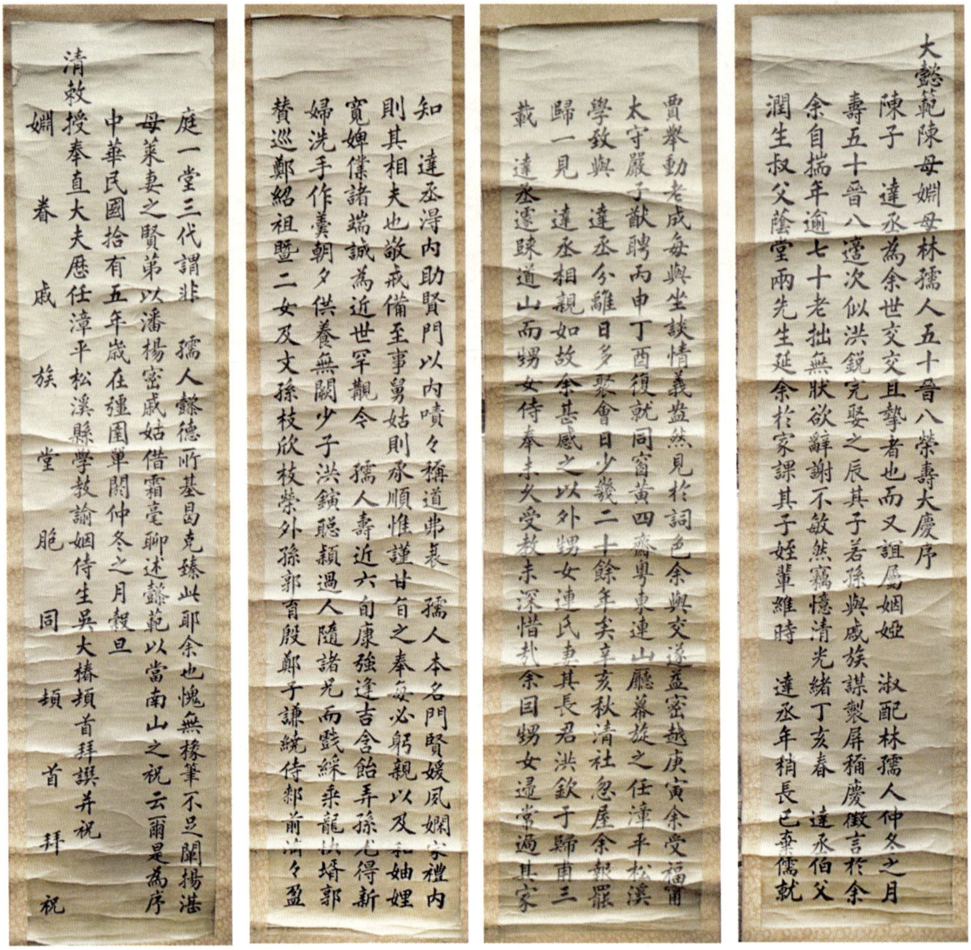

郭赞夏手书寿序

郭赞夏除书法外，还酷爱篆刻。其堂弟郭剑狂（1894—1936）是福建的名画家，其作品誉为“新派国画”，亦精于刻印，见郭赞夏所刻印章赞叹不已，说他的金石造诣可以直追古人。郭赞夏特别爱好镌砚，曾在端砚周围刻以密密麻麻的诗词、铭文、款识，古香古色，雅致异常。郭赞夏家尚存其亲刻石砚一方，刻“胆思凝果，善谋好成，前略垂滞”12个拇指大字。文句摘自崔敬邕碑帖，其字迹与原碑帖对照，不差毫厘，难辨真假，真堪叹绝。砚底还刻有“悭庵所有”四个盈寸隶书，工整古朴可观。

郭赞夏晚年患哮喘症，步履蹒跚。但是求他写字的仍然不绝，他经常抱病，用左手支撑而写。

郭赞夏生前书法作品甚多，但历经沧桑，摧残殆尽，而今我们能看到的已寥寥无几，遗留下来的为世人珍藏。韩阳十景之一“马屿香泉”重修时，竖立牌坊，其横匾和两柱对联，亦请郭赞夏书丹刻石，字体高古苍劲，今已难觅踪影。原池家两底窗旁有两副木刻联对，也是郭赞夏所作，遗憾的是毁于一场大火。察阳黄祠族谱，也是他的小楷真迹。

郭赞夏不仅精于书法、篆刻、作画，亦是诗家，有署名为“世愚侄郭赞夏未是草”的《俚句奉祝瑾卿老伯大人七衮荣寿大庆》为证：

争仰松城有福星，耆英会上合图形。
人如仙佛耽慈善，案积琴书抒性灵。
棠荫留甘歌梓地，莱衣耀彩绍槐庭。
古稀更上延龄祝，铜掌霄高浥露清。

韩阳遥祝秀眉公，歌颂诗悬句未工。
百里关怀同望日，卅年叨爱每临风。
鬓霜潮染盈头白，夕照偏于傍晚红。
曼倩蟠桃偷几度，丹砂妙术可还童。

茶业大师吴振铎

◎李健民

福建省福安市是我国著名的茶叶之乡。早在20世纪30年代，这里就办起福建省第一所茶科职业学校，福建省第一家茶业科研机构也设在这里，使福安成为培育茶界英才的渊薮。在众多茶界精英中，就有一个名叫吴振铎。

◆“安农”首届高才生◆

吴振铎，1918年12月出生于福安城关东门的双井巷。其祖父是前清秀才，祖母也是“幼读四书，能诗词，机智过人”，但“未满三十即守寡管家”。吴振铎自幼多病，在母亲与祖母的细心抚养下始得长大成人。少年振铎勤奋好学，聪敏过人。其父元灼也曾苦读诗书，志在功名，清末废除科举后，弃学从农，管理茶山果园。吴振铎即在这样一个耕读家庭中长大。

吴振铎像

1932年吴振铎高小毕业后，考入福安县立初级中学就读。2年后，县立初中改制为“福安县立初级茶业职业学校”，吴振铎即随转茶职校就学，成为该校首届34名学生当中的一个，这一年吴振铎17岁。福安县立初级茶业职业学校是当时福建省第一所茶业职业学校。

1935年8月，学校由省教育厅接管，更名“福建省立福安初级农业职业学校”

（简称“安农”或“农职校”），仍为茶科。差不多与此同时，福建省建设厅在福安社口设立茶业改良场（即今福建省茶叶科学研究所的前身），该场也就是农职校的实习基地。将改进茶叶技术与培养专门人才结合起来，科研与教学相结合，这在当时还是非常前卫的。当局选任张天福先生同时担任农职校校长和茶业改良场场长。张天福后来成为中国茶业的顶级专家，被誉为“茶界泰斗”。

1936 年吴振铎从“安农”毕业，考入协和学院农科继续深造，主修农艺，兼修农化。民国 29 年 6 月，福建协和学院农科发展为福建省立农学院。正值抗日战争时期，国民政府实行华茶统购统销政策，吴振铎和农学院同学受命利用寒暑期前往福安社口茶叶改良场制茶，还赴闽北政和、浙江庆元等山县茶区督导茶叶的产制。

1946 年吴振铎学成毕业，回到母校省立福安初级农业职业学校任教务主任。第二年，学校改为省立高级农业职业学校。

此时全国抗战刚刚胜利，农林部中央农业实验所决定在崇安县（今武夷山市）创办茶叶实验场，并指定由张天福主持该项工作。1946 年 7 月，吴振铎跟随张天福赶赴闽北，接管原崇安茶叶研究所，创办茶叶实验场。

关于吴振铎的早期经历，张天福先生后来如此回忆：“吴振铎是福安人，是福安农校首届茶科毕业生。当时他是同学中年纪最大、学习最好的，一直担任学生队长。后又考入福建省立农学院农艺系，毕业后回母校担任过教导主任，并随我到武夷山创办茶场，任技术员。”

◆ “战后台茶之父” ◆

1947 年 7 月，吴振铎赴台度假。此时的台湾正处光复之初，各行各业亟需专门人才，台湾各茶业研究机构和试验单位都向吴振铎抛出了绣球。但是只因为台湾的平镇与福建武夷山同为半发酵茶的研究基地，在茶叶研究方向上同脉同系，这正是吴振铎的志趣所在，于是振铎接受了台湾省农业试验所的聘书，担任平镇茶业试验分所制茶系主任。平镇分所历史悠久，但条件艰苦，设备简陋。吴振铎接任后忠于职守，勤于工作，克服种种困难，使平镇分所面貌很快改观。

根据苏箫的叙述，第二年吴振铎升任技正兼平镇分所长，台湾省农业试验所还委以筹办中央茶业改进委员会之重任，担负复兴及拓展台茶之责。吴振铎执行国民政府光复初期农业培植工业之国策，以科技领导生产，积极推行茶园综合耕作法，将示范茶园面积扩大到万余公顷，从而扩大了台茶的种植规模，为增产增收奠定了的基础。吴振铎还大力倡导绿茶（眉茶）制造技术的改良，配合外销市场需求，建立自动化示范煎茶工厂，并成功地争得了日本的煎茶市场，使台湾的外销茶占据了总生产量的80%左右。吴振铎的这许多工作，对台湾的茶业振兴和茶农生计的改善都产生了重要的作用。

在矢志发展台湾茶叶生产的同时，吴振铎还热心参与茶叶的科研和教学工作。1952 年起，吴振铎应台湾大学之聘担任农艺学系教授，直到 1993 年 6 月，长达 40 多年。

1968 年台湾地方政府为统一事权，精简机构，将林口茶业传习所、鱼池和平镇茶业试验分所三个单位合并为台湾省茶业改良场，直属台湾省政府农林厅，总场设在平镇，由吴振铎任首任场长。吴振铎在总场内增设茶园机械及茶业推广二课，大力倡导茶园机器采茶、半发酵茶机械自动化生产，促进了台湾茶叶生产机械化的全面推行。

1979 年台湾当局创设林口新社区，林口分场必须迁移。吴振铎认为发展台湾茶业的良机不可失，除将林口分场迁往文山，还购置了 30 余公顷土地，用于重建现代化制茶试验工厂及研究室。同时还在台东购地增设分场，在南投冻顶购地新建工作站，开拓了台湾中南部及东部的新茶区。又在总场新建速溶茶试验工厂和茶叶化学研究室，全力加强茶叶的试验研究，开发新制品，全面推广茶叶生产的科学化和机械化，提高产量，降低成本，增加茶农的收益。

1982 年，台湾创立“中华民国茶艺协会”，吴氏被推选为首任理事长。任内吴振铎和他的同仁一道大力推广茶叶优良品种，选拔茶叶品质评鉴人才，协助各地通过评比促进茶叶品质的不断提高；同时积极培训茶艺人员，开展与境外的茶艺文化交流活动。所有这些都卓有成效地推动了台湾地区茶叶品质的提高、茶叶知名度的提升、茶农收益的增加和岛内饮茶风气的形成。

1984 年 5 月，吴振铎从台湾省茶业改良场退休，但仍积极参与推展茶文化活动，被选为台湾茶艺协会第一届理事长，同时他仍然兼任台湾大学农艺学系教授，承担茶作学课程。尽管茶作学及其实习在台湾大学属于选修课程，但吴振铎以他在台湾茶界的崇高名望、丰富的茶学知识、严谨的工作作风和求真务实的教学精神，像磁铁一样深深地吸引着广大有志于茶业的莘莘学子，选修人数长期居高，最高时竟达百余人。直至1993年，吴振铎才辞去教职，离开他心爱的课堂。

吴振铎自1947年赴台到1984年退休，数十年如一日，为宝岛台湾茶业的复兴与发展做出了巨大的贡献。

他致力于茶树育种、茶园机械、茶叶制法及茶叶评鉴之研究，先后育成15个茶树新品种，其中尤以适合制作乌龙茶包种茶的台茶12号（以祖母名“金萱”命名）和台茶13号（以母亲名“翠玉”命名）最为世人称道，被尊为“台茶之宝”。

他还致力于茶叶的科学研究和茶科的教育教学，共发表了茶叶学术论文100多篇，培养了众多的茶业专门人才。

他先后考察日、韩、印尼、德、荷、英、法、意、比、丹、瑞典、美及新加坡等国，並多次参加国际性茶叶学术会议，为中国台湾茶在世界上赢得了巨大的荣誉。

他还十分关注民生，创造机会使茶农增收；积极倡导饮茶风尚，提高民众体质，为弘扬中华茶文化不遗余力。

吴振铎为人谦和，大公无私。在台湾的几十年，脚踏实地、埋头苦干，功勋卓著，赢得了社会的一致肯定，被誉为“茶界宗师”“战后台茶之父”。他还多次获得台湾地方当局的高规格奖赏。

◆ 重续两岸茶缘 ◆

吴振铎身在台岛，心怀大陆，对生养自己的桑梓之地更是一往情深。

1987年7月15日，台湾当局宣布解除持续38年的戒严令；11月，开放台湾同胞赴大陆探亲。1988年 6月，吴振铎偕夫人蔡彩燕回乡探亲、考察。蔡彩燕，福安城关人，福安农职校学生，与吴振铎同班同学；两人同乡同学，志同道合，为中国茶业都做出贡献。夫妻俩对故乡福安的故交老友、一草一木都充满极深的感情。张天福先生这样写道：“那天，吴振铎夫妇还未到家就先到福建省茶科所来看我。当时我虽已退休，但仍主持‘乌龙茶做青工艺与设备研究’。师生相隔了四十年才见面，当时的感人场面至今难忘。”（张天福《我的回忆》）吴振铎还应中国民主促进会中央常委、著名茶叶专家黄国光先生等的邀请，进行闽台茶叶学术交流；并在黄国光的陪同下，到杭州等地参观访问。

吴振铎（左一）与茶叶泰斗张天福（左二）在省茶科所

海峡两岸茶人在相隔近40年之后首次在祖国大陆相聚，成为一时佳话。从此，拉开了两岸茶人恢复交流的序幕。

1990年9月，吴振铎应邀参加“闽台茶叶学术讨论会”，率团再一次返闽。会后他专程前往建瓯山区考察茶业，与福建茶界同行一道勘察建瓯市东峰镇桂林村的一片矮脚乌龙茶老茶树，最后认定这片占地15亩、有着150年历史的茶树正是台湾省乌龙茶主导品种“青心乌龙”的始祖，为海峡两岸乌龙茶树品种同宗同源找到了实证。

1997年，台湾科学出版社出版《吴振铎茶学研究论文选集》。“选集”分上下册，主要内容有茶树栽培，茶树育种，茶叶制造，茶叶化学、评茶术语，国际茶叶学术会议等内容，是作者数十年茶学研究的结晶，备受同行赞扬和好评。其中《闽台适制半发酵茶类四个地方名种的比较》等文，先后发表于《福建茶叶》和《福建省茶叶学会论文集》。

2000年1月5日，这位把毕生的精力都献给了祖国茶业的茶界大师在台湾与世长辞，享年82岁。

海峡两岸乡亲永远铭记这位为中国茶业做出杰出贡献的茶界大师。闽南漳浦“天福茶博物院”立有张天福和吴振铎塑像，是当今世界最大的茶博院。这里有一个叫“翠绿长春”的示范茶园，栽种着来自闽南、广东、台湾三地适合制作乌龙茶的12个茶品种，其中就有吴振铎心血的结晶——“金萱”和“翠玉”。

福安首位省文史研究馆馆员陈庆新

◎郭孝卿

陈庆新像

陈庆新（1879—1958），又名少良，一名景灏（颢），字伯士，祖籍范坑，民国20年（1931）定居东门头三姓路黄厝衕（今中兴中路46号），是福安第一位入选省文史研究馆的馆员。

陈庆新系前清庠生（附生），精通易学玄理，热心家乡建设事业，同情关心民间疾苦，凡城乡造桥修路，均出力乐捐款目；对贫苦群众解囊相助，饥荒时期曾上山采青松毛加工研末，泡米汤亲自尝试，以保饥民生命安全，深得乡民的尊敬。

陈庆新曾被村民选为范坑自治会会长。民国初，食盐由官府统营，称“官盐”，范坑一带民众的食盐由上白石盐仓供应。每户供应的食盐本来就少得可怜，然而盐仓管理人员还克扣斤两，导致民众怨气冲天。陈庆新得知便组织几百人，持扁担、拄杖，蘸上石灰为标记，一哄而上将上白石盐仓“官盐”抢了。事发后，县政府以“秀才造反”的罪名上报省政府缉拿陈庆新。这样一来，不知要牵连多少人。陈庆新便上福州求助于业师陈思化。陈思化时任福安会馆总理，通过省府陈秘书的引荐，带陈庆新去拜会省长。陈思化是这样替门生陈庆新开脱的：“大人明鉴，瞧陈庆新一介书生，文质彬彬，手无缚鸡之力，怎么会造反？再者，这一段时间陈庆新都住在我那里，没回家乡，怎么去造反？”省长见陈庆新的确是个文弱书生，相貌清癯，不像粗莽人物，又看在陈思化省参议员的份上，加上秘书的面子，便把案件压下来，不了了之。

民国26年（1937）7月，抗日战争爆发，程星龄主政福安县，陈庆新出任政府秘书。翌年3月，程星龄调任，陈庆新卸职。

陈庆新热心公益，慷慨好施。20世纪30年代中期，民国政府开始实行保甲制度，各保均招募保丁，保丁费除摊派群众负担外，还要派捐。他家境并不富裕，一次就捐大洋120元。在当时来说，120元大洋并不是小数目，在东门头买一间店铺只不过200元左右。

民国33年（1944）7月，陈庆新选为县临时参议会候补参议员，不久继而当选县第一届参议会参议员。民国35年，福安“粮食多藉外来之米接济，自战事发生后，交通断绝，外地既无米输入，而地方奸商市狯又行偷运出境，希图重利”，导致“米价连日暴涨”，“每市斤价涨至五六十元，市面尚无米可粜”。陈庆新与城厢镇民众吴曼燊等十人联名上书县政府：“为米谷出口于地方有绝大关系，现值济榕之米谷将运到赛岐，剖乞思患预防于输运中加以限制，免致奸徒市狯乘机偷运由。”

陈庆新虽为参议员，又当过民国政府官员，却无民愤。1956年，中共福安县委邀请各界人士共商建设大计，陈庆新受邀参加中国人民政治协商会议福安县第一届委员会。

陈庆新在福安甚至省内有颇高的知名度。1956年，福建省政府副主席（副省长）陈绍宽莅临福安，亲临陈庆新府“访问民情”。省政府刘副主席莅临福安视察政治，亦造府慰问探视。1957年3月，陈庆新受聘为福建省文史研究馆馆员。

陈庆新饱览文史，诗文造诣亦高，民国时期便参加秋园诗社唱吟活动。如民国25年（1936），福安始建县城至赛岐镇公路，秋园诗社举办“公路第六唱”征诗，其折枝诗作至今犹被人传诵：

临去一言回路嘱，此行书意为公陈。

民国34年（1945），卓剑舟编《太姥山全志》亦录陈庆新《太姥吟》。通过描写梦游太姥遇“仙母”的经过，“我固渴想梦魂越”“着屐上云梯”显见作者抱有美好、远大理想；为了追求，历尽千辛万苦，“痡我仆兮瘏我马”；

慶新公著述記要

公自入泮後隱居著述曾著有易学管窺四卷史鑑要覽十卷教孝教悌歌二卷至孝後編一卷尊孔錄二卷詩文咏四卷有梓行有未梓行民國二十年避匪到韓城暫住地亦有小孫繼守故廬當公七十壽辰名大家贈言甚多錄其恰切者三首如下

卓犖猶同少日歡　扶搖懶作九霄摶
治安有策胸中富　餘事能医肘後观
坐擁书城窮易教　精探六藝繼周官
古稀未尽人間寿　歲月無涯任自寬

福建省政府秘書長　張翰儀題

‖张翰仪《庆新公著述纪要》手迹

谁知“仙人欲语竟回车”，得不到“仙人”的垂青，当然有怀才不遇之感叹。“山岩岩兮龟逾巅”“麀鹿白鸟戏琼台”等句显然比喻奸贪当道，流露对现实不满。这首游仙诗作是步李白《梦游天姥吟留别》原韵，敢与大诗人斗韵白战，亦见作者才气。

陈庆新交友甚广，与当时名家诗友互有吟赠。民国37年（1948），年登古稀，许多名大家均赠诗以贺。《范源陈氏族谱》载有福建省政府秘书长张翰仪、福建省学院院长郭梦松、自称“翰林告老在闽”的陈培锟等人的“题赠”。

陈庆新“自入泮后隐居著述”，笔耕甚勤。其平生著述甚丰，已出版有《尊孔录》（上下集）、《易学管窥》（四卷）以及《教孝歌》《教悌歌》《至孝后编》《游南海咏》《史鉴要览》《各省人物志》等，尚有未刊稿《应酬杂咏》10余本、《宁腔八音字母》4本等，毁于“文革”中。

挥斥方遒留丹青

——记著名政治经济学家、苏联问题专家吴清友先生

◎江绍光

吴清友是我国著名的经济学家、文学家和研究苏联问题的专家。

吴清友，原名毓梅，笔名白芒、启照、清佑。光绪三十三年（1907）出生在福安城关东凤街冠后横路7号周厝隔壁吴厝。幼年丧父，兄弟五人由母亲抚养。叔叔吴景旺怜其家庭困境，宁愿终身不娶，抚养其成人，以替人宰猪、种地所得苦苦支撑其母子生活。

吴清友像

◆ 漫漫求学路 ◆

吴清友自幼聪明伶俐，深得叔父喜爱，六岁时被叔父送到城关紫阳小学读书。当时，在学校，吴清友接受了新文化新思想的教育。家境贫寒，吴清友倍加用功读书。民国8年（1919），仅12岁的吴清友不负叔父期望，考入霞浦省立第三中学，开始了6年的求学生涯。当时，这所学校是闽东早期革命志士成长的摇篮。在校内，常聚集一些立志报国的热血青年，他们共叙同窗之情，谈论国家大事，评述国家振兴、民族存亡。6年来，吴清友学习了丰富的科学理论和文化知识，也初步涉猎马克思主义新思想。民国14年（1925），吴清友以优异成

绩从霞浦省立第三中学毕业。

民国14年（1925）秋，年仅18岁的吴清友，考取了北平俄文法政专科学校。叔父喜出望外，倾家荡产也要供吴清友北上求学。当时，北平正是中国新文化运动的中心。1919年“五四”运动以来，陈独秀、李大钊、胡适、鲁迅等新文化先驱发动了新文化启蒙运动。提倡民主，反对独裁专制；提倡科学，反对迷信；提倡新道德，反对旧道德；提倡新文学，反对旧文学。“五四”运动、新文化运动宣传了社会主义思想，推动了马克思主义思想的传播。当时成千上万的青年人向往北平这个新文化中心。吴清友就在这个时代背景下来到北平求学的。吴清友并不满足于本校的俄文、政治、经济等领域的求知，发奋读书，广猎知识。北平大学图书馆天下闻名。吴清友慕名而至，假日、课余都在馆借阅书籍，如饮似渴，异常勤奋。据后人回忆，当时，有这样的景象：上午馆门一开第一个进馆阅读，下午闭馆最后一个离开，午餐仅用馒头就开水充饥，这个人就是吴清友。久而久之，进馆读书的师生都认识了吴清友。这个举动感动了一个人。他就是中国革命的先驱、中国共产党早期领导人、中国新文化运动的发起人之一、北平大学教授李大钊。李大钊很赏识这位勤奋读书的年轻人吴清友。此后，吴清友经常拜访李教授，聆听教诲，接受新文化思想教育，同时也接受了马克思主义新思想的教育。李大钊成为了吴清友走上革命道路的引路人。

◆ 志存高远走天涯 ◆

李大钊教授慧眼识英才，看重了这位年仅19岁的不倦求学、才学出众的吴清友。经李大钊鼎力举荐，吴清友于1926年考取了苏联莫斯科中山大学。当时，莫斯科是世界无产阶级革命的中心。这所为纪念中国革命先行者孙中山创办的莫斯科中山大学，是专门培养中国革命精英的摇篮，许多中共前期领导人都在此学习过，也是成千上万的中国革命青年所向往的求学圣地。留学二年里，吴清友孜孜不倦地学习了外语（俄、英、德等语）、历史、哲学、政治经济学、军事知识，并较全面认识了马列主义基本原理。在校期间，吴清友担任过翻译，口译和笔译了有关教材，深得校方信任，并加入了共产主义青年团。

1928年冬，吴清友毕业归国，途经东北满洲里。一批留苏毕业生受到了主持东北大局的少帅张学良接见。当时，东北正值政治动荡时局。东北保安总司令张学良正式通电宣布：遵守三民主义、服从国民政府，改变旗帜，支持国家统一。是时，面对日本的军事、经济、政治压力，张学良力挽狂澜，雄心勃勃，需要汇集人才，支持大局。刚好，这批留苏毕业生学成归来，机缘巧合。在张学良亲自劝说下，吴清友留在东北大帅府担任秘书一职。此时，东北易职，基本上结束了军阀割据的混乱局面，宣告了日本侵略中国计划的破产，标志着民国政府完成了“形式统一”。此时，大帅府工作千头万绪，十分繁忙。吴清友的工作涉及政治经济、外交和军事等诸多方面。吴清友兢兢业业工作，也得到了张学良和少帅府上的认可。3 年中，吴清友时常思念家中老母亲和恩重如山的叔父，归心似箭！经再三恳求，张学良破例恩准吴清友返乡探亲。1932 年秋，几经辗转，吴清友终于返回久违的故乡，与母亲、叔父团圆，见到饱经风霜的母亲与双鬓发白的叔父，感慨万千。

◆ 先天下之忧而忧 ◆

1933 年春，由于组织的召唤，吴清友启程前往上海，经留苏的同志推荐，认识了中共上海站的负责人董必武，经董必武的推荐，参加了上海“左翼作家联盟”的有关活动。“左联”是中国共产党于 20 世纪 30 年代在上海创建的文学组织。“左联”成立的目的是向国民党争取宣传阵地。“左联”坚持了无产阶级大众文学，提出建立文艺界抗日民族统一战线，提出文艺要为“工农大众”服务。传播了马克思主义，提高革命作家的思相理论水平。其间，吴清友结识了鲁迅、田汉、阳翰笙、郑伯奇、叶圣陶、马相伯等著名作家。民国 22 年（1933）吴清友受聘为上海《中华月报》主编、上海交通大学教授。民国 24 年为了宣传抗日，吴清友与马相伯、沈钧儒、邹韬奋、田汉、郑振铎等 283 人联名发表《上海文化界救国运动宣言》，宣告成立上海文化界救国会。宣言要求：改变外交政策，保卫主权；建立民族统一战线；停止内战，一致抗日等八点主张。1936 年上海成立《全国各界救国联合会》，由宋庆龄、何香凝、沈钧儒、邹韬奋、马相伯等为执委。该会制定了《抗日救国初步政治纲领》，并发表宣言：响应中国共产党“停止内战，一致抗日”主张，呼吁全国各党各派立即停止军事冲突，进行谈判，以便建立共同抗敌纲领，形成一个抗日统一战线。随后，吴清友也积极加入“全救会”，为抗日救国奔走呼号。吴清友在《中华月报》上，运用

‖吴清友（二排左七）与各国银行领导人会议合影

‖吴清友（前排左五）与党和国家领导人合影

马列主义观点撰写辛辣的杂文，抨击蒋介石和汪精卫卖国行径；著文评介时局，发表《民族问题讲话》《现阶段的世界民族解放运动》等文章；论述民族问题与殖民地问题，揭露帝国主义的侵略本质，唤起民众同仇敌忾，抵御外侮。民国26年“八一三事变”后，他在纪念鲁迅逝世两周年的座谈会上，对鲁迅思想进行深入细致的探讨，呼吁国民发扬鲁迅的彻底反帝、反封建精神，积极投入抗救亡运动，并在共产党领导的各种群众组织的集会上发表演说。同年，他译出列宁名著《帝国主义是资本主义的最高阶段》，先后在上海、桂林等地出版，为马列主义在中国的传播起到重要作用。

1936年，吴清友与鲍冷雪女士在上海结婚，由鲁迅先生夫人许广平主持婚礼，“左联”著名作家田汉、郑伯奇、叶圣陶、郑振铎、阳翰笙等，各界人士代表，以及中共驻上海联络站代表参加了婚礼。

民国31年（1942）为避开特务的盯梢，吴清友到重庆交通大学任经济地理教授，课余译介苏联的书籍。两年后，他离开重庆交大，任重庆中华书局编辑，兼任《商务日报》总主笔。此间，他发表《苏联民族》《苏联的红军》等作品，向大后方人民介绍苏联在反法西期斗争中的主力作用，以鼓舞抗战斗志。这时，中共地下组织已掌握《商务日报》经理部和采访部的领导权，由采访部主任杨培新与中共领导人周恩来、董必武单线联系，传达党的意图，吴清友与之配合默契。

民国35年（1946），吴清友回到光复后的上海，随即投入轰轰烈烈的反内战民主运动，在群众集会上，他慷慨激昂发表演说，谴责蒋介石一意孤行、发动内战的行径；在示威游行的队伍里，他不惮已上了敌特的黑名单，偕同上海进步的知名人士走在前列。垂死挣扎的国民党当局大肆屠杀进步人士，他随即转到香港笔耕，撰写《苏联计划经济》《苏联国民经济》等许多专著，还翻译出版《殖民地保护国的新历史》《殖民地附属国的新历史》等，为中国民族解放运动史的研究做出开拓性的贡献。

◆ 谁言寸草心　报得三春晖 ◆

叔叔吴景旺，为抚吴清友成人，终身不娶，以宰猪、务农所得资助吴清友求学，诚心感动天地！民国37年（1948）为庆祝叔父70大寿，吴清友专程返回福安。

1958年6月，吴清友（左一）作为中国金融瓦格里发帖成员之一陪同南汉宸（左三，时任中国人民银行总行行长）访问东欧。照片摄于捷克布拉格

有感于叔父高义，“左联”中的著名作家纷纷挥笔题字。黄炎培撰写序曰：“……吴友其兄，爱及兄之子，养兄子成人，教兄子成名，卓然天下事，君家世世农，韩市堪屠狗，秦溪妇撑船……”（因原件遗失，凭后人记忆，不全）全文点赞叔父高义，溢于言表。著名作家郭沫若、田汉、阳翰笙、郑振铎、郑伯奇、邹韬奋等名人题写对联，并在纪念册签字。吴清友举办隆重寿宴，献上名人题词的《祝寿纪念册》向培育自己成长的叔父表达一片孝心。

吴清友举家返乡尽孝感动了韩城父老乡亲。1949年初，接组织通知北上履职。因战火取道香港，几经辗转来到解放后的北平城。

1949年6月，吴清友应中国人民银行行长南汉宸之邀，回到北京，在总行专家室工作，并先后兼任北京大学俄语教授和中国人民大学政治经济学教授。其间，中央领导人周恩来、林伯渠等曾在中南海设宴邀他叙旧。1956年，毛泽东在怀仁常接见他，并留影纪念。1957年，吴清友加入中国共产党。翌年升任办公厅副主任。1961年，调任中国社会科学院拉美所翻译组组长。1965年2月逝世。终年58岁。

吴清友勤奋好学，多才能文，一生清苦却著译甚丰。他介绍苏联政治经济学等著作约达1000余万字，是著名的经济学家和苏联问题研究专家。

附录：吴清友先生的主要作品

1. 书名：《帝国主义论》（增订本）列宁著　吴清友译
   出版者：上海　中华书局
   出版日期：1951年
2. 书名　《最新联共党史（1883—1937）前史部》　吴清友译
   出版者：上海　启明社
   出版日期：1939年
3. 书名：《民族问题讲话》　吴清友著
   出版者：上海　生活书店
   出版日期：1937年
4. 书名：《殖民地问题》　吴清友著
   出版者：上海　世界书局
   出版日期：1935年
5. 书名：《殖民地问题与民族解放运动》　吴清友著
   出版者：大众文化社
   出版日期：1937年
6. 书名：《资本主义发展的不平衡律》　吴清友著
   出版者：上海　生活书店
   出版日期：1937年
7. 书名：《世界殖民地问题》　吴清友编著
   出版者：上海　中华书局
   出版日期：1950年
8. 书名：《战后资本主义经济之变化》　瓦尔加著　吴清友译
   出版者：上海　生活书店
   出版日期：1947年
9. 书名：《殖民地·保护国新历史》（上卷）第一册　古柏尔等合著　吴

清友译

出版者：上海　读书出版社

出版日期：1947 年

10. 书名：《殖民地·保护国新历史》（上卷）第二册　古柏尔等合著　吴清友译

出版者：上海　读书出版社

出版日期：1949 年

11. 书名：《殖民地·附属国新历史》（上卷）第三册　古柏尔等合著　吴清友译

出版者：上海　读书出版社

出版日期：1949 年

12. 书名：《殖民地·附属国新历史》（上卷）第四册　古柏尔等合著　吴清友译

出版者：上海　读书出版社

出版日期：1948 年

13. 书名：《苏联的工业管理》　吴清友著

出版者：上海　中华书局

出版日期：1949 年

14. 书名：《苏联的预算制度》　吴清友著

出版者：上海　中华书局

出版日期：1949 年

15. 书名：《苏联国民经济》　吴清友著

出版者：上海　上海杂志公司

出版日期：1949 年

16. 书名：《苏联民族问题读本》　吴清友著

出版者：上海　一般书店

出版日期：1937 年

17. 书名：《苏联史地》　吴清友著

出版者：重庆　商务印书馆

出版日期：1944 年

18. 书名：《战后苏联教育新动向》　吴清友著

出版者：北京　耕耘出版社

出版日期：1950 年

19. 书名：《今日之苏联》　吴清友编著

出版者：重庆　读书出版社

出版日期：1945 年

20. 书名：《苏联建国史》　吴清友编著

出版者：上海　商务印书馆

出版日期：1937 年

21. 书名：《苏联的货币与银行》　吴清友编

出版者：上海　中华书局

出版日期：1949 年

22. 书名：《苏联的农业组织》　吴清友编

出版者：上海　中华书局

出版日期：1949 年

23. 书名：《苏联地理》　吴清友编译

出版者：重庆　商务印书馆

出版日期：1942 年

24. 书名：《苏联交通》　[苏] 哈恰图良著　西门宗华主编　吴清友编译

出版者：重庆　商务印书馆

出版日期：1945 年

25. 书名：《苏联计划经济》　I. 科志敏·诺夫等著　吴清友译

出版者：北京　天下图书公司

出版日期：1946 年

26. 书名：《苏联经济核算制度》　查清柯著　吴清友译

出版者：北京　中国人民银行总行

出版日期：1949 年

27. 书名：《苏联新经济政策时期的财政金融政策》　查清柯著　吴清友译

出版者：北京　中国人民银行总行

出版日期：1949 年

28. 书名：《战后苏联新五年计划》（1946—1950）　吴清友译

出版者：上海　书林出版公司

出版日期：1946 年

29. 书名：《战时及战后苏联经济》　伏兹聂森斯基著　吴清友译

出版者：上海　中华书局

出版日期：1949 年

30. 书名：《新哲学教程纲要》苏联红色教授哲学院著　吴清友译

出版者：上海　珠林书店

出版日期：1938 年

31. 书名：《政治经济学方法论》　拉皮多士著　吴清友译

出版者：上海　神州国光社

出版日期：1936 年

32. 书名：《俄语自习》（上册）　吴清友编著

出版者：上海　新知书店

出版日期：1939 年

33. 书名：《俄语自习》（下册）　吴清友编著

出版者：上海　新知书店

出版日期：1939 年

问君能有几多愁

——记教育家周泽万先生

◎陈耀年

周泽万像

周泽万先生，别名君石。他的高祖是长乐艮岩周氏百禄公二十二世后裔绍品公，清乾隆年间从长乐县迁入韩邑莲池头，清同治年间，买断东门凤尾山横路面的郭陈氏厝。周厝规模虽不大，格局却大度。这里地势居高，气势不凡，举目一望，韩阳城尽收眼底。

君石先生在这块风水宝地上度过了幸福的少年时光。他于1906年出生在福安韩阳城的书香门第之家。父亲岂溪在城内武圣庙开设训导儿童的课堂，为人师表。母亲李孺人“恭勤慈惠贤而知大礼”“少长农未尝知书而识大义”。由于家庭优越的启蒙教育，为他日后健康成长奠定良好基础。他8岁时入湖山小学就读，15岁升入省立第三中学，后转福州省立第二中学。

◆ 位卑未敢忘忧国 ◆

周泽万于1925年来到北京，进入中国大学文科预科。这时期，他勤奋求学，深入社会，了解民情，关心国家命运和前途，萌生了忧国忧民的意识。他在进步学生的启发教育下，不断接受马列主义新思想，从一个迷茫困惑的青年学生逐步成长为进步觉醒的革命分子。第二年，经郭宣霖、吴可两人介绍加入中国共产党，成为一名无产阶级先锋战士。在党的领导下，他自觉投入革命活动。1927 年冬，他与时在清华就读的郭宣霖借寒假返乡之机，带回《共产党 ABC》《马克思主义浅论》《社会主义问题讨论》以及《新青年》《洪水》等革命书籍，在亲朋好友中传阅。马立峰、郭文焕、陈铁民等一大批福安优秀青年读到这些革命书籍后，受到了马列主义的启蒙教育，后来都成为当地革命的领导人。

在党的不断教育培养下，他的思想觉悟和组织能力得到较大提高。1928 年夏天，他考入济南大学。1930 年 3 月任中共济大支部书记，多次参与领导学生爱国运动。是年冬，参加闸北区委宣传工作，负责江漕一带的学运。1932 年 1 月，济大毕业，到上海从事反日劳军工作。2 月底，江南省委派他到苏州传达反“立三路线”的决议，并联络济大同学到沪与交大、复旦等校革命师生共同组织上海反日会和革命学生会。这时期，他有理想，有信念，热情奔放地为党为国为人民做了许多革命工作。

1932 年在家乡任教期间，反对蒋介石政府同日本签订丧权辱国的停战协议，毫不犹豫率领学生上街声讨《淞沪停战协定》，宣传反蒋抗日。9 月，参与中共福安县委部署和领导的声讨日本帝国主义侵占我国领土东三省一周年大会，亲自任主席并做报告。会上成立了“福安民众反日会”，震慑了反动政府。他作为革命者，无论走到哪里，身上始终洋溢着爱国热情，家国情怀永驻心间。

◆ 谁言寸草心　报得三春晖 ◆

自古忠孝难成全。他离开家乡，异地求学，投身革命，热情高涨。他漂泊异乡，眷恋故乡，思念父母，愁情难抑。每当孤灯只影时，他思念故乡年迈多病的父母，对空长吟：“旅馆寒灯独不眠，客心何事转凄然，故乡今夜思千里，愁鬓明朝又一年。”1944 年孟春，君石先生老母七十荣寿，他的挚友姜师肱先生撰序文，“其有祈父北山之忧，则知为一孝子”，“念母过切，欲假鞠檗之力，以稍抑其如毁如焚之忧心耳”。从这些文字中，我们可以看出，他心中对风烛残年父母的思念、焦虑、担心等情绪，像燃烧的火焰日夜炙烤他孤独的心。每当这种愁情漫上心间时，“君石喜酒，余亦同嗜，每于月白风清之夕，阴雨晦冥之朝，相率造酒家饮。”“君石于酒酣耳热之际，辄仰天长叹不已！”周姜两家几代以来联姻，自然来往日益密切，青年人浊酒一杯家万里，也是自然豪放之举。姜师肱先生认为，君石当时名利兼备，酒后仰天长叹，却不为“郁郁不得志者”，如果是“郁郁于怀者”，“非病修名之未立，富贵之不如人也”。他也不是“刘伶阮籍”般愤世嫉俗，蔑视礼法，纵酒避世，而采取不涉是非、明哲保身的人生态度，而是“籍杯中物以吐其胸次不平之气”。每当君石先生借酒消愁时，不忘吟诵《诗经》《论语》中思乡思亲的句子，抒发心中愁丝悲情。他“讽四牡之本章”，“聆‘将母来谂’之句”，道出不能尽孝的悲哀。这是“我心伤悲”的感情世界，表达一言难尽的思想感情。他把自己比拟于公务缠身的小官吏，奔走在漫长征途中而思念故乡、思念父母的行役者。这种场景，这番心情，往往让他“潸然出涕，悲不自胜”。 1932 年 4 月，因父病重，经组织批准，回到父母身边，悉心照料双亲。“思奉母不忍远游，孺人则敏以善继先生之志”，从此，他便留在乡间，尽心奉养父母，孝敬父母。

◆ 志恨憾而不逞兮 ◆

两年后的“甲戌之夏，岂溪先生不讳”。周泽万怀着失怙之痛，为筹措经费，把祖宗留下的两间房屋出典他人，再次到上海找组织，无奈未果。“君石自沪上归一”。1934 年 8 月底，他在福州被叛徒出卖被捕。在刑讯中，他矢口否认组织关系，拒不透露党内机密，坚守党的秘密。1935 年 2 月，在刑供逼迫下，仅承认学生时代加入过共产党，填了“自新表”。

出狱后，到福州三民中学任教。接着应聘任霞浦乡村师范教导主任及省立福州中学、三元政治干部训练团国文教员等。1941 年 5 月返福安，“其年夏，三都中学增设高中，阙国文教员一席，校长孙先生稔知君石之能胜任愉快也，驰书征聘。君石持以示余。余曰：‘孙公长者可与共事，且校离城数里，晨出暮归，冬温夏清，为子计固甚得也。’遂趣其归。” 顺利应聘到三都中学、福安师范任教。1945 年 2 月，转任福安县立初级中学校长。

◆ 春蚕到死丝方尽　蜡炬成灰泪始干 ◆

1949 年 7 月，周先生迎来福安解放的新日子。他立刻以饱满的精神状态投入新的工作。他被组织任命为福安中学首任校长，并分别于 1949 年 12 月和 1951 年 11 月，在福安县第一届人大第六七两次会议上当选为县人大常委会委员。1952 年 8 月调任福鼎中学校长，兼任福鼎县人大常委。1955 年 5 月调任霞浦中学总务主任，语文教员。虽然工作频繁调动，职位不断调整，各种政治运动，使他应接不暇，但他服从组织调动，从不讨价还价。他在平凡的教学岗位上，坚持默默无闻，积极认真工作。他虽然学识渊博，但不耻下问；他虽然资历丰富，但虚怀若谷；他虽然心怀悔憾，但初心不改。退休后，他卸下工作担子，享受含饴弄孙、悠然自得的轻松生活。晚年由于体弱多病，较少参加外界活动。退休后，曾任福安专区卫生学校语文代课教师，及应邀参加县政协译注旧《福安县志》。1976 年秋，病逝。

注：本文中引句均出自姜师肱《大懿范周母师母李太孺人七秩荣寿》序文。

沁人心肺益人年

——记优秀教师郭宣愉先生

◎郭孝卿

友人陈孟生曾对笔者说："我二舅郭宣愉诗写得好，至今我还牢牢记得他写的《题飞鹰图》诗，很有气魄。"说后，他还将诗写下来：

凌霄健翮任翱翔，洞察人间到海洋。

自是英雄多见识，层楼穷目笑平常。

陈孟生还对笔者说起一件事：郭宣愉逝世后，曾将记在日历本上的诗作交郭旻整理。后来，陈孟生曾向郭旻询问诗稿整理情况时，任凭郭旻搜寻遍书房所有角落，却怎么也找不到这本诗稿。无奈之下，郭旻只好说是"遗失"。陈孟生也无可奈何，怏怏而回。几年后，郭旻追随"启蒙老师"去了，这本诗稿便无从追讨。

今年，为撰写《秋园人物》，泽英吟长联系到郭旻后人，和笔者前往郭旻生前住的老房子，寻找资料。不料，笔者竟意外发现了这本诗稿《凤山集》竟毫不起眼地躺在堆积如山的故纸堆内，大喜过望，

郭宣愉像

便征得郭旻后人同意，将《凤山集》完璧交还郭宣愉后人。

《凤山集》系手抄本，郭旻于2000年整理“宗师宣愉遗作”，附作《写在〈论书〉之前》：

> 宣愉先生系余同宗，亦系余之启蒙老师。家学渊源，得天独厚，擅长书法，且善诗词焉。余少时家贫，几乎辍学。先生雪中送炭，亲临寒舍赠书，劝余续学。临毕业时，先生曾于同学录上题书勉励“高尔基未上大学，以社会为大园学”“学问是可以取得的”等。题书大意，至今记忆尚新。此后虽各为糊口，劳燕分飞，然余自学孜孜，盖未忘先生毕业赠言也。光阴荏苒，至五六十年代，先生执教于地直红专学校，余亦供职于专署，仅一墙之隔，并同兼职于工会。时值三年困难，余与同事生产自救之暇，与先生过从较密，常时切磋书艺，探求二王、欧颜、怀素、过庭、石如等书道，结合余往日自学基础，使余书艺素养，再进一步。三中全会后文艺复兴，先生与余双双加入当地书协、诗社，切磋内涵由书艺扩展到诗词。余与先生过从更密，耳提面命，获先生之教益多矣。皇天不佑，87年先生以病肺作古，遗命以诗稿交余整理。余以陈旧日历残页中，得诗250来首，取名《凤山集》，盖先生生前兴至随笔所留也。其中有《论书》30首系先生毕生临池经验之总结，特予摘登，以供同道学习，或许有所裨益焉。

郭宣愉字大沂，号凤山老人，诗集故名“凤山集”。笔者有幸先睹《凤山集》全豹，稍有体会，在该集未付梓之前，选录数首，简略介绍，以见先生人格品质。

◆ 匡时素志本明明 ◆

郭宣愉从小热爱祖国，关心时事，倾向革命，思想进步，诗集中随处可见革命激情。如《抗战时偶作》：

夜深飒飒疾风声，按剑披襟气未平。
济世苦心嗟碌碌，匡时素志本明明。
蚩他肉食无长虑，恨彼尸餐乏热情。
痛□时机悲倾覆，频浇块垒付吟鸣。

这当是郭宣愉最早的作品。那时他才20多岁，正值血气方刚之年时。“飒飒疾风”以景喻情，既写“风”，也说“时局”。先生在这“夜深”之际，辗转难眠，纵有“济世苦心”“匡时素志”，奈何无从实现，眼看青春一天天流逝，想起日寇“肉食”（弱肉强食）四处侵我国土，当局“尸餐”（尸位素餐）抗战“乏热情”，因而“气未平”，“按剑披襟”，饮酒“浇块垒”，写出热血青年的无奈，发出悲愤的“吟鸣”！

这种激情来自哪里？盖来自与陶铸“朝夕相处”时，受其革命思想的影响。郭宣愉1985年10月曾作《咏菊》可证：

秋来丛菊满庭陈，魏紫姚黄可比珍。
座有诗书君作伴，时翻文史尔相亲。
盛年豪气随陶后，晚节清香与柏邻。
老际升平余热在，将临八秩志嶙峋。

诗后注：“一九三〇年，曾栽菊数十盆，盛开之日，陶铸同志适住吾家，朝夕相处，受益启发甚多，故有‘随陶后’之句。又目下窗临柏树，长青耐寒，盖不可多得之好友也，故有‘与柏邻’之句。”

郭宣愉的激情还来自马立峰。《悼念烈士黄丹岩同志》前有小序，“用同学马立峰烈士生前诔唁黄丹岩烈士殉难诗原韵及句首嵌上‘丹岩烈士’四字之作。”

丹青千载仰同侪，岩上苍松挺不移。
烈火金刚宁畏死，士民感载哭桐西。

马立峰（1909—1935），溪柄马厝人，系郭宣愉在省立理工中学高中时的同窗好友，闽东革命斗争的主要领导人，亦善诗，其《石马》颇见革命气魄：

嫩草百堆宁闭口，长鞭一策岂回头。
麟江载送天源水，洗尽人间万古愁。

黄丹岩（1896—1934），原名彦彰，字其金，福鼎秦屿人，1929年加入中国共产党，在福州、福安、福鼎从事地下革命运动。1934年1月，由于叛徒告密而被捕，在福鼎县城桐山英勇就义。马立峰获悉丹岩牺牲，作嵌名藏头诗以悼：

丹心耿耿冠吾侪，岩石同坚志不移。
烈烈英雄为国死，士儒今尚泪桐西。

◆ 一枝兔毫重千钧 ◆

郭宣愉一生喜爱书法，勤于书法，造诣极深，作品曾入选 1984 年“福建省中学园丁美术书法展览”，被聘为福安书法家协会顾问。对书法艺术颇有研究，《论书三十绝》虽系个人心得体会，亦对书法爱好者启发莫大焉。如：

蚕尾银钩理要明，心仪手习巧中生。
最宜自出无牵挂，方是高才盖世英。

“蚕尾银钩”比喻遒劲的书法。“心仪”指要专心一志。全诗意思是说要写出既漂亮又有力的字，平时得勤于练习，熟能生巧；下笔时最佳的状况是心无杂念，只有这样，才是书法高手，才会写出更好的作品。

仔细品读，这首论书诗已经超出书法的范围，“最宜自出无牵挂”，蕴含正心修身，养性培德，做到心地无私，才能成为“盖世英”。还有：

书能脱俗始称珍，垂露悬针便入神。
纸背直穿腕有力，一枝兔毫重千钧。

“垂露悬针”是书法术语。出锋的，其锋如针之悬，叫做“悬针”；不出锋的，其圆如露之垂，叫做“垂露”。全诗是说书法要脱离世俗观念的束缚，那么写出来的字就会“入神”。别小看一枝毛笔轻轻的，但是它能力透纸背，其力道“重千钧”。这里面难道没有引申意吗？既可以说书法的作用“重”大，亦可以说书法家的行为对世人的影响力“重”大……

郭宣愉的书法心得有其独到之处，如“如锥用力画于沙，处处存锋不露叉”“捷如脱兔飘然逸，缓似闺人在女红”等，难以一一例举。

◆ 不见先生久，私心常恻恻 ◆

郭宣愉诗交甚广，与当代名家来往甚密。如与霞浦邱继仁、黄寿祺等常有诗词酬唱，其《无题》云：

不见先生久，私心常恻恻。
偶遇霞城人，先探君消息。
赐书每存问，未答空相忆。
……

张鼎丞与福建省新民主主义教育研究班合影（1950年1月14日），四排左三为郭宣愉

该诗有后记云："此系（一九）七二年冬撰寄霞浦邱继仁兼简宁德林祖鹏[①]、福安王贡南、阮秀崇[②]之作，用杜甫《寄（按，应作梦）李白》诗韵。现已将近十年矣，贡南已逝，其余则星散各地，不及聚首，殊恨恨也，特重录之。宣愉七十有二岁于福安凤山之麓。"

邱继仁（1919—1986），字夏棣，厦门大学毕业，曾在省立福安师范学校任教师、教导主任、校长等职；1950 年当选为霞浦县第一届人民代表会议常委会副主任，连任县政协五、六届副主席；1978 年霞浦县长溪诗社成立，当选为理事长。

邱继仁逝世后，郭宣愉曾作《悼邱继仁》五绝，选其二首：

问君何事迫我闲？夺我饔餐废日艰。
有饭大家分取食，贵为校长太颟顸。

弱似闺媛静似兰，也曾叱咤漾波澜。
适之所学犹思抢，推却昌星占穆坛。

是说邱继仁"贵为校长"，却非常糊涂，竟然跟小教员抢夺饭碗，争着教语文，迫得"我"都失业了。还说这么个"闺媛"般的文静柔弱书生，"野心"居然这么大，不仅胡适的学问要想抢，还敢抢师范校长的位置。"昌星"是指师范学校前任校长刘昌星，"穆坛"指设在穆水之滨的福安师范学校。用揶揄的语气赞美邱继仁敬业好学向上的精神，这种明贬实褒的写作手法，令人读后兴味盎然。

其《教师节步黄寿祺韵》也有这般"反语"意味：

粉笔生涯五十年，思甜忆苦意悠然。
程门立雪吾徒敬，郑草盈阶我道玄。
看去颜曾成辈出，培来梁栋致知传。
后生闻说专攻异，师不贤于弟子贤。

黄寿祺（1912—1990），字之六，号六庵、巢孙，霞浦县盐田人，生于清

---

① 林祖鹏，宁德石后定洋人，民国时期，曾任福安师范附属小学校长。

② 阮秀崇（1910—？），福安潭溪乡（今潭头镇）人，上海新华艺术大学毕业，新中国成立前历任福安县立中学、省立南平初中、三都中学等校教员，福安师范学校事务主任等职，选为福安县临时参议会参议员。他善书善诗，77 岁时作行书条幅诗曰："党所追求是真理，一涉浮夸便不真。落实本来容易事，好同群众共劳辛。"

末秀才家庭，曾任福建师范大学教授、副校长，著名易学专家。

游寿回乡探亲时，郭宣愉亦有《闻游寿教授返霞浦》相赠：

少已闻名冠众芳，不帆学却赛飞凰。

渊源有自长无愧，教授荣归聚一堂。

游寿（1906—1994），字介眉，霞浦人，号称“一代才女”，画家、书法家、金石学家。

郭宣愉与福安知名文人常有文墨相赠，如《呈白山同志并示哲生》：

凤与凤雏显国京，文章洵轼一门荣。

半年同砚成交契，衰朽关心感至情。

白山即张白山（1912—1999），笔名弢庵、如晦等，系中国作家协会会员，中国社科院古代文学研究室副主任。青年时，郭宣愉与张白山一同考入省立理工学校，两人只同学半年，毕业后各奔东西，一别已50余年，未通音讯。1982年，张幼锐前往北京探望哥哥张白山，回到福安后，转告郭宣愉，他哥哥张白山曾询问及郭宣愉的情况，“友谊殷情，殊感于心”。1983年3月8日，张白山的儿子哲生（即张炯）因公回到家乡，又受父亲嘱咐特地前到郭宣愉家探望，“垂爱之深，何堪感佩”[①]，因而作此一绝。

郭宣愉与画家黄葆芳交谊最密，诗作中有《贺葆芳弟荣膺国宾莅京画展》《新加坡第十三届国庆授勋黄葆芳画家荣获星章喜赋奉贺》等，其《贺新加坡政府社会发展部暨新加坡国家博物馆为黄葆芳大画家、大诗家、大学博举行画展》云：

樊川诗句成珠玉，妙手营丘画更奇。

纸贵燕京连新国，令名胡愧绐三师。

诗的意思说，黄葆芳的诗才与唐朝诗人杜牧（樊川）一样，画技同北宋国画宗师、被誉为“中国山水画之父”的李成（营丘）相媲美。画展去年刚刚在北京举行，今年又于新加坡开幕，盛况空前，造成北京、新加坡“洛阳纸贵”。“三师”指吴昌硕、刘海粟、王个簃，系黄葆芳的老师。黄葆芳尊师重道，曾以“三师堂”名其居，又刻印章用以钤画，足见其为人尤为可敬。所以诗中说黄葆芳不管画技、学问、为人都堪称继“三师”而无愧。

① 见郭宣愉《凤山集》。

黄葆芳（1912—1989），福安穆阳人，后定居新加坡，著名画家，《福安市志》为其传。他亦是诗家，被秋园诗社聘为名誉顾问，其九首《忆江南窑呈玲惠、珍惠两姊》流露浓郁的思乡情：

乡思切，南北路遥遥。万里江山鱼雁鲜，漫天风雨絮花飘。归梦待今宵。

乡思切，姊弟各天涯。几忆灯前争问字，难忘井底觅浮瓜。往事未全赊。

乡思切，雨夜数残更。滴沥如同嫠妇泣，哀愁疑似汉宫筝。倚枕听潮生。

乡思切，狮岫舞轻风。穆水秋高沿岸绿，桃林春暖万花红。尽在梦魂中。

乡思切，岁月已蹉跎。热血翻腾曾缚虎，红旗招展斗群魔。故国起新歌。

乡思切，去雁早离群。折翼于今剩有几？投荒终古落无闻。哀乐总难分！

乡思切，最忆是当年。不学书虫囚斗室，只磨宝剑问青天。往事杳如烟。

乡思切，白发已盈颠。六十年间生老病，八千里外愤悲忧。何日买归舟？

乡思切，切记水边梅。干蚀生机犹未绝，花含春意必全开。冷送暗香来。

◆ 不尽柔情相处 ◆

民国20年（1931），郭宣愉毕业于福建省立福州理工中学高中土木科，“嗣以家境窘困，不能升学”，曾任晋江中学、福建学院附中教员。“又以父母年老，不忍远游”，遂回到家乡，一生与粉笔结缘。曾任湖山小学、紫阳小学教员，溪柄小学校长，省立师范学校、福安三都联合中学、福安一中、福安专区地直机关干部业余大学等校教师，“敬业乐业，矢勤矢忠，勉黾从事”，受到省教育厅的嘉奖。

郭宣愉爱妻情深。民国28年（1939）夏，福安县举办教师暑期讲习会，郭宣愉与妻子黄双惠都报名参加。谁料双惠忽婴重疾，势难到会听训，遂请假返其家乡穆阳调治。等到双惠家中来函云“惠病日就重”，郭宣愉“睹此情状，实为凄怆，祗以夫妻情爱，义不容辞”，请假前往穆阳。然而“惠病仍未减轻，（郭宣愉）未便遽返，深恐有误学业，曾央托县党务指导员张辅翼代为剖白，一面函会申请续假。谁知该函竟遭洪乔之误”[①]。县府“以为久假不销”，将郭宣愉

① 福安市档案馆民国28年档案“收文28第2956号”，郭宣愉《呈为呈请准予复任小学教员或指派其他职务以维生活救济失业由》的报告。

郭宣愉手书《千字文》

与黄双惠一并开除，“不准叙用”。郭宣愉虽然丢了饭碗，但捡回了黄双惠性命。

黄双惠曾担任抗敌后援会慰劳工作团副团长兼常委、妇女抗敌后援队队长，工作“不遗余力”，福建省民训委员会颁发奖状，福安县抗敌会传令嘉奖，“因体弱不胜工作之烦劳，故罹重疾，辗转床第，五月有奇，幸以不死”[①]，却遭开除，郭宣愉很为其抱屈，其《三八节为双惠作》说得明白：

年年三八庆佳辰，为写宣言费汝神。
叱咤风雷铲封建，到头赢得是焦唇。

“焦”不仅指黄双惠宣传抗日，说得嘴巴都干了，亦含“焦”“头”烂额——“到头”来遭此不公平待遇之意。

幸得众同僚联名为其吁请，翌年，夫妻俩恢复工作，郭宣愉分派城东小学任教导主任，黄双惠仍回城西（湖山）小学任教员。

诗言事，从诗集中可以读出先生坎坷的人生际遇，再现历史足迹。先生在“文

① 福安市档案馆民国二十八年档案“收文28第2956号”，郭宣愉《呈为呈请准予复任小学教员或指派其他职务以维生活救济失业由》的报告。

革”中也受到冲击，住过“牛栏”，见其《寿松青》：

同处牛栏共一年，相亲相护互扶颠。
时时促膝谈身世，不尽唏嘘至夜眠。

还有《七律一首寄海亮兄》亦透露曾“浩劫几经”：

退休十载困家园，存拙韬光懒出门。
七秩早过逾矩少，一棺未盖定论存。
老衰病弱难成趣，应接逢迎更惮烦。
浩劫几经犹有悻，余生短景付残樽。

夫妻俩一路碰碰磕磕走来，的的确确不容易，好在“不尽柔情相处”，见《如梦令》：

彻夜喁喁窃语，不尽柔情相处。
苇草韧如丝，地久天长无阻。
伴侣，伴侣，似漆如胶征旅。

《凤山集》的特点是诗风朴素，诗技灵巧，诗涵深厚，佳作不少，值得一读。诚如《郊晨》所言，也颇“爽气鲜”：

郊外晨风爽气鲜，沁人心肺益人年。
予求予取全无碍，造物无穷不卖钱。

的确是“沁人心肺益人年”。余音袅袅，余情绵绵。

我的母亲黄双惠

◎郭　敉

黄双惠像

美丽的长溪支流穆阳溪畔坐落着一个小村庄苏堤村，我的母亲黄双惠就出生在这里。

我的外祖父是一位开明绅士，秀才出身，性情刚方，廉正耿直，颇爱读书，写诗文。他爱做公益事，也十分关心国事、天下事，善于接受新思想。我的外祖母是一位知书达理的大家小姐，标准的贤妻良母，极富同情心。在父母的影响下，家中兄弟姐妹都喜欢读书。母亲从小就在一个良好学习环境与氛围中成长，从小心地善良、勤奋好学，吟诗、写字、作画样样上手，诗词赋脱口而出。精读《红楼梦》，并作评论，曾在新加坡报刊发表评论文章。作“红楼”人物诗数十篇。吟菊咏竹古诗上百首。同时善于接受新思想，新事物，求知若渴，特别爱读鲁迅、丁玲等进步作家的作品，还读进步的革命刊物如《红旗报》（上海地下党机关报），关心时事，传播进步思想。

1927 年间在福州省女子职业中学念书时，母亲就常与革命同志一起谈论国家大事，看书读报，谈红军如何好，骂国民党军队在江西打红军，积极参加革命活动。在众多兄弟姐妹、同学同事中，享有很高的美誉，深得大家的爱戴与尊重。在《黄烽将军纪念文集》中这样写到：“在众多哥哥姐妹中，对他影响最大的是他的三姐黄双惠。”“三姐和她的伙伴在黄烽幼小的心灵里播下了革命的种子，是他认识革命的启蒙老师。”

记得一次我在舅舅黄烽家吃饭时，舅舅亲口对我说：“你妈妈是第一个引导我走上革命道路的人。”这句话我始终无法忘怀。我为我的母亲骄傲，为我舅舅骄傲，为大山里走出了个共和国的将军而骄傲。

在《黄烽将军纪念文集》中还记载这样一段：

> 河山半壁已破碎，国家兴亡匹夫有责。…… 我下定决心投笔从戎，上前线去与日本鬼子拼搏。我把这一心愿告诉了三姐（她当时是福安地下党派到妇女抗敌后援会担任工作的），立刻得到她的支持。三姐马上将我们罢教斗争的经过和我要参军上前线抗日的要求向中共福安县委书记郭文焕作了汇报 ……三姐把郭文焕亲笔写的介绍转交给我时……临行时三姐塞给我十块大洋做路费……

该文中的“我”即黄烽将军，“三姐”即我母亲黄双惠。

◆ 母亲——黄双惠的生平 ◆

母亲黄双惠出生于 1909 年 3 月。1927 年毕业于省女子职业中学，1928 年起连续为妇女教育、小学教育服务。曾在穆阳小学、城关关巷小学、桥溪民校、工读校、湖山小学、韩阳校、黄坂校、三都中心小学、福师附小、中心小学、岩湖小学等学校当教师或校长。曾是妇女工读学校的创办人，把工读校办成形式多样、专业丰富的学校，深受民众的赞扬。

1949 年 7 月，她受人民政府指派筹办“妇女民校”。我父亲曾说：我母亲因办校经费不够常常拿出自己的工资补贴学校用。她一生为妇女教育事业、小学教育兢兢业业，鞠躬尽瘁。1951 年因大病后身体没完全恢复，再则儿女的拖累请病假，而失去公职。直至 1986 年，在各级人民政府的关怀以及新加坡著名画家黄葆芳（地下党员）的关心下，我母亲才得以恢复公职，享受退休待遇。后于 1989 年 7 月在福安凤山病逝。

她不仅是一个教师、知识女性，同时也是一个革命的女性，是福安妇女抗日救亡运动的先驱之一。在教学与学习之余，她结识了许多进步人士、革命同志、地下党的同志，走上革命抗日的道路。

在上海读书时，她就接触许多左翼作家，读了许多进步书刊，积极提倡反封建、妇女解放等。在福州念书时，就常常与革命同志一起谈论时事，读地下刊物《红旗报》，参加革命活动，参加中国共产党的外围组织“反帝大同盟”“互济会”等进步组织，加入共产党小组组织，大病后失去关系。1936 年参加福安妇女会。1938 年参加福安县抗敌后援会，被委任为妇女救护班班主任。1937 年，抗日的烽火在福安大地燃烧，她与这些仁人志士、热血青年一起为国家民族的危亡奔走呐喊……

◆ 江山残半壁，有心都欲裂 ◆

一声霹雳，抗战的序幕展开了，大家成了热锅里的蚂蚁非爬不可了，平日蕴蓄的热情这时可以全部掏出了……

这是我母亲在她的记事文章《抗战声中的生活（1937—1940）》中的一段话。她以自己的行动实现了自己的诺言，将自己的全部热情都掏出来，都献给了抗日救国运动。

她积极投身抗日救亡运动，和福安妇女等进步人士一起组织“妇女抗日救亡工作队”，经常到赛岐、下白石、甘棠、穆阳、溪柄等乡镇及村庄宣传抗日，组织妇女后援队，搞募捐活动，搞义卖，到新兵营为新兵缝补、洗衣代写书信，还组织妇女训队参加救护演习，参加军事训练。她是受地下党领导的指派来组织妇女抗日救亡工作的。她经常拟宣言，开会，讨论，宣传，无日不在忙碌中。正如她自己在日记中所说：“总而言之，不能让一个人有一刻的空闲。”“一具近年来未尝健康的身体，受热的驱遣终日在奔走或谈话，不久各团体成立，工作也进行得很顺利了，于是我便按照着所规定的一切努力！”

在她日记中还这样写道：“我觉得有一点生命存在，有一滴的精血存在，

福安县妇女抗日救援队部分队员合影，后排右四为黄双惠

我只有为大众的利益去努力。”她就是这样为国家危亡、民族危亡，为民族大众的命运去努力工作的。她的“战生第二唱”是：

有生岂作笼中鸟，不战应成瓮里鱼。

她还写下一首豪壮的诗：

女儿手中线，英雄身上衣。
热流和碧血，豪光万里凝。
冻指红灯里，冰颤白雪中。
有心都欲裂，无地不腥红。
江山残半壁，炮火已频年。
柔肠成坚垒，慷慨不论贤。

多么慷慨激昂的文字啊！ 至今拜读起来，仍然热血沸腾，激情澎湃。诗中描述了当时日寇入侵的惨景，以及广大仁人志士，爱国者的抗日决心、信念与行动。“有心都欲裂！”好一个革命的女性！她以一个柔弱的身躯走遍福安大大小小的乡村僻野，为抗日救亡奔走呼唤，为革命呐喊，为民族呐喊。唤醒了多少闽东儿女爱国抗日的良知和热情。

◆ 烽火烧大地，柔肠成坚垒 ◆

在《黄烽将军纪念文集》中这样一段描述：

临行时，三姐塞给我十块大洋做路费，她深知“古来征战几人回”，抹着眼泪依依不舍送我上前线，我不晓得此时秋是生离还是死别，硬着心肠告别了亲人故乡，踏上了抗日革命的征途。

这是何等之柔情侠骨啊！为了国家，为了民族存亡，她独自忍受着姐弟骨肉分离的痛苦，送弟弟上前线。抗战间，母亲得了一场大病，后虽死里还生，大病已去，可是身体十分虚弱，常常精神不好，不时会发寒发热。但她仍坚持下乡推动妇女工作。一次要与同事到社口去，我父亲因认为她身体可能无法支持工作，所以担心她，劝阻她。我母亲在《写在纪念日里》一文“小别”一节中这样写道：

…… 我跟联芳到社口去推动妇女工作去时，他虽然有点依依不舍，为了公事奔走，他也不能阻止我，只怅怅然作别……

文中的“他”即我的父亲。文中还写这么一段：

那一个黄昏之前独个儿在楼上闷生怀念起他，便随手写一词，《柳梢青》第二体：“点点滴滴，可堪又是黄昏时节。一夜西风，衣衫顿薄肌肤寒彻。灯前听雨低头，料伊也愁肠寸结。细自思量，这般情景如何凄切！”写完，便在这暝色中微雨里咀嚼着别离的滋味！

字里行间分明是柔情似水，却偏偏侠骨铮铮。为了抗日革命，把自己身体置之度外，送走自己的亲骨肉弟弟上抗日前线，把缠缠绵绵的儿女情长抛之脑后。履行了自己“只要有一点的生命存在，一滴精血存在，都要为公众的利益努力工作”的诺言。

◆ 纤纤女子，文采横溢 ◆

我父母墓碑上的一幅对联：“青山埋侠骨，绿水伴诗魂。”正是我父亲、母亲人格、形象的写照。我母亲留下的文稿1箱，由于本人水平有限，加之懒散，只整理其中一小部分，仅咏竹、菊花吟的诗就有上百首，还有词、赋、杂文多篇。其中3篇赋——《大观园赋》《石牡丹赋》《蜗居赋》尤为感人。其文章、诗歌寓意各异，哲理深刻，文句美妙，不同凡响。

如《大观园赋》一文中："山水之秀，气象之盛。文藻之丽，人物之美，蔚然芳郁，竞相争妍，奇花异卉，香草灿葩。……夫若斯灿烂……俯仰其间，何殊乎山之仙与夫水之花！"

在《石牡丹赋》中这样写："淡如霜妇，懒若轻云，沉恬幽寂，纯朴无疵，素贞孤洁，洗净浮华，石镌玉琢……幽情雅抱，颇自矜持，方诸连城，价岂差池……"

在《蜗居赋》中这样写道："安蜗居以幽处兮，乐清贫而自适。……心不为俗累兮，泰然自适……将就且用兮，未周陈设……起居无余裕兮，简陋自得……"

还有这样一首诗：

廉与俭道不孤，恭和敬未是迂。
勤复谨原多福，诚且恳不须物。

《咏竹》二首：

霭霭含烟碧，亭亭出俗标。
志凌云汉外，爽气脱尘嚣。

幽兰长空谷，云岩生秀竹。
昂藏浥清露，不屑折腰禄。

《吟菊》一首：

与竹相偕远市廛，经霜方见操弥坚。
由来未着繁华众，富贵荣名点滴蠲。

以上仅仅举几例，综览我母亲的诗、词、赋、杂文等中足见她的人生观以及处事哲学。她一生不贪图名利地位，不贪图荣华富贵，追求的是平和、诚恳、真挚、谦逊、正义、耿直、俭朴的人生理念。诗文斑斑，彰显了我母亲思想与文学艺术的双重境界。

我的母亲黄双惠，既不是伟人也不是名人，但她的一生为闽东老区抗日革命斗争做出了不可磨灭的成绩，为人民的教育事业、为妇女的教育事业奉献自己毕业的精力。她为人谦逊真诚，对革命事业的热情、忘我的革命精神和坚定的革命信念永远留在闽东人民心里。

梅花香自苦寒来

——记福安一中高级教师刘锷

◎陈　耿

刘锷像

他，一个小学毕业生，没有上过一天初中，也没经过任何高中、大学进修机构培训过，却能执中学之教鞭，成为省级重点中学福安一中的一名语文教师，最终又担任该校高中毕业班语文教学，获高级职称，并受到省级表彰。

他就是原福安一中教师刘锷。1928年2月，刘锷出生在福安东风街，原名刘泽鳌，后改为现名。他的成才之路充满了曲折与艰辛，步步脚印记录着他的勤奋与刻苦。

他没有可炫耀的家庭背景，早年因父亲过世，家道中落，小学毕业后就没能继续上学。20世纪60年代初期，当笔者第一次走进他的家庭，看到的只有一个佝偻着身躯的老母亲和他两个人。他有一个弟弟叫刘泽龙，大学毕业后，供职于国家电力部设计总局上海设计分院，是一个很有才华且又谦逊敦厚之人，可惜天妒英才，英年早逝。泽龙病重之际，刘锷曾两次赶去照顾。当年弟弟求学时，刘锷靠微薄工薪赡养老母亲的同时，尽力支持弟弟上学。正当弟弟可以大展宏图之际，却不幸得了不治之症。刘泽龙逝世于20世纪60年代后期，当时刘锷还没成家。

也许是从小过惯了清贫、简朴的生活，加上成家很晚，母亲又年老多病，因而数十年来他始终低调生活，饭菜可以清淡，衣服可以过时，居住可以简陋，读书做学问他可决不含糊。

1960年代，他在学校食堂用餐，跟绝大多数学生一样，每餐只花5分菜金。那时5分菜的标准是：一小碗青菜，上搁一小块咸鱼或一小片猪肉。他天天如此，从未见他开过“小灶”，跟他关系密切的学生因此给他起个“五分”的诨名，私下谈话提到他，就用“五分”代称。

刘锷从小聪明，好学，记性强，头脑灵活，手脚麻利。在失怙、失学、生活无着的迷茫之际，他偶然翻看父亲存留的书籍，从中找到了生活的乐趣，从此迷上书籍。好记性帮了他的大忙，很快他读遍家中存书，之后便四处寻找书籍来读，从中吸取滋补身心的营养与信念。他也喜好书法，反复临摹父亲留下的字帖，逐渐练就一手好字，少年时代就能为一些店铺、单位誊写广告、文书，为街坊邻居代写书信和对联。清贫的生活一直熬到1944年。

时值抗战后期。在中共秘密党员、福安县长胡邦宪支持下，中共地下党员刘宗璜出任刚恢复的《南方日报》（闽东版）总编辑，同时被委任三青团福安临时参议会书记，后为参议会书记。刘锷此时16岁，凭他的聪慧、机灵被聘为临时参议会秘书，后来又担任文书，负责缮写等业务。

刘宗璜是闽东唯一的左翼作家，福安当时的“第一才子”，他比刘锷年长13岁。他既是刘锷的领导、同事，也是老师和挚友，其思想、学识对少年刘锷影响很大，也可以说是刘锷的第一个引路人。《南方日报》（闽东版）实际为中共地下党所掌控。地下党员孟起（中共福安县委书记）、阮伯淇、陈松青、卓玉藻等人经常出入期间。刘宗璜、陈松青、卓玉藻都是中共地下党员，三人过从最密。刘锷因工作关系，同陈松青、卓玉藻等人有较多接触。从年龄上，他们都是刘锷的兄长，都十分看好这个聪明好学的小弟弟，对他特别关照。刘锷也从他们身上学到不少关于政治、文化、社会的知识。这个时期是刘锷的重要成长期，为他后来的人生道路作了很好的铺垫。

有了文秘工作这段经历，到了福安解放，成立新生政权，刘锷便顺理成章地为人民政府所吸纳，先后担任财粮科办事员、财政科科员、秘书室文印等职。

1950年10月，他受聘进入福建省三都福安联合中学（福安一中前身）担任雇员、职员。1954年2月开始，担任实习教员，从此正式进入中学教师队伍，实现了人生的成功蜕变。

刘锷生性活泼，爱好广泛，除了文学，书法造诣也很高。他的毛笔字峭拔坚挺，大有颜风柳意。他还擅长美术字，常能与人边闲聊，边在一张纸上随意写起来。写空心美术字是他的专长，仿佛不假思索，笔随意走，横竖撇捺，交叉对接之处预留了空间，使笔画合卯合榫，浑然天成。

1958年“大跃进”年代，大兴全民写民歌。在班主任号召下，全班同学人人激情洋溢，个个绞尽脑汁，模仿报上登载的民歌模式，写出许多顺口溜，决定出一个民歌专刊。讨论刊名时，有同学建议请刘锷老师拟写。于是我们就拿了一张白纸去找刘老师。他正在给其他班级书写刊名，许多同学围在旁边。我们挨上前去，趁刘老师写好一副刊名的当儿，抢先把白纸摊在写字桌上。刘老师愣了一下，明白我们的用意，微微一笑，问：“你们也要写刊名？”“是的，还要请老师给我们想一个好听的刊名。”我们说。“行啊。”说着，他从容地提起笔，沾饱墨汁，悬于纸上，沉吟片刻，猛一落笔，写下“诗海”两个遒劲大字，围观的同学禁不住叫起好来。后来，我还得知挂在胸前的校徽“福安一中”四字也出自刘锷老师手笔。

刘锷是个乐天派，从未见他闷闷不乐的样子，唱歌、上舞台、打篮球，都有他活跃的身影。当年福安一中有新、旧两个校区。旧校区（原一中校址）位于冠后岭旁，初中部、会议厅、教师宿舍和寄宿生宿舍均在旧校区。教学楼外面有一排石砌护栏，底下是运动场，那里是课间操、全校集中、校领导训话的主要场所。每天下午正课结束，运动场上便人欢马叫，最吸引眼球的是趴在护栏上居高临下看篮球比赛。

论身材，刘锷同“高富帅”毫不沾边，但他却是篮球场上的一员健将。在高个子占优势的球场上，他凭借灵活的身躯，来往穿梭，屡屡躲过拦截，一接近对方防守的外围就起跳投篮，“砰”的一声，又一次命中。他的中距离投篮令对手防不胜防。他曾说小时候身体很差，后来靠打篮球增强了体质。在笔者印象中，刘锷数十年来几乎相貌不变，身材不变，快乐不变，很少听说他生了病，他最终能活过90岁，跟他的乐观精神与长期坚持身体锻炼分不开。

刘锷的家庭与个人经历，决定了他对困难学生特别关注，尤其对自学能力强的学生更加看重。当年福安一中新、旧校区之间有一段长长的坡路，中间有一个学校经营的养牛场。有一个叫刘福生的初二辍学生在养牛场做工。该学生聪明好学，闲时喜欢看书、唱歌、练毛笔字，引起了刘锷的注意。毫无架子的他，便成为牛栏里的常客，对刘福生读书、写字、唱歌给予热情指导。刘福生也是靠自学走向成才之路的。他后来事业发展不错，先去了柘荣县农中，后来又为柘荣县宣传部所调用。

另一个受刘锷关照的学生是原福安市政协副调研员卢腾。卢腾出生在赛岐贫民区，从小接受码头文化的熏陶，谙熟底层群众生活，读高一时开始向《闽东日报》《福建日报》投稿，在文学创作上渐渐崭露头角。每当有作品见报，刘锷都给予评论，特别对卢腾运用群众语言、力戒学生腔给予肯定。刘锷订有一份《人民文学》，每期新到，大家便争相传阅，交流心得，然后听刘锷独到的分析。

有时晚饭后，我们结伴去公路散步，迎着霞光映照的青山流水，一直走到溪湖；兴趣来时，引吭高歌，如入无人之境。刘锷的嗓音略带沙哑，但他对歌曲的感情处理到位。印象最深的如《草原之夜》《怀念战友》《红珊瑚》等歌曲，能把听者带入歌曲所描绘的美妙意境里，对我们启发很大。

归根到底，刘锷成才之路源于他终生不辍的学习精神。俗话说“活到老，学到老”，这正是刘锷人生道路的真实写照。年轻时他手不释卷，即便在困难时期，肚子饿得咕咕叫，仍不忘看书学习，当上教师后，“不能误人子弟”是他经常挂在嘴边的话。

20 世纪 80 年代末，刘锷光荣退休。刚退休者往往容易产生某种失落感，但在刘锷身上看不到这种情绪，他依然活力四射，看书、唱歌、写字没有中断。有一回，我们偶然相遇在冠后岭上。我们边走边聊。他步履依然快捷，谈兴依然热烈。他对笔者说，坚信自己可以活到 80 岁以上。我问他退休后的生活打算，他说先要读读“四书五经”，似乎他心中有一个宏大的读书计划。后来他随家属移居福州，断了联系。又过了几年，我们再一次相遇，他依然充满活力，兴致勃勃地对我说：“还在读‘四书’，要补补这方面的知识。”

说这话时他语调平和、自然，但我听出了其中的认真与坚定，一时十分感慨。一个进入耄耋之年的老者依然这么热爱学习，他图什么呢？如果硬要说有什么可图，那就是古人所说的：“朝闻道，夕死可矣！”

后　　记

◎陈佑年

2019 年 11 月 18 日，东风社区召开《东门头》编撰工作第二次会议

社区居委会是我国最基层的自治组织。“上面千条线，下面一根针”，社区工作人员扮演着“婆婆妈妈”的角色，承担着“针头线脑”的工作。东风社区以林仕荣书记为代表的工作人员也一样，为了一方乡亲邻里的安宁幸福，热情投入、竭力服务、无私奉献、从不轻言苦累。如今，他们又有更开阔、更深

邃的视野，从而产生一个更富有挑战性、建设性的动议：即要将社区的人文历史、文化传统作一个系统的记忆与记录。通过充满情感的文字，讲述一桩桩东门头故事，记忆福安城邑历史文化，传承文脉，留住乡愁，振兴乡村文化。这是一项前所未有的文化工程，将展示给世人文化宝藏、历史经验与精神遗产。东风社区决定启动一项文化工程，编撰一本反映社区人文历史的记忆书籍。随即社区举行了居民代表大会，表决通过这项文化工程的实施，并上报城南办事处，作为东风社区新时代文明实践活动重要内容提上年度工作日程。

东门头是我的祖居地，我从小生活在那里，那里是我对世界和人生认知的启蒙地。那里的一砖一瓦都给我留下不可磨灭的印记。林仕荣书记诚恳话语与强烈心愿触动了我。我能为其尽点绵薄之力，当责无旁贷。本书的作者都是福安乡贤、我的好友。他们或过耳顺之年，或年逾古稀，从小生活在福安，对福安文史与往事情有独钟，其中有些先生对福安文化研究有一定造诣，并出版过相关著作。我们多次相聚，商谈本书的框架、内容和采撷、编撰等相关事项。社区还邀请了当地长者埠老，召开多场座谈会，为本书的写作奠定了思想基础，提供了翔实资料。

本书写作的时空设置：为了环境的一致性与行文的便捷性，经过讨论，书中取材范围和描述对象为东风社区与东凤社区（个别地方的内容延伸到棠发洋社区）。它们虽然分属城南与城北两个办事处。但从历史地理的角度看，两地原是合二为一的，早在明清时期就属于韩阳城宾贤铺境与东棠铺境。因为时代发展与城镇化进程，1990 年才一分为二。我们选择 “东门头”这个具有历史地理与传统文化意味的俚俗之语，作为这两个区域的统称，并以此定为书名，是为了呼应福安社会史、文化史、乡土史，衔接传统、接纳地气。本书所描述的年代多为晚清、民国时期，也涉及 20 世纪五六十年代，时空距今至少也有一个甲子之遥。

本书题材按照内容分为《地理形胜》《历史际会》《街巷民生》《老宅人事》《名士身影》5 个板块。作者以本人所见、所闻、所知、所感，并进一步认真查阅史料，深入开展田野调查，结合亲身经历和难以忘却的记忆，比较真实地还原和讲述了“东门头”的地势、水文、祠堂、家族、庙宇、神祇、街巷、商铺、宅院、人物等风物人情，芸芸众生。由于作者年龄、职业、兴趣、视角和关注度不同，文章写作手法不一，形式不拘，风格各异，有史志之春秋笔法，有随笔之悲欢物语；有回忆录，有人物传；有零度描述，有冷峻思索；有色彩点染，有激情宣泄。虽体裁多样，但题材专一，唯一的写作指向是时光的变迁、记忆的沧桑、人性的不泯，是有史料性、可读性、趣味性的“东门头”山水、市井、人文记录。它可以匡史书之误、补档案之缺、辅史学之证，让人得以窥见时代细节，让历史多些生动和温暖的色彩。因此具有不可替代的、独特的价值。

克罗齐说，一切历史都是当代史。作者们以当代人的目光、角度与叙事风格，讲述与审视过去的故事与“东门头”所经历的日月星辰、春华秋实。科林伍德说，一切历史都是思想史。在《东门头》的字里行间，流露出作者们的赤子之心，从中我们可以读到作者们爱家乡，爱“东门头”的不改痴心与深沉情感。

本书编撰中，东风社区提供了良好的写作环境与精诚协作的氛围；“东门头”父老乡亲给予了热情支持配合；福安市人大施晓铃副主任、市水利局林绍温、市民政局陈子清、市林业局江韩全、市粮储局毛展华、市文体旅游局叶哲滨、市社科联刘柳云、市档案局刘晓恩、市中医院吴丽妹、市新华书店吴秀庄等部门领导和共驻共建单位负责人关心、助力本书玉成；福建省文史研究馆馆员、福建省民族宗教研究所原所长蓝炯熹，为本书写了弁言。他从韩阳城讲到“东门头”，一如剧场的开场锣鼓，强调的是，“我们的故事就从这里（东门头）开始”。厦门大学人类学博士、江西龙虎山管委会副主任戴五宏对本书提出中肯的意见和建议；福建新华发行集团、福安老乡陈小铃处长给予此书持续的关

2019年3月21日，东风社区举办由《东门头》的部分作者和社区父老乡亲组成的新时代文明实践活动

注和无私的帮助；福安市摄影家协会丁立凡主席为本书组织拍摄并提供全部照片；福建人民出版社的福安老乡、本书责任编辑林顶为本书出版付出大量心血，我们铭记于心，在此表示衷心的感谢。由于我们的学力、心力、笔力所限，本书难免与预期目标存在差距，恳请方家批评指正。

2020 年 5 月 10 日于富春公园之畔